Stephan Hepp

Peter Köck

Praxis der Unterrichtsgestaltung und des Schullebens

Peter Köck

Praxis der Unterrichtsgestaltung und des Schullebens

VERLAG LUDWIG AUER DONAUWÖRTH

1. Auflage. 1991

Umschlaggestaltung: Klemens Ganzenmüller, Nattheim-Auernheim
Gesamtherstellung: Ludwig Auer GmbH, Donauwörth
ISBN 3-403-0**2058**-4

Inhaltsübersicht

Vorwort

Die vorliegende Einführung in den Schulalltag ist als theoretisch fundierte Praxisanleitung für Lehrer, Lehramtsstudenten und Referendare angelegt und damit den Anforderungen an eine praktische Schulpädagogik verpflichtet:

- Sie vermittelt zwischen der theoretisch ausgerichteten akademischen Ausbildung und der Alltagspraxis.
- Sie übersetzt wissenschaftliche Forschungsergebnisse in praxisrelevante Handlungskonzepte.
- Sie beschreibt Wege der unterrichtspraktischen Verwirklichung neuerer schulpädagogischer Entwicklungen wie z. B. sinnvoller Lernzielorientierung, offenen Unterrichts, handlungsorientierten Unterrichts usw.
- Sie bietet dem Lehrer eine zuverlässige pädagogische, didaktische und methodische Ausrüstung für die Vorbereitung, Durchführung, Analyse und Beurteilung des Unterrichts und für die Gestaltung des Schullebens.

Die Nutzeffekte wissenschaftlicher Forschung und Theoriebildung für den Schulalltag bilden die Schwerpunkte dieses Handbuchs – im Sinne der Verbindung zwischen Theorie und Praxis.

Peter Köck

1 Leben in der Schule – Schulleben

(Vgl. allgemein zum Thema z. B. Arbeitsgruppe Oberkircher Lehrmittel 1984; Flitner/Kudritzki 1982; Gudjons/Reinert 1980; Katholische Erziehergemeinschaft (KEG) 1979; Lassahn 1969; Lorenz/Ipfling 1986; Rauschenberger 1985; Reinert/Heyder 1983; Struck 1980; Weber 1979)

1.1 Schule und Leben – ein Widerspruch?

Alles Lernen ist keinen Heller wert,
wenn dabei die Freude verlorengeht!
Johann Heinrich Pestalozzi

1.1.1 Situationsbeschreibung

In der Geschichte der Schule reißen die Klagen von Lehrern und Schülern nicht ab, daß wirklichkeitsfremde Lernsituationen das primäre Lernmotiv der Neugier erschlagen, und die Erfahrung der Schule als geist- und lebenstötende Lernfabrik die Freude am Lernen gründlich austreibt. Unterricht dient in der Regel der Wissensanhäufung auf Vorrat ohne unmittelbaren Handlungsbezug und damit meistens auch ohne Einsicht in den Sinn der abverlangten Lernleistung. Mögliche Lerneffekte werden durch den fünf- bis sechsmaligen Angebotswechsel im 45-Minuten-Takt erschwert. Allzu oft unüberlegt gestellte und in ihrer Einfallslosigkeit eintönige Hausaufgaben sowie durch den schulischen Unterricht provozierte Nachhilfestunden dehnen den Schulfrust auf die unterrichtsfreie Zeit aus. Und schließlich fördert die Prüfungsorientierung der schulischen Arbeit eher Ängste und Konkurrenzverhalten als die Lust am Lernen und zur Zusammenarbeit. Legen diese hartnäckig die Zeiten überdauernden Klagen nicht den Schluß nahe, daß zwischen Wirklichkeit und Schule, zwischen lebendigem Lernen und schulisch organisiertem Lernen ein Widerspruch besteht, mit dem man sich eben abfinden muß?
Die Beobachtung des heutigen Schulalltags scheint einer solch resignierenden Haltung zumindest teilweise Recht zu geben. Selbst didaktisch und methodisch gut aufbereiteter Unterricht vermittelt bei näherem Hinsehen oft den Eindruck, als ob routinierte Unterrichtsingenieure an konsumorientierten und auf Lernprobleme überhaupt nicht neugierigen Schülern operierten. Schüler und Lehrer erledigen ihren Job mit unangemessen

hohem Handlungsvorteil für den Lehrer und – wenigstens dem äußeren Anschein nach – möglichst emotionslos.
Unterricht erweist sich als hochritualisiertes Interaktionsmuster mit wenig Varianten und bevorzugten Revieren für Schüler und Lehrer. Vom „Üblichen" abweichende Formen der Kommunikation werden von den Schülern nicht honoriert, der diesbezüglich experimentierfreudige Lehrer wird als Sonderling oder Phantast belächelt.
Dabei mangelt es gerade heutzutage keineswegs an Programmen, welche die erzieherische Dimension der Schule beschwören, die von der Freude am Lernen sprechen und sogar die Zulässigkeit von Emotionen in der Schule anerkennen. Aber auch das ist nicht neu in der Schulgeschichte: Je weniger sich die Schule als Ort der Erziehung erleben läßt und als solcher wirksam ist, desto mehr und eindringlicher wird von der Notwendigkeit der Erziehung gesprochen und desto emsiger werden plakative Kataloge von Erziehungszielen entworfen.

1.1.2 Das Konzept „Schulleben" – Alibi oder Orientierungshilfe?

1. Ob Leben in der Schule möglich ist oder ob an den Schülern der Unterricht vollzogen wird, bestimmen nicht allein die Rahmenbedingungen des Schulsystems, so lebensfeindlich sie sich gelegentlich auch auswirken mögen. Der entscheidende Anteil an der Gestaltung einer lebens- und damit lernbejahenden Schulatmosphäre liegt bei den unmittelbar Beteiligten selbst, bei den Schülern, Lehrern, Eltern.
Der hier tragende *Begriff „Schulleben"* stammt von Friedrich Fröbel (1782–1852), der damit in Ausweitung von Pestalozzis Wohnstubenerziehung die *notwendige Verbindung von außerschulischem Leben und Unterricht* bezeichnete. Die gleiche Forderung erhob die Reformpädagogik mit ihrer Kritik an der einseitigen Buchschule.
Heute beschreibt Schulleben *die Schule als Ort, an dem sich Leben im vollen Wortsinn entfalten kann, und zwar als Leben, mit dem sich der Schüler identifizieren kann,* das also seine Interessen und Bedürfnisse trifft und ernst nimmt.
Schulleben verwirklicht sich in der Schule als kind- und jugendgemäßem Lebensraum z. B. durch
- Lebensnähe zur außerschulischen Wirklichkeit, vor allem zum schulischen Umfeld,
- die „pädagogische Atmosphäre" (Bollnow) an der Schule,
- die praktizierten Formen von Interaktion und Kommunikation, von

Kooperation und Solidarität (vgl. den „pädagogischen Bezug" H. Nohls),
- Institutionen und Ordnungen und deren Interpretation nach Buchstaben oder Geist,
- durch und in freizeitanalogen Situationen wie Interessen- und Neigungsgruppen, Wandern, Spiel, Sport, Fest, Feier... als Gegengewicht gegen unterrichtliche Verplanung,
- Pausen- und Raumgestaltung,
- die Schülermitverantwortung (SVM),
- die Schülerzeitung,
- Kooperation mit der außerschulischen Lebenswelt (Stichwort: Schulgemeinde; vgl. Benner/Ramseger 1981, Buhren 1987, Jones 1978) u. a. m.

Schule ist lediglich ein Teil der Lebenswelt des Kindes und des Jugendlichen. Sie steht bei den Schülern um so niedriger im Kurs, je weniger sie sich in die umfassende Lebenswirklichkeit einordnet und je mehr sie die Einheit von Lernen, Arbeiten und Leben verfehlt.

2. Trotz redlichen Bemühens vieler Lehrer wird *das lebendige, neugiergeleitete und handlungsorientierte Lernen* in der Regelschule von den Betroffenen als die Ausnahme beschrieben, der ein Übergewicht wenig motivierenden sog. Alltagsbetriebs gegenüberstünde. Dabei scheint die Tendenz vom Lernen aus Spaß und Neugier zum Lernen durch Zwang mit den Jahrgangsstufen zuzunehmen. Aber auch die ermutigende Reform des Grundschulunterrichts wirkt nicht aufgrund von Verordnung, sondern durch die Bereitschaft der Lehrer, spielerisches Lernen als Anleihe vom Kindergarten und von Alternativen Schulen aufzugreifen und dem anschauungs- und umfeldbezogenen Lernverhalten der Schüler entgegenzukommen.
In welchem Ausmaß das Schulsystem und die unmittelbar Beteiligten in Wechselwirkung über die Lernqualität des Unterrichts entscheiden, demonstrieren die *Alternativen Schulen,* wie z. B. die Landerziehungsheime und die Freien Waldorfschulen, in neuerer Zeit auch die sog. Freien Schulen. Sie alle versuchen in ihren Lernsituationen die außerschulische Lebenswirklichkeit mit dem organisierten schulischen Lehrgang zu verbinden. Kaum ein Besucher wird sich ohne Neidgefühle z. B. von den dänischen Tvindschulen verabschieden, die in Projekten Lernen, Arbeiten und Leben zusammenbinden. Das Lernen vor Ort als Fischer, Landwirt, auf dem Bau, im Büro, im Management usw. verbindet Theorie und Praxis, Denken und Handeln, und übt daneben in Mitverantwortung für das gemeinsame Projekt ein.

1.2 Chancen für das Leben in der Schule und das Schulleben im öffentlichen Schulwesen

1.2.1 Schulleben als Lebensprinzip für den Schulalltag

Alternative Schulen verdanken ihre Existenz dem wie immer gearteten Protest gegen das öffentliche Schulwesen. Unterschiedliche Ausgangspositionen, Ziele und Rahmenbedingungen lassen einen Vergleich beider Schulformen nicht sinnvoll erscheinen. Da aber Alternative Schulen schon immer Pilotfunktion für das öffentliche Schulwesen ausübten, kann die Frage lohnend sein, was sie und die in dieser Hinsicht reichhaltige pädagogische Literatur für eine lebens- und lernfördernde Gestaltung von Schule und Unterricht anzubieten haben.

1. Die alles entscheidende Grundlage für Leben an der Schule ist die *Eigenart der dort ausgeübten Kommunikation.*
Eine etwa am Bürokratiemodell orientierte, hierarchisch geordnete, überwiegend durch Notendruck und andere Machtmittel bestimmte Kommunikation (komplementäre Kommunikation) kann durch noch so viele „Extras“ wie Fahrten, Spiele, Arbeitsgemeinschaften usw. nicht kompensiert werden. *Das Lehrerkollegium einer Schule muß also zuerst einen verbindlichen pädagogischen Minimalkonsens zur Bewältigung der Alltagskommunikation erarbeiten* und in gegenseitiger Hilfestellung auch verwirklichen, bevor die vom Kommunikationsstil des Lehrers abhängigen Schüler davon profitieren können.
Lernen erfordert Anstrengung und Mühe. Für den Lehrer erhebt sich also nicht die Frage, wie er dem Schüler Anstrengung ersparen kann, sondern *wie Anstrengung und Freude am Lernprozeß so oft wie möglich verbunden werden können.*

2. *Der Kommunikationsstil des Lehrers* entscheidet z. B. darüber, ob den Schülern eine unverkrampfte, angstfreie Begegnung mit ihren Lehrern zugestanden wird, oder ob sie sich – am kürzeren Hebel sitzend – duckmäuserisch bis berechnend auf die unterschiedlichen Verhaltensspielräume ihrer Lehrer einstellen müssen. Angesichts der Schulpraxis ist leider festzustellen, daß die – zum Teil uralten – Vorschläge für eine humane Gestaltung des Schulalltags mit zu geringer Breitenwirkung die Schulpraxis erreichen. Eine „Durchwärmung“ des bloßen Vermittlungsbetriebs Schule muß ständig neu und gegen alle Mißerfolge erarbeitet werden.

Dabei helfen z. B. folgende Aktivitäten:

a) Die an der Schule geltenden pädagogischen Zielvorstellungen müssen vom ganzen Lehrerkollegium getragen und weiterentwickelt werden.

b) Der von kaum einem Lehrer abgelehnte sozialintegrative, demokratische Erziehungsstil hat nur eine echte Entwicklungs- und Überlebenschance, wenn sich die Lehrer in wechselseitiger Beratung und mit Hilfe entsprechender Rückmeldungen von seiten der Schüler voranhelfen.

c) Schüler brauchen für den Aufbau ihres Verhaltens Handlungsspielräume, die Experimente zulassen, aber auch vereinbarte Grenzen erleben lassen. Auch hier ist der einzelne Lehrer in der Einschätzung des Notwendigen und Zulässigen oft überfordert. Das gemeinsame Handlungsfeld Schule schließt die gemeinsame Bearbeitung von Kommunikationsschwierigkeiten mit ein.

d) Da Schule offensichtlich ohne Prüfungen nicht auskommt, kann sich das Lehrerkollegium wenigstens um eine möglichst angstfreie Gestaltung von Prüfungssituationen bemühen und prüfungsfreie Zeiten vereinbaren (vgl. hierzu ausführlich 8.4).

e) Der wünschenswerte und mögliche Kompromiß zwischen erfahrungsbezogenem Lernen und Lehrgang, zwischen Erziehungs- und Leistungsorientierung, zwischen freier Lebensgestaltung und Verordnungen kann eher und öfter erreicht werden, wenn sich alle beteiligten Lehrer und Schüler durch Metakommunikation um ihn bemühen.

f) Die oft beschworene Orientierung am Schülerinteresse wird so lange eine wohlklingende Leerformel bleiben, als der Lehrer die Schüler selbst nicht nach ihren Interessen fragt und keine vertretbaren Kompromisse vor dem Hintergrund des verbindlichen Lehrplans mit den Schülern erarbeitet.

g) Die verordnete Lebenswelt Schule kann von Lehrern und Schülern nur dann als schulische Lebensgemeinschaft erfahren werden, wenn sie
- gemeinsam (altersgerechte) Verantwortung für ihr Zusammenleben tragen,
- vereinbarte Umgangsregeln durch wechselseitige Rückmeldung kultivieren und weiterentwickeln,
- mit eigenen und fremden Gefühlen aufmerksam und taktvoll umgehen lernen,
- humane Konfliktlösungen anbahnen,
- Einfühlung in die Situation des Kommunikationspartners, auch des Gegners praktizieren, u. a. m.

1.2.2 Verwirklichung des Schullebens durch belebende Gestaltung von Schule und Unterricht

Bei aller Einübung der Schüler in die Mitgestaltung ihrer Lernprozesse bleibt die Hauptlast der Aufbereitung der schulischen Lernsituationen beim Lehrer. Von seiner Bereitschaft zur Methodenvielfalt, auch zum methodischen Risiko, hängt es ab, welche Möglichkeiten des Lernens überhaupt in den Horizont der Schüler geraten. Bedauerlicherweise müssen die Fixierung auf die verbindlichen Forderungen der Lehrpläne und das sog. prüfungsrelevante Minimalwissen oft als Alibi dafür herhalten, vermeintlich unökonomischen Lernmöglichkeiten zugunsten routinierter Wissensvermittlung aus dem Wege zu gehen. Gerade deshalb soll hier an Aktivitäten und Situationen erinnert werden, die schulisches Lernen abwechslungsreich und damit auch eher mit Freude und Neugier erleben lassen, ganz abgesehen von der Verwirklichung affektiver Lernziele. Allerdings nützen letztlich sämtliche Vorschläge nichts, wenn der Lehrer nicht die Bereitschaft aufbringt, gewohnte Lehrstrategien in Frage zu stellen und gelegentlich auch Hemmungen gegenüber außergewöhnlichen Methoden zu überwinden.

1.2.2.1 Spiele im Unterricht

(Vgl. z. B. Arbeitsgruppe Oberkircher Lehrmittel 1984; Erler/Lachmann 1986; Joerger 1980; Kluge 1980 u. 1981; Kochan 1981, Opaschowski 1981; Scheuerl 1977; Seiring 1970; Stein 1973; Tiemann 1969; Wegmann 1980; Wendlandt 1977)

1. Spiele im Unterricht knüpfen an den Grundsatz des spielerischen Lernens an, der spätestens nach der Grundschule zu verkümmern scheint. Sie sind gegenüber zeitvertreibender Spielerei genauso abzugrenzen wie gegenüber dem Schulspiel. Die grundsätzlich kulturbildende Funktion des Spiels steht außer Zweifel. Spiele im Unterricht wenden sich aber vor allem gegen das Konsum- und Medienkonservenverhalten der Schüler und beabsichtigen je nach dem begründeten didaktischen Ort ihres Einsatzes (Phase der Motivation, der Problemlösung, der Anwendung oder Vertiefung) z. B. folgende *Wirkungen:*

- Sie wecken und steigern die Aufmerksamkeit.
- Sie schärfen die Wahrnehmungs- und Beobachtungsfähigkeit.
- Sie erweitern das verbale und nonverbale Verhaltensrepertoire.
- Sie ermuntern die Schüler (und Lehrer) zu spontanen Gefühlsäußerungen, die im Regelfall des Unterrichts eher vermieden werden – mit oft weitreichenden verdeckten negativen Folgen.
- Sie fordern und fördern kreative Handlungsmöglichkeiten.

- Sie beleben die unterrichtlichen Phasen der Anwendung, Übung und Wiederholung.
- Sie üben in die grundlegenden Verhaltensweisen partnerorientierter Kooperation ein.
- Sie helfen u. U., Konflikte zu bearbeiten, Aggressionen abzuleiten, Hemmungen zu überwinden und fördern insofern das soziale Lernen.
- Sie können zur Einübung in einen vertretbaren Wettbewerb benutzt werden.
- Gelegentlich dienen sie der Überwindung eines „toten Punkts" oder während langandauernder kognitiver Forderung schlicht der Erholung.

Aber: Spiele im Unterricht dürfen nicht verordnet werden, sie ergeben sich vielmehr aus dem unterrichtlichen Gesamtverlauf und müssen von den Schülern angenommen werden.

2. *Spielideen* kann der Lehrer den zahlreich auf dem Literaturmarkt vorhandenen Spielebüchern entlehnen. Mit wachsender Routine werden Lehrer und Schüler ihre eigenen Spielideen verwirklichen und bekannte Spiele abwandeln. Im Rahmen des Unterrichts ist freilich darauf zu achten, daß sich die Spiele nicht verselbständigen. Sie dienen hier vielmehr dem übergeordneten Zweck des Lernens.

Dem Lehrer fallen dabei insbesonders folgende Aufgaben zu:
- Prüfung der Spiele unter dem Gesichtspunkt der Altersgemäßheit.
- Verbindung von Spiel und Unterrichtszweck; das Spiel im Unterricht darf nicht zum Selbstzweck werden.
- Bereitstellung des Spielmaterials.
- Erläuterung des Spielverlaufs und evtl. Beratung der Spieler.
- Eindeutige Formulierung evtl. Beobachtungsaufgaben für wechselnde Zuschauer.
- Vereinbarung von Spielregeln zur Steuerung der notwendigen Disziplin.
- Vorsichtsmaßnahmen gegenüber möglichen Unfallgefahren.
- Abfangen unerwarteter Nebeneffekte wie überschießenden Wettbewerbs, eskalierenden Aggressionsstaus, extremer psychischer Belastung einzelner Schüler.

3. *Geeignete Spieltypen für das Spiel im Unterricht* sind v. a.
- *Schreibspiele,* z. B. in der Schreibstafette von zwei Mannschaften an der Tafel Sätze bauen lassen; Wettbewerbscharakter, absolute Stille, jeder Spieler schreibt nur ein Wort.
- *Erzählspiele,* z. B. einen Kurzkrimi aus wenig Vorgaben in Alleinarbeit oder von Kleingruppen schriftlich oder mündlich zu Ende erzählen lassen.

- *Wettbewerbsspiele:* Hier ist Vorsicht geboten. Die Demütigung als „der Letzte“ oder der „unsportliche Plumpsack“ muß vermieden werden.
- *Dialogspiele,* v. a. im Fremdsprachenunterricht: Mit einfachen Alltagssituationen beginnen!
- *Ratespiele, Rätsel,* anspruchsvolle Formen des *Quiz*
- *Pantomime*
- *Stegreifspiele:* Sie setzen voraus, daß die Spieler einerseits die üblichen Anfangshemmungen in Spielsituationen schnell überwinden können, andererseits die Spielsituation und die Spielaussage sicher erfassen können.
- *Pro und Contra Spiele*
- *Rollenspiele,* in denen es darauf ankommt, sich mit einer Rolle der tatsächlichen Lebenswirklichkeit zu identifizieren.
- *Planspiele:* Sie erfordern zeitlich meistens eine Doppelstunde. Der Aufwand lohnt sich aber, da sie durch den Wechsel von Rollenspiel- und Reflexionsphasen einen komplexen Zusammenhang der Lebenswirklichkeit erfassen, z. B. Altstadtsanierung, Umweltschutz am Dorfbach oder Fluß, gemeindeeigenes Schwimmbad oder nicht usw.
- *Kennenlern- und Kreisspiele,* v. a. in neu zusammengestellten Klassen, z. B. den Banknachbarn aufgrund von Interviewinformationen vorstellen.
- *Bewegungs- und Tanzspiele,* v. a. als Ausgleich für langandauernde Sitzhaltung.
- *Wortkettenquiz,* z. B. zusammengesetzte Hauptwörter: Türschloß – Schloßhund – Hundefutter...

1.2.2.2 Lebensraum Klassenzimmer

Pestalozzi legte auf die „Wohnstuben-Atmosphäre“ des Klassenzimmers so großen Wert, weil er auf die lernfördernde Wirkung einer selbstgestalteten, wohnlichen Umgebung baute, in der man eben gerne lebt. Die gegenteiligen Effekte der modernen Betonarchitektur im Schulbereich werden von Lehrern und Kindertherapeuten seit langem beklagt.

Da es allerorten aber auch heute im öffentlichen und im alternativen Schulwesen genügend Modelle einer wohnlichen Schul- und Klassenzimmergestaltung gibt, scheint die Verarmung auf diesem Gebiet nicht allein auf Kosten der Architektur zu gehen. Befragte Schüler wünschen sich jedenfalls ein „freundlich-romantisches“ Klassenzimmer statt betongrauer steriler Wände.

Bei etwas Vertrauen in die Gestaltungsfähigkeit der Schüler, mit behutsamer Anleitung derselben und in Absprache mit den Lehrerkollegen lassen sich die folgenden – zum Teil uralten – Anregungen ohne größeren Aufwand verwirklichen:

- Im Geschichtsunterricht kann schrittweise ein *Geschichtsfries* entstehen (Jahreszahlen, Symbole, Zeichnungen, Fotos ...)
- Vom Biologieunterricht aus könnte die Betreuung von *Blumen,* eines *Aquariums oder Terrariums* angeregt werden.
- Ein *offenes Regal, Bilderleisten und Korkflächen an den Wänden* bieten die Möglichkeit für Ausstellungen zum aktuellen Unterricht, für die Präsentation von Gruppenarbeitsergebnissen, für klasseninterne Mitteilungen, Freizeitnachrichten, Wandzeitungen usw.
- Den Bedürfnissen von Schultyp und Fach angepaßt kommen sog. *Material- und Experimentiertische* bei den Schülern gut an, wo sie in Zwischenpausen und in individuell eingesparter Lernzeit Material zum laufenden Unterricht studieren können, von den Schülern selbst mitgebrachte Kleingeräte reparieren können, Probleme der computergestützten Informationstechnik beraten können u. a. m.
- Eine *Leseecke mit Bücherregal* fördert den Aufbau einer Klassenbibliothek, in der häufig gebrauchte Nachschlagewerke eingestellt werden, aber auch Bücher der Schüler zum Tauschen und Verleihen angeboten werden – evtl. im Zusammenhang mit einer Kurzvorstellung der Bücher im Deutschunterricht.
- Ein *Dienstplan* mit Stecksystem organisiert die klasseninternen Routinedienste, aber evtl. auch einen Helferdienst für die Hausaufgaben.
- Oft praktiziert, aber fast immer bald zum Papierkorb degradiert, hängt in manchen Klassenzimmern ein sog. *Kummerkasten.* In Klassen mit gut funktionierender Metakommunikation wird er überflüssig, im Vorfeld davon und in besonderen Krisensituationen aber muß er vom Lehrer immer wieder in Erinnerung gebracht werden, übrigens mit großer Frustrationstoleranz gegenüber gelegentlichen Mißbräuchen wie anonymen Beleidigungen u. a. m.
- Es ist hinreichend bekannt, daß es gesprächs- und kooperationsfördernde und -hemmende *Sitzordnungen* gibt. Warum wird eigentlich den Schülern selbst so selten zugestanden, durch Experimentieren die Sitzordnung herauszufinden, die ihrem Miteinanderleben ebenso förderlich ist wie ihrem Miteinanderlernen?

1.2.2.3 Schulhaus und Schulhof als Gestaltungsaufgabe

(Vgl. z. B. Rauch 1981)

Eine Möglichkeit, die äußeren Rahmenbedingungen ihrer Lebenswelt Schule mitzubestimmen, bietet sich für Lehrer und Schüler mit der Gestaltung von Schulgängen, Treppenhäusern und Schulhöfen.
Aufwandsträger und Schulleiter stehen entsprechenden Vorschlägen meist skeptisch gegenüber, da sie Strohfeueraktionen mit halbfertigen Werken oder überhaupt eine Verunstaltung des Schulhauses befürchten. Konsequent als Projekte durchgeführte Versuche zeigen aber, daß Schüler um einer jugendgemäßen Veränderung ihrer Schule willen erstaunliches Engagement entwickeln, allerdings unter der Voraussetzung, daß ihre Ideen ernst genommen werden, und sie nicht nur als Hilfsarbeiter zur Verwirklichung eines Fremdentwurfs mißbraucht werden.

Folgende Aktionen sind in Schulen z. B. zu finden:

- Bemalung von Betonsäulen, Gangwänden, Treppenhäusern, Lichthöfen z. B. als fach- und klassenübergreifendes Projekt unter Leitung der Kunsterzieher
- Von den Klassen der jeweiligen Stockwerke organisierte wechselnde Ausstellungen einschließlich der Herstellung bzw. Plazierung von Wechselrahmen, Ausstellungstischen, Schaukästen
- Die an Festen orientierte Ausschmückung der Schule: Advent, Weihnachten, Fasching . . .
- Schulhof- und Pausengestaltung, z. B. Sitzecken, Organisation von Spielen und Bewegungsübungen (kontrollierter Bewegungsdrang), der neueste Modetanz, Informationsstand der Schülermitverantwortung, der „privat“ erreichbare Lehrer . . .
- Teilbegrünung des Geländes

1.2.2.4 Die Erholungspause im Unterricht

Sechs Stunden sitzen leistet nicht nur Haltungsschäden, Kreislauf- und Verdauungsbeschwerden Vorschub, sondern bringt – gekoppelt mit überwiegend kognitiven Forderungen – auch das Lernen zum Erliegen. Schon wegen der voraus- und rückwirkenden Gedächtnishemmungen sind Unterbrechungen relativ einförmiger Lernleistungen nötig. Sehr wirkungsvoll, aber meistens aus Hemmungen gemieden sind hier z. B.

- Lieder, und zwar nicht nur im Musikunterricht;
- Bewegungs- und Atemübungen;
- Kurzmeditation (Bild, Text, mit geschlossenen Augen);

- Konzentrationsübungen;
- evtl. auch einmal fünf Minuten Palaver u. a. m.

1.2.2.5 Schule als Ort der Begegnung

Das Leben an der Schule wird von allen getragen, mit vielfältigen Anregungen füreinander. Deshalb sollte über die ohnehin vernachlässigten Feste und Feiern hinaus regelmäßig Gelegenheit geschaffen werden, daß sich alle Lehrer und Schüler der Schule begegnen können. An manchen Schulen wird einmal in der Woche oder im Monat im Lichthof oder in der Aula ein *Morgenkreis* praktiziert, in dem die Klassen abwechselnd von ihrer Arbeit berichten, Lieder, Sketche, Gedichte, Aufsätze vortragen, Freizeitaktivitäten vorstellen usw.
In ähnlicher Weise wirken die sog. *Schülerparlamente* an Alternativen Schulen, die allerdings auch aktuelle Kommunikationsprobleme aufgreifen und Mitbestimmungsrechte ausüben.

1.2.2.6 Ausweitung der Lehrfunktion

Eine ergiebige Quelle der Belebung schulischer Arbeit kann genutzt werden, wenn der Lehrer bereit ist, sein Vermittlungsmonopol gelegentlich aufzugeben; z. B.:

- Rollentausch Lehrer – Schüler; Lehren und Lernen hängen vom Bedarf, nicht vom Alter ab.
- Kompetenzen nützen: Schüler, Eltern, Spezialisten aus dem außerschulischen Bereich als Lehrer für Spezialgebiete, Einzelthemen einsetzen.
- Medien, auch Massenmedien mit ihren Vermittlungsvorteilen nutzen.
- Lehrer können sich im Teamteaching innerfachlich und fachübergreifend mit ihren besonderen Kompetenzen ergänzen, statt den – von den Schülern bald durchschauten – Alleswisser zu spielen und sich ohne Not mit ungeliebten Wissensgebieten herumzuschlagen.
- Neue Chancen überfachlicher Zusammenarbeit bei gleichzeitig hoher Aktualität dürfte in Zukunft die informationstechnische Grundbildung bringen.

1.2.3 Schulleben als Verbindung der Schule zur außerschulischen Wirklichkeit

Die Schule verfehlt ihren Bildungsauftrag, wenn sie ihre Anleitung zur Lebensbewältigung nicht in unmittelbarer Wechselwirkung mit der umfassenden Lebenswirklichkeit gibt.

1.2.3.1 Wertorientierung – Werterziehung

(Vgl. z. B. Coombs/Meux 1971; Günther 1982; Hall 1979; Kohlberg 1981; Mauermann 1982; Mauermann/Weber 1981; Mauermann/Nickmann/Stadler 1981; Mc Phail u. a. 1972 und 1978; Raths u. a. 1976)

Gerade beim Aufbau eines verläßlichen Wertsystems ist die Schule in dem Spannungsfeld zwischen erprobten und in der Vergangenheit bewährten Werthaltungen und den diesbezüglichen Herausforderungen der Gegenwart und Zukunft angesiedelt. Dabei kann sie ihren Auftrag durch überhastetes Eingehen auf Modetrends ebenso verfehlen wie durch hartnäckiges Festhalten an überholten und damit wirklichkeitsfremden Einstellungen und Werthaltungen.
Im Unterschied zur philosophischen Wertediskussion bezeichnen *Werte im Praxisfeld der Schulpädagogik* grundsätzliche Einstellungen, Maßstäbe und Regeln, mit deren Hilfe Personen, Dinge, Situationen, Sachverhalte und Handlungen in ihrer Qualität eingeschätzt und bevorzugt oder abgelehnt werden. Bei aller denkbaren subjektiven Ausprägung schaffen derartige Werte eine Mindestübereinstimmung in der Beurteilung alltäglichen menschlichen Verhaltens. Unterrichtsfächer wie z. B. Religion, Ethik, Deutsche Sprache, Geschichte, Sozialkunde, Politik haben zweifellos von ihren Inhalten her einen bevorzugten Zugang zur Werterziehung. Da aber Erziehung überhaupt nicht möglich ist ohne Bezugnahme auf Werte, verdient die Werterziehung als fächerübergreifendes und jedes einzelne Unterrichtsfach betreffendes Unterrichtsprinzip Beachtung in der Planung einer jeden Unterrichtsstunde.
Praktische Vorschläge für die Werterziehung liegen in beeindruckender Anzahl vor (vgl. zum Überblick Mauermann u. a. 1981; Mauermann/Weber 1981; Mauermann 1982). Mir scheint je nach Anlaß, dem Alter der Schüler und der verfügbaren Zeit eine Kombination der folgenden hauptsächlichen praxiserprobten Konzepte der Werterziehung angemessen zu sein:

1. Die Vermittlung eines *allgemeinverbindlichen Kataloges von Werten* und wünschenswerten Verhaltensweisen sieht z. B. der *normative Ansatz* des Character Education Curriculum (1974) vor. Einen vergleichbaren Weg beschreitet z. B. das Institut für Schulpädagogik und Bildungsplanung (München), wenn es die obersten Bildungsziele des Artikels 131 der Bayerischen Verfassung für den Unterricht zu operationalisieren versucht.

2. An der gegebenen Lebenswelt der Schüler (aktuelle Konflikte, Wahlentscheidungen, Alltagsprobleme) setzt das *Konzept der Wertklärung* an (vgl. Raths u. a. 1976 in Anlehnung an die Humanistische Psychologie).

Die Schüler werden von der spontanen freien Wertentscheidung über die Suche und Prüfung von Alternativen sowie die Reflexion der Handlungskonsequenzen zur überlegten Vertretung ihrer Wertentscheidung geführt. Der Lehrer setzt hier dem Schüler kein vorab entschiedenes Wertesystem vor, sondern leitet ihn lediglich zur Auseinandersetzung mit alltäglichen Lebenssituationen an.

3. Hohe Anforderungen an die Schüler stellen die *systematische Wertanalyse* (z. B. Coombs/Meux 1971) und die auf Werte bezogene *Begriffsbildungsstrategie* (Hall 1979). Für die Wertdiskussion bedeutsame Informationen werden gesammelt, gewichtet, zueinander in Beziehung gesetzt und auf ihre Handlungskonsequenzen hin durchgespielt. Gerade auch für die Schüler erlebbare Gegenwartsprobleme wie Hochrüstung, Umweltprobleme, Arbeitsmarkt, Drogenmißbrauch u. a. erfordern den Diskurs und die Gewinnung eines durch gründliche Information gestützten Standpunkts.

4. Anlehnung an die gruppendynamische Praxis lassen die Unterrichtsprogramme „Lifeline" (Sekundarstufe II, 1972) und „Startline" (Grundschule, 1978) von Mc Phail u. a. erkennen. Ausgehend von alltäglichen Lebenssituationen arbeiten sie an der *Verbesserung der Kommunikationsfähigkeit,* sozusagen als Grundlage wertorientierten Verhaltens zueinander. Arbeitsschritte sind z. B. die möglichst unverstellte Wahrnehmung und Formulierung eigener und fremder Gefühle und Bedürfnisse, die situationsbezogene Interpretation von Absichten und Handlungen, die Rückkopplung von Handlungswirkungen an die Kommunikationspartner (Feedback), die Einübung in annehmbares Reagieren u. a. m.

5. Auf dem Gebiet der *Entwicklung moralischer Urteilsfähigkeit* haben bahnbrechende Arbeit vor allem Piaget, Dewey und Kohlberg (z. B. 1981) geleistet. Danach entwickelt sich das moralische Bewußtsein des Menschen in sechs aufeinanderfolgenden, nicht austauschbaren Etappen:
Vom ersten bis zum vierten Lebensjahr herrschen vor
- die „Orientierung an Strafe und Gehorsam" (maßgeblich für die Einschätzung einer Handlung sind ihre physischen Konsequenzen)
- und die „instrumentell-relativistische Orientierung" (richtiges Handeln wird erlebt als ein Ausgleich zwischen eigener und fremder Bedürfnisbefriedigung).

Zwischen dem vierten und achten Lebensjahr bilden sich heraus
- die „Orientierung an zwischenmenschlicher Übereinstimmung" (als richtiges Handeln wird die Anpassung an Verhaltenserwartungen praktiziert)

- und die „Orientierung an Gesetz und Ordnung“ als Voraussetzung eines funktionierenden Zusammenlebens.

Ab dem achten Lebensjahr ist die Entwicklung des moralischen Urteils gekennzeichnet durch
- die „legalistische Orientierung am Gesellschaftsvertrag“ (richtiges Handeln ist in dem Spannungsfeld zwischen allgemein anerkannten Werten, Normen und Regeln und deren Weiterentwicklung aufgrund kritischen Diskurses und auf der Hand liegender Nützlichkeit angesiedelt)
- und durch die „Orientierung an universalen ethischen Prinzipien“ ..., der Gerechtigkeit, der Gegenseitigkeit und Gleichheit der Menschenrechte, und auch an Prinzipien der Achtung vor der Würde des Menschen als je einzelne Personen (nach Kohlberg).

Abgesehen davon, ob die fünfte und sechste Stufe der Entwicklung des moralischen Urteils überhaupt von allen Menschen erreicht wird, bewahrt die Kenntnis dieser Entwicklungsfolge den Lehrer einerseits vor Überforderung an seine Schüler, andererseits vermittelt sie ihm Hinweise für eine altersgerechte Förderung der Wertorientierung.

1.2.3.2 Schulleben als Anleitung zur Bewältigung aktueller Lebensprobleme

An tradierten Werten und lösbaren Fragestellungen orientiert hatte die Schule schon immer ihre Schwierigkeiten, sich flexibel auf aktuelle Herausforderungen der außerschulischen Wirklichkeit einzustellen. Der in einem pluralistischen Gesellschaftssystem zwangsläufig langwierige Prozeß der Meinungsbildung über Sachverhalte, die der schulischen Vermittlung wert sind, handelt der Schule immer wieder den Vorwurf ein, hinter der Lebenswirklichkeit herzuhinken.

Da die jeweils aktuellen Lebensprobleme zum Teil einem rascheren Wandel unterliegen als die seit langem eben bewährten Werte und die überlieferten Kulturgüter einer Gesellschaft, muß die staatliche Schulaufsicht m. E. zur Beantwortung drängender aktueller Lebensfragen auf den pädagogischen Freiraum des einzelnen Lehrers setzen. Die lehrplanmäßige Berechtigung erfolgt nicht immer so schnell wie z. B. mit der schulischen Aufklärungskampagne zum Problemfeld „Aids“. Andere Zeitprobleme hatten und haben es schwerer, ihre Verankerung in Lehrplänen zu finden. Und wenn man ihren Platz in den Lehrplänen näher betrachtet und ihrer Behandlung im Unterricht nachspürt, drängt sich gelegentlich der Verdacht auf, daß ihnen eine leicht zu übersehende Nische zur Beruhigung des öffentlichen schlechten Gewissens zugeteilt worden ist.

Die gegenwärtige Schülergeneration will – unter anderem – *ihre Lebensfragen beantworten und nicht lediglich den Antworten von gestern auf Fragen von vorgestern nachsinnen.*

Wo aber finden die folgenden *ausgewählten aktuellen Lebensprobleme* im Unterricht ihre angemessene Berücksichtigung?

1. Die *Massenmedien* haben der Schule in Gestaltungsmöglichkeit, Wirkung und Einfluß längst „die Schau gestohlen“. Fast ebenso lange fordert die Medienerziehung den kritischen Rezipienten. Der Schulalltag aber ist nach wie vor von einer eher feindseligen Koexistenz mit den Massenmedien geprägt. Mittlerweile läuft die *Welle der sog. Neuen Medien* (z. B. Bildschirm- und Videotext, Kabel- und Satellitenfernsehen, Speichermedien wie Videorecorder, Videokassetten und Bildplatten) – beinahe unbeachtet von der Schule – auf direktem Weg im privaten Bereich der Schüler aus (vgl. zur Medienerziehung ausführlich 5.5 sowie z. B. Bergler/Six 1979; Brepohl 1985; Feldmann 1977; Meyn 1984; Ratzke 1984; Ronneberger 1982).

2. Einen späten und reichlich schüchternen Kontakt knüpft die Schule derzeit mit der informationstechnischen Grundbildung zur *Computerwirklichkeit.* Die interessierten Schüler haben sich mit ihren Computerkenntnissen längst den Erwachsenen entzogen. Verunsicherte Pädagogen und Soziologen sprechen von Sucht nach Videospielen, von „Opfern des Elektronikzeitalters“, von Realitätsverweigerung, von einem neuen Protest gegen die Erwachsenenwelt, von Vereinsamung vor dem Monitor, aber auch von zukunftsorientierter Kreativität, vom Streben nach Zuverlässigkeit und Berechenbarkeit, von Förderung des logischen Denkvermögens. Computer sind die maßgeblichen Werkzeuge der Informationsgesellschaft. Computer programmieren gehört in Zukunft zu den Basisqualifikationen wie die sog. Kulturtechniken Lesen, Schreiben, Rechnen und wie die Fähigkeit zu sozialem und demokratischem Verhalten. Das „Rahmenkonzept für die informationstechnische Bildung in Schule und Ausbildung“ der Bund-Länder-Kommission vom 7. 12. 1984 und einschlägige Modellversuche in verschiedenen Bundesländern lassen hoffen, daß die Schule ihren diesbezüglichen Auftrag rechtzeitig wahrnimmt.
(Vgl. Klingen/Otto 1986).

3. Seit Anfang der 80er Jahre gehört auch zur Lebenswelt der Kinder und Jugendlichen die sog. *harte Software des Videomarktes:* Action-, Kriegs-, Krimi-, Eastern-, Western-Videos bis hin zu Horror- und Pornovideos

werden von einer kaum bestimmbaren Zahl Jugendlicher regelmäßig oder aus Neugier oder als Mutprobe konsumiert. Der heimliche Griff in den elterlichen Videoschrank und Videotreffs bei älteren, ausleihberechtigten Freunden lassen eine hohe Dunkelziffer vermuten.
Der entsetzte Aufschrei der Öffentlichkeit über die Videopraxis im Kinderzimmer ist mangels publizistischer Dauerwirkung in den Sensationsmedien verklungen. Stichprobenbefragungen in Schulklassen und außerschulischen Cliquen lassen aber erkennen, daß sich die Videoszene mit dem nachlassenden öffentlichen Interesse keineswegs geändert hat. Der Gewöhnungseffekt hat eine Lebenswelt eines Teiles der Kinder und Jugendlichen entstehen lassen, die offensichtlich aus dem öffentlichen pädagogischen Bewußtsein verdrängt und dem Elternhaus zugewiesen wurde. Mit dem „Gesetz über die Verbreitung jugendgefährdender Schriften" und der Novellierung von § 7 des Jugendschutzgesetzes sowie von § 131 des Strafgesetzbuches 1985 hat der Staat zwar juristisch reagiert, nicht aber pädagogisch. Dabei sprechen einschlägige Untersuchungen eine eindeutige Sprache:
Die Wirkungen der Videoszene auf Kinder und Jugendliche reichen von der Sucht nach harter Videoware bis zu permanenten Angstzuständen. Kriminelle Handlungsbereitschaft ist als direkte Folge bisher zwar nicht beweisbar, zweifellos aber bewirken harte Videos bei Dauerkonsum eine Desensibilisierung, d. h., sie machen Gewalttätigkeiten gegenüber gleichgültiger.
Daß die beschriebene Lebenswirklichkeit nicht vor den Schultüren halt macht, belegen die nachfolgenden ausgewählten Fakten:

- Körperliche Gewaltanwendung unter Kindern und Jugendlichen scheint in dem Maße zuzunehmen, als die Fähigkeit zur Kommunikation abnimmt. In einer Untersuchung gab jeder zweite Junge an, daß er zuschlage, wenn er gereizt werde.
- Ein auffälliger Anstieg von Gewaltanwendung ist bei Cliquen bemerkbar, die sich gemeinsam über einzelne ihnen mißliebige Schüler hermachen.
- Die Sachschäden in Schulen pro Jahr haben in Großstädten wie München längst die Millionengrenze überschritten.
- Die Vandalismen in öffentlichen Verkehrsmitteln, an Automaten, Telefonzellen, Straßenverkehrszeichen – meistens von Jugendgangs ausgeführt – haben ein beängstigendes Ausmaß erreicht.

4. Die sensationslüsterne Berichterstattung über *Alkohol- und Drogenkonsum in Schulen* ist erfreulicherweise abgeklungen. Zurückgeblieben

sind der von Einzelfällen drogen- und alkoholabhängiger Schüler genug belastete Schulalltag und die unübersehbare Drogen- und Alkoholszene in der außerschulischen Wirklichkeit.
Rahmenbedingungen für Handlungsmöglichkeiten in der Schule: (vgl. ausführlich und praxisnah Hollunder 1985).

a) *Rechtlich* ist durch das „Gesetz zum Schutze der Jugend in der Öffentlichkeit", das „Betäubungsmittelgesetz", einschlägige Bestimmungen der Schulgesetze und -ordnungen sowie durch besondere Bekanntmachungen der Kultusministerien vorgesorgt. Allerdings dienen die Verbote und Strafandrohungen eher der Ausgrenzung drogenabhängiger Schüler zum Schutz der Schulgemeinschaft als ihrer pädagogischen Betreuung, von einigen Funktionen des Drogenkontaktlehrers einmal abgesehen.

b) Der Großteil der Drogenabhängigen stammt aus den Reihen der Schüler, der schulentlassenen Jugendlichen und der Studenten.
In der Übersicht auf Seite 32 sind die *Ursachenzusammenhänge* dargestellt, die gerade im Jugendalter den Einstieg in die Drogen- und Alkoholszene zu begünstigen scheinen.

c) Als *Warnsignale* vor allem für regelmäßigen Drogenkonsum werden von den Drogenberatern aufgelistet:

Warnsignale körperlicher Art
Blasse, fahle Haut (aufgedunsene Haut),
häufige Kopfschmerzen,
leichte Ermüdbarkeit (Neigung zu Schwindel und Ohnmacht),
Herz-, Magen- und Darmbeschwerden,
Übelkeit und Brechreiz,
feines oder stärkeres Zittern der geschlossenen Glieder und Hände,
ausgeprägte Schweißneigung,
unausgeruht, müde und zerschlagen nach meist unruhigem Schlaf.

Warnsignale seelischer Art
Innere Unruhe,
Nervosität
Schreckhaftigkeit,
Fahrigkeit,
Reizbarkeit/Aggressivität,
depressive Stimmungsschwankungen,
Angstzustände/Mißtrauen,
Minderwertigkeitskomplexe/Enthemmung,
Rührseligkeit, rasche Kränkbarkeit,

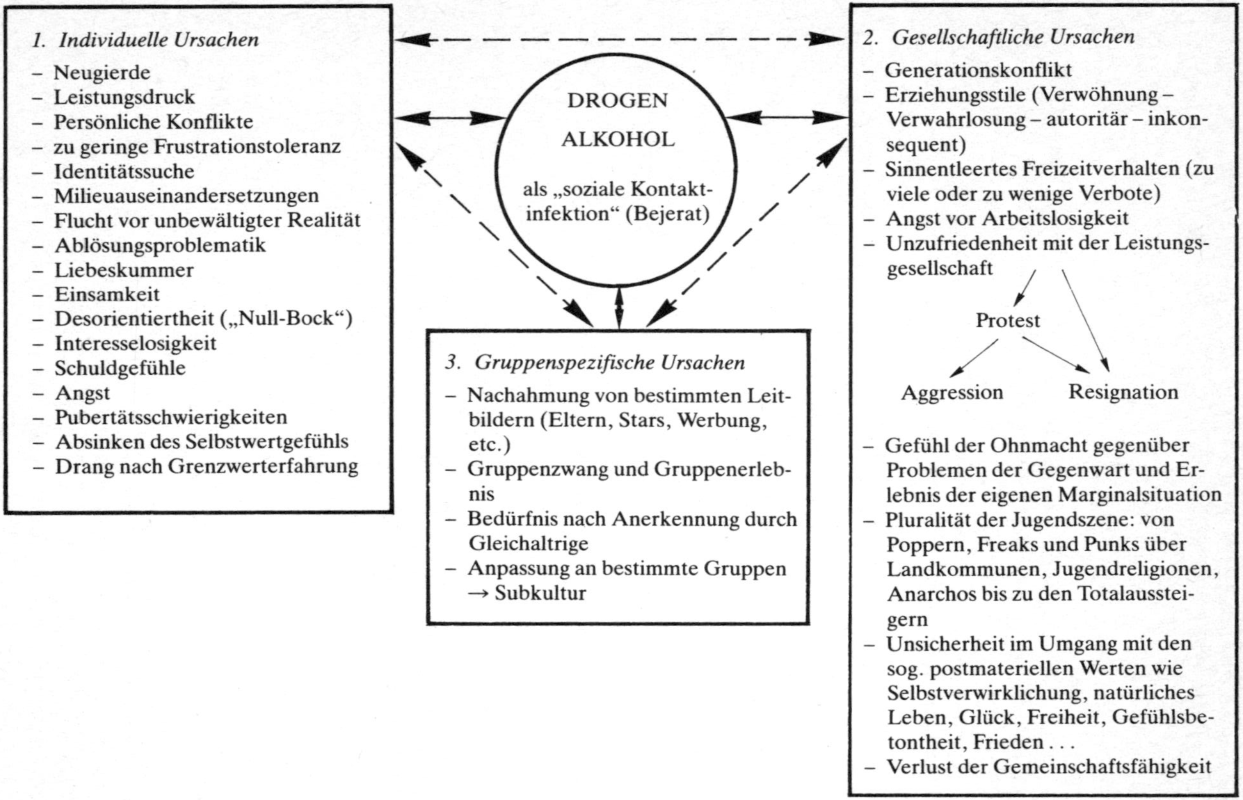
1. Individuelle Ursachen
– Neugierde
– Leistungsdruck
– Persönliche Konflikte
– zu geringe Frustrationstoleranz
– Identitätssuche
– Milieuauseinandersetzungen
– Flucht vor unbewältigter Realität
– Ablösungsproblematik
– Liebeskummer
– Einsamkeit
– Desorientiertheit („Null-Bock“)
– Interesselosigkeit
– Schuldgefühle
– Angst
– Pubertätsschwierigkeiten
– Absinken des Selbstwertgefühls
– Drang nach Grenzwerterfahrung
DROGEN
ALKOHOL
als „soziale Kontakt-infektion“ (Bejerat)
2. Gesellschaftliche Ursachen
– Generationskonflikt
– Erziehungsstile (Verwöhnung – Verwahrlosung – autoritär – inkonsequent)
– Sinnentleertes Freizeitverhalten (zu viele oder zu wenige Verbote)
– Angst vor Arbeitslosigkeit
– Unzufriedenheit mit der Leistungsgesellschaft
Protest
Aggression
Resignation
– Gefühl der Ohnmacht gegenüber Problemen der Gegenwart und Erlebnis der eigenen Marginalsituation
– Pluralität der Jugendszene: von Poppern, Freaks und Punks über Landkommunen, Jugendreligionen, Anarchos bis zu den Totalaussteigern
– Unsicherheit im Umgang mit den sog. postmateriellen Werten wie Selbstverwirklichung, natürliches Leben, Glück, Freiheit, Gefühlsbetontheit, Frieden . . .
– Verlust der Gemeinschaftsfähigkeit
3. Gruppenspezifische Ursachen
– Nachahmung von bestimmten Leitbildern (Eltern, Stars, Werbung, etc.)
– Gruppenzwang und Gruppenerlebnis
– Bedürfnis nach Anerkennung durch Gleichaltrige
– Anpassung an bestimmte Gruppen → Subkultur

Wahnideen/Neurosen,
Verschlossenheit,
Realität wird immer negativ empfunden.

Warnsignale im Bereich sozialer Beziehungen
Alltagserlebnisse werden überzogen geschildert,
exaltiertes Mitteilungsbedürfnis,
gesteigerte Beredsamkeit,
Abbruch bisheriger persönlicher Beziehungen, Hobbys und Freizeitgestaltungen,
Meinungsschwankungen,
kritiklose Übernahme von Wertmaßstäben,
häufiger Wechsel von Bekannten,
Verlust des Gefühls für soziale Verpflichtung,
Unwilligkeit zum Umgang und zur Auseinandersetzung mit Menschen.

Warnsignale im Leistungsbereich
Leistungsabfall ohne erkennbaren Grund,
Verminderung des logischen Denkens,
assoziatives Denken wird lebhafter und phantasiereicher,
Merk- und Konzentrationsstörungen,
Verlust von Interessen, Spontaneität, Kreativität bis hin zur Apathie,
Vernachlässigung der Pflichten.

d) Zur vorbeugenden Aufklärung ist es notwendig, daß die Schüler unmißverständlich über die unkontrollierbaren Wirkungen von Drogen und Alkohol informiert werden.

Gegenwärtig gebräuchliche Rauschmittel:
① *Alkohol*
② *Gruppe der Schlaf- und Beruhigungsmittel* (Barbiturate wie Luminal, Veronal und Tranquilizer wie Valium, Librium etc. und Neuroleptika). Oft beobachtet: Schlafmittel im Wechsel mit Stimulantien. Und: Gefahr des Übergangs zu stärkeren Mitteln, z. B. Morphiumderivaten.
③ *Halluzinogene* wie Haschisch, Marihuana und LSD, die in starke psychische Abhängigkeit führen und häufig den Übergang zu stärkeren Drogen einleiten.
④ *Gruppe der Opiate* (Opium, Morphium, Kodein, Heroin, Metadon u. a.). Problem: Diese Mittel werden oft über längere Zeit genommen, ohne daß das von anderen bemerkt würde. Allerdings ist die Abhängigkeit extrem stark, sowohl psychisch als auch körperlich (Abstinenzerscheinungen).

⑤ *Kokain,* keine körperliche Abhängigkeit, auf Dauer aber wie bei Opiaten: völliger körperlicher Verfall. Psychische Abhängigkeit sehr stark und meist schon nach der ersten Einnahme.

⑥ *PCP,* das Schmerzmittel Phencyclidin. Vor allem in USA weit verbreitet: ca. 10 Mio Konsumenten. Pharmakologisch meines Wissens nicht katalogisiert. Führt auf Dauer zu Muskelsteife. Billiger als Heroin oder LSD.

⑦ Die neueste Entwicklung auf dem Drogenmarkt sind die *synthetischen Rauschgifte,* auch Designer-Drogen oder Power-Drogen genannt. Sie werden auf Amphetaminbasis hergestellt und z. B. unter den Bezeichnungen Speed, Cosmic Space, Adam und Eva preislich erheblich günstiger als die herkömmlichen Drogen gehandelt. Sie haben stark stimulierende Wirkung einschließlich Halluzinationen und Sinnestäuschungen.

e) Die *Handlungsmöglichkeit gegenüber dem Drogensüchtigen* sind enttäuschend begrenzt.

- Die Rückfallquote nach *Entziehungskuren* ist außerordentlich hoch.
- In der Schule können bei Verdacht der *Drogenkontaktlehrer* und der Schulpsychologe eingeschaltet werden.
- Der *Lehrer* ist als Therapeut überfordert, er kann aber als aufmerksamer Beobachter und unaufdringlicher Ansprechpartner eine Hilfe für betroffene Schüler sein.
- Da Drogenkonsum oft die Antwort auf Mangel an Liebe, Erfolg, Selbständigkeit, Zugehörigkeit zu einer Gemeinschaft ist, kann der Lehrer in intensiver Zusammenarbeit mit den Eltern und Klassenkameraden evtl. auf eine *Änderung der defizitären Lebenssituation* hinwirken.
- Nach einer Entziehungskur wieder in die Schule aufgenommene Schüler beanspruchen viel Geduld bei den Lehrern, da der Rückweg zu nicht von Drogen beeinflußtem Verhalten mehrere Monate dauert.
- Erfolgreichere Arbeit kann der Lehrer im *Bereich der Vorbeugung* leisten:
  - Thematisierung der Alkohol- und Drogenproblematik in geeigneten Fächern wie Religionslehre, Ethik, Deutsche Sprache, Erziehungskunde, Sozialkunde, Biologie ...
  - Fachübergreifender Projektunterricht (auch Projekttage oder sog. Studientage) unter Einbezug des Drogenkontaktlehrers und außerschulischer Spezialisten
  - Elternarbeit

- Bewußtmachen der Vorbildwirkung im Umgang z. B. mit Rauchen, Alkohol, Medikamenten ...
- Arbeit an der Klassen- und Schul*gemeinschaft*

5. Eine nicht nur die Eltern und Pädagogen beunruhigende Lebenswelt der Jugendlichen ist hierzulande seit Anfang der 70er Jahre mit den sog. *Jugendsekten bzw. Jugendreligionen* entstanden. Ihr zeitweilig enormer Zulauf kann nur als Zeichen dafür gedeutet werden, daß viele Jugendliche dort Antworten auf ihre Lebensfragen erwarten, die sie in den offiziellen Bildungseinrichtungen und in den etablierten Religionsgemeinschaften nicht finden können bzw. nicht erhalten. Die Jugendsekten knüpfen auch ausdrücklich an der Zukunftsangst, der Aussteigermentalität, dem Wertevakuum, an sinnentleerter Überforderung und an der Doppelmoral der Gesellschaft an.
Wie kann und soll die Schule auf diese zahlenmäßig beachtliche Bewegung reagieren, sofern sie sich als verantwortlich für Lebenshilfe sieht?

a) *Jugendsekten und ihre Auswirkungen*
Als *Sekten* wurden ursprünglich Abspaltungen von der offiziellen Kirche durch abweichende Glaubensauffassung bezeichnet.
Die hier diskutierten besonderen Formen der *Jugendsekten bzw. Jugendreligionen* entwickelten sich seit Anfang der 70er Jahre. In den meisten Fällen stellen sie eine Verbindung indischer Meditationstechniken mit westlichen Psychotrainings dar, vertreten eine ausschließlich gültige Heilslehre und erweisen sich als sehr geschäftstüchtig („Kein Guru ohne Giro"; H. Löffelmann). Sie bieten sich als alternative Lebensform zur Gegenwartspraxis der großen Kirchen an.
Gemeinsame Merkmale und Auswirkungen der Jugendsekten:
Sie betreiben ihre Abgrenzung von anderen weltanschaulichen Positionen mit Absolutheitsanspruch. Ihr ideologischer Totalitarismus fordert den kritiklosen und totalen Einsatz ihrer Mitglieder für die neue Lehre als einziger Heilsbringerin.
Durch das Erlebnis von Geborgenheit und Anerkennung zentrieren sie ihre Mitglieder auf die Gruppe der Insider bei gleichzeitiger, oftmals feindseliger Abgrenzung gegenüber der bisherigen Umwelt. Die Kommunikation mit bisherigen Bezugspersonen wird wegen der Ausschaltung von Fremdeinflüssen unterbunden. Die Abhängigkeit von der Sektengruppe wird durch den systematischen Aufbau von Schuldgefühlen bei Normabweichungen und durch ein ausgeklügeltes Sanktionsregister gesichert.
Die Jugendsekten arbeiten streng führerzentriert.

Sie unterziehen ihre Mitglieder mit Hilfe psychologischer Techniken einer Persönlichkeitsveränderung, die sich bei Sekteneinsteigern z. B. durch plötzlichen und unbeirrbaren Wechsel von Ansichten, Einstellungen, Wertvorstellungen und Lebensgewohnheiten, sowie durch abrupte Abwendung von bisherigen Sozialkontakten äußert.

b) Ein lückenloser *Überblick* über die heutzutage agierenden Jugendsekten ist selbst gründlichen Kennern der Szene nicht möglich, da im Gegenzug zur öffentlichen Aufklärung über Jugendsekten ständig Filialgründungen und Tarnorganisationen entstehen. Um dem wachsamer gewordenen Auge des Gesetzes zu entgehen, rekrutieren sie ihre Mitglieder zunehmend verdeckt, z. B. über Nachhilfeorganisationen, Jugendverbände und Ferienlager.

Als einflußreichste Jugendsekten gelten folgende:
Kinder Gottes/Familie der Liebe (David Mose Berg),
Vereinigungskirche Deutschland (San Myung MUN oder MOON),
Internationale Gesellschaft für KRSNA – Bewußtsein (ISKCON),
Transzendentale Meditation (Maharishi Mahesh Yogi),
Divine Light Mission/Divine United Organisation (MAHARAJ JI),
EAP/Club of Life/ADK (Lyndon Hermyle LAROUCHE),
Rajneesh – Bewegung (BHAGWAN Shree Rajneesh),
Scientology-Kirche (Lafayette Ron HUBBARD)
(Zur ausführlichen Information vgl. z. B. Schneider, K. H.: Jugendsekten I und II, in: Honal (Hrsg.): Handwörterbuch der Schulleitung. Landsberg 1985).

c) Da bei von einer Sekte erfaßten Jugendlichen selbst die Einflußnahme der Eltern in den meisten Fällen wirkungslos bleibt, sind die *pädagogischen Maßnahmen der Schule auf Vorbeugung über Aufklärung* beschränkt.

- Information über die Praktiken von Jugendsekten aufgrund aktueller Ereignisse und Fallbeispiele (Tagespresse ...)
- Vermittlung eines verläßlichen Wertekodex, der dem Jugendlichen einen sicheren Orientierungsrahmen anbietet
- Besinnung der Kirchen auf Glaubensverkündigung anstelle des verschämten Ausweichens auf allgemein ethische Lebensbewältigung.
- Arbeit an der Gruppenatmosphäre der Schulklasse, die eine Suche nach Ersatz vorenthaltener Anerkennung und Geborgenheit überflüssig macht

- Angebot der Gesprächsbereitschaft vor allem gegenüber labilen, leicht beeinflußbaren und evtl. durch Mangel an Sozialkontakten benachteiligten Schulern
- Sensibilisierung der Eltern für die Gefährdung ihrer Kinder durch die Jugendsekten, für ihre Praktiken und Kontaktnahmen (Elternabende, Elternbriefe usw.)

6. *New Age und Okkultismus – Modeerscheinung oder neuer Lebenstrend?*
(Vgl. z. B. Battista 1985; Bender 1980/1985; Biedermann 1986; Capra 1986; Haack 1974; Hiller 1986; Janzen 1988; Knackstedt/Ruppert 1988; Miers 1986; Ruppert 1985; Schnurr 1988; Schorsch 1988; Wenisch 1988; Wilson 1986)

New Age und Okkultismus erweisen sich seit Mitte der 80er Jahre auch in Deutschland als publikumswirksame und kommerziell lohnende Bewegungen mit ungebrochener Dauerwirkung. Etwa zehn Prozent der jährlichen Buchproduktion soll sich bei wechselnden Schwerpunkten mit dem weiten Feld der Esoterik befassen. Wiederholte Umfragen in der Schule bestätigen die Befürchtung, daß die New Age- und Okkultismusszene nicht als hochgespieltes, medienwirksames Modespektakel abgetan werden kann. Wenngleich die meisten okkulten Erfahrungen der Schuljugend – Mädchen scheinen übrigens ansprechbarer zu sein als Jungen – noch auf neugieriges Reinschnuppern und Mutproben beschränkt bleiben, nehmen doch die Fälle zu, in denen psychische Störungen, insbesonders Angstzustände bei Jugendlichen auf okkulte Praktiken zurückgeführt werden müssen.

a) Über *einige Gründe für die zunehmende Anfälligkeit Jugendlicher* für Heilsbewegungen des New Age und für Okkultismus kann eine Wirklichkeitsanalyse aufklären. Ihre Kenntnis vermittelt dem Lehrer erste Maßnahmen, mit denen er betroffenen und gefährdeten Jugendlichen helfen kann, nicht in wirklichkeitsfremde Lebensgestaltung abzudriften.
- Die Rationalisierung und Technisierung der modernen Lebenswelt wird als Bedrohung des menschlichen Daseins empfunden. Ihr steht die Sehnsucht nach einem erfüllten ganzheitlichen Leben gegenüber.
- Viele Jugendliche klagen in einer profit- und konsumorientierten Wirklichkeit über Mangel an Geborgenheit.
- Die Zerstörung von Natur und Umwelt läßt unausweichlich die Grenzen des technischen Fortschritts erfahren.
- Eine noch nie vorher in so großem Ausmaß vorhandene Gefühls- und Kontaktarmut produziert Einsamkeit, möglicherweise ein Tribut an das Informationszeitalter mit seiner Medienhochrüstung.

- Die Grenzerfahrungen zwischen Leben und Tod und die faszinierende Begegnung mit dem Unheimlichen, Nicht-Erklärbaren – von Geschäftemachern geschickt ins öffentliche Bewußtsein gerückt – knüpfen an verborgene Ängste des Menschen an.
- Die neuen Heilslehren nutzen das seelische Vakuum, das durch den weit verbreiteten Abschied von Sicherheit verleihenden religiösen und weltanschaulichen Positionen entstanden ist.

b) Die *gründliche Kenntnis der neuen Bewegungen* ist die Voraussetzung für einen angemessenen Umgang mit ihnen. Befragte Jugendliche lassen immer wieder erkennen, daß sie über Herkunft, Hintergründe, wesentliche Aussagen und Konsequenzen dieser Bewegung kaum Bescheid wissen.

- *New Age* (neues Zeitalter, „Wendezeit", Wassermann-Zeitalter) verspricht die Abkehr vom mechanistischen Weltbild. Die Menschheit steht vor einer neuen Evolutionsstufe, an der sie zugrundegehen, aber auch zu höherem Bewußtsein umgewandelt werden kann.
  New Age baut auf die Verbindung von Mystik, religiösen und esoterischen Überlieferungen einerseits und Naturwissenschaft andererseits. Die Welt als Ganzheit bedeutet die Absage gegenüber jedem Reduktionismus. Der Weg des Menschen in diesem neuen Zeitalter ist ein meditativ-mystischer Weg. Als brillianter Vordenker auf christlicher Grundlage wird von den Vertretern des New Age Teilhard de Chardin („Der Mensch im Kosmos") vereinnahmt. Die heutige Esoterikszene im Zeichen von New Age ist von vielen Scharlatanen bevölkert, ihr Angebot reicht von Körpertherapie bis zu Meditationstechniken. Reinkarnationsvorstellungen und nicht ungefährliche Reinkarnationstherapien werden zur Kompensation des verlorenen christlichen Auferstehungsglaubens aufgeboten. Zerrbilder mittelalterlicher Mystiker, östlicher und indianischer Religionen, der Kult mit parapsychologischen Phänomenen, Berichte über Wunder- und Geistheiler, Erfahrungsberichte aus dem Zustand nach dem klinischen Tod und das sog. Channeling (überirdische Diktate künstlerischer Produkte, z. B. musikalischer Kompositionen) verwischen die Konturen des ernstzunehmenden Anliegens der New Age-Bewegung nach ganzheitlicher Weltsicht.
- *Esoterik* steht als Sammelbezeichnung für Geheimlehren, die nur Eingeweihten bekannt sind. Der Weg zur Erlösung des menschlichen Lebens und zur Erkenntnis der Welt führt nach einer Einführungsphase (Initiationsriten) über strenge geistliche Disziplin und innere Erleuchtungen. Esoterik hat auch eine beachtliche innerkirchliche Tradition. Esoterik behauptet, die universale Weltformel zu kennen. Frühere esoterische

Geheimgesellschaften waren z. B. die Kabbalisten, Rosenkreutzer, Freimaurer, Gnostiker u. a.

- *Okkultismus* bezeichnet
  1. die Lehre von übersinnlichen Kräften und Sachverhalten (paranormale Erscheinungen), die mit wissenschaftlichen Methoden nicht erklärt werden können, wie z. B. übersinnliche Wahrnehmungen (Telepathie, Hellsehen), seelisch oder gedanklich verursachte Fernbewegungen (Psychokinese, Telekinese), Präkognition (Voraussagen), Materialisationen (Verkörperlichung Verstorbener mit Hilfe eines Mediums), Levitationen (Abheben von Personen und Gegenständen vom Boden), Spuk und Geistererscheinungen.
  2. Okkultismus wird als Sammelbegriff verwendet für sog. Geheimwissenschaften, also für alles, was im Verborgenen geschieht wie weiße und schwarze Magie, Hexerei, Satanskult und schwarze Messen, Wahrsagerei, Spiritismus, Geisterbeschwörung.
- Demgegenüber untersucht die *Parapsychologie* paranormale Phänomene mit anerkannten Methoden der Wissenschaft, insbesonders Phänomene der außersinnlichen Wahrnehmung (ASW) wie z. B. Telepathie und der Psychokinese (PK), deren Existenz heutzutage selbst von ernstzunehmenden Wissenschaftlern nicht mehr in Frage gestellt wird.
- *Spiritismus* bezeichnet den Glauben an die Möglichkeit, daß die Geister Verstorbener durch die Vermittlung eines Mediums mit den Lebenden in Verbindung treten können; die Existenz einer Geisterwelt steht hier also außer Zweifel.
- *Beliebte Techniken* der Spritismus- und Okkultimusszene sind Tischrükken, Gläserrücken, automatisches Schreiben, Pendeln, Tarot, Herbeirufen von Klopf- und Polstergeistern, Satanskult mit schwarzen Messen und sadomasochistischer Sexualmagie.
- Okkulte Botschaften werden auch von einigen Abkömmlingen des *Hard Rock* übermittelt, der seit ca. 1970 eine bei Jugendlichen beliebte Musikrichtung ist, seit 1975 auch Heavy Metal genannt. Hard Rock-Gruppen beabsichtigen oft die Auslösung aggressiver Stimmungen und übersteigerter, zum Teil ekstatischer Aktionen; Protest und Gewalt werden auf der Bühne ausgelebt. Als geistiger Wegbereiter der destruktiven Hard Rock-Richtungen (Black Metal, Death Metal u. a.) gilt Aleister Crowley, 1875 in England geboren, 1947 rauschgiftsüchtig und geistig umnachtet gestorben. Er predigte schwarze Magie, Satanismus, sexuelle Perversitäten und Drogenkonsum. Die Musik betrachtete er dafür als geeignetes Verführungs- und Transportmittel.

Die Black Metal-Gruppen zeigen auf Plattenhüllen und bei ihren Auftritten:

- okkulte und satanische Zeichen (z. B. Pentagramme: fünfzackiger Stern als Zeichen für Luzifer und Hexerei; die gehörnte Ziege für den Teufel als Gegenbild zum Lamm Gottes; das auf den Kopf gestellte christliche Kreuz; das satanische S (ʃ); das Tau-Kreuz (T); den satanischen Gruß: abgespreizter Zeigefinger und kleiner Finger);
- sie vermitteln gelegentlich unter Überlistung des bewußten Wahrnehmens Satansbotschaften, die durch Rückwärtsspielen der Platten (Methode des Backward Masking) hörbar sein sollen;
- sie zelebrieren kultische Rituale ähnlich schwarzen Messen und sexuelle Perversionen mit Horror-Szenario
- und fordern oft zum Drogenkonsum auf.

c) *Pädagogische Konsequenzen*

- Der Lehrer muß *aus sicherer Kenntnis argumentieren.* Ein inkompetenter oder voreingenommener Gesprächspartner wird von den Schülern erst gar nicht gefragt.
- *Nötig ist taktvolle Aufklärung,* die den verunsicherten Jugendlichen nicht der Lächerlichkeit preisgibt und die in Frage gestellte okkulte Praktik nicht lediglich als Unsinn etikettiert, sondern mit Argumenten beschreibt und erklärt. Der Jugendliche braucht gesicherte Informationen für die eigene Meinungsbildung.
- Bei Themen, die in die aktuelle Lebensgestaltung der Jugendlichen hineinreichen, kommt der Lehrer um eine *persönliche Stellungnahme* nicht herum. Er muß z. B. mit Fragen wie den folgenden rechnen, auf die mit ja oder nein zu antworten, den Jugendlichen nicht genügt:
  Was halten Sie von Geistern? Glauben Sie an Satan und die Hölle?
  Gibt es Ihrer Meinung nach Hexen? . . .
  Bei solchen Fragen auf den Religionslehrer zu verweisen, hieße das Vertrauen der Jugendlichen zu enttäuschen und sie evtl. zu veranlassen, weiteres Fragen einzustellen.
- *Echte Fallbeispiele* führen die Jugendlichen noch am ehesten zu der Einsicht, wie gefährlich sich Okkultpraktiken auf ihre Lebensgestaltung auswirken können, z. B.:
  Entfernung aus der Lebenswirklichkeit,
  Fremdbestimmung durch Geister oder schlicht durch Scharlatane und Betrüger,
  Teufelskreis der sich selbst erfüllenden Prophezeiung,
  lebenshemmende Angstzustände.

- Zu okkulten Aktivitäten kommen die Jugendlichen nicht von sich aus; es gilt also, das *Gespräch mit den „Anführern“ zu suchen,* die möglicherweise in der Rollendynamik der Klasse/Gruppe/Clique überhaupt über einen bevorzugten Zugang zu den Mitläufern verfügen.
- Die Arbeit an okkulten Phänomenen darf sich *nicht mit der Aufklärung begnügen.* Sie muß sich vielmehr in konstruktiver Sicht mit den übergreifenden Themen Sterben und Tod, Lebensangst, Zukunftsangst und dem Erfahrungsraum des gelebten christlichen Glaubens beschäftigen, und zwar nicht nur im Religionsunterricht.
- Nur dann, wenn der aufklärende Zugang zu einem betroffenen Jugendlichen nicht mehr möglich ist bzw. wenn eine ernsthafte Gefährdung von Mitschülern zu befürchten ist, muß der Lehrer *die Eltern und die Schulleitung verständigen;* außerdem wird er die Kontaktaufnahme zu einer *Beratungsstelle* empfehlen.

1.2.4 Schulleben als Verwirklichung fächerübergreifender Erziehungs- und Unterrichtsaufträge

1.2.4.1 Wirklichkeitsbezug durch fächerübergreifenden Unterricht

Fächerübergreifender Unterricht verwirklicht ganzheitliches, praxisorientiertes Lernen, weshalb er dem Schulleben im Sinne von Lebensnähe dient. Er ergibt sich meistens zwangsläufig aus komplexen Lernzielen, Lerninhalten, die von einem Unterrichtsfach allein nicht abgedeckt werden können. Insofern stellt er ein Gegengewicht zum einseitig fachorientierten Unterricht dar, der über der gesonderten Betrachtung von Teilaspekten der Wirklichkeit die Zusammenhänge der Gesamtwirklichkeit leicht aus den Augen geraten läßt.

Fächerübergreifender Unterricht ist insbesonders in folgenden Fällen gefordert:

- Ein und derselbe Lerninhalt muß von verschiedenen fachlichen Standpunkten aus betrachtet werden, wenn er nicht wirklichkeitsfremdes Stückwerk bleiben soll.
- Die besondere Komplexität eines Lerninhalts besteht gerade darin, daß seine Einzelteile in verschiedenen Fächern beheimatet sind. Eine kompetente Auseinandersetzung mit dem Gesamtinhalt ist also nur durch Kooperation der betroffenen Fachlehrer möglich.
- Fächerübergreifender Unterricht greift auch aktuelle und damit zeitabhängige Anlässe auf, welche die Handlungsbereitschaft und -fähigkeit aller Menschen erfordern, in der Regel eine Überforderung für die Vermittlung durch ein einziges Fach.

- Fächerübergreifender Unterricht verfolgt meistens eindeutige Erziehungsabsichten; er zielt also über die Klärung eines Sachverhalts durch verschiedene Fächer hinaus auf Handeln, Einstellung, Gesinnung, Haltung der Schüler.

Die Beschreibung des fächerübergreifenden Unterrichts läßt deutlich werden, daß er auf enge Kooperation der jeweils kompetenten Lehrer angewiesen ist, wenn er kein mehr oder minder brauchbares Zufallsprodukt zeitigen soll. Zu dieser Kooperation gehören:

die verbindliche Absprache über die angestrebten Lernziele,
die Festlegung der zu diesem Zweck in den einzelnen Fächern zu behandelnden Lerninhalte,
die zeitliche Planung der ineinandergreifenden Unterrichtseinheiten,
der Austausch des fachlichen Lehr- und Lernmaterials, mindestens die Information darüber
und die Abstimmung der Teilergebnisse sowie die gemeinsame Erarbeitung des Gesamtergebnisses.
Nur auf diese Weise lassen sich Überschneidungen, Wiederholungen und verwirrende Widersprüche vermeiden. Fächerübergreifende Unterrichts- und Erziehungsanliegen weisen sich somit als sinnvolle Themen für Lehrerkonferenzen und vor allem für kooperationswillige Lehrerteams aus.

1.2.4.2 Allgemeine Hinweise zur Praxis des fächerübergreifenden Unterrichts

Die offiziell formulierten und bundesweit verbindlichen fächerübergreifenden Erziehungs- und Unterrichtsanliegen sind durch Beschlüsse der Kultusministerkonferenz (KMK) legitmiert und meistens durch Ausführungsbestimmungen der einzelnen Bundesländer näher erläutert. Da fächerübergreifende Erziehungs- und Unterrichtsanliegen auf Handlungsbereitschaft und -fähigkeit der Schüler abzielen, werden sie auch vorzugsweise durch handlungsorientierte unterrichtliche Situationen verwirklicht, die den Gesamtzusammenhang erfahrbar machen, wie z. B. durch

- Gelegenheits- oder Situationsunterricht (v. a. an der Aktualität orientiert),
- Epochalunterricht (vor allem an der Gesamtsicht orientiert),
- Projektunterricht (vor allem am eigenen Handeln und Erfahren orientiert). Vgl. ausführlich 3.5.5.3/7.

Schülerkooperierende Unterrichtsformen, die Sozialform der Gruppenarbeit und die Produktivität der Schüler herausfordernde Aktionsformen begünstigen nicht nur das eigene Handeln der Schüler, sondern eröffnen auch sonst vernachlässigte Möglichkeiten des sozialen Lernens.

1.2.4.3 Übersicht über aktuelle fächerübergreifende Erziehungs- und Unterrichtsanliegen

Die Übersicht ist als stichwortartige Grundinformation und Orientierungshilfe zu verstehen. Sie ist durch die speziellen Richtlinien und Empfehlungen der einzelnen Bundesländer zu ergänzen, die in der Interpretation der Beschlüsse der Kultusministerkonferenz allerdings nicht grundsätzlich voneinander abweichen.

1. *Sexualerziehung*

(Vgl. z. B. Fricke u. a. 1980; Gamm/Koch 1977; Grassel/Bach 1979; Kluge 1976 und 1981; Koch/Lutzmann 1982; Linti 1982)

a) *Rechtliche Grundlagen:*

- Sexualerziehung ist primär Aufgabe der Familienerziehung nach Art. 6.2 GG, das Recht zur schulischen Sexualerziehung ergibt sich aus Art. 7.1 GG.
- Sexualerziehung ist als schulischer Auftrag ausdrücklich durch die KMK-Empfehlung vom 3. 10. 1968 formuliert und durch Richtlinien in allen Bundesländern realisiert.
- Die Berechtigung zur Durchführung des Sexualkundeunterrichts wurde durch Beschluß des Bundesverfassungsgerichts vom 21. 12. 1977 bestätigt.
- Der Lehrer ist verpflichtet, die Eltern über die Durchführung des Sexualkundeunterrichts zu informieren, ihnen geplante Medien vorzustellen und mit ihnen zu kooperieren; bezüglich der Inhalte des Sexualkundeunterrichts aber haben die Eltern kein Mitspracherecht.
- Im Sexualkundeunterricht dürfen ausschließlich nur genehmigte Medien eingesetzt werden.

b) *Hauptsächlich betroffene Fächer*

Biologie,
Erziehungskunde,
Sozialkunde,
Religionslehre und Ethik,
Deutsche Sprache,
Kunsterziehung.

Dringend zu empfehlen sind Absprachen zwischen den betroffenen Lehrern in Arbeitsgemeinschaften sowie Abstimmung und Austausch des Arbeitsmaterials.

2. *Verkehrserziehung*

(Vgl. z. B. Bärenz u. a. 1979; Böcher 1981; Bundesanstalt f. Straßenwesen 1979; Daur 1976; Günther u. a. 1979; Innenministerium Baden-Württemberg 1978; Jugendwerk der Deutschen Shell 1980; Limbourg/Gerber 1979; kostenlose Materialien stellen zur Verfügung die Automobilclubs, der HUK-Verband, die Verkehrswacht und Unterrichtsmaterial zum Ausleihen die Landes- und Kreisbildstellen)

a) *Rechtliche Grundlagen*

Vor allem die Empfehlung der Kultusministerkonferenz vom 7. 7. 1972

b) *Ziele*

Vor allem Unfallverhütung und Qualifikation der Schüler für den Wirklichkeitsbereich Verkehr

Nach der Empfehlung der Kultusministerkonferenz soll die Verkehrserziehung

- „die Wahrnehmungsfähigkeit und das Reaktionsvermögen entwickeln und durch Beobachtungs- und Erkenntnishilfen zum Erwerb von Erfahrungen beitragen;
- verkehrskundliches Wissen vermitteln und verkehrstechnische Fertigkeiten einüben;
- zu den sozialintegrativen Formen des Verhaltens hinführen, die für die Teilnahme am Verkehr notwendig sind;
- die Bereitschaft wecken, sich um eine humane Gestaltung des Verkehrs zu bemühen".

c) *Konsequenzen für den Unterricht (nach Böcher)*

- Verkehrserziehung umfaßt ganzheitlich die kognitiven, affektiven und instrumentellen Verhaltensbereiche.
- Verkehrserziehung muß entwicklungsgemäß der Verkehrsrolle und dem Wahrnehmungsvermögen der Kinder entsprechen.
- Verkehrserziehung ist an der Verkehrswirklichkeit orientiert, indem sie am lokalen Umfeld anknüpft.
- Verkehrserziehung greift problemorientiert für die Schüler wichtige, erlebbare Verkehrssituationen auf.
- Verkehrserziehung geht von unmittelbaren Bedürfnissen und Motiven der Schüler aus.

- Verkehrserziehung ist handlungsorientiert bis hin zur Erarbeitung von Veränderungsvorschlägen für konkrete Verkehrssituationen.
- Anschauungsmaterial, Fallbeispiele, Planspiele und Simulationen müssen den Vorzug vor theoretischer Vermittlung haben.

Das Hauptproblem der Praxis der Verkehrserziehung besteht darin, daß sie als Unterrichtsprinzip oder fächerübergreifend betrieben oft unberücksichtigt bzw. auf Verbalakrobatik beschränkt bleibt. Die *bessere Lösung* stellen Kurse, Projekte, Kooperation mit der Polizei und mit Verkehrsverbänden, die Ausbildung von Schülerlotsen, Unterricht „vor Ort" und systematisches Verkehrstraining dar.

d) *Als unterrichtsergänzende, praxisnahe Lernangebote werden vorgeschlagen:*

- Mediatoren-Training für den Vorschulbereich: Eltern-Trainings-Programm (z. B. Limbourg/Gerber 79; Günther 79; Innenministerium Baden-Württemberg 1978)
- Kinder-Verkehrs-Clubs, in den 70er Jahren in Skandinavien gegründet, die Lernspiele und Medienpakete für Eltern und Kinder im Vorschulbereich anbieten; zwischen dem dritten und siebten Geburtstag des Kindes trifft jedes halbe Jahr ein Paket ein.
- Gezielte Maßnahmen in den Kindergärten
- Ausbildung der Schülerlotsen in Kooperation mit dem Elternbeirat, der Gemeinde als Träger und der Polizei; zur Vermeidung von Kompetenzstreitigkeiten sind hier die detaillierten Vorschriften einzuhalten. Die Tätigkeit als Schülerlotse sollte als Tätigkeit für die Schulgemeinschaft im Zeugnis erwähnt werden.
- Ausbildung in der Jugendverkehrsschule
- Kurse zur Ausbildung in der Ersten Hilfe
- Besuche von Gerichtsverhandlungen über Verkehrsdelikte
- Ausbildung zum Schulbusbegleiter, meistens als Zusatzausbildung des Schülerlotsen

e) *Hauptsächlich betroffene Fächer bzw. Lehrer*

- Klassenlehrer, vor allem in der Grundschule
- Naturwissenschaftlich-technische Fächer
- Gesellschaftswissenschaftliche-politische Fächer
- Zusammenarbeit mit der Polizei und den im Deutschen Verkehrssicherheitsrat vereinigten Organisationen, z. B. zur Durchführung freiwilliger Fahrradprüfungen, Fahrradkontrollen, Fahrübungen mit dem Mofa, Schulwegbegehungen.

- Der Deutsche Verkehrssicherheitsrat und die Deutsche Verkehrswacht halten Materialien bereit, z. B.
  Partner auf der Straße, 1.–9. Schuljahr, 4 Bde., Stuttgart/Braunschweig 75; Welt des Verkehrs, 1.–10. Schuljahr, 4 Bde., Braunschweig 1972; Situationen im Straßenverkehr, 3 Bde.

3. *Umwelterziehung*

(Vgl. z. B. Eulefeld u. a. 1981; Paffrath/Wehnert 1982; Staatsinstitut für Schulpädagogik und Bildungsforschung 1979, 1983, 1986;
das Umweltbundesamt unterhält einen *Materialdienst für Pädagogen*, das Institut für Film und Bild in Wissenschaft und Unterricht (FWU) bietet eine fächerübergreifende *Zusammenstellung aller AV-Medien* zur Umwelterziehung an)

a) Die Empfehlung der Kultusministerkonferenz vom 17. 10. 1980 fordert die „Vermittlung von Einsichten in die komplexen Zusammenhänge unserer Umwelt", in denen der Mensch als Verursacher und Betroffener problematischer Entwicklungen erscheint sowie als Verantwortlicher für die Folgen seiner Eingriffe.
Durch schulische Vermittlung „soll der Schüler insbesondere
- die durch Verfassung und Gesetz gegebenen Rechte und Pflichten des Bürgers kennenlernen und dadurch bereit werden, an den Aufgaben der Sorge für die Umwelt und des Umweltschutzes mitzuwirken;
- zu einer gezielten Beobachtung und Untersuchung seiner Umwelt bewegt werden;
- Einblick in ökologische Zusammenhänge gewinnen und die Wirkung von Störungen kennenlernen;
- Ursachen von Umweltbelastungen und teilweise nicht wieder rückgängig zu machenden Umweltveränderungen kennenlernen;
- die Verflechtung ökologischer, ökonomischer und gesellschaftlicher Einflüsse erkennen, die zum gegenwärtigen Zustand unserer Umwelt geführt haben;
- erkennen, daß die Erhaltung der Vielgestaltigkeit von Lebewesen und Landschaft nicht nur zur Sicherung der natürlichen Lebensgrundlagen für die gegenwärtige, sondern auch für die zukünftigen Generationen erforderlich ist;
- erkennen, daß Umweltbelastung ein internationales Problem und eine Existenzfrage für die gesamte Menschheit ist und daß Sorge für die Umwelt somit eine internationale Aufgabe darstellt, bei der den hochentwickelten Industriestaaten eine besondere Verantwortung zukommt;

- zur Einsicht gelangen, daß verantwortungsbewußtes Handeln des einzelnen und der Gesellschaft notwendig ist, um dem Menschen die Umwelt zu sichern, die er für ein gesundes und menschenwürdiges Dasein braucht;
- erkennen, daß Sorge für die Umwelt die Auseinandersetzung mit Interessengegensätzen einschließt und deshalb eine sorgfältige Abwägung von ökonomischen und ökologischen Gesichtspunkten notwendig ist".

b) Die *für das Unterrichtsprinzip Umwelterziehung formulierten Richtziele* für die bayerischen Schulen verdeutlichen die notwendige Kooperation der verschiedenen Unterrichtsfächer (vgl. auch die nach Jahrgangsstufen geordnete Neuformulierung vom 30. Mai 1990!):

Hauptschule

Realschule

Gymnasiale Mittelstufe

1. Der Schüler soll erkennen, daß Tier- und Pflanzenwelt, Boden, Wasser, Luft und nicht zuletzt auch der Mensch miteinander in vielschichtigen Umweltbeziehungen stehen und Ökosysteme bilden.	*Biologie*
2. Er soll einsehen, daß Eingriffe in Einzelbereiche sich auf das Gesamtgefüge der Umwelt auswirken.	*Biologie* *Erdkunde*
3. Er soll wesentliche Erscheinungen der Umweltbelastung als Folge der Aktivitäten in der Güterproduktion und in den Bereichen des privaten und öffentlichen Lebens kennenlernen.	*Biologie* *Erdkunde* *Sozialkunde* *Chemie*
4. Er soll an Beispielen Umweltschäden feststellen und mit geeigneten Verfahren untersuchen können.	*Biologie* *Chemie* *Erdkunde*
5. Er soll wichtige Abhilfe- und Schutzmaßnahmen zur Sicherung der Grundgüter für die Erhaltung der menschlichen Lebensqualität kennen.	*Physik/Chemie* *Sozialkunde* *Biologie* *Erdkunde*
6. Er soll einen Überblick über die hierzu erforderlichen planerischen Maßnahmen gewinnen, Verständnis für ihre Notwendigkeit entwickeln und im Rahmen seines Erfahrungsbereiches zu einer kritischen Stellungnahme fähig sein.	*Erdkunde* *Sozialkunde* *Chemie* *Biologie* *Deutsch*

7. Er soll die Einsicht gewinnen, daß ein Zusammenhang zwischen verschiedenen Lebenseinstellungen und dem Umweltverhalten besteht.	*Sozialkunde* *Ethik/ Religionslehre* *Biologie*
8. Er soll bereit sein, im privaten und später auch im beruflichen und öffentlichen Leben bei der Lösung von Problemen des Umweltschutzes und der Raumordnung mitzuwirken.	*Erdkunde* *Sozialkunde* *Biologie* *Wirtschaftslehre* *Ethik/ Religionslehre*
9. Er soll Umweltvorsorge als internationales Problem erkennen und als Voraussetzung für die Weiterexistenz des Lebens auf der Erde begreifen.	*Erdkunde* *Sozialkunde* *Biologie* *Ethik/Religionslehre* *Chemie*

c) *Methodische Hinweise*

Absoluten Vorrang hat die *originale Begegnung* durch Besichtigung und Arbeit „vor Ort“; mindestens aber sollte die Natur ins Klassenzimmer hereingeholt werden, wenn immer dies möglich ist.

- Umwelterziehung wird am besten durch *Projektunterricht* verwirklicht, auch durch *Projekttage* (z. B. Befragungsaktion zum Umweltverhalten, Ausstellung und Experimente zum Thema Wasser...) und *Jahresprojekte* (z. B. Schulgarten, Landschaftspflege, Beseitigung von Sondermüll, Aufräumarbeiten in der Natur, Pflanzaktionen, Einrichtung und Betreuung von Lehrpfaden, Biotopen und Nistkästen, Artenschutzmaßnahmen).
- Gründlich zu bedenken sind vor allem an Projekttagen, die ja u. a. auf Besucher angewiesen sind und eine hohe Fluktuation im Schulhaus mit sich bringen, wie die damit verbundenen *organisatorischen Probleme* zu lösen sind.

  Um z. B. 1200 Schüler und geschätzte 800 Besucher in den Griff zu bekommen, beschloß das Hanns-Seidel-Gymnasium Hösbach am Projekttag „Wasser – Motiv, Lebenselement und Umwelt“ (am 11. 6. 1983) folgende Maßnahmen: in schulreport 5/1983

  Dazu gehörten

  – ein breit gefächertes Programm parallel verlaufender Veranstaltungen, das quasi von selbst eine gewisse „Verteilerrolle“ übernehmen sollte (stetiger Wechsel zwischen Vortragszyklen und Pausen!),

- fünf Vortragszentren mit je 150 Sitzplätzen, von denen jedes durch Kombination zweier Klassenzimmer nach Entfernen mobiler Wandelemente gebildet wurde,
- eine sechzehnseitige Broschüre mit Programmübersicht und kurzen Inhaltsangaben zu den einzelnen Vorträgen und Aktionen, die eine Woche vor dem Projekttag an die Klassen und Eltern verteilt wurde,
- das Angebot an die Schüler der Unterstufe zur spielerischen Auseinandersetzung mit dem Medium Wasser in Wettbewerbsform im Schulhof, um das Schulgebäude und die internen Abläufe zu entlasten (diese Aufgabe lösten die Tutoren der Fünftkläßler in vorbildlicher Weise),
- eine ausführliche Besprechung des Programms und einzelner Beiträge in den Klassen durch die Klaßleiter mit Empfehlung, mindestens zwei Veranstaltungen am Vormittag zu besuchen,
- eine gute Kennzeichnung der Räume, ergänzt von Durchsagen über die zentrale Lautsprecheranlage in den Pausen mit Angaben über die einzelnen Beiträge der nächsten Vortragsreihe und akustischen Signalen fünf Minuten vor und zu Beginn eines jeden Zyklus.

Als *weitere fächerübergreifende Erziehungs- und Unterrichtsanliegen besitzen derzeit hohe Aktualität:*

4. *Europa im Unterricht*

(Vgl. die Empfehlung der Kultusministerkonferenz vom 8. 6. 1978: Lernziele und praktische Vorschläge)

5. *Friedenserziehung*

(Vgl. z. B. die Erklärung der Kultusminister der unionsregierten Länder 1983; das Bayerische Gesetz für Erziehung und Unterricht, Art. 1 „Völkerversöhnung“; Staatsinstitut für Schulpädagogik und Bildungsforschung (Hrsg.): Was ist Frieden? – Handreichung zur Behandlung des Themas Frieden im Unterricht, München 1983; Steinweg 1984)

6. *Medienerziehung*

(Vgl. Literatur und praktische Hinweise unter 5.5)

7. *Freizeiterziehung*

(Vgl. Literatur und praktische Hinweise unter 1.2.5.8)

8. *Verbrauchererziehung*

(Vgl. die einschlägigen Gesetze und Verordnungen zum Schutze des Verbrauchers sowie Einrichtungen der Verbraucherberatung und verbraucherorientierte Informationen durch Presse, Funk und Fernsehen; ferner z. B. Kaiser/Kaminski 1982; Kaminski 1978, 1981; Scherhorn 1979; aktuelle Themen lassen sich für *Elternabende* gewinnen, z. B.

- Kinder als Adressaten der Werbung (mit Beispielen aus den Massenmedien
- Taschengeld
- Kinder, Verführte der Konsumgesellschaft . . .)

9. *Gesundheitserziehung*

(Vgl. vor allem den Beschluß der Kultusministerkonferenz vom 1. 6. 1979 und die Schriften der Bundeszentrale für gesundheitliche Aufklärung).
Ausgewählte Vorschläge für eine Gesundheitserziehung durch unmittelbare Erfahrung in der Schule (nach Brunnhuber, in schulreport 3/1980)

- Sorgt der Lehrer immer wieder für genügend Sauerstoffzufuhr und Lufterneuerung im Klassenzimmer durch planmäßige Lüftung?
- Achtet der Lehrer unter Beobachtung des Zimmerthermometers immer wieder auf die günstigste Arbeitstemperatur von 18–20° C? (Dem agierenden Lehrer ist es leicht zu warm, während Schüler frieren.)
- Hat sich der Lehrer (gerade bei Schulanfängern und bei einer neu übernommenen Klasse) vergewissert, ob nicht (oder ggf. in welchen Fällen) die Auffassungsfähigkeit einzelner Schüler durch Sinnesbeeinträchtigungen (Schwerhörigkeit, Kurzsichtigkeit, Farbenblindheit u. ä.) behindert ist?
- Entsprechen Sitz- und Tischhöhe unter arbeitsphysiologischen Gesichtspunkten der Körpergröße der einzelnen Kinder? Wirkt der Lehrer regelmäßig auf eine allmählich gewohnheitsmäßig einzunehmende richtige Sitz- und Schreibhaltung der Schüler hin?
- Drängt der Lehrer auf eine Sitzordnung in der Klasse, bei der alle Schüler ohne unzumutbare Verrenkungen zum Lehrer und zur Tafel sehen können?
- Achtet der Lehrer durchwegs auf genügende Ausleuchtung der Arbeitsplätze, der Tafel und der Overhead-Projektionsfläche?
- Ist dem Lehrer eine bis in die letzte Bank gut wahrnehmbare, prägnante, farbkontrastreiche Beschriftung von Tafel oder Overhead-Folie ein tägliches Anliegen?
- Sorgt der Lehrer, nicht nur bei Grundschülern, nach längerem Stillsit-

zen für einen überlegten Ausgleich, bei dem das Bewegungsbedürfnis der Schüler zum Zuge kommt?

- Trägt der Lehrer in seinem Verhalten den Bedürfnissen der Kinder nach Geborgenheit, warmer Zuwendung, Sicherheit, Verläßlichkeit und Angenommensein Rechnung? Dies ist zwar eine unmittelbar mitmenschliche Forderung, zugleich aber auch eine Voraussetzung, daß Kinder ihre Kräfte für Leistungsforderungen freisetzen können.
- Überlegt der Lehrer immer wieder die Sinnhaftigkeit dessen, was er von den Schülern verlangt, und erschließt er ihnen auch Motive des Lernens?
- Kommen die Lehrkräfte – fachgebunden und überfachlich – dem Sinnverlangen der Kinder und Heranwachsenden entgegen, und geben sie ihnen tragfähige Antworten auf Fragen der Lebensgestaltung?

1.2.5 Schulleben als Verwirklichung außerunterrichtlicher und außerschulischer Veranstaltungen

(Vgl. z. B. Muth/Zieroff 1980)

Außerunterrichtliche und außerschulische Veranstaltungen tragen als ergänzende Maßnahmen erheblich dazu bei, die Interaktionen in einer Schule in Richtung einer Schulgemeinschaft zu entwickeln und lebendiges Lernen zu verwirklichen.
Auch hier mangelt es nicht an hinreichend erprobten Vorschlägen und Ideen, eher schon am – zugegeben oft sehr zeitaufwendigen – Engagement der Lehrer, solche „Zusatzangebote" in die Tat umzusetzen.
Der nachfolgende *Überblick* soll die vielfältigen Möglichkeiten skizzieren, unter denen der Lehrer von seinem fachlichen Zugang und seiner persönlichen Neigung her eine verkraftbare Auswahl treffen kann.

1.2.5.1 Spiel, Fest und Feier im Schulleben

(Vgl. auch Spiele im Unterricht unter 1.2.2.1; ferner Buytendiyk 1973; Flitner 1973; Hering 1979; Huizinga 1938; Kluge 1981; Kraft 1979; Kreuzer 1982; Schmidtchen/Erb 1972; Schröder 1980)

1. Sie erfordern in den meisten Fällen die Zusammenarbeit verschiedener Fachlehrer mit den Schülern, um die notwendige Planungsarbeit und Vorbereitung auf das gemeinsame Ziel hin (z. B. Weihnachtsfeier, Faschingsparty, Sommerfest) zu koordinieren. Besonders häufig ergibt sich die folgende Fächerkombination:
– Im Deutschunterricht wird an szenischen Darstellungen und Textvorträgen gearbeitet;

- der Musikunterricht leistet seinen Beitrag mit Singen, Tanzen und Musizieren;
- in der Kunsterziehung werden der äußere Rahmen und evtl. Kulissen gestaltet.

Die Verbindung zur außerschulischen Wirklichkeit wird hergestellt, wenn bei der Aufführung des Schulspiels bzw. zum Mitfeiern, gelegentlich auch schon in der Vorbereitungsphase Eltern und Geschwister der Schüler sowie weitere – jeweils näher zu bestimmende – Öffentlichkeit einbezogen werden.

2. Das *Spielen* wird seit der griechischen Antike (Platon, Aristoteles) als wesentlich zum Menschen gehörige Form des Verhaltens und Handelns reflektiert. Über das Spiel als Lernsituation laufen bedeutsame Lernprozesse, vor allem im Bereich des sozialen Lernens. In neuerer Zeit (seit Anfang des 20. Jahrhunderts) bereicherte die Geschichte der Spielpädagogik vor allem die Reformpädagogik, und hier wieder insbesonders die Kunsterziehungsbewegung, die Freien Waldorfschulen R. Steiners und die Montessori-Bewegung. Heute besteht gelegentlich die Gefahr der Verpädagogisierung des Spiels, der therapeutischen oder lernorientierten Zweckbelastung oder die Gefahr einseitiger Effekterwartung je nach spieltheoretischem Hintergrund.

Spiel, Fest und Feier in der Schule vertragen weder eine konsumorientierte Planung durch einige wenige „Macher" noch ritualisierte Abläufe, wie sie z. B. vielerorts für Abiturfeiern eingeschliffen sind. Sie sind vielmehr von den Schülern für die Schüler gestaltet, wobei sich die Lehrer mit einer beratenden Funktion begnügen sollten. Die Befähigung der Schüler zur Eigenaktivität und Selbstverantwortung ist im Bereich Spiel, Fest und Feier ein ausdrückliches Lernziel.

3. Für die *Gestaltung von Fest und Feier* stellte A. Bichler (in schulreport 6/1981) folgende Grundsätze zusammen:

Feiern

- Eine Feier hat einen Leitgedanken, der das ganze Programm bestimmt.
- In einem Programm wird der Ablauf der vorgesehenen Beiträge festgelegt.
- Bei der Programmabfolge ist auf einen sinnvollen Wechsel der Darstellungsformen zu achten.
- Bei der Programmplanung ist die Konzentrationsfähigkeit der Schüler und der Besucher im Auge zu behalten.

- Ein allzu perfekter Ablauf ist noch keine Gewähr für das Gelingen einer Feicr.
- Feiern sollen herausragende Ereignisse des Schullebens sein. Ein Zuviel an Feiern ist zu vermeiden.
- Die Klassenfeier steht gleichrangig neben der großen Schulfeier.

Feste
- Wie die Feier ist ein Fest ein besonderer Höhepunkt im Ablauf eines Schuljahres.
- Feste sind bunt, unterhaltsam, vielgestaltig und locker im Aufbau und Ablauf.
- Neben einem festen Programmblock bietet ein Fest genügend Raum für spontanes Verhalten der Schüler.
- Ein Fest bezieht alle Teilnehmer in die Aktivitäten mit ein.
- Essen und Trinken erhöhen die Festesfreude.
- Den Schülern soll Gelegenheit geboten werden, eigene Vorstellungen zur Festgestaltung einzubringen.
- Die Dauer eines Festes hat sich am Grad der Belastbarkeit der Schüler zu orientieren.

4. Das *Feld der Spielsituationen* (in der Klasse, in der Schulgemeinschaft, vor und mit weiterer Öffentlichkeit) kann hier nur ohne Systematik angedeutet werden:

- Spielerisches Lernen (vgl. auch 1.2.2.1, z. B. Rollenspiel, Dialogspiel, Planspiel)
- Lernspiele (Puzzle, Memory, „Verortungsspiele im Geographieunterricht)
- Gruppendynamische Spiele
- Sportliche Spiele, auch im Rahmen von Klassen- und Schulmeisterschaften
- Therapeutische Spiele, in der Schule mit Einschränkung gebraucht, z. B. zur Konflikt- und Aggressionsbearbeitung
- Darstellende Spiele, z. B. Märchenspiel, selbstentworfener Sketch
- Stegreifspiel, Pantomime
- Kabarett
- Hörspiel
- Film- und Videowerkstatt
- Spielfeste, evtl. zusammen mit den Eltern
- Schulübergreifende Schulspieltage, Musikfeste und Musikwettbewerbe u. a. m.

1.2.5.2 Arbeitsgemeinschaften

Klasseninterne und -übergreifende Arbeitsgemeinschaften kommen den speziellen Interessen der Schüler entgegen, führen Gleichgesinnte zusammen und bieten Erfahrungs- und Vertiefungsmöglichkeiten, die im planmäßigen Unterricht keinen Platz finden.

Ausgewählte Möglichkeiten aus der Schulpraxis:

Erste-Hilfe-Kurs,
Tanzkurs, Volkstanzgruppe,
Mopedkurs und Reparaturschuppen für Mopeds, Fahrräder usw.,
Computer-Treff,
Seifenkistenbau,
Brauchtumpflege, auch Pflege völkerverbindender Folklore,
Kurse im Schnitzen, Töpfern, Bildhauern . . .
Expertenclub für Tierzüchter und -pfleger,
Aktion Umweltsäuberung,
Club der Briefmarkenfreunde,
Schreibmaschinenkurs (sofern nicht lehrplanmäßig vorgesehen).

1.2.5.3 Ungezwungene Schülerzusammenkünfte

Sie bereiten zwar – innerhalb der Schule durchgeführt – meistens dem Schulleiter und mehr noch dem Hausmeister möglichen Delikten vorauseilende Sorgen, aber sie sind nun einmal für die Entwicklung eines Zusammengehörigkeitsgefühls der Schüler außerhalb des organisierten Unterrichtsrahmens bedeutend.

In Frage kommen z. B.

gesellige Klassenabende, mit oder ohne Eltern und Lehrer,
Klassenfasching,
von den Schülern selbst organisierte Informationsveranstaltungen,
Diskussionsrunden zu aktuellen Problemen mit dem Schulleiter, Beratungslehrer, Verbindungslehrer, Elternbeirat, Berufsberater . . .,
ein Abend in der Schuldisco usw.

1.2.5.4 Außerunterrichtliche Aktivitäten der Schüler im Rahmen der Schule
(Vgl. z. B. Semmerling/Heller 1983)

Selbst wenn der Organisationsrahmen von der Schule abgesteckt ist wie in den folgenden Fällen außerunterrichtlicher Aktivitäten, sollte der Freiheit der Schüler die Chance eingeräumt werden, sich zu entfalten, z. B.

an Projekttagen,
am Tag der Offenen Tür (unbedingt mit angeschlagenem Übersichtsplan über Ort und Zeit aller Ereignisse),
bei der Anbahnung internationaler Partnerschaften,
bei Anlage und Pflege eines Schulgartens, Schulteiches, Schulwaldes,
bei der Anlage und Betreuung einer Klassenbibliothek, einer Schülerbücherei oder einer Mediothek,
bei der Organisation von Wettbewerben, z. B. Lesewettbewerb . . .

1.2.5.5 Lernorte außerhalb der Schule

(Vgl. z. B. Beckmann 1986; Burk/Claussen 1980, 1981; Czerwenka 1982; Doormann 1979; Freinet 1980; Härle 1987; Schmitt 1988)

Sie binden die Schule unmittelbar an die Lebenswirklichkeit an und helfen auf diese Weise, die Sekundärerfahrungen über Medien einzuschränken. Allerdings erfordern alle Lernorte außerhalb der Schule eine gründliche Vorbereitung der Lehrer und Schüler und ebenso die auswertende, sichtende und sichernde Nacharbeit im schulischen Unterricht (vgl. auch Weschenfelder/Zacharias 1981).
Vorbereitung bedeutet hier nicht nur die Bereitstellung notwendiger Ausgangskenntnisse für die Verständigung vor Ort, sondern vor allem Einübung der Schüler in Verhaltensweisen und Arbeitstechniken, die den erfolgversprechenden Umgang mit der Wirklichkeit ermöglichen und auf diese Weise auch die Lernmotivation aufrechterhalten. Daß der Lerngewinn durch Lernorte in der Lebenswirklichkeit selbst, d. h. am Originalschauplatz der aktuellen Probleme, gründlicher und nachhaltiger ist als der durch schulischen Unterricht vermittelte, führen uns z. B. die Tvind-Schulen in Dänemark, die Freien Waldorfschulen und die Freinet-Schulen eindrucksvoll vor Augen, ganz abgesehen von den Erfolgen historischer Vorbilder wie J. H. Pestalozzi, Fr. Fröbel, E. Key, M. Montessori u. a.

Beispiele

1. *Unterrichtsgänge und Exkursionen*

2. *Erkundungen* (Betriebe, Natur, Bauwerke, Behörden, öffentliche Anlagen . . .) Beispielhaft für die Vorbereitung, Durchführung und Auswertung von Lernsituationen in Lernorten außerhalb der Schule werden hier die nachfolgenden Empfehlungen in der Zusammenstellung von Schmitt (1988) angeboten:

I. Planungsaspekte für die Vorbereitung eines Unterrichtsganges

Lehrer	Schüler
1. Organisatorische Vorbereitung	
● Zielobjekte auswählen ● Gesprächspartner informieren (Thematik, Fragen, Termin ...) ● Klären von Sicherheitsfragen ● Planen von Hin- und Rückweg (Rastpunkte, Sammelstellen, Beobachtungspunkte, Gefahren ...) ● Beschaffung von Informationsmaterial und Medien bzw. notwendiger Arbeitsmittel ● Information zuständiger Stellen (Schulleitung/Schulamt/Eltern) ● Ausweichtermine festlegen	● Information über mögliche Kooperation mit Schülereltern ● Unterstützung bei der Medien- und Informationsmaterialbeschaffung
2. Didaktisch-methodische Vorbereitung	
● Didaktische(r) Ort(e) des Unterrichtsganges ● Formulieren angestrebter Lernziele ● didaktische Reduktion (Individuallage der Klasse) ● Auswähl adäquater Medien/Arbeitsweisen ● Planung von Rhythmisierungen ● Überlegungen zur Schüleraktivierung ● Möglichkeiten kooperativen/ evtl. arbeitsteiligen Arbeitens	● Festsetzung der Ziele des UG's ● Einschulung notwendiger Arbeitsweisen (Kommunikationstechniken, Rollenspiele etc.) ● Erarbeiten von Möglichkeiten der Informationsgewinnung (Fragebogen, Skizze, Foto, etc.) ● Festlegung von Gruppen und Gruppenaufträgen ● Einbeziehen von Schülervorwissen
3. Erziehliche Maßnahmen	
● wichtige Verhaltensweisen reflektieren (Ehrfurcht, Höflichkeit, Vorsicht etc.) ● Hinweise auf Erlebnisqualitäten, wichtige Phänomene	● Einblick geben in die Notwendigkeit angemessenen Verhaltens ● Bereitschaft wecken zu richtigem Verhalten

Lehrer

- mögliche Impulse/Hilfen zur Förderung bzw. Vertiefung von Erlebnissen
- „Sorgenkinder“

Schüler

- Wecken des Interesses für das Kommende
- Konsequenzen für Fehlverhalten abklären

II. Planungsaspekte für die Durchführung eines Unterrichtsganges

Lehrer

- Lehrer als Aufsichtsperson (VSO § 21, 22/LDO § 4 u. 5) Festlegung eines notwendigen und sinnvollen Sicherheitsrahmens
- Lehrer als Berater, Impulsgeber, Initiator von Informations- und Erkenntnisgewinnungsprozessen/Problemlösungsprozessen
- Lehrer als Erziehender, Helfender, Miterlebender

Vorbild

Schüler

- höchstmögliche Schüleraktivität
  - befragen
  - skizzieren
  - notieren
  - messen
  - fotografieren (Sofortbildcamera)
  - dokumentieren (Tonband)
  - betrachten/beobachten
  - sammeln (Hilfen geben!)
  - verbalisieren
  - reflektieren/nachfragen
  - erkennen
  - etc.
  - kooperieren
  - sich gegenseitig helfen
  - aufeinander Rücksicht nehmen
  - aufeinander eingehen
  - sich gegenseitig zuhören
- Ausschöpfen von Erlebnisqualitäten
  - gemeinsam etwas erleben
  - ins Gespräch kommen
  - gemeinsam etwas gestalten
  - über etwas staunen
  - ergriffen sein
  - begeistert sein
  - etc.

III. Planungsaspekte für die Auswertung eines Unterrichtsganges

Lehrer

- Kanalisierung von gewonnenen Erkenntnissen
- Hilfestellung bei der Aufbereitung von Schülerbeiträgen
- Koordinierung von Einzelbeiträgen
- Bereitstellen von zusätzlichen Materialien/Modellen/Bildern/Informationen
- Initiieren von Abstraktionsprozessen
- Wertung von Ergebnissen
- Analyse ganzheitlicher Erfahrungen
- Einbeziehung von Erlebnissen in den Erkenntnis-/und Abstraktionsprozeß
- Nachbereiten und Aufarbeiten von Erlebnissen (mündlicher/schriftlicher Sprachgebrauch)
- Bewertung von Schülerverhalten
- Lösung entstandener Konflikte (soziales Lernen)

Schüler

- Überführung von Einzelkenntnissen zur Gesamterkenntnis (Gesamtzusammenschau)
- Aufbereitung/Vortrag/Bewertung der Gruppenaufträge (Sandkasten, Modelle, Folien, Umdrucke, Karten, Bilder, Berichte . . .)
- Wertung
- Transfer
- vom Erleben zum Erkennen
- erzählen, berichten, besinnen . . . (Wir-Bewußtsein)
- Bekräftigungslernen
- Erhaltung/Verbesserung der Klassengemeinschaft durch Reflexion über sinnvolles Verhalten

3. *Betriebspraktika*

4. *Soziales Praktikum*

5. *Museumsbesuche* haben nach Datow (1982, Seite 290) „Anschaulichkeit, authentische Objekte, Fülle und Ordnung" für sich.

Für die Arbeit vor Ort gilt:

- Der Lehrer muß den ins Auge gefaßten Teilbereich des Museums bzw. die Ausstellung zuerst im Alleingang durchlebt und didaktisch gesichtet haben.
- Führungen mit rotem Faden planen: Wenig ist mehr als viel!
- Gespräch vor dem Objekt statt langer Erläuterungen
- Systematische Einübung in Beobachtungs- und Erschließungstechniken
- Evtl. Leitung der Schüler durch Arbeitsblätter mit dem Ziel strukturierter Selbsterarbeitung

- Vorhandene Unterrichtsprogramme nutzen (z. B. im Museumspädagogischen Zentrum München)
- Arbeit und Spiel in Aktionsräumen der Museen nicht vergessen!

1.2.5.6 Schulfahrten und Wanderungen

(Vgl. z. B. Beckmann 1987; Burk/Kruse 1983; Hofer/Hofer 1986; Muth/Zieroff 1985)

Sie bieten besonders günstige Möglichkeiten, das heimatliche Umfeld in biologischer, geographischer und historischer Hinsicht kennenzulernen, Klassengemeinschaft zu entwickeln und an Kommunikationsproblemen zu arbeiten.

1. *Überblick*

- Wanderungen (Wandertag seit 1923 als Auswirkung der Jugendbewegung), auch mehrtägige Wanderungen unter Einbezug von Jugendherbergen (= Wanderfahrten)
- Studienfahrten
- Skikurse
- Radwanderfahrten
- Schullandheimaufenthalt
- Schüleraustausch, evtl. internationale Partnerschaften von Schulen
- Abschlußfahrten ins europäische Ausland

2. *Zum Beispiel: Schullandheim*

(Vgl. z. B. Arbeitsgruppe Handreichungen des Verbandes Deutscher Schullandheime 1980; Berger 1961; Handbuch „Päd. im Schullandheim" 1975; Hilscher 1982; Menze 1980; Verband Deutscher Schullandheime 1975, 1980; Lippert 1988)

Die ersten Schullandheime entstanden Anfang des 20. Jahrhunderts durch Anmietung von Bauernhäusern. Beeinflußt von der Jugendbewegung und der Reformpädagogik entwickelten sie sich zu „pädagogischen Provinzen". 1926 wurde ein Dachverband gegründet.
Heute verfolgt das gemeinsame Leben von Lehrern und Schülern im Schullandheim für eine oder zwei Wochen vor allem folgende *Zielsetzungen:*

- Sozialerziehung einschließlich der Intensivierung des Lehrer-Schüler-Verhältnisses
- Umwelterziehung durch Erkundung vor Ort
- Handlungsorientierte Projekte, fächerübergreifend und ganzheitlich
- Freizeiterziehung

- Standorterschließung als Projekt = systematische Erkundung eines Lebensraumes unter historischen, geographischen, klimatischen, soziologischen, industriellen Gesichtspunkten
- Der Schullandheimaufenthalt selbst als Projekt (Planung, Regeln . . .)
- Gesundheitserziehung

Die heutzutage angebrachte *ökologische Ausrichtung* von Schullandheimen beschreibt Lippert (1988) am Beispiel des Schullandheims Pfeifferhütte in Mittelfranken:

Es bietet folgende Leistungen an:
- Eine Sammlung größtenteils didaktisch aufbereiteter Materialien zu den Problembereichen Waldsterben, Gewässerschutz, Artenschutz, Abfallwirtschaft, Gartenarbeit etc.
- Beratung bei der Planung und Vorbereitung von Projektarbeiten zu Umweltthemen. Ein Labor sowie eine Fachbibliothek sind im Aufbau.
- Die Gesprächsrunde Pfeiferhütte; hier treffen sich regelmäßig ökologisch interessierte Lehrer.
- Eine zwei Hektar große parkartige Anlage mit vielen Gelegenheiten zur unmittelbaren Naturerfahrung: Teich, Trockenrasen, Bauerngarten zum Beobachten und selbständigen Arbeiten, Hügelbeet, Hochbeet, Kompostanlage, eigener Waldbestand, Spiel- und Nutzwiese, Kräutergarten, Fledermausbunker, ein wasserwirtschaftlicher Lehrpfad, Waldbegehungen mit dem Förster u. a.

1.2.5.7 Schulleben durch Schülermitverantwortung (SMV)

Die Aufgaben und Möglichkeiten der Schülermitverantwortung sind in den Schulgesetzen und Schulordnungen geregelt (vgl. z. B. für Bayern: Bayerisches Gesetz für Erziehung und Unterricht Art. 40; Falckenberg/Schiedermair 1983; Bayerisches Staatsministerium für Unterricht und Kultus 1984; aber auch Holtmann 1971; Köck 1985; Wiater/Lohrenz 1980). Schülermitverantwortung (SMV) bedeutet zunächst die vom Entwicklungsstand des Schülers abhängige und rechtlich geregelte Mitgestaltung des gesamten Schullebens. Erst in zweiter Linie bezeichnet sie die offiziellen Organe der Schülervertretung. Erste Formen der Schülermitverantwortung (SMV) wurden um die Jahrhundertwende in manchen Klosterschulen praktiziert. In der Zeit der Reformpädagogik, während der Weimarer Republik und nach 1945 war die Schülermitverantwortung (SMV) vor allem auf Charakterbildung sowie auf Erziehung zur Demokratie und Gemeinschaft hin konzipiert. Die ab ca. 1960 einsetzende Kritik an der Schülermitverantwortung (SMV) stellte sie als „demokratisches Feigenblatt“ heraus und suchte nach anderen – z. T. wiederum wirklichkeitsfremden – Möglichkeiten der Verwirklichung. So befand z. B. das Schülerkollektiv Buxtehude über die freie Bearbeitung von Unterrichtsinhalten.

1. Im Rahmen der *allgemeinen Schülermitverantwortung* stehen dem einzelnen Schüler laut Erklärung der Kultusministerkonferenz vom 23. 5. 1973 die auf der Übersicht Seite 62 wiedergegebenen Rechte zu (vgl. Köck 1985):

2. *Schülermitverantwortung über Schülervertretungen* kann sich auf die folgenden Rechte stützen:

a) *Mitgestaltungsrecht*
Die Schüler haben das Recht, Kurse und Schulveranstaltungen mitzugestalten sowie Anregungen zum Unterricht im Rahmen der Lehrpläne zu geben. Die SMV kann z. B. auch Vorschläge zur Einrichtung von Grund- und Leistungskursen in der Kollegstufe des Gymnasiums äußern (vgl. auch c.!)

b) *Mitwirkungsrecht*
Die Meinung der Schülervertretung ist aufgrund dieses Rechtes in vielen Fragen des Schullebens zu hören. Ein von dieser Meinung abweichender Beschluß z. B. des Schulleiters ist zu begründen.
Das Mitwirkungsrecht übt der Schülerausschuß *direkt* (z. B. bei Aufstellung und Durchführung der Hausordnung, vor deren Erlaß er zu hören ist, oder bei der Planung von Wanderungen und Fahrten) oder *indirekt* über das *Schulforum* (in Fällen besonders komplexer oder grundsätzlicher Art) aus.

c) *Anhörungs- und Vorschlagsrecht*
Schülervertreter können im Rahmen ihrer Gremien oder direkt gegenüber Lehrern, Schulleitern, Elternbeirat Meinungen und Vorschläge vortragen, die entsprechend zu würdigen sind, z. B. in Bezug auf
- Gestaltung von Kursen,
- Durchführung von Schulveranstaltungen,
- die Gestaltung des Unterrichts im Rahmen der Lehrpläne,
- Ausstattung der Bücherei,
- Planung von Schullandheimaufenthalten, Skilager, Wanderungen usw.
- Maßnahmen zur Unfallverhütung,
- Gründung einer Schülerzeitung.

Insbesondere dem Schulleiter ist in diesem Zusammenhang zu empfehlen, Vorschläge von Schülervertretungen nicht als Wichtigtuerei abzutun, son-

Der Schüler hat

Eingrenzung der Rechte des Schülers:

1. durch die Rechte der am Schulleben beteiligten Mitschüler, Eltern, Lehrer,

2. durch schulspezifische Bestimmungen wie z. B. Lehrpläne, Schulordnungen

Informationsrechte (alters- und interessengemäß)

- über die Unterrichtsplanung, auch über Auswahl, Stufung, Verteilung des Lehrstoffes
- über die Bewertungsmaßstäbe
- bezüglich der Erläuterung von Beurteilungen und Bewertungen
- über Schullaufbahnen, Abschlüsse, pädagogische Hilfen

Beteiligungsrechte (alters- und interessengemäß)

- an der Unterrichtsplanung, z. B. Auswahl, Reihenfolge, Schwerpunkte der Lerninhalte
- an der methodischen Gestaltung des Unterrichts
- Kurswahl (wo möglich)
- Wahl beratender Lehrer als Tutoren

Vorschlagsrechte

Beschwerderecht (altersunabhängig)

bei ungerechter Behandlung gleich welcher Art. Vorschlag für den

Beschwerdeweg:
- Mitbeteiligter
- Klassensprecher
- Schülersprecher
- Verbindungslehrer
- Schulleiter
- Schulforum
- Elternbeirat
- Aufsichtsbeschwerde
- Verwaltungsgericht

Recht auf Meinungsfreiheit (altersunabhängig)

Art. 5 Abs. 1 und 2 GG

Grenzen der Meinungsfreiheit
- durch Vorschriften der allgemeinen Gesetze
- durch die Bestimmungen zum Schutze der Jugend (z. B. Weitergabe jugendgefährdender Schriften)
- durch das Recht der persönlichen Ehre (§§ 185, 186, 187, StGB)
- durch Einschränkungen des Schulverhältnisses bezüglich Zeitpunkt, Umfang, Thema

Das Versammlungsrecht des Schülers (aufgrund Art. 8 Abs. 1 GG) und sein

Demonstrationsrecht (abgeleitet aus Art. 5 Abs. 1 GG) bleiben auf den außerschulischen Bereich beschränkt.

Pädagogischer Auftrag der Befähigung zur Wahrnehmung der Rechte durch den Schüler

dern seine ausdrückliche Gesprächsbereitschaft über alle Fragen des Schullebens zu signalisieren.

d) *Informationsrecht*
Die Schülervertretungen haben einen Anspruch darauf, über alle die Schüler betreffenden Schulangelegenheiten unterrichtet zu werden. Nur ausreichend informiert können sie ihre Rechte und Aufgaben wahrnehmen.

e) *Vermittlungsrecht*
Wenn ein Schüler sich ungerecht behandelt fühlt, setzen sich die Schülervertretungen auf seinen Antrag hin mit geeigneten Vermittlungsmaßnahmen für ihn ein, z. B. durch Gespräche mit Lehrern oder dem Schulleiter.

f) *Beschwerderecht*
Die Schülervertretungen können Beschwerden, z. B. bei Informationsverweigerung oder der Beschneidung anderer Rechte gegenüber dem Schulleiter, den betroffenen Lehrern und im Schulforum vorbringen.
(Zum Beschwerdeweg vgl. auch die Übersicht unter 1.!)

g) *Mitteilungsrecht*
Dieses Recht schlägt sich vor allem in der Herausgabe einer Schülerzeitung unter Mithilfe eines beratenden Lehrers nieder. Es dient der Verwirklichung des Rechts auf freie Meinungsäußerung (vgl. die Ausführungen unter 4.!)

3. Aufgabenbereiche der Schülervertretungen im Rahmen der Schülermitverantwortung (SMV) (vgl. z. B. Amberg/Schiedermair 1974, S. 335–339)

Gemeinschaftsaufgaben

z. B.

- Einrichtung besonderer kultureller, sportlicher, musischer, der politischen Bildung dienender Arbeitsgruppen (Filmclub, Laienspielgruppe, Schachgruppe, Elektronikbastelkurs, Jazzband ...)
- Übernahme schulischer Sozialaufgaben (Tutorentätigkeit für jüngere Schüler oder Ausländerkinder, Hilfeleistung für körperbehinderte Mitschüler ...)
- Planung und Gestaltung von Schulfeiern, Theater-, Konzert- und Museumsbesuchen, von Schulfahrten und Wanderungen, Tauschaktionen, Wettbewerbsveranstaltungen verschiedener Art, Schulmeisterschaften, Theateraufführungen ...
- Mitwirkung beim Aufbau der Schülerbücherei

Ordnungsaufgaben

z. B.

- Aufsicht bei Veranstaltungen der SMV (Mindestalter 16 Jahre)
- Beteiligung an Ordnungsaufgaben bei Schulsportfesten, bei Schullandheimaufenthalten und Skikursen
- Sorge für Ordnung und Sauberkeit im Klaßzimmer, im Schulgebäude, im Schulhof
- Aufsicht während einer kurzzeitigen Abwesenheit des Lehrers im Klassenzimmer mit Unterstützung des im Nachbarraum unterrichtenden Lehrers

Informations- und Konfliktschlichtungsaufgaben

z. B.

- Regelmäßige Information der Mitschüler über die Tätigkeiten der SMV
- Anlage eines Archivs über die Tätigkeiten der SMV
- Ausübung des Beschwerderechts in Fällen, die von allgemeiner Bedeutung sind (z. B. unterschiedliche Benotungspraxis von Lehrern in Parallelklassen)
- Vermittlung in Konfliktfällen zwischen Schülern und Schulinstanzen (auf Antrag und bei Minderjährigen mit Zustimmung der Erziehungsberechtigten)
- Meinungsbildende Teilnahme der Schülervertreter an Sitzungen der Lehrerkonferenz und des Elternbeirats (nur möglich mit deren Zustimmung und bei Themen außerhalb der Verschwiegenheitspflicht)

- Anzeigepflicht beim Schulleiter
- **Genehmigung durch den Schulleiter:**
- als Voraussetzung des Unfallschutzes
- zur Garantie der schulischen Aufsicht
- zur Bereitstellung von Räumen

Für die Wahrnehmung aller genannten Aufgaben gelten die bereits unter Punkt 1 aufgeführten Einschränkungen.

4. *Stellenwert der Schülerzeitung im Schulleben*

a) Rechtsgrundlage, Definition und Aufgaben der Schülerzeitung

Die Schülerzeitung ist eine Einrichtung der Schule im Rahmen der Schülermitverantwortung. Sie ist kein Organ der Schülervertretung. M. Heger führt dazu in Anlehnung an die Erklärung der KMK vom 23. Mai 1973 in Schulreport, Heft 1, Donauwörth 1978, erläuternd aus: „Nach *allgemeinem* Sprachgebrauch sind Schülerzeitungen periodisch (wenn auch nicht immer regelmäßig) erscheinende Druckschriften, die von Schülern einer Schule gestaltet werden, sich in erster Linie an die Schüler derselben Schule richten und dazu bestimmt sind, innerhalb der Schulanlage verteilt oder vertrieben zu werden.
Unter dem Dach dieser allgemeinen Definition haben sich im Schulrecht der insoweit souveränen Länder (Art. 30, 70 GG) zwei wesensmäßig verschiedene Formen von Schülerzeitungen herausgebildet:

- Schülerzeitungen, die von den Schüler-Redakteuren selbständig, d. h. außerhalb der Verantwortung der Schule, herausgegeben werden;
- Schülerzeitungen, die als schulische Veranstaltung unter Mitwirkung und Mitverantwortung der Schule herausgegeben werden."

Die außerschulische Pressearbeit der Schüler wird von den Schulordnungen nur insoweit eingeschränkt, als dadurch nicht die Verwirklichung der Aufgabe der Schule gefährdet werden darf und außerschulische Druckerzeugnisse in der Schule grundsätzlich nicht verteilt oder vertrieben werden dürfen.
Auch die Schülerzeitung, die als „Einrichtung der Schule" bezeichnet wird, baut auf den Grundrechten der freien Meinungsäußerung und der Pressefreiheit auf (Art. 1 GG, Art. 110 Abs. 1 und Art. 111 Bayerische Verfassung) unter Berücksichtigung der „Vorschriften der allgemeinen Gesetze" (Art. 5 Abs. 2 GG). Da die Schülerzeitung in diesem engeren Sinne nur innerhalb der Schule vertrieben werden darf, ist sie z. B. in Bayern *„nicht als Druckwerk im Sinne des §6 Abs. 1 des Bayerischen Pressegesetzes anzusehen."*
Vor dem Hintergrund der genannten gesetzlichen Bestimmungen gilt für die Schülerzeitung als „Einrichtung der Schule" folgendes:

- Die Schüler sollen durch die Gestaltung einer Schülerzeitung die Gelegenheit haben, journalistische und organisatorische Fähigkeiten zu entfalten und zu üben.
- Die Schülerzeitung hat durchaus den Auftrag, meinungsbildend zu wirken.

- Sie soll auf alle Jahrgänge einer Schule ausgerichtet sein.
- *Für Inhalt und Gestaltung trägt der Schulleiter die Verantwortung.* Damit soll immer wieder beobachteten Tendenzen der Enttabuisierung und Sexualisierung und des Terrors gegenüber Lehrern vorgebeugt werden.
- Die Redaktion der Schülerzeitung ist durch die Schule zu unterstützen (Raum, Bürobedarf, Portokosten, Schreibmaschine, Beschaffung von Informationen, Einsicht in allgemein zugängliche Texte).

b) Abgrenzung der Schülerzeitung gegenüber anderen Publikationen
Von Schülerzeitungen zu unterscheiden sind

- reine „Schulzeitungen“, die von einzelnen Schulen für Beteiligte und Interessierte (Lehrer, Eltern, Schüler, ehemalige Schüler) herausgegeben werden, wobei die Schule die alleinige redaktionelle Verantwortung trägt, Schülermitverantwortung also nicht stattfindet;
- „jugendeigene Zeitungen“, die von Jugendlichen ohne Mitwirkung einer Schule in alleiniger presse-, straf- und zivilrechtlicher Verantwortung herausgegeben werden;
- „Jugendzeitschriften“, die von Erwachsenen für Jugendliche außerhalb schulischer Verantwortung herausgegeben werden;
- Flugblätter, die sich in der Regel nur mit einem einzigen Thema befassen und sich mit einer Ausgabe erschöpfen.

c) *Mögliche Themenbereiche für die Schülerzeitung (Auswahl)*

- Der Lebensraum Schule (Schulgebäude, Schulgesetze, Hausordnung, Entwicklung der Schule, Stundenplanerstellung, Fächerangebot, Lebenslauf von Lehrern, Beobachtung des Schulwegs usw.)
- Schulveranstaltungen (Besichtigungen, Skikurse, Klassenfahrten, Theaterbesuche, Sportveranstaltungen, Wettbewerbe, Aktionstage ...)
- SMV (Klassen-, Schülersprecher, Berichte von Klassensprecherversammlungen, Verbindungslehrer ...)
- Freizeit (Schüleraustausch, Jugendprobleme, Berufswahl ...)
- Meinungen und Leserbriefe zum Schulgeschehen
- Schulforum und Elternbeirat
- Örtliche Veranstaltungen (Kino, Theater, Sport ...)
- Außerschulische Probleme
- Unterhaltungsteil ...

Mögliche Textarten: Nachricht, Reportage, Interview, Kommentar, Glosse ...

d) Die *Finanzierung der Schülerzeitung* erfolgt aus dem Verkaufserlös, aus Anzeigenwerbung und aus Zuwendungen Dritter, z. B. des Elternbeirats.

Die Arbeitsgruppe Schülerzeitung verwaltet ihre Finanzen selbst. Evtl. Überschuß aus dem Verkauf wird in die weitere Arbeit der Arbeitsgruppe investiert. Weiterer Überschuß kann nach Abstimmung der Arbeitsgruppe an die verantwortlichen Bearbeiter der einzelnen Beiträge verteilt werden. Bei Auflösung der Arbeitsgruppe entscheidet der Schulleiter über die weitere Verwendung vorhandenen Geldes im Rahmen der Schülermitverantwortung (SMV).

e) *Schülerzeitung und Zensur*

Der für die Schülerzeitung letztlich verantwortliche Schulleiter gerät schnell zwischen alle denkbaren Stühle, wenn sich ein Lehrer durch eine Glosse beleidigt fühlt, Eltern wegen allzu freizügiger Artikel im Namen der Sexualaufklärung Beschwerde führen, vorgesetzte Dienststellen oder gar außerschulische Institutionen ihr Befremden wegen einer Meinungsäußerung zu öffentlichen Belangen oder Verlautbarungen der schulischen Hierarchie erkennen lassen und schließlich der Redaktionsstab der Schülerzeitung auf Einwendungen des Schulleiters hin mit Einstellung der Arbeit droht.
Schulleiter und beratender Lehrer ersparen sich Ärger und unliebsame zensierende Entscheidungen, wenn sie mit dem Redaktionsstab der Schülerzeitung bereits zu Beginn seiner Arbeit den rechtlichen Rahmen abstekken, an den sie gemeinsam gebunden sind. Neben den Grenzen, die hier durch Grundgesetz und Verfassung sowie das Bürgerliche Gesetzbuch gesetzt sind, sollten vor allem die § 185 StGB (Beleidigung), § 186 StGB (üble Nachrede) und § 187 StGB (Verleumdung) erläutert werden. Für den Fall umstrittener Zensur oder gar eines Vertriebsverbots durch den Schulleiter empfiehlt die Kultusministerkonferenz vom 23. 5. 1973 zur Entlastung des Schulleiters, ein Gremium aus Lehrern, Eltern und Schülern zu hören. Auch das Schulforum kann eine Empfehlung aussprechen. Die letzte Entscheidung aber bleibt dem Schulleiter nicht erspart.

1.2.5.8 Schule und Freizeiterziehung

(Vgl. z. B. Deutsche Gesellschaft für Freizeit 1986; Florek u. a. 1981; Funk/Lösch 1980; König 1977; Lüdtke u. a. 1986; Machwirth 1984; Nahrstedt 1979a, 1979b, 1984; Opaschowski 1977, 1979, 1981a, 1981b; Schmitz-Scherzer 1974; Weber 1986)

Die Zeit der Meinungsverschiedenheiten scheint zu Ende zu gehen, ob die Schule Verantwortung im Bereich der Freizeiterziehung übernehmen müsse. Nach Opaschowski (1981, Seite 314) haben Schüler folgende *Freizeitbedürfnisse:*

1. Bedürfnis nach Erholung, Gesundheit und Wohlbefinden (Rekreation)
2. Bedürfnis nach Ausgleich, Zerstreuung und Vergnügen (Kompensation)
3. Bedürfnis nach Kennenlernen, Erlebnislernen und Weiterlernen (Edukation)
4. Bedürfnis nach Ruhe, Muße und Selbstbesinnung (Kontemplation)
5. Bedürfnis nach Mitteilung, Kontakt und Geselligkeit (Kommunikation)
6. Bedürfnis nach Gemeinschaftsbezug, Zusammengehörigkeit und Gruppenbildung (Integration)
7. Bedürfnis nach Beteiligung, Engagement und sozialer Selbstdarstellung (Partizipation)
8. Bedürfnis nach Entfaltung, produktiver Betätigung und Teilnahme am kulturellen Leben (Enkulturation).

Wie die fortschreitende Pervertierung von immer mehr Freizeit zu bloßer Konsumware erkennen läßt, scheint der Zugewinn an Freizeit von den Jugendlichen in Selbstregulierung nicht sinnvoll verkraftet zu werden.
Freizeitdidaktik befaßt sich zwar in erster Linie mit Vermittlungsprozessen im Freizeitbetrieb wie z. B. Museen, Urlaub, Waldlehrpfad, in der Schule hat sie dazu aber als neue Aufgabe die *Vermittlung von Freizeitverhalten* entdeckt. Angestrebt wird gegenüber der konsumorientierten Vermarktung von Freizeit die unmittelbare, aktive Begegnung mit der Wirklichkeit. Dabei ist freilich der Übergang von der Einübung in aktive Freizeitgestaltung zur Freizeitplanung im Sinn von Animation fließend.
In der Schule können die Aufgaben der Freizeiterziehung vor allem als Unterrichtsprinzip und im Rahmen außerunterrichtlicher Veranstaltungen erfüllt werden.

1. *Freizeiterziehung als Unterrichtsprinzip* versucht vom Fachunterricht aus in die Freizeit hineinzuwirken.

Beispiele

- Der Kunstunterricht regt zu eigenem künstlerischem Gestalten an oder leitet zur überlegten Begegnung mit Kunstwerken z. B. auf einem Unterrichtsgang oder gar im Urlaub an.
- Der Musikunterricht ermuntert zur Auseinandersetzung mit musikalischen Angeboten anstelle bloßen Konsums und fördert eigene musikalische Aktivitäten der Schüler in der Freizeit, die ihrerseits den schulischen Bereich wieder beleben sollten.
- Die wirtschaftskundlichen Fächer können insbesonders zu kritischem Konsumverhalten führen.

- Der Biologieunterricht befähigt zum bewußten Erleben der Natur und zum engagierten Einsatz gegen Umweltzerstörung aller Art.
- Der Deutschunterricht gibt Anregungen für die Privatlektüre...

2. Ob als Unterrichtsprinzip oder im Rahmen außerunterrichtlicher Veranstaltungen eingesetzt wie Hobbygruppen, Schulfahrten oder Schullandheim, immer sollte Freizeiterziehung versuchen, die *Eigenaktivität der Schüler* zu wecken und ihre Entscheidung für eine bestimmte Freizeitgestaltung herauszufordern. Dies bedeutet für den Lehrer, daß er sich mit der Position des Aufklärenden, Anregenden und Beratenden zufrieden gibt.

3. E. Weber (1986) schlägt noch die *„schulisch betreute Erkundung von außerschulischen, freizeitrelevanten Einrichtungen"* vor, z. B. von „Leihbüchereien und Schallplattengeschäften, Reisebüros und Campingplätzen, Konzert- und Theateraufführungen, Jugendfreizeitstätten und Erwachsenenbildungsinstitutionen".
Bedenkenswert scheinen mir auch die *Sofortmaßnahmen für die Entwicklung eines freizeitkulturellen Lernbereichs in der Schule* (insbesondere in den Abschlußklassen) zu sein, die Opaschowski (1981b, S. 317) unterbreitet:
- die freizeitbezogene Neigungs- und Interessengruppenarbeit in den Unterricht zu integrieren,
- mehr und längere Pausen in Verbindung mit freiwilligen Freizeit- und Sportangeboten einzuplanen,
- Jugendverbände und freizeitkulturelle Vereinigungen in der Schule (z. B. in den Freistunden) stärker zu beteiligen,
- die asphaltierten Schulhöfe unter Mitwirkung der Schüler, Eltern und Lehrer in anregungsreiche Spielhöfe umzuwandeln,
- die Aus-, Fort- und Weiterbildung der Lehrer in Methoden und Techniken der freizeitkulturellen Anregung und Förderung zu intensivieren,
- die Ganztagsschule als Angebotsschule auszubauen,
- die Schulgebäude in der unterrichtsfreien Zeit für den Wohnbereich als „Freizeitstätte um die Ecke" zu öffnen.

1.2.5.9 Für einige Fächer sollen am Schluß des Kapitels Schulleben exemplarisch *erprobte Beispiele für außergewöhnliche, den Schulalltag belebende Aktivitäten* aufgelistet werden, die teilweise auch im regulären Unterricht verwirklicht werden können.

Mathematik

- Modelle bauen, z. B. Zahlenpfeilmodell oder geometrische Modelle
- Mathematische Spiele (Zaubereien)
- Computerspiele
- Spielecke mit mathematischen Spielen
- Schüler entwerfen selbst mathematische Aufgaben, v. a. aus ihrem erlebbaren Umfeld
- Tutorensystem im Sinn organisierter Nachhilfe aufbauen
- Beteiligung an Wettbewerben, z. B. „Jugend forscht“

Physik

- Freiwillige Experimentalgruppen
- Arbeitsgruppe „Kernkraft“
- Physikalisches Spielzeug bauen
- Gezielte Museumsarbeit
- Besichtigungen, z. B. Energieunternehmen
- Filmkurse ...

Geschichte

- Historischer Schaukasten
- Besuche von Ausstellungen und Museen
- Stadtführungen, von den Schülern selbst erarbeitet
- Historische Exkursionen
- Geschichtsfries
- Nachbau historischer Objekte
- Rollenspiele, auf Video aufgezeichnet ...

Deutsch

- Dichterlesung, z. B. mit regionalen Nachwuchsautoren
- Dichterlesungen der Schüler (vor der Klasse, klassenübergreifend, am Elternabend ...)
- Hörspiele gestalten
- Theateraufführungen, evtl. in Nachbarschulen auf Tournee gehen
- Lesekreis, literarischer Arbeitskreis
- Literarische Filme ansehen und selbst herstellen
- Balladen vertonen → Bänkelgesang
- Bücherflohmarkt
- Buchausstellung selbst organisieren oder besuchen
- Leute von Verlagen und Zeitungen einladen
- Verlag und Zeitung besuchen

- Arbeitskreis „Mundartpflege“
- Technik des Interviews (Fragetechnik, Tonbandarbeit...)
- Aktion „Mein Lieblingsbuch“ (Vorstellung durch die Schüler im Unterricht)
- Auf Bücher neugierig machen durch „anlesen“
- Arbeit für die Schülerzeitung oder Mitarbeit in der Redaktion
- Schulspielgruppe und Laienspiel im Unterricht
- Jugendbücherei und öffentliche Bibliotheken besuchen
- Gestaltung und Verwaltung der Schulbibliothek
- Einrichtung und Betreuung einer Klassenbibliothek
- Regisseur oder Schauspieler einladen: Tips von den Profis
- In Verbindung mit dem Fach Hauswirtschaft ein Rezeptbuch erstellen und z. B. im Weihnachtsbazar verkaufen
- Wortspiele und Wortfelder in Quartettform
- Weihnachtsgeschichte von Schülern lesen lassen
- Nonverbale Ausdrucksschulung
- Gedichte als „stummes Denkmal“ oder in Posen gestalten

Musik

- Schulkonzert
- Musikalische Morgenmeditation
- Freiwilliger Instrumentalunterricht
- Tanzgruppe
- Schulchor, Orchester, Ensembles, Big Band, Jazzband
- Musikalische Gestaltung des Elternabends
- Musik und Bewegung
- Singen im Altersheim
- Orff-Schulwerk
- Improvisationskurs
- Besuche von Oper, Konzert, Rockkonzert
- Arbeitskreis „Aufnahmestudio“
- Klassenhitparade
- Schulwunschkonzert
- Schüler bringen ihre besonderen musikalischen Fähigkeiten ein (Klavier, Gitarre...)
- Musikalische Pausengestaltung
- Sternsinger ziehen von Klasse zu Klasse
- Musikalische Gestaltung des Faschingsballs
- In Verbindung mit Deutsch, Religion, Kunsterziehung Gestaltung von Gottesdiensten und Festen

Religionslehre

- Immer gilt der Primat der persönlichen Probleme!
- Morgenandachten und Feierstunden in der Schule
- Vorbereitung des Schulgottesdienstes
- Gebetskreis, v. a. Entwurf altersgerechter Gebete
- Exerzitien, Einkehr- und Orientierungstage
- Meditationswochenende
- Lieder und Spiele im kirchlichen Jahreskreis
- Textbetrachtungen, Bibelkreis
- Patenschaften in der dritten Welt
- Dritte-Welt-Bazar und andere caritative Aktivitäten
- Collagen zu aktuellen Themen
- Christliche Brauchtumpflege
- Namenspatrone durch Schüler vorstellen
- Interviews zu aktuellen Themen
- Emmausgang, Nachtwallfahrt

Sport

Generell: Weniger Leistungsorientierung zugunsten des Breiten- und Freizeitsports, z. B.

- Langlaufkurs
- New games
- Radtouren
- Aktive Pausengestaltung
- Wettkämpfe aller Art, vor allem solcher, die Spaß und Gaudi bringen
- Skilager (aus Umweltschutzgründen zunehmend umstritten)
- Tänze: Choreographie, Musik, Kleidung von den Schülern erarbeitet
- Aufstellung und evtl. Veränderung von Sportregeln durch die Schüler
- Schüler als Schiedsrichter
- Einübung in Entspannungsübungen

Hauswirtschaft

- Gesundes Schulfrühstück bereiten und verkaufen
- Ausstellungen zu Umweltproblemen, z. B. Reinigungsmittel, Energiesparen
- Fachleute von Energiebetrieben einladen
- Verbraucherzentrale besuchen
- Neigungsgruppen einrichten
- Informationsblätter entwerfen, z. B. für Unfallverhütung, Diätwochen, Rezepte . . .

2 Lernziele und Bildungsziele im Unterricht

(Vgl. z. B. Achtenhagen/Meyer 1971; Brezinka 1987; Frey 1970; Hameyer u. a. 1983; Keck 1975; Kerstiens 1978; Klauer 1974; Knab 1969; Kozdon 1981; Lemke 1981; Mager 1973; Meyer 1972 und 1979[9]; Möller 1973; Peterßen 1974; Robinson 1981/5; Tyler 1973)

Nach 20 Jahren lernzielorientierter Lehrplangestaltung möchte man annehmen, daß die Reform des Lehrplans ihre Fortsetzung in einer Reform des Unterrichts gefunden haben müßte. Tatsächlich aber sind die Auswirkungen der Lehrplanreform auf den Unterrichtsalltag gering geblieben, und seit Ende der 80er Jahre fällt auf, daß vormals wichtige lernzielorientierte Positionen in einem vorsichtig durchgeführten Rückzugsgefecht der Lehrplanstrategen aufgegeben oder bis zur Unkenntlichkeit aufgeweicht werden. Steht uns etwa die Rückkehr zum stofforientierten Lehrplan bevor als weitere Fehlleistung nach dem folgenschweren Mißverständnis der curricularen Lernzieltheorie? Dem Konzept des lernzielorientierten Unterrichts wurde nämlich in der Schulpraxis deshalb weithin die Annahme verweigert, weil das zentrale Anliegen der Lernzieltheorie dort überhaupt nicht ankam. Die verordneten taxonomisierten Lehrpläne und Curricula – in den vorliegenden Fassungen im Widerspruch befindlich zum Grundkonzept der Lernzieltheorie z. B. Robinsohns (1967, 1981/5) und Blooms (1956) – verstellen jedenfalls den Zugang zu einer lernzielorientierten Gestaltung des Unterrichts eher als daß sie ihn gefördert hätten.

2.1 Streitfall „Lernzielorientierter Unterricht" – die Folge eines Mißverständnisses?

Die von Robinsohn eingeleitete „Bildungsreform als Revision des Curriculum" trat gegen die Beliebigkeit normativ gesetzter Lehrpläne an, die im Blick auf die tatsächlichen Anforderungen der Gegenwart und Zukunft unverantwortbar ist. Damit sah sich die Lernzieltheorie zwei Hauptaufgaben gegenüber:

1. *Kriterien und Verfahrensweisen* waren und sind zu entwickeln, mit deren Hilfe *durch eine Analyse der aktuellen Lebenswirklichkeit Schlüsselqualifikationen ermittelt werden können,* die der Mensch heute und morgen zum erfolgreichen Umgang mit einer im Wandel befindlichen Welt braucht.

2. Schulisch organisierte Lernsituationen (Unterricht) sind unter dem Gesichtspunkt *gesetzmäßiger Abläufe und Zusammenhänge* zu untersuchen, und zwar *mit dem Ziel der Optimierung der Lerneffekte* (schneller, nachhaltiger, ökonomischer). Die zweckrational erfaßbare Seite des Unterrichts dem Zufall zu überlassen, bedeutet mangelnde Unterrichtsökonomie bewußt in Kauf zu nehmen.

Die Lernzielorientierung des Unterrichts ist keineswegs ein Originalfundstück der Lernzieltheorie. Bereits Ziller (1817–1882) formulierte sie ausdrücklich als leitendes Unterrichtsprinzip. Ihre Aufwertung durch eine eigene Theorie, nämlich die Lernzieltheorie, erscheint als gerechtfertigt, wenn wir uns die Zufälligkeiten bis hin zur Vermeidung vergegenwärtigen, denen die Zielorientierung des Unterrichts ausgesetzt ist. Unter methodischem Aspekt ist sie zwischen intuitiv-gelegentlicher und planmäßiger Verwirklichung angesiedelt, unter inhaltlichem Aspekt pendelt sie zwischen normativ gesetzten und empirisch und/oder durch Konsens ermittelten Zielen.

Die Notwendigkeit des lernzielorientierten Unterrichts kann also überhaupt kein Streitfall sein. Der Streit beginnt bei genauem Hinsehen auch erst bei der Verwirklichung des Lernzielorientierten Unterrichts und damit beim hier einsetzenden *Mißverständnis des Grundanliegens der Lernzieltheorie.*

1. Zumindest im Bereich der allgemeinbildenden Schulen ist die lernzielorientierte Lehrplangestaltung über Ansätze einer Ermittlung von Schlüsselqualifikationen aufgrund empirischer Wirklichkeitsanalyse nicht hinausgekommen.

Verbissen für ihr Spezial- oder Zufallswissen kämpfende Lehrplankonstrukteure orientieren sich in erster Linie an Lern*inhalten,* denen Lern*ziele* aufgesetzt werden.

In Lehrplankommissionen ist der sog. Drehtüreffekt bekannt, der beim Betreten einschlägiger Institute dafür sorgt, daß der – oft sogar durch eigene Unterrichtspraxis ausgewiesene – Mitarbeiter der Kommission den wirklichkeitsorientierten Praktiker vor der Türe zurückläßt und den durch Arbeitsteilung auf Spezialgebiete fixierten Fachwissenschaftler ins Sitzungszimmer befördert.

2. Endgültig um ihre Chancen gebracht wurde die Lernzieltheorie bei ihrem Transport in die Praxis. Theoretisch uniformierte Fortbildner und Anwender huldigten einer Lernzieleuphorie mit exzessivem Formalismus und oft genug gekünsteltem Worthülsengeklapper bei der Formulierung von Lernzielen. Nicht selten wurde Unterricht auf planbare technologische Konstruktion reduziert.

Was aber hat die Lernzieltheorie der kritisierten Praxis des lernzielorientierten Unterrichts entgegenzusetzen:

Grundsatz: Das Meßbare meßbar gestalten, aber in dem Bewußtsein, daß dies nicht den ganzen Unterricht und schon gar nicht das ganze Schulleben ausmacht.

1. Richtig verstandener *lernzielorientierter Unterricht wendet sich gegen die Atomisierung der Lernvorgänge,* die ja gerade den auf ein Ziel hin nötigen Blick für die Zusammenhänge und das Ganze verstellt.

2. Lernzielorientierter Unterricht ist entgegen einem weitverbreiteten Sortierunwesen und bei aller begründeten Schwerpunktsetzung an der *Integration kognitiver, affektiver und instrumenteller Lernziele* interessiert.

3. Lernzielorientierter Unterricht wirkt der Gefahr der Fremdbestimmung der Lernvorgänge durch die detaillierte Planungsarbeit des Lehrers dadurch entgegen, daß er *die Zielentscheidungen nicht nur für die Schüler transparent macht,* sondern *die Schüler selbst an den Zielentscheidungen je nach Kompetenz beteiligt.*

4. Es kann deshalb auch nur als grobes Mißverständnis bezeichnet werden, den lernzielorientierten Unterricht in Berufung auf den Behaviorismus als einem seiner Väter mit Konditionierung gleichzusetzen, abgesehen davon, daß hiermit ein Unterrichtskonzept mit einer Lernmethode verwechselt wird.

5. *Affektive Komponenten von Lernzielen sind nicht operationalisierbar,* sie müssen aber in Planung und Durchführung von Unterricht immer mitgenommen werden, um einer Verarmung der emotionalen und sozialen Dimension entgegenzuwirken. *Die Bewältigung der Wirklichkeit ereignet sich ganzheitlich.*

6. Lernzieltests, die auf Einzelfähigkeiten zielen, müssen durch *komplexe Tests ergänzt werden, die das Denken und Handeln in Beziehungen und Zusammenhängen sowie den Bezug zur Praxis fordern.*

2.2 Das Konzept des lernzielorientierten Unterrichts – Möglichkeiten und Grenzen

Manche Entwicklungslinien des lernzielorientierten Unterrichts erwecken in der Tat den Eindruck, als ob der didaktische Materialismus in der Unterrichtspraxis (der einseitig stofforientierte Ansatz in der Didaktik) durch eine behavioristisch gesteuerte Verhaltenstechnokratie ersetzt werden soll. Die offensichtlich gegebene Gefahr der Verplanung und der Gängelung der Schüler legt die Frage nahe, wie denn unbestreitbare Vorteile der curricularen Lernzieltheorie zum Nutzen der Schüler in den Unterricht eingebracht werden können, ohne diesen durch lernzielorientierte Ausschließlichkeitsansprüche in ein behavioristisches Dressurunternehmen umkippen zu lassen.

2.2.1 Das Konzept des lernzielorientierten Unterrichts im Überblick

Lernzielorientierter Unterricht verfolgt die zweckrationale Organisation von Unterricht im Hinblick auf optimalen Lernerfolg für möglichst viele Schüler. Um diese – jedem ernstzunehmenden Unterrichtskonzept eigene – Absichtserklärung einlösen zu können, setzt er auf folgende spezifische Vorgänge bzw. Entscheidungen:

1. *Die Unterrichtsplanung ist in erster Linie auf Lernziele* (Qualifikationen, Fähigkeiten) *ausgerichtet,* nicht auf Lerninhalte bzw. Stoffkenntnisse um ihrer selbst willen.
Zielentscheidungen besitzen im lernzielorientierten Unterricht den Primat vor den Inhalts- und Methodenentscheidungen. Lernzielorientierte Unterrichtsplanung fragt also nicht nur: „Was soll der Schüler wissen?“, sondern darüber hinaus: „Was soll der Schüler mit diesem Wissen anfangen?“ Wissen muß in Handeln münden.

2. Der Primat der Zielentscheidung begründet aber kein Mittel-Zweck-Verhältnis, sondern ein *Wechselwirkungsverhältnis, in dem das Lernziel die Leitfunktion für die weiteren didaktischen und methodischen Entscheidungen besitzt,* durchaus auch rückwirkenden Veränderungen ausgesetzt. Lerninhalte präsentieren sich sogar oftmals als historisch-gesellschaftliche Fakten, aus denen heraus Zielsetzungen als Folge entwickelt werden müssen, die dann aber – einmal formuliert – über die weitere Lernorganisation verfügen.
Beispiel: Die Fähigkeit zu kritischer Distanz gegenüber politischer Propaganda als Folgezielsetzung der Auswirkungen politischer Propaganda im Dritten Reich.
Die Frage lautet hier also: Welches Verhalten ist angesichts gegebener Bildungsinhalte (mit Eigenwert) sinnvoll und wünschenswert?

3. Die unaufhebbare Wechselwirkung von Lernziel und Lerninhalt wird schon dadurch deutlich, daß *jedes Lernziel zwangsläufig eine Verhaltens- und eine Inhaltskomponente besitzt.*

Beispiel: Bewußtsein (verhaltensbezogene Komponente) von der Notwendigkeit der Erziehung (inhaltsbezogene Komponente)

4. Lernzielorientierter Unterricht ist nicht nur ergebnisorientiert, sondern darüber hinaus *prozeßorientiert* angelegt: Unterschiedliche Zielsetzungen erfordern unterschiedliche Arrangements von Lernsituationen und Methoden, die ihrerseits in Form aufgabenbezogenen Verhaltens zu Lernzielen werden.
Das bedeutet: Das Lernen lernen, Motive des Lernens, psychische Zustände beim Lernen, kooperatives Lernen und fairer Wettbewerb, Lernstil und Lernweg sowie Methoden werden zu permanent angestrebten Lernzielen. Die Schüler vollziehen ein bestimmtes Lernarrangement nicht nur um eines angestrebten Produkts willen, sondern um auch Kenntnisse über ihr eigenes Lernen zu sammeln und Lernfähigkeiten systematisch einzuüben. Der lernzielorientierte Unterricht wendet sich damit gegen jede Art der „Vogel friß oder stirb-Methode".

5. Richtig praktizierter lernzielorientierter Unterricht achtet auf die *ganzheitliche Förderung der Schüler* im kognitiven, affektiven und instrumentellen Verhaltensbereich. Behavioristischer Verplanung begegnet der lernzielorientierte Unterricht dadurch, daß er die Schüler in die Unterrichtsgestaltung als Mitplaner und Mitkontrolleure ihrer eigenen Lernprozesse einbezieht.

6. Lernzielorientierter Unterricht legt Wert auf die *Präzisierung der Zielangabe* des unterrichtlichen Unternehmens, und zwar für Lehrer *und* Schüler.
„Wenn man nicht genau weiß, wohin man will, landet man leicht da, wohin man gar nicht wollte"(Mager). Spätestens bei der Formulierung von Testaufgaben, deren Güte von der Übereinstimmung mit den im Unterricht bearbeiteten Lernzielen abhängt, zahlt sich die Eindeutigkeit der Zielangaben aus (vgl. 2.2.3 Operationalisierung).

7. *Lernzielorientierter Unterricht plant exakt im situativen Umfeld und anknüpfend an den Kenntnis- und Fähigkeitsstand der Schüler.*

8. Lernzielorientierter Unterricht strebt durch die Betonung der Verhaltenskomponente im Unterricht und durch anwendungsbezogenes Handeln der Schüler *Praxisorientierung* an (vgl. hierzu 3.5.5.3/7 Handlungsorientierter Unterricht). Dies schließt – und sei es gelegentlich wenigstens ansatzweise – die Erfahrung der historischen und gesellschaftlichen Bedingtheit und der Folgewirkungen von Wissen und Können in der Lebenswirklichkeit mit ein.

9. Lernzielorientierter Unterricht ist um die *Objektivierung der Lernprozesse und der Lernerfolgskontrollen* bemüht, sofern überhaupt kontrollierbares Verhalten vorliegt. Durch *lernprozeßbegleitende Kontrollen* (formative Evaluation) und durch *Kontrollen am Ende einer Lerneinheit* (summative Evaluation) erhalten die Schüler laufend Rückmeldungen über ihre Lernfortschritte, der Lehrer über die Güte seiner Unterrichtsplanung. Bei Lerndefiziten der Schüler sieht der lernzielorientierte Unterricht *„zielerreichendes Lernen“* (mastery learning nach Bloom) mit Förder-, Stütz-, Begleitkursen im Sinne der inneren Differenzierung vor.

Lernzielorientierter Unterricht erweist sich dann als hilfreiches Instrument der Unterrichtsplanung, wenn er nicht mit Ausschließlichkeitsanspruch auftritt, sondern neben anderen Unterrichtskonzepten in den Dienst zunehmender Eigensteuerung, Selbstverantwortung und Selbstfindung der Schüler gestellt wird. Der Schüler als programmierbares Dressurprodukt ist nicht nur ein anthropologisches Schreckgespenst, sondern auch das Ergebnis eines gründlichen Mißverständnisses des lernzielorientierten Unterrichtskonzepts.

2.2.2 Basisinformationen zum Verständnis des lernzielorientierten Unterrichts

2.2.2.1 Was leisten Lernziele im Unterricht?

1. Ein Lernziel beschreibt einen angestrebten Lernfortschritt bzw. eine angestrebte Kompetenzerweiterung des Schülers (z. B. Zuwachs an Kenntnissen, Übung von Fähigkeiten), der bzw. die

- möglichst eindeutig beschrieben ist,
- durch eigene oder nachvollziehende oder mitvollziehende Auseinandersetzung mit der begegnenden Welt erworben wird
- und in der Regel im handelnden Vollzug überprüfbar ist.

2. Jedes Lernziel besitzt eine

- inhaltsbezogene (materiale) Komponente: Was soll gelernt werden?
- und eine verhaltensbezogene (formale) Komponente: Wie soll mit dem Gelernten umgegangen werden?

3. Die Güte einer Lernzielformulierung wird durch die Eindeutigkeit der geäußerten Verhaltenserwartung bestimmt. *Sinnvolle* Eindeutigkeit (gegenüber sinnloser Atomisierung komplexer Verhaltensweisen in vereinzelte Verhaltensbruchstücke) verhilft nicht nur dem Lehrer zu präziser

lernzielorientierter, sachlogischer und schülergemäßer Planung, sondern informiert auch den Schüler exakt darüber, welche Operationen im folgenden Lernprozeß von ihm erwartet werden.

Beispiel

Verhaltenskomponente	Inhaltskomponente
Die sicher beherrschte Fertigkeit,	quadratische Gleichungen zu lösen

schließt nicht bereits mit ein

die Fertigkeit,	quadratische Gleichungen abzuleiten.

4. Der Streit in der schulpädagogischen Szene, ob die Bezeichnung „Lehrziele" oder „Lernziele" vorzuziehen sei, erscheint müßig angesichts der Tatsache, daß die beiden Bezeichnungen die zwei Seiten ein- und derselben Medaille beschreiben. Aus der Sicht des Lehrers wird die erklärte Absicht einer Unterrichtseinheit zum *Lehrziel,* das ihn zur Organisation einer optimalen Lernsituation für die Schüler verpflichtet. Die Schüler machen sich das Lehrziel des Lehrers als *Lernziel* zu eigen, wenn sie das Lernangebot des Lehrers annehmen und das angestrebte, im Handeln nachweisbare und überprüfbare Verhalten durch Lernakte verwirklichen. Die Unterrichtsplanung des Lehrers hofft also letztlich auf die Einlösung seiner Lehrziele durch die Lernziele der Schüler.

2.2.2.2 Vom Lehrplan zum Curriculum – Fortschritt oder Begriffsgeklingel?

(Zur Theorie des Lehrplans und des Curriculums vgl. z. B. Dörpfeld 1873 (1962); Dolch 1965; Kerschensteiner 1899; Robinsohn 1967; Trapp 1780; Weniger 1963)

1. Die Schulszene beherrscht leider ein Durcheinander von *Bezeichnungen: Lehrplan, Richtlinien, Rahmenrichtlinien* enthalten meistens sehr weite, abstrakte und damit für Interpretationen offene Zielangaben, im übrigen stehen die Inhalte im Vordergrund. *Curriculum, Curricularer Lehrplan* und andere curriculare Ansätze enthalten zum Zweck der Objektivierung des Lernangebots

- wechselseitig aufeinander bezogene Ziel- und Inhaltsangaben,
- Hinweise für die Organisation der Lernsituationen sowie
- Empfehlungen für die Überprüfung des jeweiligen Lehr- und Lernerfolgs.

Das Ausmaß der Verbindlichkeit dieser Angaben entscheidet darüber, ob es sich um die *Form des geschlossenen Curriculums* (der Unterricht ist durch Lernpakete bis in die Details vorstrukturiert) oder um die *Form des offenen Curriculums* (die Angaben zur Organisation und Überprüfung des Unterrichts haben den Charakter von Empfehlungen) handelt.

2. *Stellenwert von Lernzielen und Lerninhalten*
Im *Lehrplan* gilt der Primat systematisch angeordneter Lerninhalte; durch einen überwiegend gegenstands- und produktorientierten Unterricht soll dem Schüler ein Stoffkanon vermittelt werden.

Im Curriculum
- bestimmt die Priorität der Lernziele die didaktischen Entscheidungen.
- Die Unterrichtsziele sind inhalts- *und* verhaltensorientiert.
- Der über Lernziele und Lernzielkontrollen am Lernprozeß des Schülers ausgerichtete Unterricht dient dem systematischen Aufbau von Qualifikationen.
- *Aber:* Keine Qualifikation ohne fundiertes Wissen! Lernziele ohne Lerninhalte gibt es nicht. Die auf Lernziele hin orientierten Lerninhalte sind allerdings nicht nur aufgrund ihrer fachwissenschaftlichen Bedeutung, sondern auch aufgrund ihrer „Leistung für das Weltverstehen" und aufgrund ihrer „Funktion in spezifischen Verwendungssituationen des privaten und öffentlichen Lebens" auszuwählen (nach Robinsohn 1967).

3. *Praxis der Curriculumkonstruktion – Ideal und Wirklichkeit. Die Lerninhalte des Lehrplans* sind normativ gesetzt und aus „bewährten" Überlieferungen sowie aus Vorgaben der Fachwissenschaften und der um die Verarbeitungskapazität der Schüler besorgten Schulpädagogik deduktiv abgeleitet.
Die Lernziele und Lerninhalte des Curriculums werden – im Idealfall – nach folgenden Kriterien ermittelt:

- Sie werden im Kontext der historischen und gesellschaftlichen Gesamtsituation empirisch-analytisch gewonnen.
  Mit Hilfe der *Curriculumdeterminanten* Schüler, Gesellschaft und Fachwissenschaften werden aus vorgefundenen (und in die Zukunft fortgeschriebenen) *Lebenssituationen* und auf ihre Berechtigung hin untersuchten Verhaltenserwartungen *Qualifikationen* abgeleitet, die der Mensch zum erfolgreichen Umgang mit der Welt braucht.
- Lernziele und Lerninhalte sind also *praxis-, situations- und zukunftsorientiert.* Als Antwort auf die Frage nach dem Nutzen für den einzel-

nen, die Gesellschaft und die Welt sind sie durchaus pragmatisch-utilitaristisch auf Verwendbarkeit ausgerichtet.

- Da die Lebenswirklichkeit einem ständigen Wandel ausgesetzt ist, sind auch die Lernziele und Lerninhalte des Curriculums ständig zu revidieren.
- Für die konkrete unterrichtliche Planung werden im Curriculum die ermittelten Qualifikationen in überschaubare, im Unterricht realisierbare Lernziele und Lerninhalte umgesetzt.
- Die Rechtfertigung der Zielentscheidungen vor der Gesellschaft und dem Schüler, die angestrebte Balance zwischen lernprozeßorientierten und sachstrukturellen Notwendigkeiten und die im lernzielorientierten Unterricht übliche Evaluationsarbeit (2.2.1/8) begünstigen die Tendenz einer Objektivierung des Unterrichts.

Die Tatsache des kaum oder in mißverstandener Form praktizierten lernzielorientierten Unterrichts mag zum Teil damit zu erklären sein, daß die meisten vorliegenden Curricularen Lehrpläne vom gegebenen Fächerkanon ausgehen, der nach curricularen Gesichtspunkten überarbeitet wurde. Die Veränderung gegenüber dem stofforientierten Lehrplan liegt hier also vor allem im methodischen Bereich, in der Wendung vom überwiegend rezipierenden zum handlungsorientierten Unterricht.
Die Verwirklichung des lernzielorientierten Unterrichts steht und fällt aber mit der veränderten didaktischen Fragestellung.

2.2.2.3 Lernziel-Hierarchien: Was bringen sie für die Praxis?

Betrachten wir zunächst die geläufigste Lernziel-Hierarchie, veranschaulicht durch ein Beispiel: (siehe Grafik S. 82)

Die hierarchische Ordnung von Lernzielen fordert den Lehrer auf, abstrakte und komplexe Zielformulierungen in konkrete und durch ihre Überschaubarkeit realisierbare Unterrichtsziele zu zerlegen. Kritische Teilnahme am politischen Leben (Richtzielebene) entzieht sich als komplexes Gesamtverhalten der Vermittlung im Unterricht. Erst wenn die auf Wissen und Einübung beruhenden wesentlichen Einzelfähigkeiten einer kritischen Teilnahme am politischen Leben gelernt sind, kann vom Schüler auch das komplexe Gesamtverhalten erwartet werden. Allerdings darf der Unterricht nicht in der Lernzielzergliederung und -konkretisierung stecken bleiben; er muß vielmehr dem Schüler *auch Lernsituationen anbieten, die das Gesamtverhalten fordern und damit die Verflechtung der gelernten Teilfähigkeiten erleben lassen.*

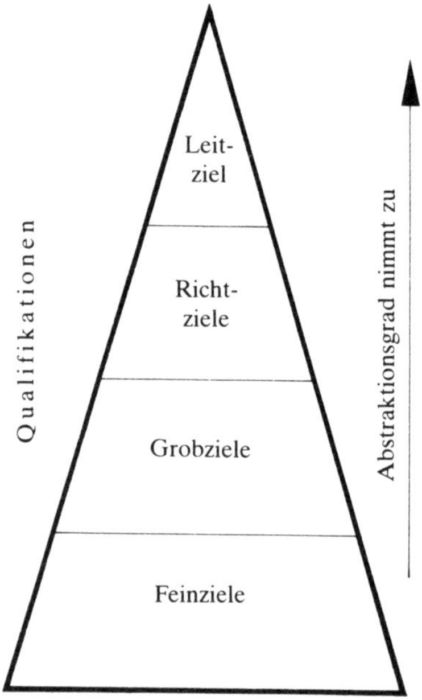

Leitziel:	das oberste pädagogische Ziel einer Gesellschaft, z. B. Lebenstüchtigkeit, Mündigkeit, Selbstbestimmung . . .
Richtziele:	die in einem bestimmten Lernbereich und über bestimmte Unterrichtsfächer angestrebten Fähigkeiten, z. B. in der politischen Bildung: Kritikfähigkeit, Selbstverantwortung.
Grobziele:	das angestrebte Verhalten nach einer größeren Lerneinheit in einem bestimmten Lernbereich, z. B. die Fähigkeit, Information von Propaganda unterscheiden zu können.
Feinziele:	die operationalisierten Lernziele einer Lerneinheit, z. B. die Kernaussage einer Nachrichtensendung bestimmen und mit eigenen Worten formulieren können (vgl. 2.2.3).

2.2.2.4 Lernziel-Taxonomien und ihre unterrichtspraktischen Konsequenzen

(Vgl. z. B. Bloom u. a. 1956; Dave 1968; Gagne 1969; Keck 1975; Krathwohl u. a. 1964; Santini 1983)

1. *Taxonomien im streng wissenschaftlichen Sinn* stellen theoretisch begründete, gesetzmäßig aufgebaute Klassifikationen dar; ein Ausschnitt der Lebenswirklichkeit wird in einem Begriffssystem geordnet.

Lernzieltaxonomien sind wohl auch theoretisch begründet, aber in einem Maße von willkürlicher Setzung und Übereinkunft im Verständnis bestimmt, daß die Kritik bereits vorprogrammiert ist. Wenn wir also nachfolgend Beispiele von Lernzieltaxonomien betrachten, interessiert uns ihre praktische Brauchbarkeit unter den vorgegebenen Bedingungen, nicht das Ausmaß, mit dem sie wissenschaftstheoretischer Kritik standhalten.

- Lernzieltaxonomien wollen Verhaltensganzheiten in ihrer wechselseitigen Bedingtheit und in ihrem inneren Aufbau erfassen.
- Lernzieltaxonomien sind meistens hierarchisch *und* nach kognitiven, affektiven und instrumentellen Verhaltensbereichen (vgl. 2. und 3.) aufgebaut.

- Der Gefahr einer Verhaltenszergliederung durch Lernzieltaxonomien muß der Lehrer in Planung und Durchführung des Unterrichts dadurch entgegentreten, daß er die Einzelfähigkeiten den Schülern nicht lediglich lehrgangsmäßig abfordert, sondern auch wieder zu ganzheitlichen und damit erst wirklichkeitsgerechten Vollzügen zusammenführt.
- Lernzieltaxonomien sind als formale Einteilungskriterien für menschliches Verhalten Orientierungshilfen des Lehrers, Lernleistungen möglichst exakt nach Qualität und Anforderung zu bestimmen.
  Konsequenz: „Vertrautheit" mit einem Sachverhalt (vgl. 3.) als höchste Stufe der Verfügung über Wissen erfordert einen erheblich höheren Aufwand im Unterricht als der „Einblick" in ein Wissensgebiet.
  Die Lernzieltaxonomie entscheidet also wesentlich mit über den unterrichtlichen Aufwand und über die Anforderungen, denen sich der Schüler bei der Feststellung seines Lernfortschritts stellen muß. Das Niveau der Lernzielbearbeitung muß dem Niveau der Lernzielkontrolle exakt entsprechen; andernfalls wird der Schüler entweder überfordert oder über die tatsächlich zu erwartende Leistung getäuscht.
- Lernzieltaxonomien erweisen sich vollends als Hilfsinstrument für exakte und schülergemäße Unterrichtsplanung, wenn sie vor dem Hintergrund der Abkehr von den technokratischen teacher-proof-curricula (lehrersichere Curricula) hin zum Vertrauen in die didaktische Kompetenz des Lehrers vor Ort gesehen werden. Lernzieltaxonomien in Verbindung mit offenen Curricula könnte ein akzeptabler, die Ganzheitlichkeit des menschlichen Verhaltens berücksichtigender Kompromiß sein.

2. Die bereits *klassischen Beispiele* hierarchisch aufgebauter Lernzieltaxonomien stammen

für den *kognitiven Verhaltensbereich* von Bloom u. a. 1956. Das Kriterium der zunehmenden Lernanforderung ist hier die Komplexität.

1. Wissen und Kennen
2. Verstehen
3. Anwenden
4. Analyse
5. Synthese
6. Bewertung und Beurteilung

für den *affektiven Verhaltensbereich* von Krathwohl u. a. 1964. Das Kriterium der zunehmenden Lernanforderung ist hier das Ausmaß der Annahme und Verinnerlichung.

1. Aufnehmen und Beachten
2. Reagieren, Antworten
3. Werten
4. Aufbau und Organisation einer Werthierarchie
5. Charakterisierung des Verhaltens durch einen Wert oder Wertkomplex

Die komplexeren Lernzielstufen setzen jeweils die Beherrschung der einfacheren Lernzielstufen voraus, wenn der Schüler nicht durch Überforderung auf der Strecke bleiben soll.

3. Als ausführliches *Beispiel einer Lernzieltaxonomie, die nach Anforderungsstufen und Verhaltensbereichen zu ordnen versucht,* betrachten wir die dem bayerischen Curricularen Lehrplan zugrundeliegende Lernzieltaxonomie:

Didaktische Schwerpunkte / Lernzielhierarchie	WISSEN Kenntnisse	KÖNNEN Handlungen	ERKENNEN Probleme	WERTEN Einstellungen	
Anforderungsstufen ↓	*Einblick* (in Ausschnitte eines Wissensgebiets) *Überblick* (über den Zusammenhang wichtiger Teile) } beschreibt eine erste Begegnung mit einem Wissensgebiet.	*Fähigkeit* bezeichnet allgemein das Können, das ein Handeln nach Regeln ermöglicht.	*Bewußtsein* bedeutet: Die Problemlage wird in ihren wichtigen Aspekten erfaßt.	Offenheit Interesse Aufgeschlossenheit	Neigung
	Kenntnis verlangt stärkere Differenzierung der Inhalte und Betonung der Zusammenhänge	*Fertigkeit* verlangt eingeschliffenes, fast müheloses Können.	*Einsicht* bedeutet: eine Lösung des Problems wird erfaßt bzw. ausgearbeitet	Achtung Freude Hochschätzung	Bereitschaft
	Vertrautheit bedeutet sicheres und selbständiges Verfügen über möglichst viele Teilinformationen und Zusammenhänge.	*Beherrschung* bedeutet sicheres und selbständiges Verfügen über die eingeübten Handlungsweisen.	*Verständnis* bedeutet: eine Lösung des Problems wird überprüft und ggf. anerkannt.	Liebe Verehrung Begeisterung	Entschlossenheit
	kognitiver Verhaltensbereich	instrumenteller Verhaltensbereich		Wertbezug affektiver Verhaltensbereich	Handlungsbezug

2.2.3 Zweck und Grenzen der Operationalisierung im lernzielorientierten Unterricht

(Vgl. z. B. die kritische Stellungnahme von Schmitt 1983)

2.2.3.1 Zweck und Kriterien der Operationalisierung

Operation bedeutet Handlung *und* Lösungsverfahren.
Die Operationalisierung von Lernzielen strebt die eindeutige und damit der Überprüfung zugängliche Beschreibung zielgerichteter sinnvoller Handlungseinheiten des Schülers für seinen Lernprozeß (im Unterricht) an.
Leit-, Richt- und Grobziele (vgl. 2.2.2.3) sind in der Regel abstrakt formulierte bzw. umfassende komplexe Verhaltensbeschreibungen, für deren Vollzug der Schüler detaillierte Handlungsanweisungen und genau beschriebene Lernsituationen braucht.
Bei der Operationalisierung sind also folgende drei Kriterien zu beachten:

1. Die erwarteten Handlungen (Operationen) der Schüler müssen eindeutig und konkret beschrieben werden, so daß die Schüler ohne zusätzliche Erläuterungen sicher wissen, was sie zu tun haben.

2. Die Lernsituation zum Vollzug der erwarteten Handlungen ist genau zu beschreiben, d. h., es müssen die Bedingungen und Mittel genannt sein, unter denen bzw. mit deren Hilfe die Schüler arbeiten sollen.

3. Es muß der Beurteilungsmaßstab festgelegt sein, mit dem geprüft wird, ob die Schüler die erwartete Handlung (operationalisiertes Lernziel = Feinziel) ausführen können oder nicht.

Beispiel für ein operationalisiertes Lernziel:
Der Schüler soll unter Zuhilfenahme der physikalischen Karte im Atlas drei Gründe dafür finden, warum die Schiffahrt vor der Regulierung des Oberrheins Behinderungen ausgesetzt war.

2.2.3.2 Leistung und Leistungsgrenzen der Operationalisierung von Lernzielen

1. Curricular gestaltete Lehrpläne enthalten in der Regel *ergebnisorientierte Lernziele:* Das nach einem unterrichtlich organisierten Lernprozeß erwartete Verhalten der Schüler soll durch entsprechende Testsituationen überprüft werden. Die Aufgabe des Lehrers besteht nun darin, für die besondere Situation seiner Schüler (die ja nur er genau kennt) die ergebnisorientierten Lernziele des Lehrplans in *lernprozeßorientierte Lernziele* umzusetzen, durch welche die Lernleistungen präzis beschrieben werden, welche die Schüler während des Unterrichts bringen sollen.

Lernzielorientierter Unterricht ist nicht allein durch seine zielorientierten Ergebnisse ausgewiesen, sondern mit gleichem Gewicht auch durch den zielorientierten Handlungsvollzug der Schüler während des Unterrichts.

2. Der operationalisierte Unterrichtsverlauf wird bei aller wünschenswerten Vergleichbarkeit von Parallelklassen notwendigerweise unterschiedlich ausfallen müssen, da sich nicht nur die einzelnen Klassen in ihren Lernbedingungen und Lernsituationen unterscheiden, sondern auch die didaktische Analyse des Lehrers an subjektiven Entscheidungen bei den Zielformulierungen und beim Arrangement des Lernprozesses der Schüler nicht vorbeikommt.
Im lernzielorientierten Unterricht ist also weder Leistungsnivellierung innerhalb der Klasse oder klassenübergreifend durch lückenlose Feinzielformulierung gefragt noch roboterhafte Verhaltenssteuerung.

3. Operationalisierte Lernziele beschreiben beobachtbares und meßbares Verhalten im Regelkreissystem des Lernens, aber auch nur das!
Verhalten, das nicht beobachtbar und meßbar ist, wie z. B. das durch affektive Lernziele beschriebene Verhalten, ist auch nicht operationalisierbar.

4. Die Untergrenze der Operationalisierung, also der Zerlegung von Lernzielen in einzelne Handlungsvollzüge, ist dort überschritten, wo die operationalisierten Lernziele (Feinziele) keine *sinnvollen Handlungseinheiten* mehr darstellen.

5. Operationalisierte Lernziele als eindeutig beschriebene *sinnvolle Handlungseinheiten müssen für den Schüler in übergeordneten Lernzielzusammenhängen und komplexen Handlungsvollzügen erfahrbar bleiben.* Ein noch so sicher beherrschter Vollzug von Teilhandlungen qualifiziert die Schüler nicht für die Bewältigung der Lebenswirklichkeit.

6. Operationalisierte Lernziele als eindeutig beschriebene sinnvolle Handlungseinheiten können nur *in beschränkter Anzahl* in einer Unterrichtsstunde verwirklicht werden. Feinzielkataloge mit trivialer bis lächerlicher Überlast widersprechen nicht nur dem Konzept einer sinnvollen Lernzielorientierung, sondern sind auch nicht realisierbar.

7. Curricular organisierte Lehrpläne können dem Lehrer nicht die Flexibilität und Kreativität im Umgang mit Lernzieltaxonomien und vorgeschriebenen Lernzielkatalogen abnehmen. Die Arbeit mit konkreten Klassen vor Ort, der situationsabhängige Einbezug affektiver und sozialer Lernziele in den Unterricht als Gegengewicht gegen die formalistische Tendenz

der kognitiven und instrumentellen Lernziele und die in der Regel von Anforderungen überquellenden Lehrpläne fordern den Lehrer zwangsläufig zu *einschränkenden Maßnahmen* heraus:

- Mit Hilfe des *Prinzips des Exemplarischen* wählt der Lehrer unter qualitativen Gesichtspunkten aus mehreren Lernzielen des Lehrplans dasjenige aus, das in besonderer Weise geeignet ist, Grundkenntnisse und -fähigkeiten zu erwerben, Zusammenhänge zu erfassen usw. Die gründliche Arbeit an elementaren, fundamentalen oder repräsentativen Lernzielen soll die Schüler in die Lage versetzen, den Anforderungen ähnlicher Lernziele selbständig gerecht zu werden.
- Durch *Lernzielbündelung* faßt der Lehrer unter quantitativen Gesichtspunkten Lernziele zusammen, die zwar an verschiedenen Stellen des Lehrplans niedergelegt sind, aber unter einem übergeordneten Aspekt der Zusammengehörigkeit in einer Unterrichtseinheit zusammengefaßt werden können.

8. Sinnvoll durchgeführter lernzielorientierter Unterricht *vermeidet die Testomanie isolierter Verhaltensbruchstücke:* Auch für Testsituationen gilt die Rückführung operationalisierter Lernziele in komplexe wirklichkeitsentsprechende Handlungszusammenhänge (vgl. auch 8.3.3)

9. Operationalisierte Unterrichtsgestaltung legt den *„informierenden Unterrichtseinstieg“* nahe (Grell): Anstelle eines Rateeinstiegs mit nachfolgendem Blindlernen wird der Schüler durch die problemhaltige Themenstellung mit den Zielen und dem Anspruchsniveau des Unterrichts vertraut gemacht. In der Regel sollte der Schüler im lernzielorientierten Unterricht aufgrund der Präsentation des Lerngegenstandes in der Lage sein, die Problemstellung – evtl. mit Unterstützung des Lehrers – zu erfassen und seine Fragen, Hypothesen und Handlungsmöglichkeiten zu formulieren.

10. Für die Verständigung zwischen Lehrer und Schülern (und evtl. Beobachtern, Mentoren usw.) ist es vorteilhaft, für Klarheit der Zielbezeichnungen zu sorgen (vgl. hierzu 2.2.2.3). Ebenso scheint mir eine klare Differenzierung zwischen Lernzielarten und Unterrichtsschritten, auch Teilschritte genannt, geboten.

2.3 Bildungs- und Erziehungsziele im Unterricht – mehr als pädagogische Beschwörungsformeln?

Die Frage nach handlungsleitenden Bildungs- und Erziehungszielen im Unterricht ist die entscheidende berufsethische Frage für den Lehrer. Sie bedeutet anthropologische und weltanschauliche Stellungnahme, immer vorausgesetzt, daß Unterricht und Erziehung eine untrennbare Einheit bilden. „... der Unterricht (will) den Gedankenkreis bilden, die Erziehung den Charakter. Das Letzte ist nichts ohne das Erste – darin besteht die Hauptsumme meiner Pädagogik“ (J. Fr. Herbart).

2.3.1 Bildungs- und Erziehungsziele auf verlorenem Posten?

Ihre Notwendigkeit und Berechtigung werden nicht bestritten. Das Grundgesetz und die Länderverfassungen warten mit eindrucksvollen Katalogen von Bildungs- und Erziehungszielen auf, dennoch fehlt es aber gerade auf diesem Gebiet nicht an ebenso eindrucksvollen *Alibis für die Unterlassung dieses zentralen pädagogischen Auftrags* (vgl. z. B. Schneid 1987):

1. Die Stoffülle der Lehrpläne und der daraus resultierende Prüfungsdruck zwingen den Lehrer zu einseitig wissenschaftsorientiertem Unterricht. Das Stoffproblem gipfelt angesichts erzieherisch orientierter Unterrichtsphasen in der Frage der Schüler: „Ist das auch prüfungsrelevant?“

2. Der Wertpluralismus demokratischer Gesellschaftssysteme verführt zu weltanschaulicher Unverbindlichkeit und einem Mangel an Mindestübereinstimmungen in ethischen und moralischen Grundpositionen. Insbesonders die Befreiungseuphorie und der Aufklärungsfetischismus der 60er Jahre führten zur Auflösung des Traditionellen, zu einer Krise allgemein verbindlicher Wertvorstellungen und damit zu einer Neigung zum Bildungsmaterialismus mit Überbetonung der kognitiven Leistung.

3. Unrealistische Erziehungsziele oder wirklichkeitsfern abstrakte Erziehungsziele oder politisierte ideologische Erziehungsziele (wie z. B. „Emanzipation“ – bis zur Unbrauchbarkeit vorbelastet) erschweren ihre praktische Umsetzung im Unterrichtsalltag.

4. Die weitverbreitete, oft auf Resignation beruhende Job-Einstellung unter den Lehrern führt zwangsläufig zum Rückzug aus zweifellos anstrengenden und oft auch enttäuschenden erzieherischen Aufgaben.

5. Viele Lehrer bezeichnen sich selbst als pädagogisch nicht hinreichend kompetent, was sie zum Teil auf die überwiegend fachwissenschaftliche Ausbildung, aber auch auf die zunehmend schwierigere Erziehungswirklichkeit zurückführen.

6. Unbestreitbar liegt ein Mangel an praktischen Hilfen für den Unterrichtsalltag vor, die dem Lehrer Anregungen vermitteln, wie er Bildungs- und Erziehungsziele in den Unterricht einbringen kann.

2.3.2 Konsensfähige Bildungs- und Erziehungsziele und ihre Quellen

Bildungs- und Erziehungsziele wirken sich erfahrungsgemäß in der Unterrichtswirklichkeit nur dann handlungsleitend aus, wenn der Lehrer sie in einem Entscheidungsprozeß als für sich verbindlich anerkannt hat und immer wieder nach konkreten Möglichkeiten sucht, sie in den Unterrichtsbetrieb zu integrieren. „Geräuschvolle Moralkataloge" (H. Maier) bewirken ebenso wenig wie administrativ verordnete Leerformeln auf zu hohem Abstraktionsniveau.
Aber selbst bei unterstellter Konkretisierung von Bildungs- und Erziehungszielen durch den einzelnen Lehrer bleibt das Unbehagen mangelnder Übereinstimmung in pädagogischen und ethischen Grundpositionen. Bei aller Wertpluralität muß m. E. auch ein demokratisches Gesellschaftssystem allein zu seiner Sicherung an einem Minimalkonsens solcher Grundpositionen interessiert sein.

2.3.2.1 Quellen für einen Minimalkonsens von Bildungs- und Erziehungszielen

Angesichts weltanschaulicher Pluralität kommen als allgemein verbindliche Basis für die Gewinnung von Bildungs- und Erziehungszielen vor allem zwei Quellen in Frage, auf die sich auch die meisten Lehrpläne mit ihren Richtzielen berufen:

1. Als allgemein verbindlich können Bildungs- und Erziehungsziele bezeichnet werden, die aus dem Grundgesetz, insbesonders aus den *Grundrechten,* abgeleitet werden können und die *in den einschlägigen Artikeln der Länderverfassungen ausdrücklich genannt sind.*
Sie beruhen auf einem Menschenbild, das sich auf Grundsätze des Christentums (z. B. Bedeutung der Person, der Freiheit, der Dialogfähigkeit, der Verantwortung), des Humanismus und der Aufklärung beruft.
Solche „oberste" Bildungs- und Erziehungsziele werfen allerdings für die praktische Umsetzung *erhebliche Probleme* auf:

- Mit der Abstraktheit ihrer Formulierung sind sie in hohem Maße interpretationsbedürftig und damit wiederum der Gefahr beliebiger Auslegung ausgesetzt. Eine verordnete Interpretation muß sich zumindest die Fragen gefallen lassen, wer es denn eigentlich ist, der hier zur Interpretation legitimiert ist, und nach welchen Kriterien interpretiert wird.
  Der Vollzug steht und fällt mit der Umsetzungsbereitschaft des einzelnen Lehrers, der zur Anerkennung der obersten Bildungs- und Erziehungsziele per Amtseid noch veranlaßt werden kann, in der Praxis aber

nur jene Bildungs- und Erziehungsziele realisieren wird, die er sich in eigener oder nachvollziehender Interpretation zu eigen gemacht hat.

- Die obersten Bildungs- und Erziehungsziele erschweren ferner den direkten Zugang im Sinne einer Deduktion konkreter Unterrichtsziele. Entsprechende, meist auf bestimmte Fächer zugeschnittene Versuche können bestenfalls als Anregung verstanden werden, wirken aber oft aufgesetzt. Um einer minimalen Einheitlichkeit willen mag es bedauert werden, aber letztlich ist es wiederum der einzelne Lehrer, der von seinen persönlichen und fachlichen Möglichkeiten her alltägliche Lernsituationen definieren muß, in denen Verhaltensweisen – ohne moralischen Zeigefinger – erfahren und eingeübt werden können, die in Richtung der Idealformulierung oberster Bildungs- und Erziehungsziele angelegt sind.

2. Ein Minimalkonsens in Bildungs- und Erziehungszielen scheint auch möglich zu sein durch die *pragmatische Orientierung an drängenden Gegenwarts- und Zukunftsaufgaben.* An einschlägigen Untersuchungen fehlt es nicht.

Global 2000 faßt z. B. zusammen:
- Bevölkerungsexplosion
- Verknappung der Ressourcen
- Umweltbelastung, die an die absolute Katastrophengrenze reicht
- Verheerende Ausrottung von Pflanzen- und Tierarten
- Entwicklung zur Kommunikationsgesellschaft mit computergesteuerter Informationsverarbeitung und -übermittlung: Dies bedeutet eine ständige Steigerung der kognitiven Leistungsfähigkeit des Menschen durch die Wechselwirkung von technischer und menschlicher Informationsverarbeitung sowie enorme Anforderungen an das menschliche Anpassungsvermögen.

Speziell zur Studierfähigkeit stellte eine Untersuchung der Hochschul-Informations-System GmbH 1987 die folgenden Defizite fest:
- Fehlen eindeutiger normativer Orientierungen und damit von Rollenvorstellungen, die Identifikationsmöglichkeiten bieten
- Labile Anpassungsbereitschaft bis hin zu profilloser Wendigkeit und Beschränkung auf das unbedingt Notwendige
- Verlust wissenschaftlicher Einstellung und wissenschaftlichen Verhaltens
- Überbetonung von Prüfungsrelevanz und Verwertungsaspekt
- Mangel an differenziertem Darstellungsvermögen
- Mängel im sprachlichen Ausdruck.

2.3.2.2 *Beispiele konsensfähiger Bildungs- und Erziehungsziele*

Im Blick auf die praktische Verwirklichung muß nochmals betont werden, daß der einzelne Lehrer bei dieser berufsethischen Zentralaufgabe einer Entscheidung für Bildungs- und Erziehungsziele ohne eigene Interpretationsarbeit keinen tragfähigen Standpunkt für erzieherische Aktivitäten finden kann. Nur er kann vor Ort seiner Schulpraxis entscheiden, über welche konkrete Lernsituationen er direkt oberste Bildungs- und Erziehungsziele anstreben kann, und wo und wann er in diesem Zusammenhang eher als Vorbild, als Modell, als Hauptarrangeur der pädagogischen Atmosphäre gefragt ist. (Vgl. konkrete Anregungen unter 1., vor allem 1.2.3.1 Wertorientierung und Werterziehung).

1. Als umfassendes, aber wegen seiner Interpretationsbedürftigkeit in hohem Maße allgemeines Bildungs- und Erziehungsziel wird wohl die *allseitige Lebenstüchtigkeit* Anerkennung finden. „Allseitig" besagt hier, daß Wissen und weltanschauliche Bindung, Wissenschaftsorientierung (Ansatz des Szientismus) und Sinnorientierung (Ansatz des Pragmatismus als lebenspraktische Anleitung für den einzelnen und die Gemeinschaft) zusammengebracht werden müssen. Wissen entfaltet sich überhaupt erst zum Bildungsziel, wenn es mit Aebli (1983) als „dynamisch operatives Verarbeiten, Rekonstruieren von Wirklichkeit" aufgefaßt wird.

2. Als aufeinander bezogene Pole im Spannungsfeld pädagogischer Arbeit werden häufig die Bildungs- und Erziehungsziele *Personalisation und Sozialisation* genannt. Als Bildungsideal gilt die Person in ihrer Einmaligkeit, als Individuum *und* Sozialwesen, in Geschichtlichkeit und Kosmos an raumzeitlicher Stelle (M. Müller), in Verantwortung für die Welt und die Gesellschaft.

3. An die Tradition von Platon über Aristoteles, Thomas von Aquin bis J. Pieper anknüpfend bietet sich auch heute eine *Neuinterpretation der sog. Tugendkataloge* an, in der Sprache der Lernzieltheorie *Grundqualifikationen.*

Nehmen wir als Beispiel die vier Kardinaltugenden:

- Mäßigkeit (gegenüber sich selbst, der Natur, der Umwelt, der Technik, dem Konsum usw.)
- Tapferkeit (als Zivilcourage und Festigkeit in eigenen Standpunkten)
- Gerechtigkeit (den Mitmenschen als Person voll ernstnehmen)
- Weisheit bzw. Klugheit (als gemeinsame Sinnfindung in der pluralen Beliebigkeit).

4. Bedenkenswerte *Schlüsselqualifikationen* wurden in der Chefetage von Siemens formuliert (Lüders 1986):

- Denken, vor allem auch selbstkritisch denken
- Zusammenhänge erkennen
- Selbständigkeit
- Verantwortungsbereitschaft
- Entscheidungsfähigkeit
- Erkennen der Grenzen der eigenen Möglichkeiten
- Hohes Qualitätsbewußtsein
- Exakte Planung der eigenen Arbeit
- Lernbereitschaft
- Bereitschaft zur freiwilligen Zusammenarbeit mit anderen
- Bereitschaft und Fähigkeit, mit Veränderungen zu leben.
- Mut zum Risiko.

2.3.2.3 Oberste Bildungs- und Erziehungsziele am Beispiel der Verfassung des Freistaates Bayern: Artikel 131

(Vgl. zur Problematik einer zeitgemäßen Interpretation z. B. Hoĉevar 1980)

1. „Die Schulen sollen nicht nur Wissen und Können vermitteln, sondern auch Herz und Charakter bilden."
Hier wird die Einheit von Wissenschaftsorientierung und Sinnorientierung (s. o.) angesprochen. Wissen und Können sind nicht um ihrer selbst willen erstrebenswert, sondern als notwendige Ausrüstung

- für die Orientierungsfähigkeit zwischen Beliebigkeit und Sinnlosigkeit einerseits und noch nie vorher dagewesener Existenz- und Weltbedrohung andererseits,
- für die Entwicklung von Verantwortungsbereitschaft und eines zuverlässigen Gewissens,
- für den verantwortlichen Vollzug von Freiheit . . .

2. „Oberste Bildungsziele sind Ehrfurcht vor Gott, Achtung vor religiöser Überzeugung und vor der Würde des Menschen . . ."

- Ehrfurcht fragt nach dem Ziel der Sinnorientierung.
- Achtung beinhaltet die Toleranz gegenüber dem Andersdenkenden als Person und läßt den Wunsch nach einem Minimalkonsens in ethischen Grundpositionen erkennen.

3. „. . . Selbstbeherrschung, Verantwortungsgefühl und Verantwortungsfreudigkeit, Hilfsbereitschaft . . ."

Diese Bildungsziele wurden von den Vätern der Verfassung angesichts der Mißachtung dieser Einstellungen während des Dritten Reiches formuliert.

- Verantwortung ist im Sinne der Verfassung zu sehen als Fähigkeit zum Zukunftsentwurf des eigenen Lebens, und zwar in der Verpflichtung dem Mitmenschen, der Welt und Gott gegenüber. Nach H. Jonas beruht „die Fähigkeit zur Verantwortung in der Befähigung des Menschen, zwischen Alternativen des Handelns mit Wissen und Wollen zu wählen."
- In der Erziehungspraxis geht es hier um den Erwerb sozialer Kompetenz, die als Gegengewicht gegen die Überbetonung des rationalen Elements, der Ichbezogenheit und Genußorientierung, gegen übersteigertes Konkurrenzverhalten und Mangel an Solidarität, gegen Leistungszwang und Orientierungslosigkeit in der Wertepluralität gesetzt ist. (Praktische Anregungen vgl. im Kapitel 1, Schulleben).

4. „... Aufgeschlossenheit für alles Wahre, Gute und Schöne"
Dieses Bildungsziel kam in Anlehnung an das griechische Bildungsideal und den christlichen Humanismus in die Verfassung.

- Gefragt ist vor allem Werterziehung auf christlich-humanistischer Basis (vgl. 1.2.3.1).
- Vgl. die aktuelle Interpretation der vier Kardinaltugenden (2.3.2.2/3) und die Forderung allseitiger Bildung der Person (2.3.2.2/1).
- Besondere Bedeutung gewinnt im Zeitalter der Mikroelektronik und der totalen Technisierung das Lernziel „Umgang mit künstlicher Intelligenz".
- Das Lernziel „schöpferische Freizeitgestaltung" tritt gegen die mentale Vergreisung durch die Kulturindustrie an und damit gegen die Verfehlung der durch Freizeitgewinn erstrebten humanen Selbstverwirklichung des Menschen.

5. „Die Schüler sind im Geiste der Demokratie, in der Liebe zur bayerischen Heimat und zum deutschen Volk und im Sinne der Völkerverständigung zu erziehen."

- Auf dieses Bildungsziel berufen sich die fachübergreifenden Erziehungs- und Unterrichtsaufträge der „Friedenserziehung" und „Europa im Unterricht".
- Der Heimatgedanke wird durch umfeldbezogene Unterrichtseinheiten seit Jahren in besonderem Maße favorisiert.
- Der Erziehung im Geiste der Demokratie kommt das heutige sehr anspruchsvolle Verständnis der Schülermitverantwortung entgegen (vgl. die praktischen Anregungen unter 1.2.5.7).

3 Praxisfeld Unterricht

3.1 Unterricht – lebensferne Lehrgänge mit eingeschränkter Langzeitwirkung?

(Vgl. z. B. Gage 1979, Oelkers 1985)

Die in der Überschrift formulierte Provokation zieht sich wie ein roter Faden durch die Schul- und Unterrichtskritik aller Zeiten. Dabei scheint der vor allem von den Schülern erlebte Mangel am schulischen Unterricht nicht auf seinen Bestimmungsmerkmalen, also auf einem grundsätzlich falschen Verständnis von Unterricht zu beruhen, sondern eher auf einem Vollzug dieser Bestimmungsmerkmale, der die Bedürfnisse der Schüler als Lernender zu wenig berücksichtigt.
Schulischer Unterricht ist durch die folgenden *Merkmale* gekennzeichnet:

1. *Unterricht dient der Selbstverwirklichung und Weltorientierung des Schülers.* Diesen Zielen ist das gesamte organisatorische Arrangement unterzuordnen, d. h., Lernziele, Lerninhalte, Methoden und Medien sind Mittel zum Zweck, nicht Selbstzweck.
„Wir lehren einen Gegenstand nicht, um aus den Schülern lauter kleine wandelnde Fachbibliotheken zu machen, sondern wir lehren ihn deshalb, weil wir die Schüler dahin bringen wollen, (z. B.) selbst mathematisch zu denken, Sachverhalte mit den Augen des Historikers zu sehen und teilzunehmen am Prozeß der Wissensgewinnung. Wissen ist in diesem Sinne kein Produkt, sondern ein Prozeß." (Bruner 1974, S. 14).

2. Unterricht ist wie die Schule insgesamt ein *Erfahrungsraum,* der Organisation und Freiheit gleichermaßen erfordert.

3. Unterricht wird vollzogen als *Kommunikation,* die von pädagogischen Absichten (Lernen und Erziehung) geleitet ist. Da Unterricht niemals auf einen lediglich abgespeicherten (und damit letztlich sinnlosen) Wissenszuwachs abzielt, sondern auf Handeln und Verhaltensänderung, *ist Unterricht immer auch Erziehung* (vgl. hierzu die Theorie des erziehenden Unterrichts, praktiziert seit eh und je, erstmals formuliert von Günther 1796, vehement verfochten von Herbart (1890), heutigentags am konsequentesten vertreten in den Konzepten der Emanzipatorischen Pädagogik).

4. Unterricht ist durch *Regelhaftigkeit* geprägt, die durch Zeitvorgaben, Lehrplanbestimmungen, Leistungsmessungen u. a. m. gesetzt ist.

5. Unterricht ist als Sonderform des Lernens *am Verlauf eines natürlichen Lernprozesses orientiert.*

6. Unterricht erfordert als planmäßig organisierte Lernsituation einen institutionellen Rahmen und für die beschriebenen Aufgaben speziell qualifizierte (professionelle) Lehrer.
Fehlentwicklungen oder gar Zerrbilder von Unterricht können sich von der Interpretation eines jeden der genannten Bestimmungsmerkmale aus ergeben. Besonders folgenschwer aber wirken sich allem Anschein nach folgende *Mißverständnisse von Unterricht* aus:

1. Institutionalisierung und Regelhaftigkeit von Unterricht verselbständigen sich nicht selten zum Hauptzweck des Schulalltags, was zwangsläufig einen über Gebühr ritualisierten und routinierten Lehr-/Lernbetrieb nach sich zieht. Als Alibi dienen i. d. R. die Lehrplananforderungen, Stundenplankorsett, Prüfungsdruck und Vorschriften aller Art.

2. Der Erfahrungsraum Schule wird oft über die gegebenen Zwänge hinaus unnötig beschnitten. Erfahrung schließt nun einmal einen Erprobungs- und Übungsspielraum für die Schüler mit ein, in dem sie sich sanktionsfrei bewegen und ihre Grenzen erleben können. Hier müssen als Alibi fehlende Räume, ungeeignetes Lernmaterial, mangelndes Sozialverhalten der Schüler und daraus resultierende Disziplinprobleme herhalten.

3. Trotz seit Pestalozzi nicht abreißender Attacken gegen das „Maulbrauchen" dominieren im schulischen Unterricht der auf Abstraktion zielende Wortgebrauch sowie Mit- und Nachvollzug von Lernvorgängen durch die Schüler. Unterricht nach den Regeln des natürlichen Lernens verfolgt demgegenüber ganzheitliches Lernen in realen Handlungszusammenhängen. „Die beste Einführung in ein Sachgebiet ist die Sache selbst." (Bruner 1974, S. 149).

Fassen wir zusammen:

Unterrichten heißt Lernsituationen bereitzustellen, manchmal auch nur zuzulassen, in denen sich der Schüler in altersentsprechendem, ganzheitlichem Lernen entfalten kann. Bruner spricht in seinem Plädoyer für entdeckendes Lernen davon, das Wissen an die Emotionen (und an die erfahrbare Lebenswelt/Köck) der Schüler anzubinden und auf diese Weise zu „personalisieren", d. h. zur Sache des Schülers zu machen.

3.2 Unterrichtsforschung, Unterrichtstheorie und Schulwirklichkeit

(Achtenhagen 1982, Bruner 1970 und 1974, Dohmen u. a. 1970, Lehr-Lern-Forschung 1982, Loser 1972 und 1979, Loser/Terhart 1977, Terhart 1986, Treiber/Weinert 1982)

1. *Die Unterrichtsforschung* versucht, mit Hilfe wissenschaftlicher Methoden schulischen Unterricht zu beschreiben, zu analysieren und zu interpretieren. Die jüngere *Lehr-Lern-Forschung* beschäftigt sich umfassender mit Lehr-Lern-Situationen aller Art, ob sie sich bewußt geplant, z. B. als schulischer oder außerschulischer Unterricht ergeben oder eher nebenbei, z. B. in Spielsituationen oder beim Lernen über Nachahmung. Während die herkömmliche Unterrichtsforschung bei ihren Untersuchungen in erster Linie auf experimentelle Methoden setzt, rücken in der neueren Forschung prozeßorientierte Methoden der Feld- und Handlungsforschung in den Vordergrund sowie alle Arten der Beobachtung, insbesondere die teilnehmende Beobachtung, Methoden der Interaktions- und Unterrichtsanalyse und interpretative Forschungsmethoden (unter Einschluß von Selbstreflexion und verhaltensändernden Trainingspraktiken).
Auch in der Reihe der *vordringlichen Forschungsgegenstände* zeichnet sich ein Wandel ab:

- Instruktion als systematisch organisierte und kontrollierte Vermittlung von Wissen, Kenntnissen und Fähigkeiten
- Die Einflüsse der Interaktion zwischen Lehrern und Schülern auf die Lehr-Lern-Prozesse
- Die institutionelle Einbettung von Lehr-Lern-Situationen
- Das Phänomen des sog. heimlichen Lehrplans, womit der Lebens- und Erfahrungsbereich des nicht institutionell Geregelten, also des nicht durch Lehrplan, Schul- und Hausordnung Festgelegten gemeint ist.

2. *Aufgabe der Unterrichtstheorie* ist es, die Ergebnisse der Unterrichtsforschung, aber auch gesicherter unterrichtlicher Alltagserfahrung als Handlungsanweisung für eine möglichst optimale Unterrichtsgestaltung zu formulieren. Ihr vorrangiges Interesse gilt demnach den folgenden Problemfeldern:

- Bestimmung günstiger Lernvoraussetzungen und förderlicher Lernumwelt
- Kriterien für die Durchstrukturierung eines Wissensbereiches zum Zweck optimaler Verarbeitung
- Festlegung der optimalen Lernschritte und Lernwege
- Sinnvolle Verstärkungssysteme u. a. m.

3. Unterrichtsforschung und Unterrichtstheorie werden ihrem Auftrag nur gerecht, wenn sie in einem *Regelkreis mit der vorgefundenen Schulwirklichkeit* für die Praxis bedeutsame Probleme aufgreifen und wenn sie ihre Antworten für den Praktiker brauchbar aufbereitet und verständlich formuliert an die Schulwirklichkeit zurückgeben. Ihre „Nagelprobe" erfahren sie ohnehin erst in der Praxis, sofern sie mit ihren Aussagen überhaupt wahrgenommen werden. Befragungen zufolge neigen Lehrer nämlich dazu, nach ihrer überwiegend kopflastigen Ausbildung – dem hinreichend bekannten Praxisschock konfrontiert – einer weiteren theoretischen Fundierung ihres Unterrichts aus dem Wege zu gehen. Die selten unmittelbar auf die Unterrichtspraxis anwendbaren Laborergebnisse der experimentellen Unterrichtsforschung und die meist praxisferne Schreibweise der unterrichtstheoretischen Literatur steuern ihren Anteil zur durchaus verständlichen Theoriefeindlichkeit der Schulpraktiker bei. Diese setzen mittlerweile – auf dem Fundament ungeklärter theoretischer Restbestände – auf unreflektiert übernommene, aber sofort wirksame Unterrichtsrezepte und auf ihr sich vor Ort ergebendes Erfahrungswissen. Fehlentwicklungen des Unterrichts können auf Dauer nur vermieden werden, wenn Unterrichtsforschung, Unterrichtstheorie und Schulpraxis im Wechselspiel gegenseitiger Korrektivfunktion ständig miteinander im Gespräch bleiben.

3.3 Didaktik zwischen Lehrplantheorie und Planungshilfe

(Vgl. z. B. Möller 1971/9, Tenorth 1986, Adl-Amini 1986)

Der Lehrer arbeitet als Balancekünstler im Spannungsfeld von

- institutionell gesetzter Aufgabe,
- zum Teil sich widersprechenden Erwartungen von seiten der Schüler, der Eltern, der Abnehmer in der Arbeitswelt, der Administration,
- seinen eigenen handlungsleitenden Orientierungen
- und seinem tatsächlichen Handeln.

Nicht selten mündet dieser Balanceakt fast zwangsläufig ins Dilemma des Scheiterns, wenn die beschriebenen Erwartungen und Handlungen zu weit auseinanderdriften.

In derartiger Verunsicherung (und Überforderung) erwartet der Lehrer von der Didaktik Richtlinien für ein unterrichtliches Handeln, die nach Tenorth folgende Funktionen erfüllen müssen:

- „Sie beschreiben Erwartungen, denen die Lehrer und Erzieher zu genügen haben“,
- „sie definieren Kompetenzen, die im Erziehungsprozeß erworben werden können“,
- „sie postulieren Kriterien, die den Prozeß von Unterricht und Erziehung kennzeichnen sollen“.

3.3.1 Didaktik als Berufswissenschaft des Lehrers

(Z.B. Arbeitsgruppe Theorie der Unterrichtswissenschaft 1980, Klafki/Otto/Schulz 1977)

Als Berufswissenschaft des Lehrers hat die Didaktik Tradition seit der Antike. Sie entwickelte sich im Laufe der Zeit von der „Lehrkunst“ über die „Unterrichtslehre“ zur „wissenschaftlichen Reflexion des Lehrens und Lernens“. Als eigenständiger Bereich der Erziehung wurde sie von W. Ratke (1571–1635) und J. A. Comenius (1595–1670) begründet, von J. Fr. Herbart (1776–1841) und seiner Schule für den schulischen Unterricht konzipiert.
Heute begegnet die Didaktik dem Lehrer leider als eine arg vom Meinungsstreit gebeutelte Berufswissenschaft. Folgende Aufgabenbereiche erlauben aber eine vorläufige Bestimmung der Didaktik, wenngleich sie in der Fachliteratur zum Teil sehr kontrovers diskutiert werden:

1. Didaktik ist die Theorie der Bildungsinhalte und des Lehrplans.
(Z.B. Weniger 1952, Klafki 1957)

In diesem Aufgabenfeld ist die Didaktik damit befaßt,
- allgemein verbindliche oberste Bildungsziele zu ermitteln,
- Kriterien und Methoden der Lehrplananalyse und der Lehrplankonstruktion zu entwickeln,
- konkrete Unterrichtsinhalte nach pädagogischen Gesichtspunkten zu bestimmen.

Die letztgenannte Aufgabe fordert immer wieder den Einspruch der Fachwissenschaftler heraus, denn sie besagt nichts anderes, als daß Gegenstand des schulischen Unterrichts nicht die Sache um ihrer selbst willen sein darf. Maßgeblich für die Auswahl und Aufbereitung – für die didaktische Reduktion – eines Unterrichtsgegenstandes ist vielmehr, inwiefern er zum Bildungsprozeß einer bestimmten Altersgruppe von Schülern beizutragen vermag. Adl-Amini (in Lenzen 1986) spricht in diesem Zusammenhang von Bildung als gelungener Vermittlung zwischen dem Subjekt und den in

Lehrplänen repräsentierten gesellschaftlichen und kulturellen Objekten. Als gelungen kann diese Vermittlung betrachtet werden, wenn sie weder einseitig eine Anhäufung von Bildungsinhalten verfolgt (vgl. die materialen Bildungstheorien: der Inhalt bildet) noch ausschließlich auf Kräfteschulung abzielt (vgl. die formalen Bildungstheorien von Pestalozzi über Rousseau bis zur Reformpädagogik und Summerhill), sondern eine wechselseitige Öffnung und Veränderung von Subjekt und Objekt ins Auge faßt (vgl. Klafkis Ansatz der kategorialen Bildung (1957), in dem nur jenem Bildungs*inhalt* auch Bildungs*gehalt* zugesprochen wird, der geeignet ist, diese dialektische Vermittlung zwischen Schüler und Unterrichtsgegenstand zu schaffen).

2. *Didaktik ist Theorie des Unterrichts*

Als Unterrichtstheorie ist die Didaktik mit ihrer Forschung und mit ihren Handlungsanweisungen ausdrücklich auf die Optimierung des unterrichtsbezogenen Handelns des Lehrers ausgerichtet. Didaktik als Handlungstheorie hilft dem Lehrer, „den Unterricht theoriegeleitet zu planen, kontrollierend zu realisieren und analysierend zu reflektieren" (Adl-Amini in Lenzen 1986).

In der neueren Didaktikdiskussion wird besonders auf den Vorgang des kritischen Überdenkens der Unterrichtswirklichkeit und überkommener Didaktikpositionen Wert gelegt. Als „kritisch – konstruktive Theorie" (Klafki 1977) kann sich die Didaktik nicht mit Bestandsaufnahmen und Systemstabilisierung begnügen, sie muß vielmehr zu konstruktiven Vorschlägen zur Veränderung der Unterrichtspraxis vorstoßen, wo eine Veränderung angezeigt ist. Systemstabilisierung über die Institution Schule und Systemkritik über die Unterrichtsforschung und politische Einflußnahme müssen in der Didaktik als Handlungstheorie Hand in Hand gehen.
So ist es z. B. Sache der Didaktik,

- hartnäckig auf unterdrückte oder vernachlässigte Unterrichtsbedingungen hinzuweisen und Verbesserungsvorschläge zu erarbeiten,
- den Scheuklappenblickwinkel auf das Geschäft des Unterrichts als Lernbetrieb auszuweiten auf die vielfältigen Abhängigkeiten des Unterrichts von gesellschaftlichen und institutionellen Rahmenbedingungen,
- alternative Formen der Vermittlung zum herkömmlichen Unterricht zu entwickeln u. a. m.

3. *Didaktik ist die Wissenschaft vom Lehren und Lernen*

Mit diesem Aufgabenfeld wendet sich die Didaktik den Bedingungen des Informationsumsatzes sowie den psychischen Vorgängen beim Lernprozeß zu. Die Anleihen bei der Lernpsychologie sind erheblich (vgl. Köck 1987). Einen wissenschaftstheoretisch extremen Standpunkt nehmen innerhalb dieses Didaktikverständnisses die Vertreter der informationstheoretischen und kybernetischen Didaktik ein (z. B. Frank 1969, v. Cube 1971, 1977 und 1982, Weltner 1970). So untersucht nach v. Cube „die Didaktik als *Wissenschaft,* wie die Lernprozesse eines Lernsystems zu initiieren und zu steuern sind, um *vorgegebene* Lernziele in optimaler Weise zu erreichen" (1968). Die Wissenschaftlichkeit der Didaktik wird also durch ihre Beschränkung auf die methodischen und technischen Probleme des Informationsumsatzes garantiert. Sobald Didaktik sich aber anschickt, die normative Arbeit an der Ermittlung der Unterrichtsinhalte in ihre Aufgabenregister einzureihen, büßt sie zwangsläufig ihre Wissenschaftlichkeit ein; normensetzende und wissenschaftliche Funktion sind eben unvereinbar.

3.3.2 Der Standort der Fachdidaktik im Praxisfeld Unterricht

(vgl. z. B. Achtenhagen 1981, Fischler 1982, Heursen 1984)

1. Der Rang- und Kompetenzenstreit zwischen den Disziplinen Erziehungswissenschaft bzw. Pädagogik, Allgemeine Didaktik und Fachdidaktik mag in Zeiten der grundsätzlichen Standortfindung im Wissenschaftsbetrieb verständlich gewesen sein. Heute lassen solche Streitfälle eher Profilneurosen oder (unbegründete) Minderwertigkeitskomplexe einzelner Vertreter dieser Disziplinen vermuten als Gründe, die sich aus der Beziehung der Disziplinen selbst ergeben.
Erziehungswissenschaft, Allgemeine Didaktik und Fachdidaktik stehen nicht im Sinne einer Deduktionskette in einem Über-Unter-Ordnungsverhältnis zueinander. Sie vertreten vielmehr alle drei die Rechte und Bedürfnisse des Kindes (Schülers), etwa wie die Anwälte einer Kanzlei auf Spezialgebiete angesetzt. So ist es schlicht eine Frage ökonomischer Arbeitsteilung, z. B. der Allgemeinen Didaktik die Grundlagenforschung zum menschlichen Lernen zu überlassen und von der Fachdidaktik Auswahl und spezielle Aufbereitung der einem bestimmten Fach angemessenen Lernstrategien zu erwarten.

2. Fachdidaktik ist die Berufswissenschaft des Lehrers im engeren Sinne. Sie ist die „... *Wissenschaft vom planvollen, institutionalisierten Lehren und Lernen spezieller Aufgaben-, Problem- und Sachbereiche*" (Heursen in Lenzen 1986, Band 3).
Bis zum Beginn des 20. Jahrhunderts existierte die Fachdidaktik in Form

von Kompendien und Meisterlehren, die überwiegend rezeptologisch auf Alltagserfahrung beruhende Handlungsanweisungen vermittelten. Die *heutigen Positionen der Fachdidaktik* sind vor allem durch die folgenden Aspekte gekennzeichnet:

a) Aspekt der Wissenschaftsorientierung (Ausgangspunkt Fachwissenschaft)
b) Aspekt der Schülerorientierung (Ausgangspunkt Lebenssituationen bzw. erfahrungs- und handlungsorientierter Unterricht)
c) Ihr Verständnis als Berufswissenschaft des Lehrers (Der Lehrer als mitforschender und mitentscheidender Didaktiker und Methodiker).

3. Aus der Standortbestimmung der Fachdidaktik läßt sich der folgende *vorläufige Aufgabenkatalog* ableiten, der die Eigenständigkeit der Fachdidaktik überzeugend belegt:

a) Die Fachdidaktik hat zwischen der Fachwissenschaft und dem schulischen Unterricht zu vermitteln.

- Sie vertritt einerseits die Interessen der Fachwissenschaft, indem sie Methoden und Ergebnis der Auswahl und Aufbereitung fachwissenschaftlich gesicherter Aussagen für den schulischen Unterricht unter den Gesichtspunkten wissenschaftlicher Zuverlässigkeit und Gültigkeit überwacht.
- Andererseits hat sie bei all ihrem Bemühen um den wissenschaftlich einwandfreien Transport fachlicher Inhalte in den Unterricht den Schüler einer bestimmten Altersgruppe im Auge. Sie entscheidet darüber, ob und in welcher Weise ein Lerninhalt Bedeutung für den Schüler hat und in welcher Präsentation er ihm zumutbar ist.

  Damit ist das Problem der *didaktischen Reduktion* (vgl. z. B. Grüner 1967, Kahlke/Kath 1984, Kath/Kahlke 1982) angesprochen, das wohl jedem Fachdidaktiker Unbehagen bereitet. In der didaktischen Reduktion werden nämlich komplexe Lerninhalte auf ihre Kernaussage zurückgeführt, an besonders einleuchtenden Beispielen erläutert, durch Veranschaulichung vereinfacht usw., um sie Schülern einer bestimmten Jahrgangsstufe zugänglich zu machen. Dabei ergeben sich zwangsläufig quantitative Probleme mit der Auswahl bzw. mit dem Weglassen von Elementen eines Sachverhalts sowie qualitative Probleme, die mit Vorgängen der Vereinfachung, Vergröberung und Übertreibung allemal verbunden sind. Die Fachdidaktik kommt aber auf keinem Fall daran vorbei, den wissenschaftlich formulierten Sachverhalt für eine bestimmte Unterrichtssituation zu „übersetzen". Verluste sind beim Informationstransport nie vermeidbar; die didaktische Reduktion bietet da wenigstens den Vorteil, die Verluste bewußt und damit vertretbar einzukalkulieren.

- Am konsequentesten versuchen einige Fachdidaktiken die Interdependenz von Fachwissenschaft, Gesellschaft und Schüler mit Curriculumentwürfen nach dem *Strukturgitteransatz* des Münsteraner Arbeitskreises für Didaktik in den Griff zu bekommen. In den Feldern des Strukturgitters sind die Kriterien aufgeführt, die für die begründete Bestimmung der Lerneinheiten und ihre Abfolge befragt werden sollen. (Vgl. z. B. Blankertz 1969, 1971, 1973, 1975; Ewers 1977; Kross 1976; Kutscha 1976; Lackmann 1981). Dabei geht es letztlich um eine *Verschränkung der Gesellschaftsanalyse der Frankfurter Schule* (insbesondere Habermas) *mit der Curriculumtheorie:*

  Es ist eben nicht nur kurzsichtig, sondern auch unrealistisch, von der Annahme auszugehen, daß die Sache an sich überhaupt in die Vermittlung gelangen könne. Selbst die fachwissenschaftliche Erkenntnisgewinnung ist allemal schon von technischen, praktischen und emanzipatorischen Erkenntnisinteressen geleitet, ganz zu schweigen von ihrer Bestimmung durch die Medien der Vergesellschaftung, nämlich Arbeit, Sprache und Herrschaft.

  Das jeweils fachspezifisch organisierte didaktische Strukturgitter ist demnach als Such- und Planungsmatrix zu verstehen, durch welches bei der Analyse von Unterrichtsinhalten garantiert werden soll, daß der *Zusammenhang der drei Kategorien Gesellschaft, Fachwissenschaft und Schüler* nicht verloren geht. Möglicherweise ist die vielfach beklagte Praxisferne schulischen Unterrichts u. a. dadurch zu erklären, daß er weder von den geltenden Lebensmaximen der Gesellschaft und dem für heute und morgen wünschenswerten Menschenbild abgeleitet wird noch auf diese hin geplant wird. Je nach Stellenwert eines Unterrichtsinhalts im gesellschaftlichen Kontext ist es keineswegs belanglos, ob die Schüler z. B. vorläufig nur Wissen speichern sollen oder Zusammenhänge begründen, gesellschaftspolitische Hintergründe aufdecken, selbständig und verantwortlich handeln sollen usw.

  Zur weiteren Konkretisierung des Strukturgitteransatzes muß auf die speziellen Entwürfe der Fachdidaktik verwiesen werden, da die von den Fachwissenschaften eingebrachten Entscheidungskriterien zwangsläufig voneinander abweichen (müssen).

b) Eine weitere Aufgabe der Fachdidaktik besteht darin, *die fachübergreifenden Aussagen der Allgemeinen Didaktik zum Lernfeld Unterricht für die speziellen Anforderungen der einzelnen Fächer zu konkretisieren.* Die For-

schungsergebnisse und Handlungsempfehlungen der Allgemeinen Didaktik kommen in der Praxis nur über den Filter der Fachdidaktiken an, da Unterricht sich eben an fachlich orientierten Sachverhalten ereignet.
Eine Fachdidaktik aber, die angesichts ihrer Pufferposition glaubt, das Grundlagenangebot der allgemeinen Didaktik ausschlagen zu sollen, handelt zumindest unökonomisch. Die Folgen einer Abschottung gegenüber der Grundlagenforschung sind Einschränkung der eigenen Möglichkeiten und fachblinde Routine.

c) Die Allgemeine Didaktik ihrerseites verliert sich in praxisfernen Höhenflügen, wenn sich die Fachdidaktik der Aufgabe verweigert, der *Allgemeinen Didaktik Rückmeldung zu geben,* inwieweit deren Anregungen überhaupt in konkrete Unterrichtspraxis umsetzbar sind und was sie im Unterricht tatsächlich bewirken.

3.4 Strukturmodelle der Didaktik als Erklärungs- und Planungshilfen für den Unterricht

3.4.1 Anmerkungen zum Verständnis von Strukturmodellen der Didaktik

Mindestens unterschwellig sind Strukturmodelle der Didaktik in der unterrichtlichen Arbeit eines jeden Lehrers wirksam, sei es als Theorierest der akademischen Ausbildung oder als favorisierte Planungsmodelle der Seminarschulpraxis.
Strukturmodelle der Didaktik zählen – im Unterschied zu ikonischen, verbalen, graphischen und Analogiemodellen – *zur Sorte der theoretischen Modelle,* von denen man weiß, daß sie die Verhältnisse in der Wirklichkeit nicht voll treffen, also auch nur für annähernde, vorläufige Erklärungen brauchbar sind.
W. Popp (1970) beschreibt folgende *Merkmale von Modellen in der Didaktik,* welche einerseits die mögliche Leistung von Modellen definieren und deren Kenntnis andererseits der ausschließlichen Begünstigung eines bestimmten Strukturmodells der Didaktik entgegenwirken.

1. *Reduktion:* Modelle in der Didaktik sollen komplizierte Wirklichkeitszusammenhänge vereinfachen und veranschaulichen im Sinne „grundrißhafter Verdeutlichung". Das Wesentliche wird anschaulich und verständlich herausgearbeitet, wobei die Grenze bei der realitätsverzerrenden Simplifizierung liegt.

2. *Akzentuierung:* Modelle in der Didaktik betonen je nach Forschungsansatz einen bestimmten Aspekt eines größeren Wirklichkeitszusammenhanges, d. h., sie wählen *einen* Gesichtspunkt aus, und zwar zwangsläufig, weil die gesamte in Frage gestellte Wirklichkeit in all ihren möglichen Dimensionen gar nicht faßbar ist. So kann im Zentrum der Betrachtung z. B. die Auswahl der Bildungsinhalte, die Planbarkeit von Unterricht, der kommunikative Aspekt von Unterricht stehen.

3. *Transparenz:* 1. und 2. haben eine erhöhte Transparenz des Modells in der Didaktik zur Folge. Dies bedeutet Verfügbarkeit sowohl für die Praxis des Unterrichts als auch in übergeordneten Modellzusammenhängen. Dabei evtl. auftretende Widersprüche geben zur Korrektur Anlaß.

4. *Perspektivität* des Modells in der Didaktik bezeichnet die zugrundeliegende Fragerichtung, das erkenntnisleitende Interesse.

5. *Produktivität:* Dieses Merkmal besagt, daß Modelle in der Didaktik zu immer neuen Fragen freisetzen, eben weil sie vorläufig sind, vereinfachen, nur einen Teilaspekt der Wirklichkeit erfassen, „ein Konstrukt auf Widerruf“ sind. Insofern können die verschiedenen Strukturmodelle der Didaktik auch als wechselseitige Korrektivinstanzen gesehen werden.

3.4.2 Übersicht über Strukturmodelle der Didaktik

(Zum Überblick vgl. z. B. Blankertz 1969; Bönsch 1986; Borowski u. a. 1976; Köck 1985 f; König 1980; Peterßen 1982; Ruprecht u. a. 1976)

Die Übersicht ist als Orientierungshilfe zu verstehen. Sie ordnet die heute hauptsächlich diskutierten Strukturmodelle der Didaktik dem jeweiligen Bestimmungsaspekt des Unterrichts zu, den diese als leitenden Gesichtspunkt bei unterrichtlichen Entscheidungen betonen. Die Bedeutung der jeweils nachgeordneten Bestimmungsaspekte des Unterrichts wird von keinem der genannten Strukturmodelle in Frage gestellt.

Bestimmungsaspekte des Unterrichts im Zusammenhang ihrer besonderen Gewichtung durch Strukturmodelle der Didaktik

Zielaspekt des Unterrichts Unterricht als Vermittlung von Qualifikationen	Inhaltsaspekt des Unterrichts Unterricht als Vermittlung tradierungswürdiger Inhalte	Vermittlungsaspekt des Unterrichts Unterricht als methodische und technische Aufbereitung von Lehr- und Lernprozessen	Beziehungsaspekt des Unterrichts Unterricht als kommunikatives Handeln bzw. als soziale Interaktion
1. *Ansätze der normativen Didaktik,* sofern es um die Setzung oberster Bildungs- und Erziehungsziele geht 2. *Lernzieltheoretischer Ansatz,* sofern die Ermittlung von Unterrichtszielen gefragt ist *Ziel:* „Ausstattung des Schülers zur Bewältigung von Lebenssituationen" Robinsohn 1967	*Bildungstheoretische Didaktik,* in Annäherung an die Berliner Schule und an die Kommunikative Didaktik 1980 von Klafki zur „kritisch konstruktiven Didaktik" weiterentwickelt *Kernaussagen:* Vgl. 3.4.3 ● Verantwortung gegenüber dem Zögling als Korrektiv pädagogischen Handelns ● Bildungsinhalte sind durch ihren Bildungs*gehalt* legitimiert. ● Primat der Didaktik vor der Methodik im Sinne einer logischen Rangfolge von Entscheidungen von den Zielen u. Inhalten zu den Methoden ● Unterschiede im Theorieansatz: *Materiale Bildungstheorie:* Der Inhalt als solcher bildet.	1. *Lehr- und unterrichtstheoretischer Ansatz der Berliner Schule* (vgl. 3.4.4) ● Pragmatisch auf Unterrichtssteuerung und -kontrolle ausgerichtet ● Unterrichtsplanung unter dem Gesichtspunkt der *Interdependenz* von anthropogenen und soziokulturellen Voraussetzungen, Intention, Thematik, Methodik und Medienwahl 2. *Hamburger Modell* (Schutz 80): Erweiterung von 1. unter besonderer Berücksichtigung der gesamtgesellschaftlichen Rahmenbedingungen und des Einbezugs der Schüler in die unterrichtlichen Entscheidungen 3. *Informationstheoretischer und kybernetischer Ansatz* (v. Cube 71, 77, 82; Frank 69; Klaus 79; Weltner 70)	*Theorie der kommunikativen Didaktik:* (Schäfer/Schaller 76/3; Popp 76) ● Erziehung und Unterricht müssen über das Wissen hinaus zur Emanzipation als kritische Selbstbestimmung, herrschaftsfreie Kooperation und verantwortungsbewußtes Handeln führen. ● Unterricht muß der Tatsache Rechnung tragen, daß Kommunikation nicht nur von Inhalten bestimmt wird, sondern auch von den Beziehungen aller am Unterricht Beteiligten zueinander.

Zielaspekt des Unterrichts Unterricht als Vermittlung von Qualifikationen	Inhaltsaspekt des Unterrichts Unterricht als Vermittlung tradierungswürdiger Inhalte	Vermittlungsaspekt des Unterrichts Unterricht als methodische und technische Aufbereitung von Lehr- und Lernprozessen	Beziehungsaspekt des Unterrichts Unterricht als kommunikatives Handeln bzw. als soziale Interaktion
	Formale Bildungstheorie: Vorrang hat die Kräfteschulung. *Kategoriale Bildungstheorie:* Überwindung einseitig materialer oder formaler Bildung durch den Aspekt des „doppelseitig Erschließenden“ (Klafki) = Schnittpunkt, wo Wirklichkeit und Mensch sich wechselseitig füreinander öffnen. ● *Didaktische Analyse* als Kernstück der Unterrichtsvorbereitung (vgl. 3.5.2)	● Die Informationsübermittlung soll mit Hilfe mathematischer Methoden berechenbar werden. ● Didaktik als Wissenschaft wird auf die Technik des Lehrens und Lernens im Regelkreissystem eingeschränkt. ● V. a. bedeutend für die programmierte Instruktion 4. *Systemtheoretischer Ansatz* (König/Riedel 79/2 und 79/4; König u. a. 80): ● Lernen wird verstanden als Operationen an Operationsobjekten ● Ziel ist die lückenlose Konstruktion von Unterricht durch exakte Beschreibung der möglichen Relationen zwischen allen Planungselementen und daraus folgend die Ableitung von Lehralgorithmen für bestimmte Arten der Unterrichtsplanung	*Unterrichtskonzepte:* ● Erfahrungsbezogener Unterricht (Jank 86; Scheller 81) ● Offener Unterricht ● Schülerorientierter Unterricht ● Handlungsorientierter Unterricht (vgl. 3.5.5.2)

3.4.3 Zum Beispiel: Bildungstheoretisches Strukturmodell der Didaktik

Als Vertreter des geisteswissenschaftlichen Ansatzes in der Didaktik seien in Erinnerung gerufen: W. Dilthey, H. Nohl, E. Weniger (1952), M. Frischeisen-Köhler, E. Spranger, W. Flitner, J. Derbolav, W. Klafki (1957, 1975, 1977, 1980). Mit unterschiedlicher Schwerpunktsetzung finden wir diese Pädagogen, in ihren Arbeiten zwischen Hermeneutik und Pragmatik orientiert, als Verfechter einer eher materialen oder formalen oder kategorialen Bildungstheorie. Immer aber ist der bildungstheoretische Ansatz in der Didaktik gekennzeichnet als *inhaltsbezogene Didaktik*. Die *zentralen Fragen dieser Richtung* zielen v. a. auf

1. Wesen, Sinn, Möglichkeiten und Grenzen von Bildung überhaupt (Theorie der Bildung),
2. die Auswahlkriterien für die Inhalte einer zeitgemäßen Bildung (Theorie des Lehrplans),
3. die Bildungsrelevanz und -transformation der einzelnen Unterrichtsfächer und -stoffe (didaktische Analyse als Kernstück der Unterrichtsvorbereitung),
4. die Stellung des Lehrers als Anwalt des Kindes gegenüber den übermächtigen Erwartungen und Ansprüchen der Gesellschaft einerseits und der (allzu kinderfremden) Eigengesetzlichkeit der Inhalte andererseits.

Den nachhaltigsten Einfluß auf die Unterrichtspraxis übt zweifellos die *didaktische Analyse* aus, deren Ausformulierung in fünf Fragen an den jeweiligen Bildungsinhalt durch W. Klafki (1975) hier angeboten werden soll:

1. „Welchen größeren bzw. welchen allgemeinen Sinn- oder Sachzusammenhang vertritt und erschließt dieser Inhalt? Welches Urphänomen oder Grundprinzip, welches Gesetz, Kriterium, Problem, welche Methode, Technik oder Haltung läßt sich in der Auseinandersetzung mit ihm ‚exemplarisch' erfassen?"
2. „Welche Bedeutung hat der betreffende Inhalt bzw. die an diesem Thema zu gewinnende Erfahrung, Erkenntnis, Fähigkeit oder Fertigkeit bereits im geistigen Leben der Kinder meiner Klasse, welche Bedeutung sollte er – vom pädagogischen Gesichtspunkt aus gesehen – darin haben?"
3. „Worin liegt die Bedeutung des Themas für die Zukunft der Kinder?"
4. „Welches ist die Struktur des (durch die Fragen 1, 2, und 3 in die spezifisch-pädagogische Sicht gerückten) Inhalts?"

5. „Welches sind die besonderen Fälle, Phänomene, Situationen, Versuche, Personen, Ereignisse, Formelemente, in oder an denen die Struktur des jeweiligen Inhalts den Kindern dieser Bildungsstufe, dieser Klasse interessant, fragwürdig, zugänglich, begreiflich, anschaulich werden kann?"

Zu beachten ist bei der Anwendung dieser fünf Fragen zur Erschließung des *tatsächlich bildungsrelevanten Gehalts eines Inhaltes,* daß Klafki den Fragenkatalog zur Vermeidung von Mißverständnissen ausdrücklich als „variables Fragenschema" bezeichnet, das mit „größtmöglicher Freiheit" situationsangemessen zu verwenden sei.
Letztlich geht es in der didaktischen Analyse um die *Legitimation der Bildungsinhalte als Unterrichtsinhalte.* Eine entscheidende Hilfestellung bietet dabei die Frage nach dem Exemplarischen, Typischen, Repräsentativen und Elementaren am Bildungsinhalt, deren positive Beantwortung einen Bildungsinhalt als bedeutend für die unterrichtliche Behandlung ausweist.
Aufgrund der Akzentuierung des Inhalts beim bildungstheoretischen Strukturmodell der Didaktik wird die Betrachtung der anthropogenen und soziokulturellen Voraussetzungen des Unterrichts, der Methoden und Medien und schließlich des Lehrers selbst im Faktorengefüge des Unterrichts an den Rand gedrängt. Dies ist bei der aspekthaften Betrachtungsweise eines jeden Strukturmodells der Didaktik durchaus legitim, der Lehrer darf sich aber nicht dazu verführen lassen, in der komplexen Gesamtwirklichkeit von Unterricht das Teil für das Ganze zu nehmen und etwa seine Arbeit nur auf die didaktische Analyse und die Qualität ihrer Durchführung auszurichten.
In seiner nachfolgenden revidierten Fassung der didaktischen Analyse läßt Klafki seine Annäherung an das Unterrichts- und lehrtheoretische Strukturmodell der Berliner Schule und an das Konzept der kommunikativen Didaktik deutlich werden (Klafki 1980):

Revidierte Fassung der „Didaktischen Analyse“

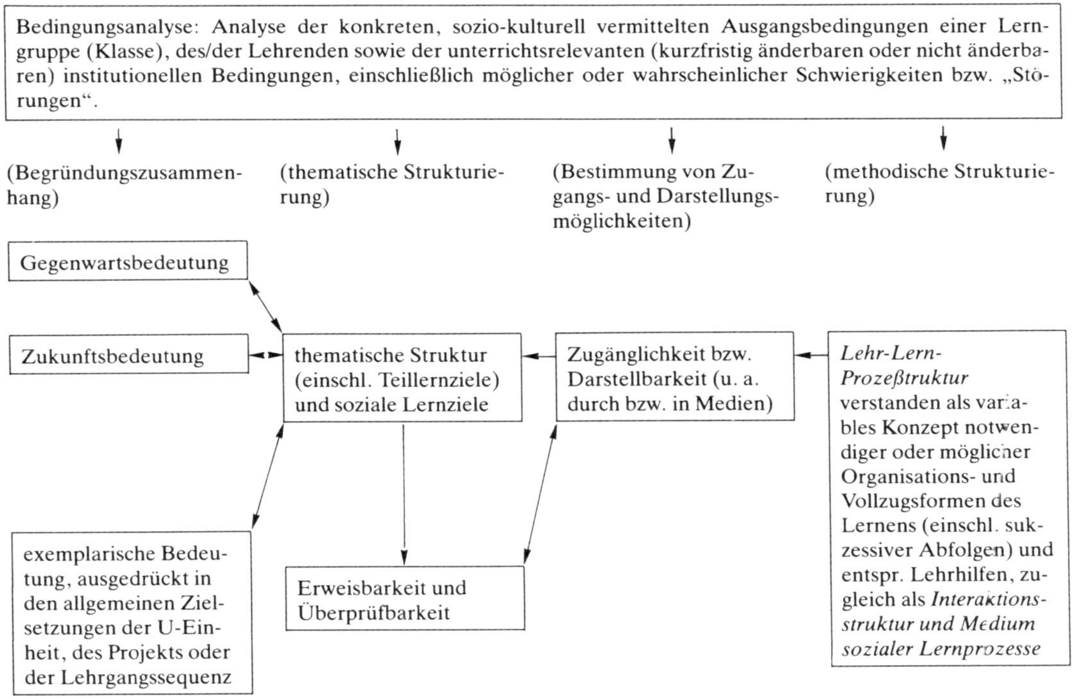

(Klafki 1980, S. 30)

Anregungen zur *praktischen Durchführung der didaktischen Analyse* vgl. unter 3.5.2!

3.4.4 Zum Beispiel: Unterrichts- und lehrtheoretisches Strukturmodell der Didaktik

Das Strukturmodell der Didaktik, wie es die Berliner Schule (Heimann, Otto, Schulz 1977[9]) entworfen hat, fordert die wissenschaftliche Analyse und Kontrolle *aller* an Lehr- und Lernprozessen beteiligten Faktoren. Das unterrichts- und lehrtheoretische Strukturmodell erfreut sich wohl aufgrund dieses seines empirischen und ideologiekritischen Ansatzes, aufgrund seiner Verständlichkeit und wegen seiner unmittelbaren Umsetzbarkeit weiter Verbreitung in der Unterrichtspraxis und in der Lehrerbildung. Es liefert gleichsam eine Checkliste jener Elementarstrukturen, die den Unterricht allemal beeinflussen und deshalb in der didaktischen Analyse und deren Niederschlag, der Unterrichtsskizze, planend bedacht werden sollten.

3.4.4.1 Makroplanung des Unterrichts

Bezüglich der Makroplanung des Unterrichts, die sich in Lehrplänen, Curricula, Curricularen Lehrplänen usw. niederschlägt, macht sich das unterrichts- und lehrtheoretische Strukturmodell der Didaktik Aussagen der Curriculumtheorie zu eigen. Da die unmittelbar unterrichtspraktischen Empfehlungen der Berliner Schule immer eingebettet im gesellschaftlichen Gesamtzusammenhang zu sehen sind, wird zur nachvollziehenden Orientierung in der Makroplanung von Unterricht ein zusammenfassendes Schaubild von W. Schulz übernommen (zit. in Ruprecht 1976, S. 69):

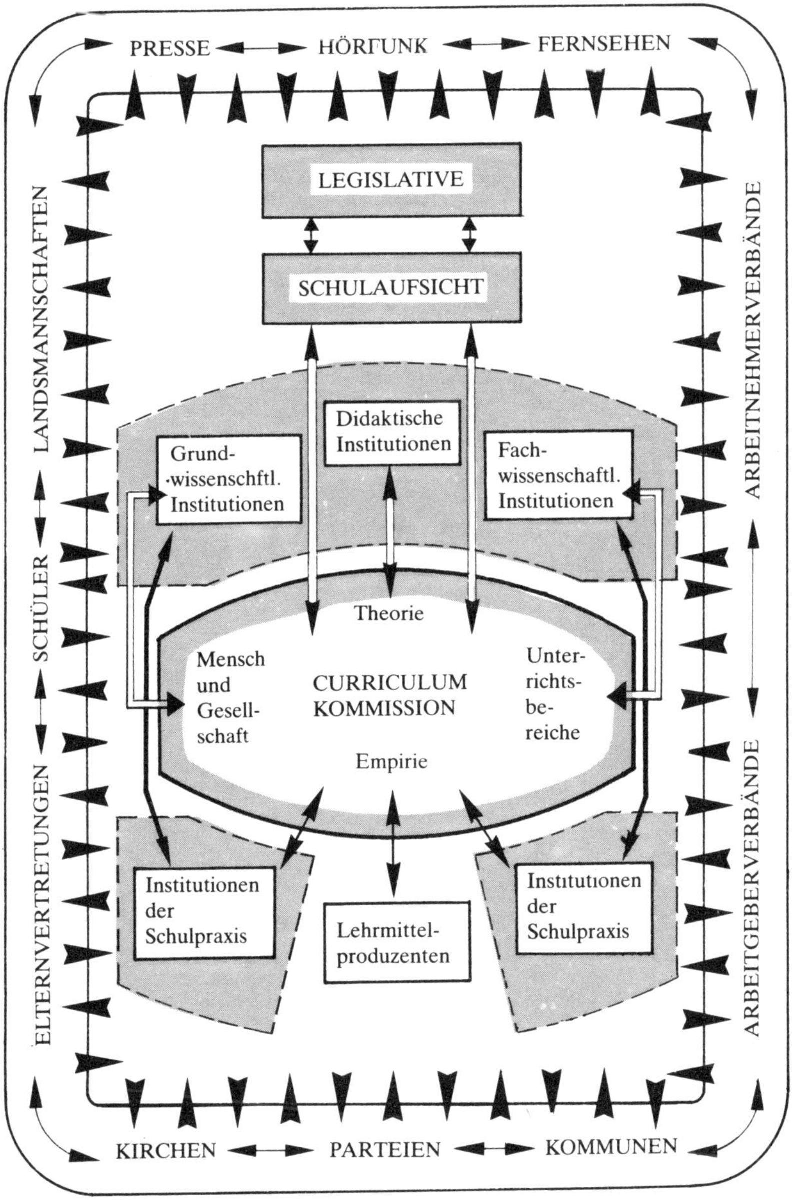
PRESSE
HÖRFUNK
FERNSEHEN
LANDSMANNSCHAFTEN
SCHÜLER
ELTERNVERTRETUNGEN
ARBEITNEHMERVERBÄNDE
ARBEITGEBERVERBÄNDE
LEGISLATIVE
SCHULAUFSICHT
Didaktische Institutionen
Grund-wissenschftl. Institutionen
Fach-wissenschaftl. Institutionen
Theorie
Mensch und Gesell-schaft
CURRICULUM KOMMISSION
Unter-richts-be-reiche
Empirie
Institutionen der Schulpraxis
Lehrmittel-produzenten
Institutionen der Schulpraxis
KIRCHEN
PARTEIEN
KOMMUNEN

3.4.4.2 Mikroplanung des Unterrichts

Für die tägliche Unterrichtsplanung sind die in der nachfolgenden Graphik enthaltenen Dimensionen (Elementarstrukturen des Unterrichts) zu befragen:

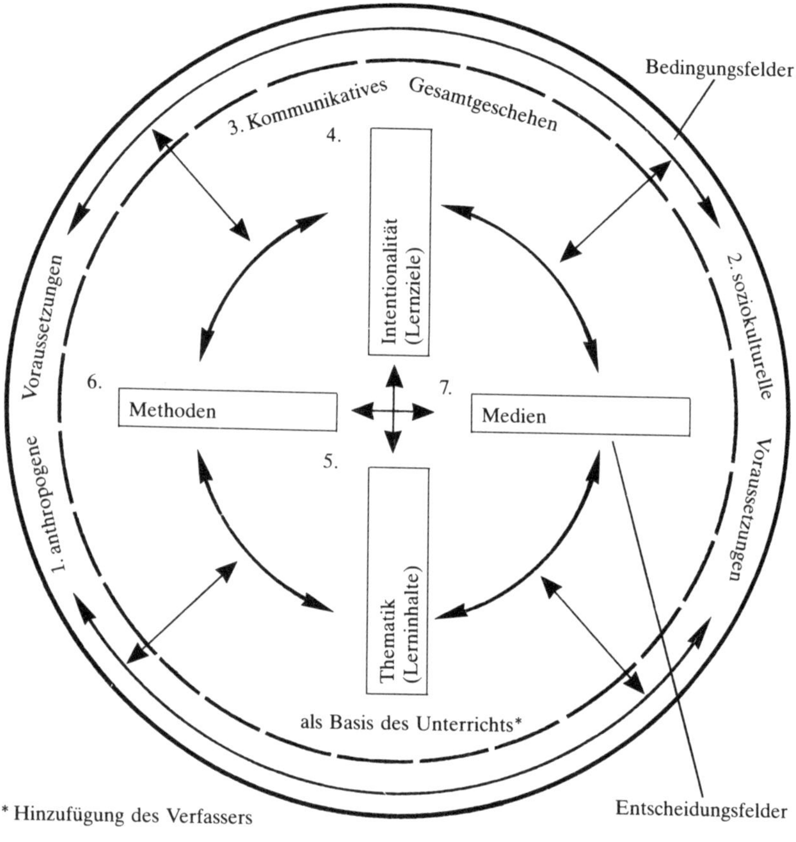

* Hinzufügung des Verfassers

Zur Erläuterung

1. Mit den *Bedingungsfeldern* sind jene Gegebenheiten gemeint, die als persönliche „Ausrüstung" aller Beteiligten und als äußere Rahmenbedingungen in die Unterrichtsplanung eingebracht werden. Sie wirken immer auf den Unterricht ein, sind ihrerseits aber zum größten Teil durch das unterrichtliche Geschehen – zumindest unmittelbar – kaum zu verändern.

Mit anderen Worten beschreiben die Bedingungsfelder die Adressatengruppe eines bestimmten Lernprozesses in vorgegebenen Rahmenbedingungen, auf die hin der Lehrer seine didaktischen und methodischen Entscheidungen ausrichten muß.

Beispiele für anthropogene Voraussetzungen:

- Geschlecht
- Alter
- Anlagen
- „Temperament"
- „Typ"
- anthropologische Gegebenheiten (z. B. der Mensch als lernendes Wesen, als Sozialwesen, als begrenztes Wesen...)
- Lehr- und Lernkapazität
- Grundfähigkeiten wie Kontaktfähigkeit, Aggressivität, Geben und Nehmen...

Beispiele für soziokulturelle Voraussetzungen:

- Herkunft, Milieu
- Klassenfrequenz
- Auswahl der Schüler nach Alter, Geschlecht, Konfession
- Lehrplan
- Schulordnung
- Schulart
- Ausstattung der Schule mit Räumen und Lehrmitteln
- gruppendynamische Gegebenheiten wie Rangordnung, Gruppenbildung, Tendenz zur Cliquenbildung...
- Einstellungen, z. B. zum Lernen (bedingt u. a. durch Familie, soziale Klasse, kulturelle Anregungen, Peer-groups sowie durch das jeweilige Selbstbild und die individuelle Entwicklung)

2. Die *Entscheidungsfelder* umfassen jene Dimensionen der Unterrichtsplanung, bei denen der Lehrer in Rücksicht auf die Bedingungsfelder (1. und 2.) und auf die kommunikative Gesamtsituation der Klasse (3.) seine didaktischen und methodischen Entscheidungen (4. bis 7.) treffen muß.

a) Es ist ein verbreiteter Irrtum in der Lehrerschaft, anzunehmen, daß der Lehrer im Zeitalter verbindlich vorgeschriebener *Lernziele* in Curricula oder Curricularen Lehrplänen von didaktischen Entscheidungen entbunden sei. Auch lernzielorientierte Curricula fordern wie ehedem die stofforientierten Lehrpläne den Lehrer zur Auswahl nach dem *Prinzip des Exemplarischen* (qualitativer Aspekt) auf. Ferner muß er entscheiden, welche im Curriculum an verschiedenen Stellen plazierten Lernziele bei dem Vorwissen einer bestimmten Lerngruppe in einer Unterrichtseinheit zusammen*gebündelt* werden können (quantitativer Aspekt). Und schließlich ist der Lehrer – zumindest in Formen des offenen Curriculums wie z. B. dem bayerischen Curricularen Lehrplan – wieder voll in seine didaktische Entscheidungsfreiheit gestellt, wenn er bei der konkreten Unterrichtsvorbereitung zur Formulierung von Feinzielen bzw. einzelner Unterrichtsschritte aufgerufen ist.

b) Beim Umgang mit den Lernzielen, insbesonders ihrer konkretisierenden Umsetzung in den Unterricht und der damit verbundenen *Thematik (Lerninhalt)* einer Unterrichtsstunde greift in vollem Umfang die didaktische Analyse, wie sie in verschiedenen Ausformungen vom bildungstheoretischen Strukturmodell der Didaktik erarbeitet wurde (vgl. 3.4.3 und 3.5.2).

c) Hinsichtlich der im Unterricht verwendbaren *Methoden* ist der Berliner Schule für den Versuch zu danken, mit ihrer Methodensystematik konsensfähige Unterscheidungen im methodischen Begriffswirrwarr getroffen zu haben (vgl. hierzu ausführlich Punkt 4 und zu Medien Punkt 5).
Wie die zunächst zur Beschreibung und Analyse von Unterricht brauchbaren Elementarstrukturen als Orientierungsaspekte bei der Unterrichtsplanung Verwendung finden können, ist in Form einer unterrichtlichen Verlaufsskizze unter Punkt 3.5.4.2 dargestellt.

3. Als *handlungsleitende Grundsätze jeder Unterrichtsplanung* nennt die Berliner Schule die Prinzipien der Interdependenz, der Variabilität und der Kontrollierbarkeit.

a) Das *Prinzip der Interdependenz* besagt, daß in jeder Unterrichtsplanung eine „widerspruchsfreie Wechselwirkung der Planungselemente“ gegeben sein müsse. Es ist also nicht damit getan, eine Unterrichtsstunde durch schrittweise aufeinanderfolgende Bearbeitung der Elementarstrukturen 1. bis 7. zu gestalten, vielmehr muß jeder neue Planungsschritt auch widerspruchsfrei zu den bereits vollzogenen passen.
Solche *Fragen zur Interdependenz der Planungselemente* könnten z. B. sein:

- Ist der ausgewählte Lerninhalt (5.) ausreichend geeignet für die Erreichung des Lernzieles? (4.)
- Ist die geplante Methode (6.) sowohl sachangemessen (5.) als auch adressantenangemessen, d. h., wird sie von den Schülern (1. + 2.) im hier geforderten Maße überhaupt beherrscht?
- Erleichtern die Medien (7.) die Erreichung der Lernziele (4.), oder treiben sie von ihnen weg? . . .

b) Das *Prinzip der Variabilität* meint

- die „absichtsvolle Bereitstellung von Alternativen“ (der Lehrer baut vertiefende Zusatzangebote, differenzierende methodische oder mediale Maßnahmen usw. in seine Planung ein),
- das „Zulassen von Variationen“ (der Lehrer geht auf planungsverändernde Interessenrichtungen, alternative Lösungsvorschläge und dergleichen mehr ein),
- die „nachträgliche Korrektur von Unterrichtszielen“ und „Elastizität beim Ansteuern dieser Ziele“, was kritische Nacharbeit am Unterricht und Einbezug der Schüler (so weit als möglich) in die Gestaltung des Unterrichts bedeutet.

c) Das *Prinzip der Kontrollierbarkeit* versteht die Berliner Schule als *Kontrolle des Verhältnisses von Planung und tatsächlichem Verlauf.* In diesem Sinne kann sich der Lehrer z. B. in ein realistisches Zeitgefühl einüben, indem er die einzelnen Schritte seiner Unterrichtsvorbereitung mit geschätzten Zeitangaben versieht, denen er die tatsächlich im Unterrichtsverlauf verbrauchte Zeit gegenüberstellt. Meines Erachtens stellt es eine wünschenswerte Erweiterung der Bedeutung des Prinzips der Kontrollierbarkeit dar, es auch auf den Sachverhalt zu beziehen, daß eine Unterrichtsskizze so ausführlich gestaltet sein muß, daß sie für den Fachmann nachvollziehbar ist (*Maßstab für die Ausführlichkeit einer Unterrichtsskizze*).

3.4.5 Zum Beispiel: Kommunikationstheoretisches Strukturmodell der Didaktik

(Vgl. z. B. Baacke 1975; Biermann 1985; Boettcher 1976; Lang 1982; Mollenbauer 1976; Popp 1976; Schäfer/Schaller 1976; Schaller 1984 und 1987; Winkel 1980)

3.4.5.1 Erziehungsverständnis der kommunikativen Didaktik und Kritik am herkömmlichen Erziehungs- und Schulsystem

Nach Schäfer/Schaller ([3]1976) hat Pädagogik als kritische Erziehungswissenschaft das permanent schlechte Gewissen der Gesellschaft zu sein, der sie ihre Mängel mit der Forderung nach Änderung vorhält. Aufgabe der Pädagogik ist „Veränderung der gesellschaftlichen Praxis auf dem Wege von Erziehung und Bildung“ (S. 26), nicht nur Veränderung des einzelnen, des Zöglings auf die Gesellschaft hin. Diese Veränderung der gesellschaftlichen Praxis setzt die Aufklärung der Wirklichkeit im Prozeß der Kommunikation voraus, und sie vollzieht sich durch Kommunikation. Kommunikative Pädagogik fordert die Teilnahme am Prozeß der Kommunikation, in dem der einzelne sich im Umgang und in der Weiterentwicklung der gesellschaftlichen Erwartungen verwirklicht. „Die Erziehung intendiert also weder das Kind noch die Sache, sondern die menschliche Realität, und d. h. genau genommen das Zueinanderkommen, das Ineinander von Person und Sache, zu einer menschlich gestalteten Welt“ (Schöneberg 1963, S. 20).

Erziehung ereignet sich im kommunikativen Umgang mit Sachen, Lerninhalten, Situationen usw. Erklärte Zielsetzung der kommunikativen Pädagogik ist also die Erziehung zur Rationalität im kritischen Umgang mit der Welt und auf dem Wege herrschaftsfreier Kooperation mit dem Ziel Handlungsfähigkeit. Wissen und Handeln sind im Vorgang der Kommunikation notwendig miteinander verschränkt. Eine solche Bestimmung von Erziehung versteht sich als Absage an subjektivistische Bildungsideale wie z. B. des Humanismus mit dem statischen Bild des Gebildeten. „Nicht als innere Verfassung des Bildungssubjekts, sondern nur im Handeln des Menschen im gesellschaftlichen Kontext, in seinem handelnden Umgang mit Dingen und Menschen, wird die Menschlichkeit des Menschen sichtbar“ (Schäfer/Schaller 1976, S. 46). Das heißt, Wissen muß zum Handeln führen, nicht allein zur Selbstbereicherung.

Die traditionelle Leistungsschule bezeichnen Schäfer/Schaller (S. 79) ihrem Erziehungsentwurf gegenüber konsequenterweise als Manipulationsinstrument der Erziehung. An anderer Stelle veranschaulicht Schäfer diese Behauptung folgendermaßen:

„Im Regelfall liegt dem Unterrichtsplan des Lehrers ein einfaches Handlungskonzept zugrunde: auf eine Lehrer-Aktion folgt eine Schüler-Reaktion. Das Handlungskonzept des Lehrers, das die konkret ausgearbeiteten Unterrichtsentwürfe bestimmt, wird von zwei Kategorien beherrscht: dem „geplanten Lehrerverhalten“ (Kategorie 1) steht das „erwartete Schülerverhalten“ (Kategorie 2) gegenüber. Im traditionellen Unterricht passen sich Schüler dem Erwartungshorizont des Lehrers an. Schüler müssen wie Orchestermitglieder die „Partitur“ des Lehrers aus der Art und Weise, wie er agiert, erschließen und erraten. Sie werden also genötigt, ein Handlungsspiel entscheidend mitzutragen, dessen „Partitur“ sie nicht kennen!“ (Schäfer in Popp, 1976, S. 61)

Der kommunikative Ansatz in der Pädagogik bedeutet eine grundlegende Umorientierung im Verständnis von Erziehung und Unterricht. Angesichts der vorgefundenen Schulsituation ist er zwangsläufig reformerisch mit dem Ziel, die einseitig auf Vermittlung abgestellte Lernschule zu verändern.

3.4.5.2 Standortbestimmung der kommunikativen Didaktik

1. *Akzentsetzung der kommunikativen Didaktik*

Trotz ihres reformerischen Antriebs tritt die kommunikative Didaktik nicht als streitbarer Gegenentwurf mit Ausschließlichkeitsanspruch gegen die bisher dargestellten Didaktikansätze auf. Sie geht in der Betrachtungsweise des Unterrichts von der Akzentsetzung aus, daß *Unterricht als kommunikatives Geschehen zu sehen sei, in welchem die anderen Didaktikansätze – neu bedacht – aufgehoben seien.*

Unterrichtliche Kommunikation und damit das pädagogische Verhältnis ist Kommunikation wie jede andere mit dem besonderen Merkmal, gesetzte Lernziele erreichen zu wollen und über diese als Mittel dem erkenntnisleitenden Interesse der Emanzipation verpflichtet zu sein. Emanzipation bedeutet in diesem Zusammenhang nichts anderes als die uralte pädagogische Forderung, die jungen Menschen zu kritischer Selbstbestimmung, „herrschaftsfreier Kooperation" und verantwortungsbewußtem Handeln freizusetzen, und zwar in dem und durch den Prozeß der Kommunikation. Neben der Inhalts- und Vermittlungsdimension soll die soziale Beziehungsdimension des Unterrichts zumindest gleichgewichtig in unterrichtliches Planen und Handeln einbezogen werden. Es werden im Unterricht eben nicht nur Informationen zu Themen und Lerninhalten transportiert, sondern immer auch Informationen über die dabei mitschwingenden und tragenden Absichten und Beziehungen der Kommunikationsteilnehmer.

Schäfer definiert dementsprechend Didaktik folgendermaßen: *Didaktik* „analysiert als Wissenschaft vom Unterricht die kooperative Organisation, die kritische Vollzugsform und die curricularen Inhalte des Unterrichts" (in Schäfer/Schaller 1976, S. 124).

Die Schwerpunktsetzung der kommunikativen Didaktik wird allein schon durch die Reihenfolge der Aufzählung ihrer Aufgaben deutlich: Ihr Anliegen ist vor allem die Interaktionen aller am Unterricht Beteiligten, und zwar in der Vollzugsform des Subjekt-Subjekt-Schemas. Als gleich wichtig tritt hierzu die Vermittlung von Informationen.

2. *Ausgangspositionen der kommunikativen Didaktik*

Als Vorläufer der Kommunikativen Didaktik können die Pädagogik des dialogischen Prinzips von M. Buber (1954) und die Pädagogik des pädagogischen Bezugs von H. Nohl (1958; vgl. hierzu Köck 1987, S. 193f.) angesehen werden.

In direkter Bezugnahme orientiert sich die Kommunikative Didaktik an der Kritischen Theorie der Frankfurter Schule,

der Kommunikationstheorie,
der Handlungstheorie
und der Theorie des Symbolischen Interaktionismus.

Unterricht wird bestimmt als Kommunikation und Handeln mit lernbezogener Zielorientierung. Die Kommunikative Didaktik wendet sich gegen die einseitige – aber weit verbreitete – Ansicht, daß die Aufgabe des Unterrichts vor allem darin bestünde, eine Information möglichst optimal von einem Sender zu einem Empfänger zu transportieren.

3.4.5.3 Zusammenfassung des Didaktikverständnisses der Kommunikativen Didaktik

(In Anlehnung an die zehn Thesen zur Didaktik von Popp 1976)

1. Aufgabe der Didaktik ist Analyse und Planung von Lernprozessen, wobei die Bedingungen und Gesetzmäßigkeiten von Lernprozesen als „Wahrheiten auf Widerruf zu behandeln sind".

2. „Didaktik ist als realistisch-kritische Disziplin nicht so sehr aus auf die Festschreibung von Ergebnissen, sondern auf ihre weitere Untersuchung und Korrektur im Bewußtsein der Geschichtlichkeit und der notwendigen Pluralität der Perspektiven." Die kommunikative Didaktik tritt nicht mit dem Anspruch auf ausschließliche Gültigkeit auf, sondern als offenes System.

3. Unterricht als Ergebnis didaktischer Analyse und Planung zielt auf die „zunehmende Partizipation" und den „Aufbau kritisch praktischer Handlungsfähigkeit" der Lernenden in einem stets sich verändernden Umfeld ab.

4. Da „Interaktionen im didaktischen Feld durch Tradition und Organisationsstrukturen weitgehend verfestigt und ritualisiert sind", hat die Didaktik dafür Sorge zu tragen, daß diese Verfestigungen aufgedeckt und in alternative, unter Umständen eher lernprozeßfördernde Handlungsspielräume erweitert werden.

5. Die „ideologiekritische Reflexion" als Aufgabe der Didaktik ergibt sich aus dem „Grundsatz der kooperativen Wahrheitssuche in einem offenen System, wie er durch die Komplexität, die Geschichtlichkeit und die situative Bedingtheit des Gegenstands der Didaktik gegeben ist".

6. Didaktik dient der Sensibilisierung der Lehrenden für ihre erzieherischen Aufgaben, die entgegen jeder aspekthaften Blickverengung darin bestehen, den Schülern eine Einheit von Lernen und Handeln zu garantie-

ren. Für das Unterrichtsgeschehen sind die Absichten und Handlungen aller Beteiligten maßgeblich. Daraus ergibt sich für die Forschung im pädagogischen Feld, daß sie zwangsläufig als Handlungsforschung erfolgt.

7. „Interaktionsprozesse im didaktischen Feld sollen mit Hilfe der Didaktik so analysiert und strukturiert werden, daß die Einführung in die gesellschaftliche Wirklichkeit als kritische Auseinandersetzung in einem kooperativen Lernprozeß ermöglicht wird, in den auch die Lehrenden als Lernende einbezogen bleiben. „Didaktik als Aufklärung“ (Halbfas) schließt Selbstaufklärung und entsprechende Lernprozesse mit ein.“ Kommunikative Didaktik versucht, das übliche Lehrer-Schüler-Gefälle im Sinne eines Abbaus komplementärer Beziehungen zugunsten symmetrischer Beziehungen zu überwinden.

8. Unterricht ist als umfassendes Interaktionsfeld mit vielfältigen Verflechtungen mit dem innerschulischen und außerschulischen Umfeld zu sehen und nicht als pädagogische Provinz zum Zweck des Informationsumsatzes. Für die Unterrichtsvorbereitung ergibt sich hieraus die Forderung, die Planung der Inhaltsvermittlung in ihrer Interdependenz mit den dabei wirkenden Interaktionsformen vorzunehmen. Informationsübermittlung im Unterricht erfolgt nicht um ihrer selbst willen, sondern zu dem Zweck, soziales Lernen, Ichfindung und verantwortungsbewußtes Handeln in der und für die Gesellschaft zu ermöglichen.

9. „Der Widerspruch und gleichzeitige Bedingungszusammenhang von Lehre und Fremdbestimmung einerseits und von Kooperation und diskursiver Auseinandersetzung andererseits ist nicht aufzulösen.“ Darin besteht die „pädagogische Paradoxie“ (Mollenhauer), die als Dauerauftrag dazu aufruft, sie über Metakommunikation bzw. Diskurs situations-, rollen- und funktionsangemessen zu verringern. Das pädagogische Ziel liegt hier in erster Linie im Vollzug des Prozesses, der immer nur Teilerfolge bringen wird.

10. „Didaktik als Handlungswissenschaft hat die Aufgabe, über notwendige Veränderungen der Kommunikationsstrukturen aufzuklären und an ihrer Verwirklichung im Sinne emanzipatorischer Zielsetzung konkret zu arbeiten. Gleichzeitig muß sie, ohne diesen Anspruch aufzugeben, die Lernfähigkeit und die Innovationstoleranz des sozialen Systems realistisch ermitteln, gegebene Spielräume handelnd vermessen und durch Praxis sukzessive erweitern. Didaktisches Handeln könnte dadurch Modellcharakter bekommen für die intendierte kritisch-praktische Handlungsfähigkeit der Heranwachsenden.“

3.4.5.4 Anregungen der kommunikativen Didaktik für die Praxis

Artikel 1 des Grundgesetzes der Bundesrepublik Deutschland stellt fest: „Die Würde des Menschen ist unantastbar." Die kommunikative Didaktik weiß sich konsequent dieser Grundaussage verpflichtet, wenn sie den herkömmlichen Unterricht einer kritischen Analyse unterzieht und ein in Gleichheit und gegenseitiger Achtung gründendes Verhältnis *aller* am Unterricht Beteiligten fordert. Für die Unterrichtspraxis ergeben sich aus diesem Ansatz folgende vordringliche Konsequenzen:

1. Unterricht muß durch die *ständige Arbeit an einer Mindestübereinstimmung im kommunikativen Handeln* geprägt sein, andernfalls besteht die Gefahr, aneinander vorbeizuhandeln. Hierher gehört die *Verständigung über die praktizierte Sprache* (Sprachbarrieren, Dialekt, Fachsprachen usw.) ebenso wie *vereinbarte und geübte Verfahren zur Regelung der Beziehungen. Die Fähigkeit zur Metakommunikation* (bzw. zur Diskursfähigkeit) ist *permanentes Unterrichtsziel und Unterrichtsprinzip gleichzeitig.* In den lebenslangen Vorgang des Erwerbs und der Korrektur der eigenen kritischen Teilhabe an der Alltagskommunikation (Metakommunikation) ist der Lehrer ebenso wie seine Schüler einbezogen. Erfahrungsgemäß stößt die Auffassung der kommunikativen Didaktik, daß der Lehrer nicht die Zentralfigur des Unterrichts ist, sondern voll in ihn integriert ist, zunächst auf Widerspruch oder Abwehr. Immerhin stellt sie Verhaltensmuster in Frage, die im herkömmlichen Unterricht jahrelang geformt wurden.
Das Zurücktreten und Sich-Integrieren wird dem Lehrer aber zusätzlich dadurch erschwert, daß er nun einmal Planungs- und Kontrollinstanz ist. Nach Schäfer kann es angesichts dieses Dilemmas für das Selbstverständnis des Lehrers hilfreich sein, wenn er sich als *Gruppenleiter im unterrichtlichen kommunikativen Handlungsfeld* versteht, dessen Aufgabe darin besteht, *alle Beteiligten in funktionierender Kommunikation um Sachen zu koordinieren,* das heißt mit anderen Worten, Situationen zu schaffen, in denen sich die Schüler eigenständig und kooperativ entfalten können. Dabei wird der Lehrer nicht von der Verantwortung freigesprochen, weiterhin ständig für funktionierende Kommunikation im Unterricht zu sorgen bzw. an ihrer Aufrechterhaltung mit den Schülern zu arbeiten.

2. Jeder Praktiker kann täglich erfahren, daß repressive Maßnahmen im weitesten Sinne Resignation, Aggression und Mißtrauen bei den Schülern fördern. Ein Beziehungsgefüge auf solcher Grundlage macht Erziehung unmöglich. Die kommunikative Didaktik schlägt deshalb den *Abbau des*

Zwanges zum Lernen durch Teilhabe der Schüler vor, wo immer dies im Planungsbereich oder im Unterricht selbst möglich ist. Teilhabe der Schüler wird z. B. dadurch praktiziert, daß

- Lernziele vorgestellt, kurz begründet, in besonderen Fällen diskutiert werden,
- Unterrichtsmethoden gelegentlich gemeinsam mit den Schülern auf ihre Wirksamkeit hin hinterfragt werden,
- gegenseitige Verhaltenserwartungen offen ausgesprochen, Vorurteile bearbietet, Kompromisse gefunden werden...

3. Der Unterricht sollte so geplant sein, daß *die Schüler* aus der – heute immer noch überwiegenden – *Reaktion zur Aktion* kommen. Dies bedeutet

- die Ablösung der vom Lehrer getragenen Einwegkommunikation,
- den Verzicht des Lehrers auf unterordnende Autoritätsstrukturen, die ihre Existenz in den meisten Fällen nicht böser Absicht, sondern mangelnder Reflexion eigenen Verhaltens verdanken,
- Spielraum für die Schüler, eigenes Denken und Handeln zu verwirklichen, statt nachzuvollziehen,
- Situationen für die Schüler, die sie zum Erproben und zum Erwerb angemessenen Rollenverhaltens anregen,
- Einübung in symmetrische Kommunikation, die aus grundsätzlicher Achtung der Person des Interaktionspartners auf abwertende und Zwang ausübende Kommunikationsformen verzichtet u. a. m.

Es war schon immer ein erklärtes Ziel der pädagogischen Praxis, das die kommunikative Didaktik wieder aktualisiert, den jungen Menschen in die Selbstbestimmung und in den verantwortungsbewußten Umgang mit seiner Mitwelt und Umwelt zu entlassen. Dafür muß der *Unterricht Übungsfeld* sein.

4. Übungsfeld ist der Unterricht auch für den *Umgang mit den eigenen Gefühlen und mit den Gefühlen der anderen und mit der eigenen und fremden Wahrnehmung.*

Schüler und Lehrer üben hier u. a.

- aktives Zuhören,
- die Überprüfung von Selbst- und Fremdwahrnehmung durch Rückmeldung,
- die Wahrnehmung und Mitteilung eigener Gefühle,
- ihr nonverbales Repertoire,
- auf Störungen im Umgang mit der Sache zu achten. Die Schüler mit disziplinierenden Maßnahmen am Thema zu halten, vermag dem Lehrer

die Erfüllung seines vorgenommenen *Lehr*zieles zu bringen, ob die Schüler aber auch ihr *Lern*ziel erreichen, dürfte fraglich sein. Die Schüler sollten also die Möglichkeit haben, *ihre* Ablenkung vom Thema *sofort* zu signalisieren ohne auf ein entsprechendes Signal des Lehrers warten zu müssen.

5. Ein Unterricht, der den *gruppendynamischen Aspekt bei Lernvorgängen* nicht ausdrücklich mitverfolgt und gegebenenfalls thematisiert, wirkt an seinen tragenden Bedingungen vorbei und verschenkt Möglichkeiten des sozialen Lernens. Die Arbeit an einem Unterrichtsgegenstand schließt immer auch die Arbeit an der damit verbundenen Selbstdarstellung des einzelnen (Lehrer und Schüler) und die Arbeit an der Gruppe mit ein.

6. Die kommunikative Didaktik fordert den *Einsatz aktivitäts- und kooperationsfördernder Methoden,* womit sie seit langem nicht allein steht. Gruppenarbeit, Diskussion, Problemlösungsverfahren, Projektlernen u. a. m. dürfen nicht Programm bleiben (mit Hilfe des Alibis Stofffülle und Zeitdruck), sondern müssen Praxis werden. Über diese Maßnahmen hinaus, die der Lehrer bereits bei der Unterrichtsplanung bedenkt, muß er sich in den Mut zu flexibler Unterrichtsgestaltung einüben, die in angemessener Rücksichtnahme auf die Erfordernisse der konkreten kommunikativen Situation besteht.

7. Da Schule keine pädagogische Provinz ist und ihrer Bestimmung nach auch nicht sein kann, sondern eingebunden in ein gesellschaftliches Umfeld u. a. wieder für eben dieses Umfeld qualifizieren soll, muß *die außerschulische Wirklichkeit in die schulische Kommunikation einbezogen werden.*
Dies als Grundanliegen des Unterrichts überhaupt zu verwirklichen, ist Sache der Curriculumforschung und der Lehrplanarbeit. Für den Lehrer liegen darüber hinaus Chancen
- in intensivierter Elternarbeit, die über die meist als lästig empfundenen – weil unattraktiv gestalteten – Elternabende hinausreicht,
- im Einbezug der Arbeitswelt in die schulischen Aufgaben,
- im aufmerksamen und kritischen Eingehen auf aktuelle gesellschaftliche Probleme u. a. m.

Die dargestellten Empfehlungen der kommunikativen Didaktik für die Unterrichtspraxis werden nicht als Ergebnisse neuester Forschung in die Pädagogik eingebracht, so sehr manche Detailerkenntnisse zum zwischenmenschlichen Leben und damit auch zum Lehrer-Schüler-Verhältnis vor allem durch die Kommunikationsforschung vertieft und präzisiert wurden.

Dies läßt den Schluß zu, daß diese seit alters bekannten pädagogischen Forderungen in der gegebenen Schulwirklichkeit schwer umzusetzen sind. Veränderung vollzieht sich im kommunikativen Bereich aber letztlich nicht durch spektakuläre Schulreformen oder gar über Verordnung, sondern dadurch, daß der einzelne Lehrer in seinen gegebenen Verhältnissen sein Selbstverständnis ständig kritisch überprüft und sein Zusammensein mit den Schülern mit Leben in des Wortes voller Bedeutung erfüllt.

3.5 Praxis der Unterrichtsplanung: Tips, Planungshilfen, Beispiele

(Vgl. z. B. Adl-Amini/Künzli 1980; Becker 1980; Chiout/Steffens 1978; Flechsig/Haller 1975; Franke 1978; Geissler 1979; Grell/Grell 1979; Hopmann 1988; Kunert 1976; Meyer 1980 und 1986; Peterßen 1982; Sandfuchs 1987; Schmid 1979; Schnitzer 1977; Schulz 1981; Terhart 1984; Vohland 1982; Zimmermann 1977)

Wenn in der neueren Lehr-Lern-Forschung von Unterrichtsvorbereitung und didaktischer Analyse die Rede ist, *interessiert nicht nur die technische Seite der Planungsarbeit, sondern auch die das Ergebnis wesentlich beeinflussende Einstellung des Lehrers zu seiner Arbeit.* Dabei spielen nicht nur die grundsätzliche Einstellung zu seinem Beruf und Augenblicksstimmungen eine Rolle, sondern auch seine bevorzugten kognitiven Strategien und Theorieabhängigkeiten. Bestimmtes Planungs- und Vermittlungsverhalten (Prozeß) führt zu bestimmten Wirkungen (Produkt). Die vorwiegend produktorientierte Unterrichtsplanung unter technischen Aspekten ist also zu einem *Prozeß-Produkt-Modell* auszuweiten. Andernfalls werden durch die Aussparung der kritischen Reflexion des Vermittlerverhaltens folgenschwere Verkürzungen der unterrichtlichen Tätigkeit des Lehrers riskiert. Die Lehr-Lern-Forschung geht z. B. folgenden speziellen Fragen nach (vgl. z. B. Peterson 1978):

- *Welche Reihenfolge halten die Lehrer bei ihrer Planungsarbeit ein?*
  Die Reihenfolge Stoff, Methode, Schüler, Medien, zuletzt erst Lernziele macht verständlich, weshalb der – meistens schon in seinem theoretischen Ansatz mißverstandene – lernzielorientierte Unterricht kaum eine Chance hatte, den Sprung von der Theorie in die Praxis zu schaffen.
  Die zitierte Reihenfolge bringt aber auch die Schüler viel zu spät ins Spiel, auf die hin das gesamte Unternehmen Unterricht zu planen ist.
- *Wie schätzen Lehrer den Zweck ihrer Planungsarbeit?*
  In erster Linie sind sie (gemäß Befragung) daran interessiert, durch Unterrichtsplanung eigene Unsicherheiten zu überwinden. Der eben-

falls genannte Grund einer effektiveren Lernplanung für die Schüler wird mit zunehmender Sicherheit der Lehrer von unterrichtlichen Routineverläufen überlagert.

- Aufschlußreiche Ergebnisse ergeben sich auch auf die Fragen, *wie sich eher konservative und eher progressive Unterrichtstheorien der Lehrer auf ihren Unterricht auswirken,* und welche Einflüsse der Umgebung, der Schulatmosphäre und der Interaktionen im Kollegium und zu Vorgesetzten auf die Planungs- und Unterrichtsarbeit des Lehrers einzukalkulieren sind.

3.5.1 Planungsarbeiten in der Übersicht

Jeder Lehrer entwickelt – den Bedürfnissen einer schulischen Arbeit und seiner Vorliebe angepaßt – im Laufe der Zeit ein je eigenes System von Planungsaktivitäten. Dabei sollten sich Ökonomie und Effizienz des Vorgehens möglichst optimal ergänzen. Die folgenden begründeten Vorschläge für die schulischen Planungsarbeiten stellen das Minimum dar, das m. E. für deren erfolgreiche Durchführung bei gleichzeitig vertretbarem Aufwand erfüllt werden muß.
Die Form ist jederzeit veränderbar.

3.5.1.1 Übersicht über die Planungsschritte

(siehe Grafik Seite 125)

3.5.1.2 Erläuterungen zu den einzelnen Planungsschritten

Zu ①

Bei der Übernahme einer neuen Jahrgangsstufe oder der Einführung neuer Lehrpläne ist dem Lehrer anzuraten, sich einen gründlichen Überblick über die Themenbereiche des Lehrplans zu verschaffen. Bei der Erstellung eines Stoffverteilungsplanes ② ergibt sich die orientierende und ordnende Sichtung des Lehrplans ohnehin, zugegebenermaßen eine zeitaufwendige Planungsarbeit – am besten noch vor Beginn eines Schuljahres –, die sich aber im weiteren Verlauf des Schuljahres auszahlt.
Der Überblick soll dem Lehrer helfen, u. a.

- evtl. eigene fachliche Defizite festzustellen,
- sich gegebenenfalls über Fortbildungsmaßnahmen (private oder institutionalisierte) auf den neuesten Stand zu bringen,
- seine eigene und/oder die Schulbibliothek mit aktueller Fachliteratur zu versorgen,

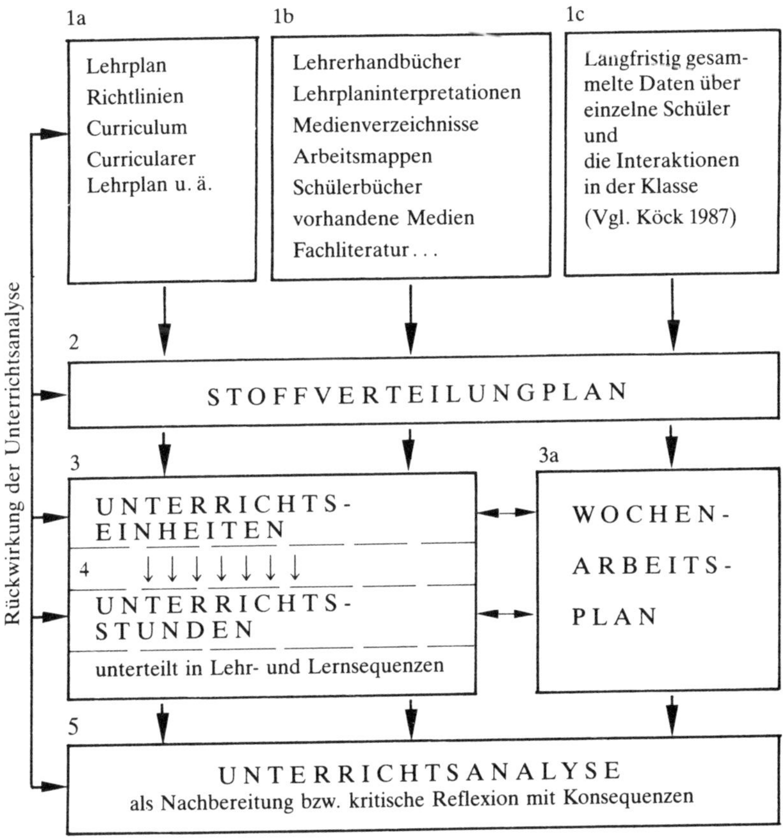

- seine Schule und die Medienzentralen (z. B. Kataloge der Landesbildstellen) nach geeignetem Unterrichtsmaterial zu durchforsten,
- Angebote von Lehrmittelverlagen zu prüfen,
- arbeitsentlastende Lehrerhandbücher zu sichten,
- nötiges Arbeitsmaterial zu beschaffen oder über den Aufwandsträger rechtzeitig zu bestellen . . .

Da Unterrichtsplanung bereits auf dieser Planungsebene auf eine bestimmte Zielgruppe (Klasse oder Jahrgangsstufe) ausgerichtet ist, empfiehlt sich ebenfalls gleich zu Beginn eines neuen Schuljahres die *Vorbereitung entsprechender Formblätter für eine kontinuierlich durchzuführende Datensammlung* (1c) *über jeden Schüler und über die Interaktionsstruktur in der Klasse* (vgl. konkrete Gestaltungsvorschläge in Köck 1987).

Zu ②

Sichtbares Ergebnis der ordnenden Orientierung ① ist der *Stoffverteilungsplan,* der – wenn er mehr sein will als lediglich eine andere Fassung des Lehrplans – folgenden Zwecken dient:

- Die Lernziele und Themenbereiche des Lehrplans werden nach sachlogischen Gesichtspunkten ausgewählt und aneinandergereiht. Die dabei leitenden Prinzipien sind Exemplarität und Lernzielbündelung.
  - Das *Prinzip des Exemplarischen* hält dazu an, solche Themenbereiche auszuwählen, die durch Zugänglichkeit, Aufbau, Kernaussagen besonders geeignet sind, ein Stoffgebiet zu erschließen. Das ausgewählte Beispiel tritt an die Stelle doch nie erreichbarer Vollständigkeit. Die Auswahl leitet *der qualitative Aspekt* des Elementaren, Fundamentalen, Kategorialen, der dem Beispiel zu eigen ist.
    Im Stoffverteilungsplan werden die unter dem Gesichtspunkt des Exemplarischen ausgewählten *Lernziele und Themenbereiche wörtlich aus dem Lehrplan übernommen,* die damit gleichzeitig abgedeckten Lernziele und Themenbereiche werden mit ihrer Ziffer im Lehrplan genannt, um sie gegebenenfalls schnell auffinden zu können.
  - Das *Prinzip der Lernzielbündelung* führt Lernziele und Themenbereiche von verschiedenen Fundstellen des Lehrplans zu einer Unterrichtseinheit zusammen. Die Begründung liefern die *eher quantitativen Ordnungsaspekte* der Zusammengehörigkeit, Ähnlichkeit, Aufeinanderfolge.
    Im Unterricht werden alle derart gebündelten Lernziele und Themenbereiche angesprochen, allerdings mit geringerem Aufwand, als er bei isolierter Behandlung nötig wäre.
- Ein weiterer Zweck des Stoffverteilungsplans wird mit der *realistischen Verteilung der Mindestanforderungen* des Lehrplans auf die tatsächlich verfügbare Unterrichtszeit erfüllt, die sich nach Abzug von Ferien, Skilager, Schullandheimaufenthalt und Feiertagen ergibt.
- Nach Schulart und Schulverständnis verschieden können bei der Stoffverteilung auch *jahreszeitliche Aspekte, Feste, Feiern,* (jahrgangsübergreifende) Projekte von Bedeutung sein.
- Der Stoffverteilungsplan koordiniert die Vorgaben des Lehrplans mit den erzieherischen, didaktischen und methodischen Fähigkeiten und Ideen des Lehrers und mit dem greifbaren Medien- und Materialangebot. So gesehen stellt er die Übersetzung des Lehrplans für eine bestimmte Zielgruppe in der persönlichen Handschrift des Lehrers dar.
- Als unmittelbare Arbeitsvorgabe für die tägliche Unterrichtsvorberei-

tung ist der Stoffverteilungsplan *ständiger Veränderung ausgesetzt.* Der Lehrer arbeitet z. B. kontinuierlich neu entdeckte Fachliteratur, Medien- und Materialhinweise ein und notiert vor allem aufgrund des abgelaufenen Unterrichts Konsequenzen, die in wiederholten Unterrichtsverläufen beachtet werden müssen.

Für den nachfolgenden *Formularvorschlag eines Stoffverteilungsplans* können aus der praktischen Erprobung einige Empfehlungen abgeleitet werden:

- Loseblattverfahren wegen der leichteren Austauschbarkeit.
- Um ausreichend Platz zu gewinnen, empfiehlt sich die Verteilung der Spalten über zwei DIN A4-Seiten, so daß insgesamt für jeden Monat ein Formblatt im Format DIN A3 zur Verfügung steht.
- Um bei einem evtl. nötigen Blattaustausch möglichst ökonomisch verfahren zu können, die Rückseiten der Formblätter nicht beschriften.
- Der Stoffverteilungsplan soll den schnellen Überblick über die unterrichtlichen Planungsarbeiten jeweils eines ganzen Monats ermöglichen. Dies erfordert Abkürzungen, die der Lehrer zum Zweck leichterer Nachvollziehbarkeit (Vertretung, Beurteilung ...) in einer Legende auf dem Titelblatt erläutern sollte.

Formularvorschlag für den Stoffverteilungsplan

Fach:		Jahrgangsstufe:			
Monat:					
Lernziele und Themenbereiche	Fundorte im Lehrplan	Geplante Lernzeit	Anmerkungen zu den Lerninhalten (Literatur . . .)	Medien (genaue Angaben mit Bestell-Nr. usw.)	Materialien Lehrmittel a) vorhanden b) anzufertigen

Des Platzgewinns wegen empfiehlt es sich, das Formular über 2 DIN A4-Seiten aufrecht, also DIN A3 anzulegen!

Zu ③

Eine *Unterrichtseinheit* bezeichnet die für die vorgesehene Vermittlung eines in sich geschlossenen Themenbereichs nötigen und zusammengehörenden Lehr- und Lernsituationen. Sie kann bei einem eng begrenzten Thema mit einer Unterrichtsstunde zusammenfallen, in der Regel aber umfaßt sie mehrere Unterrichtsstunden.
In der Ausbildungspraxis steht die Planung einzelner Unterrichtsstunden im Vordergrund, um die Referendare an überschaubaren Lehr- und Lernsituationen mit den Grundfähigkeiten des Unterrichtens vertraut zu machen. *Für die schulische Alltagspraxis ist allerdings die Planung in Unterrichtseinheiten vorzuziehen.* Die Planung im zeitlich größeren Rahmen der Unterrichtseinheit wirkt dem Zerhacken zusammengehöriger Themen in Einzelstücke entgegen, erleichtert die Gewichtung von Kerninformationen und unerläßlichen Operationen der Schüler und ökonomisiert die Beschaffung von speziellen Vorbereitungshilfen, von Lernmaterial und Medien. Außerdem lassen sich aus dem Überblick von Unterrichtseinheiten, der auch den Schülern bekannt sein sollte, die Schwerpunkte der einzelnen Unterrichtsstunden leichter ableiten, ohne den Sinnzusammenhang des Gesamtthemas, Lehrgangs, Projekts aus dem Auge zu verlieren.
Ein weiterer Vorteil der Unterrichtseinheit besteht darin, über die fachbezogene Arbeit hinaus fächerübergreifende Verbindungslinien zu entdecken und rechtzeitig einzuplanen (z. B. durch Absprache mit den betroffenen Fachkollegen).

Zu (3a)

Eine eher organisatorische Hilfe verspricht die *Anlage von Wochenarbeitsplänen.* Sie erleichtern es insbesondere dem Anfänger im Lehrberuf, der noch nicht auf erprobte und evtl. revidierte Unterrichtseinheiten zurückgreifen kann, von der kurzfristigen Einzelstundenplanung auf die Vorbereitung von Unterrichtseinheiten umzusteigen und die Material- und Medienbeschaffung ökonomischerweise wenigstens für eine ganze Woche gebündelt zu betreiben.
Mit Anmerkungen in der Nachbereitungsphase versehen, kann der Wochenarbeitsplan zu einem sinnvollen Instrument der Unterrichtsanalyse weiterentwickelt werden.

Wochenarbeitsplan

Fächer:	Woche: vom bis

Unterrichtszeit		Montag	Dienstag	Mittwoch	Donnerstag	Freitag
1. Stunde	Lernziele:					
	Thema:					
	Medien/Material:					
2. Stunde	Lze:					
	Thema:					
	M/M:					
usw.	usw.					

Eintragungen:
1 Grobziele mit Nummern aus dem Stoffverteilungsplan
2 Thema in Stichworten
3 Genaue Angaben zu Medien und Material

Zu ④ und ⑤

Die Planung einzelner *Unterrichtsstunden* verfolgt den Zweck, eine Unterrichtseinheit in mehreren Abschnitten *für eine bestimmte Zielgruppe aufzubereiten. Dazu gehört*

- die lückenlose Anbindung der Unterrichtsstunde an die Vorstunden und damit an das Eingangswissen und -können der Schüler;
- die Formulierung operationalisierter Lernziele als sinnvolle Handlungseinheiten;
- die sachlogische *und* adressatengemäße Strukturierung der Lerninhalte und damit die geordnete Gliederung der Unterrichtsstunde in aufeinanderfolgende Lehr- und Lernsequenzen;
- die Erarbeitung eines bei der aktuellen Lerngruppe mutmaßlich wirksamen motivierenden Einstiegs;
- die Formulierung einer für die Schüler verständlichen Zielangabe;
- die Aktivierung von Methodenkenntnissen, die in dieser Lerngruppe bereits sicher beherrscht werden bzw. ausdrückliches Lernziel sein sollen;
- die Berücksichtigung gruppendynamischer Gegebenheiten in der Lerngruppe;
- die Einplanung von Phasen für Teil- und Gesamtzusammenfassungen, für Übung und Einprägen;
- die Auswahl aussagekräftiger Medienangebote, welche die Schüler auch entschlüsseln können;
- die Einplanung von Kontrollmöglichkeiten, mit deren Hilfe die Schüler selbst ihre Lernfortschritte und evtl. Defizite feststellen können und gegebenenfalls Rückmeldung an den Lehrer wegen zusätzlicher Erläuterungen erstatten können;
- die Überlegung besonderer Maßnahmen, die sich aus der kontinuierlichen Arbeit mit der Lerngruppe als notwendig erwiesen haben, wie z. B. Verstärkungsmaßnahmen für mißerfolgsängstliche Schüler, Zusatzangebote, Differenzierungsmaßnahmen.

Die nachfolgende *Übersicht über die Planungsschritte bei der Vorbereitung einer Unterrichtsstunde* kann auf den Anfänger im Lehramt auf Anhieb verwirrend und überfordernd wirken. Demgegenüber beabsichtigt sie, *eine Art Checkliste* an die Hand zu geben, deren Beachtung die Wahrscheinlichkeit verringert, daß die geplante Unterrichtsstunde durch Fehlentscheidungen vermeidbare Schwächen aufweist. Außerdem hält die Übersicht auch den erfahrenen Praktiker dazu an, einzelne Planungsschritte abwechselnd immer wieder einmal einer kritischen Überprüfung zu unterziehen.

Strategie der Planung einer Unterrichtsstunde als Handlungszusammenhang der Tätigkeiten auswählen, begründen, entwerfen und revidieren

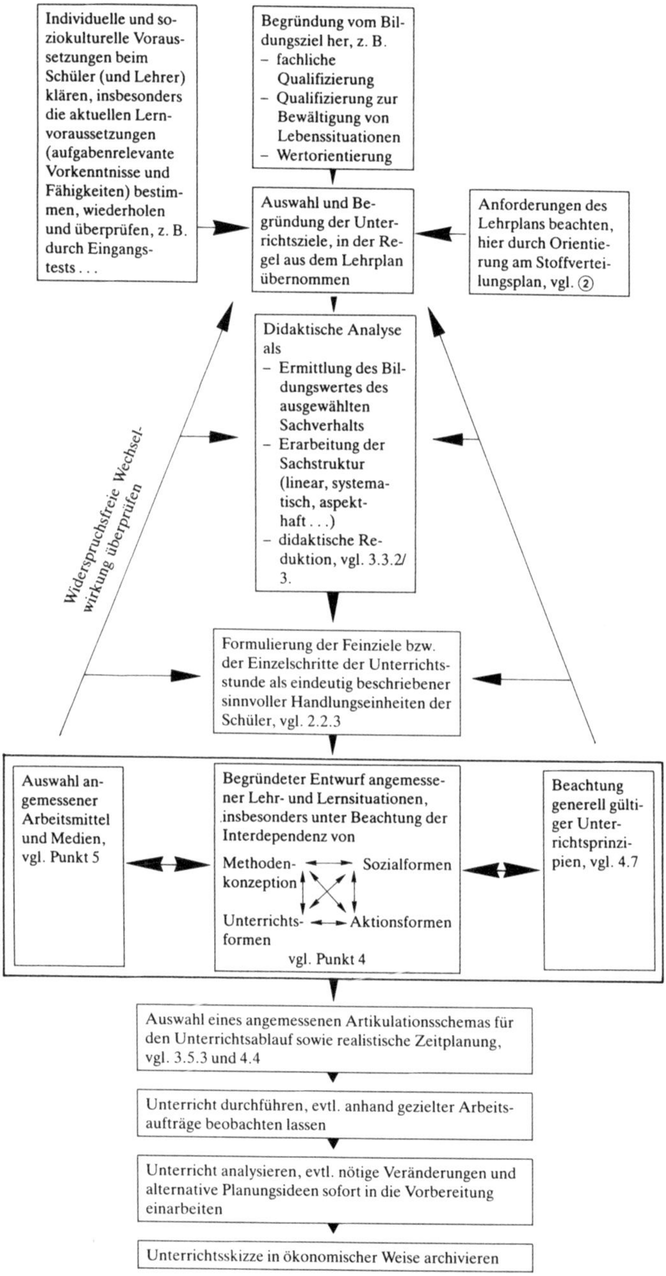

3.5.2 Die didaktische Analyse als zentrale Aufgabe der Unterrichtsvorbereitung

(Vgl. z. B. Klafki 1975, 1977, 1980; Kramp 1976; Sandfuchs 1987)

Im Rahmen einer realistischen Unterrichtgsplanung kann sich die didaktische Analyse Akzentsetzungen, wie sie in den Strukturmodellen der Didaktik um der Betonung ihres jeweiligen Hauptanliegens willen entwickelt wurden, nur bedingt leisten. In der Regel muß sie vielmehr die in den Strukturmodellen bevorzugt bearbeiteten Aspekte zu einer ganzheitlichen Planungsstrategie zusammenführen.
Allerdings darf dabei das Verständnis der didaktischen Analyse auch nicht allzuweit ausgreifend geraten, da es mit zunehmender Komplexität an Brauchbarkeit für die schulische Alltagspraxis einbüßt.
Beispiel: Schulz (1981) will alle unmittelbar am Unterricht Beteiligten in die didaktische Analyse mit einspannen, welch letztere er auf drei Planungsebenen ansiedelt:

- In der Perspektivplanung geschieht Analyse der gesellschaftlichen Produktions- und Herrschaftsverhältnisse.
- Die Umrißplanung beschäftigt sich mit der Analyse der institutionellen Bedingungen wie z. B. der Lehrpläne.
- Die Prozeßplanung setzt die gewonnenen Ergebnisse in konkreten Unterricht um, dessen Ziele letztlich Handlungsfähigkeit, Emanzipation und Selbstproduktion des Subjekts sind. Der Weg zu diesen Zielen ist der herrschaftsfreie Diskurs.

Ein derart umfassendes und anspruchsvolles Verständnis der didaktischen Analyse überfordert Schüler und Lehrer gleichermaßen.

1. Für die tägliche Unterrichtsvorbereitung interessiert vor allem die *didaktische Analyse als Prozeßplanung,* wie sie in nachfolgender Übersicht zusammengefaßt ist.

Der Vorgang der didaktischen Analyse

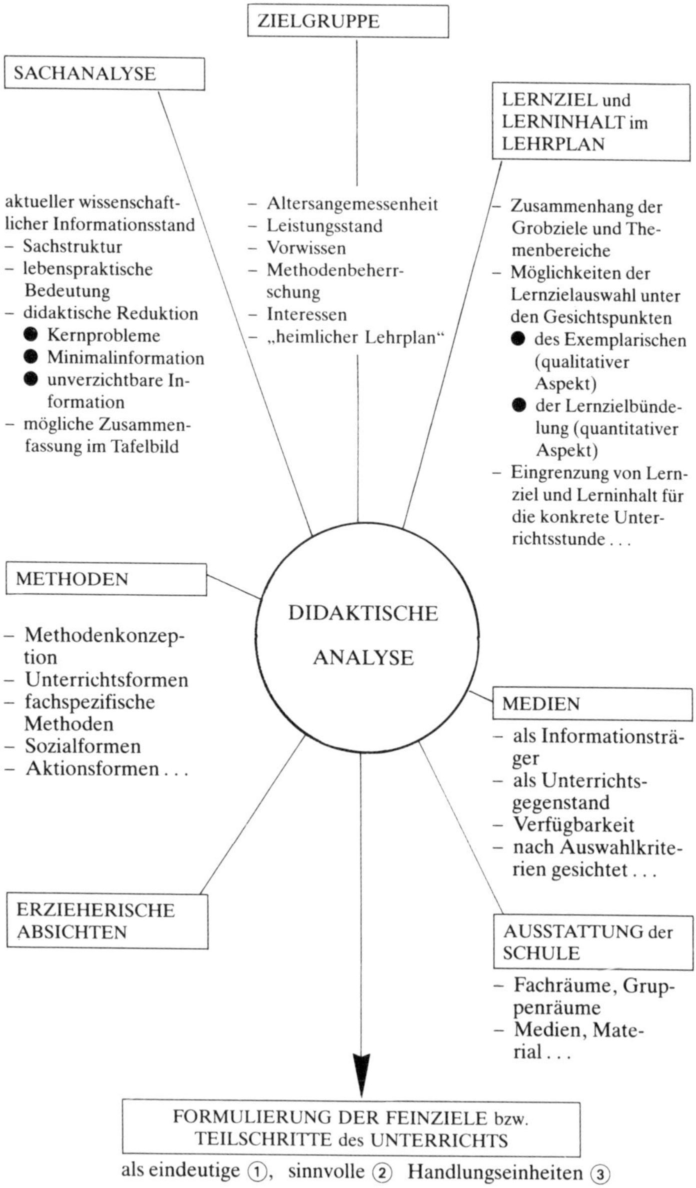

2. *Anmerkungen zur Sachanalyse*
(Z. B. Klingberg 1982; Menck 1984; Meyer 1986; Roth 1980; Schott 1975)

Nach Meyer ist „ein Unterrichtsinhalt die pädagogische Repräsentation gesellschaftlicher Wirklichkeit"; er ergibt sich aus folgendem Wechselwirkungsverhältnis:

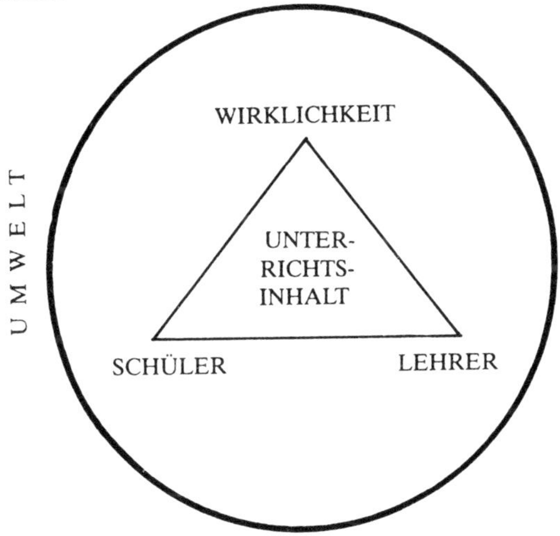

Die Problematik des mit langer Tradition in der Schulpädagogik diskutierten *didaktischen Dreiecks* wird deutlich, wenn man es in Beziehung setzt zur Realität der Umwelt und der Gesellschaft. Diese Realität als Ausgangs- und Zielbereich ist es nämlich, die jeden Unterrichtsinhalt legitimiert. In der Terminologie der bildungstheoretischen Didaktik geht es um die *Ermittlung des Gehalts von Bildungsinhalten,* die der Lehrer nicht völlig den Lehrplankommissionen zuschieben kann. Darüber hinaus muß der Lehrer bei der Sachanalyse das vertretbare Ausmaß an didaktischer Reduktion (vgl. 3.3.2/3a) verantworten. Bedauerlicherweise ist es eher die Ausnahme, daß der Schüler der Wirklichkeit in schulischen Lernprozessen unmittelbar begegnen kann. Meistens durchläuft die Wirklichkeit mehrere Etappen der Entfremdung, bis sie über Lehrpläne gefiltert, durch Vorbereitungsvorlieben und Medien präpariert und im Vermittlungsvorgang selbst verkürzt an den Schüler herankommt. Oft genug stehen dann Lehrer und Schüler vor Einzelteilen, die den lernmotivierenden Zusammenhang mit ganzheitlichen Lebenssituationen verloren haben. Probleme erwachsen einer auf den Schüler bezogenen Sachanalyse aber auch von der Seite des Schülers selbst und aus der Lernsituation vor Ort. Die Qualifikationsanforderungen an den Schüler und seine Bedürfnisse geraten nicht selten in Konkurrenz miteinander, wenn aus der Sachanalyse unterrichtliche Konsequenzen gezogen werden müssen. Und letztlich entscheiden weder sachlogische Gesichtspunkte noch schülerorientierte Erwägungen über die Unterrichtsplanung, sondern Vermittlungsmöglichkeiten wie Material, Medien, Räume.

3. *Didaktische Analyse und „heimlicher Lehrplan"*
(Z. B. Zinnecker 1975; Reinert/Zinnecker 1978)

Didaktische Analyse auf eine bestimmte Zielgruppe hin zu betreiben, die durch Alter, Geschlecht, Vorwissen, Lerngewohnheiten und Interessen näherhin gekennzeichnet ist, gehört zur selbstverständlich einzulösenden Vorbereitungsarbeit des Lehrers. Schwieriger wird die angemessene Beurteilung einer Zielgruppe/Klasse – weil dem direkten Zugriff verschlossen –, wenn es um den Bereich des sog. heimlichen Lehrplans geht. Ihn nicht zu beachten oder auch nur falsch einzuschätzen, kann die Sabotage eines ansonsten perfekt geplanten Unterrichts bedeuten. Der *heimliche Lehrplan* umfaßt alles, was zur inoffiziellen Seite der Schule zählt. Er beschreibt das nicht institutionell Geregelte, das nicht durch Lehrplan, Schulgesetz, Schul- und Hausordnung eindeutig Bestimmte. So unterliegt sicherlich ein größerer Spiel- und Erprobungsraum des sozialen Lernens inoffiziellen Regelungen als geschriebenen Anordnungen. Im heimlichen Lehrplan spielen aber auch beispielsweise folgende Erfahrungen und Handlungen eine Rolle, deren unterrichtsbestimmende Qualität der Lehrer weder bei der didaktischen Analyse noch bei der Unterrichtsdurchführung außer acht lassen darf:

- Nebeneffekte von Unterricht und Leistungsbeurteilung wie z. B. Strategien gegen die Langeweile, Geheimzeichen und -sprachen zur Weitergabe unterrichtsfremder Informationen, Einsagemethoden, Unterschleiftechniken.
- Die Image prägende Einschätzung von Lehrern und mit ihr die Einschätzung ihrer Fächer.
- Die in Ritualen gipfelnde Anpassung der Schüler an Lehrererwartungen bis hin zum unterrichtlichen Ratespiel und zur Untertanenroutine.
- Als Gegenstrategien der Schüler gegen einen einseitig lehrerzentrierten oder autokratisch geführten Unterricht haben Taktiken der Zeitverzögerung, Interesse heucheln, Provokation, der sog. kluge Blick eine ungebrochene Tradition.

Der Unterricht entwickelt sich um so mehr zum Schauplatz tragikomischer Ringkämpfe zwischen Lehrer und Schülern, je weniger der Lehrer schon bei seiner didaktischen Analyse die Realität des heimlichen Lehrplans akzeptiert.

3.5.3 Varianten des Unterrichtsverlaufs – Anmerkungen zur Auswahl situationsangemessener Artikulationsschemata

1. Artikulationsschemata des Unterrichts bezeichnen die Gliederung einer Unterrichtsstunde in einzelne, aufeinander bezogene Arbeitsschritte. Als Ordnungsmaßstab gilt in erster Linie der sach- und situationsangemessene Ablauf des Lernprozesses beim Schüler in Wechselwirkung mit der formallogischen Struktur des Lerninhalts. Es ist also in der Abfolge des Unterrichts bei jedem Arbeitsschritt zu fragen, was in dieser Phase im Schüler bei der Auseinandersetzung mit dem Lerninhalt vor sich geht (vor sich gehen soll). *Artikulationsschemata beschreiben somit psychische Zustände der Schüler.* Von diesem Grundverständnis aus, das durch lernpsychologische Befunde hinreichend abgesichert ist, werden die Unterschiede bei den Bezeichnungen von Unterrichtsstufen belanglos; *entscheidend ist ihre Interpretation als lernprozeßgliedernde Abfolge von Arbeits- und Lernschritten.*

2. *Artikulationsschemata aus der Geschichte der Schulpädagogik im Vergleich mit heute üblichen Stundengliederungen*
(siehe Tabelle auf Seite 138)

Die am Lernprozeß orientierte Abfolge von Lern- und Arbeitsschritten paßt die Begegnung mit einem Lerninhalt den psychischen Zuständen an, die auch in einer nicht organisierten Auseinandersetzung mit neuen Sachverhalten und ungewohnten Lernsituationen durchlaufen werden:

- Auf der *Stufe der Motivation* wird der Schüler in den psychischen Zustand der Aufmerksamkeit, des Interesses, im Idealfall der Neugier versetzt. Selbst versierte Praktiker bezeichnen Lernverläufe, in denen die Anknüpfung an intrinsische (aus Neugier an der Sache orientierte) Lernmotive gelingt, als Sternstunden ihres Unterrichts. Als intrinsische Lernmotive gelten nach Bruner (1974):
  - Neugier
  - Kompetenzerreichung, die das Erlebnis vermittelt, etwas planen und zu einem guten Ende bringen zu können, und die darüber hinaus Anerkennung in der Bezugsgruppe verschafft. Hier kommt dem Leh-

				Am Lernprozeß orientierte Stundengliederungen	
J. H. Pestalozzi (1746–1827)	J. Fr. Herbart (1776–1841)	W. Rein (1847–1929)	G. Kerschensteiner (1854–1932)	nach H. Roth	synonyme Bezeichnungen
Anschauen	Vertiefung: Klarheit	Stufe der Anschauung: – Vorbereitung – Darbietung	Schwierigkeitsanalyse und -umgrenzung	Stufe der Motivation	Einstieg, Hinführung, Einstimmung, Anknüpfung, Vorbereitung . . .
	Vertiefung: Assoziation		Lösungsvermutung	Stufe der Schwierigkeiten	Zielangabe, Problemdefinition, Hypothesenformulierung, Problemstellung, Aufgabenstellung, Arbeitsplanung . . .
Denken	Besinnung: System	Stufe der begrifflichen Erfassung: – Verknüpfung – Zusammenfassung	Prüfung der Lösungskraft	Stufe der Lösung	Problemlösung, Lösungsversuch, Problementfaltung, Erarbeitung, Neuerwerb, Ausführung, Erstbegegnung, Informationsvermittlung . . .
Handeln (Anwenden)	Besinnung: Methode	Stufe der Anwendung	Bestätigungsversuche	Stufe des Tuns und Ausführens	Zusammenfassung, Ergebnisfeststellung, Lernerfolgskontrolle,
					Anwendung, Transfer, Aufarbeitung, Reflexion, Besinnung, Verarbeitung . . .
	Von Herbart als ganzheitliches Handeln am Lerngegenstand verstanden.			Stufe des Behaltens und Einübens	Wiederholung, Übung, Ergebnissicherung, auch Hausaufgabe . . .
				Stufe des Bereitstellens, der Übertragung, der Integration	Systematisierung, Übertragung auf größere Zusammenhänge . . .

rer als täglich erlebbares Arbeits- und Kompetenzmodell hohe Bedeutung zu.
- Das Motiv, in einer Situation angemessen Kräfte auf ein Ziel hin koordinieren zu können, also das Erlebnis einer „Lerngemeinschaft" von Lehrer und Schülern.

Wenn es gehäuft mißlingt, diese intrinsischen Lernmotive zu wecken, ist die zwangsläufige Folge die heutzutage oftmals beklagte Lähmung der Arbeitskraft und des Lernantriebs (Null-Bock-Haltung).
Grell J. und Grell M. (1979) favorisieren in der Motivationsphase den sog. *informierenden Unterrichtseinstieg.* Mit seiner Hilfe soll der Schüler unmißverständlich mit dem Stundenziel bekannt gemacht werden, statt ihn geraume Zeit raten zu lassen, was der Lehrer mit ihm vorhat. Der Schüler erfährt also – am besten in Stichworten schriftlich fixiert (Tafel, Folie, Arbeitsblatt) –, *was* er lernen soll, *wie* er lernen soll und *warum* er einen bestimmten Sachverhalt lernen soll. Unterrichtsversuche im Rahmen einer vom Autor angeregten Hausarbeit (Fenninger 1986) brachten das Ergebnis, daß der informierende Unterrichtseinstieg bei Desinteresse an dem vorgestellten Lerninhalt zu vorschnellem Abschalten der Schüler führen kann und sich in manchen Fällen spannungsmindernd auswirkt. Höhere Motivationsquoten ließen sich mit der Kombination von sog. Motivationsgags (Rätsel, Impuls, Provokation...) und nachfolgendem informierendem Unterrichtseinstieg erzielen.

- Auf der *Stufe der Schwierigkeiten* soll der Schüler in der Lage sein, aufgrund der Präsentation des Lernproblems in der Motivationsphase das zentrale Problem der Stunde zu formulieren, evtl. in Teilprobleme zu zerlegen und in einer ersten Orientierung im Bestand seines Wissens und seiner Fähigkeiten Vermutungen über die Problemlösung anzustellen.
- Auf der *Stufe der Lösung* bearbeitet der Schüler das Problem durch Ausprobieren der für erfolgreich erachteten Lösungswege oder durch systematisches Vorgehen (auch mit Hilfe des Lehrers). Am Ende dieser Phase steht ein für die Problemlösung beachtbares Ergebnis.
- Auf der *Stufe der Anwendung* soll dem Schüler die Möglichkeit eingeräumt werden, das erzielte Ergebnis auf das Eingangsproblem zu beziehen oder ein ähnliches Problem zu lösen. Dieser erste Anwendungsversuch muß noch innerhalb der Unterrichtsstunde erfolgen (z. B. als Lernerfolgskontrolle, Lernfortschrittsfeststellung, Ergebnissicherung), um dem Schüler die Chance zu geben, Verständnisschwierigkeiten und methodische Defizite aufzuarbeiten.

- Die *Stufen des Übens und Behaltens* sowie der *Bereitstellung, der Übertragung und der Integration* dienen der nachhaltigen Ergebnissicherung, der Einordnung des neuen in das sicher beherrschte Repertoire von Wissen und Können und dem Transfer in umfassende Problem- und Lebenssituationen. Sie sind zeitlich nicht festlegbar.

3. In Abhängigkeit von der Struktur und Schwierigkeit des Lerninhalts ist die dargestellte *lernprozeßorientierte Gliederung einer Unterrichtsstunde flexibel zu handhaben.* Denkbare *Varianten der Stundengliederung* werden nachfolgend in Auswahl dem idealtypischen Ablauf eines Lernprozesses zugeordnet:
(siehe Grafik auf Seite 141)

3.5.4 Formen der schriftlichen Unterrichtsvorbereitung

3.5.4.1 Die ausführliche schriftliche Darstellung einer Unterrichtsstunde zu Demonstrationszwecken

Die detaillierte schriftliche Darstellung einer Unterrichtsstunde ist trotz hohen Zeitaufwandes gerechtfertigt, wenn sie als *mit- und nachvollziehbare Planungsgrundlage für Beobachtungs- und Prüfungssituationen* dient. Sie findet also vor allem Verwendung in der Ausbildungsphase des Lehrers, insbesondere für Unterrichtsstunden, die im Rahmen des Seminarbetriebs gründlich analysiert werden oder die als Prüfungslehrproben gehalten werden. Darüber hinaus scheint es mir nicht nur vertretbar, sondern im Sinne langfristiger Planung auch sehr hilfreich zu sein, wenigstens eine Unterrichtsstunde pro Woche in der ausführlichen schriftlichen Form vorzubereiten. Den Vorzug sollten dabei Einführungsstunden und Lernbereiche haben, für die der Lehrer sich selbst nicht ausreichend kompetent hält. Auch solche Unterrichtsstunden bieten sich hier an, die von Lehrer und Schülern als ineffektiv und/oder lustlos erlebt wurden. Im Laufe der Zeit ergibt sich auf diese Weise ein sich ständig erweiterndes Repertoire ausführlich vorbereiteter und überarbeiteter Unterrichtsstunden sozusagen als Leitlinie des Unterrichts in einer bestimmten Jahrgangsstufe.

Varianten der Stundengliederung (fachübergreifend formuliert)

Idealtypischer Ablauf eines Lernprozesses (nach Roth) als Folge psychischer Zustände	Problembewältigung in *einem* Durchgang (synonyme Bezeichnungen)	Unterrichtsstunde mit differenzierter Lösungsphase	Unterrichtsstunde mit aufeinanderfolgenden Lerndurchgängen
1. Motivation	1. Motivation Einstieg Hinführung Problembegegnung . . .	1. Problembegegnung	1. Gesamtmotivation 2. Problemformulierung
2. Schwierigkeiten	2. Problemformulierung Zielangabe Hypothese . . .	2. Problemformulierung	3. Bearbeitung der Einzelprobleme 3.1 *Erstes Teilziel* – Motivation – Bearbeitung – Zusammenfassung, Sicherung
3. Lösung	3. Problemlösung Erarbeitung Problembearbeitung . . .	3. Problemlösung in 1, 2, 3 . . . Teilschritten Teilzielen Teilzusammenfassungen . . .	3.2 *Zweites Teilziel* – Motivation – Bearbeitung – Zusammenfassung, Sicherung
4. Anwendung (meistens als Lernerfolgskontrolle)	4. Problemanwendung (als Lernerfolgskontrolle)	4. Problemanwendung (als Lernerfolgskontrolle)	4. Gesamtzusammenfassung und Problemanwendung (als Lernerfolgskontrolle)
5. Üben und Behalten (evtl. als Hausaufgabe, innerhalb der Stunde formuliert und erläutert) 6. Bereitstellung, Übertragung, Integration	bis hierher *muß* die Unterrichtsstunde führen 5. – Hausaufgabe – Übungsphasen in der Unterrichtsstunde 6. – eigene Übungsstunden		

Gliederung einer ausführlich beschriebenen Unterrichtsstunde

1. *Angaben zur Zielgruppe*

Nur für den aktuellen Vollzug nötige und sinnvolle Angaben; allgemeingültige lern- und entwicklungspsychologische Aussagen über die Altersgruppe sind hier nicht angebracht.
Also nur Angaben z. B.
- für besondere Beobachtungen von Schülern,
- über notwendige Differenzierungsmaßnahmen,
- über besondere Gruppierungsmaßnahmen,
- über besondere Interessen der Schüler,
- über unbedingt notwendige Lernvoraussetzungen der Schüler...

2. *Didaktische Analyse (vgl. die Übersicht unter 3.5.2/1.)*

2.1 *Lernzielanalyse*

- Zusammenhang der Grobziele und Themenbereiche
- Möglichkeiten der Lernzielauswahl unter den Gesichtspunkten des Exemplarischen (qualitativer Aspekt) der Lernzielbündelung (quantitativer Aspekt)
- Eingrenzung von Lernziel und Lerninhalt für die konkrete Unterrichtsstunde
- Einbettung von Lernziel und Thema in Vor- und Folgestunde, Stellenwert in der Unterrichtseinheit

2.2 *Sachanalyse*

- Aktueller wissenschaftlicher Informationsstand
- Sachstruktur
- Lebenspraktische Bedeutung
- Didaktische Reduktion
  - Kernprobleme,
  - Minimalinformation,
  - unverzichtbare Information.
- Mögliche Zusammenfassung im Tafelbild
- Abgrenzung des Themas, Möglichkeiten für Kürzungen und vertiefende Erweiterungen, evtl. Zusatzstoff und differenzierende Aufgaben
- Mögliche Aufgaben für die Hausaufgabe, evtl. auch differenzierend

2.3 *Methodische und mediale Vorüberlegungen*

- Einführung bzw. Übung fachspezifischer Methoden

- Begründung der lernprozeßbestimmenden Unterrichtsmethoden aus der Wechselwirkung mit 1./2.1/2.2 und den verfügbaren Medien
- Begründete Auswahl von Medien

2.4 Aufgrund von 1./2.1/2.2/2.3 Formulierung der *erreichbaren Unterrichtsziele* als *eindeutige, sinnvolle Handlungseinheiten*

3. *Planung des Unterrichtsverlaufs*

- Je nach Lernsituation und Problemstellung ist ein *angemessenes Artikulationsschema* des Unterrichtsverlaufs auszuwählen bzw. zu entwerfen (vgl. 3.5.3/3.).
- Als Maß für die *Ausführlichkeit der Verlaufsdarstellung* kann die Forderung gelten, daß ein Fachmann in der Lage sein muß, die Unterrichtsstunde nachzuvollziehen. Die durchgehende wörtliche Formulierung der Gesprächsanteile, z. B. in Frage-Antwort-Ketten, behindert die Spontaneität im Unterricht sowie die in einer lebendigen Lernsituation unbedingt nötige Handlungsfreiheit.
- Der Sachzusammenhang wird übersichtlich, *für den Fachmann vollständig nachvollziehbar* in Stichworten, mit Beziehungspfeilen, durch Skizzen, durch als Anlage ausgearbeitete Overlay-Folien, Arbeitsblätter usw. dargestellt.
- Wörtlich bzw. vollständig ausgefüllt sollten festgehalten werden:
  - Einleitende Worte des Lehrers,
  - Schlüsselfragen,
  - Impulse,
  - Arbeitsanweisungen,
  - Tafelbild bzw. Foliensatz,
  - ein ausgefülltes Exemplar von Arbeitsblättern für die Hand des Lehrers.

4. *Planung weiterführender Arbeiten*

- Stellung der Hausaufgabe mit Begründung und Erläuterung – *vor* dem Gongschlag!
- Evtl. unterrichtsvorbereitende Arbeiten für einzelne Schüler oder die ganze Klasse.

3.5.4.2 Die Unterrichtsskizze als Normalfall der Unterrichtsplanung

Die Unterrichtsskizze faßt in möglichst ökonomischer Weise und übersichtlich die Planungsarbeit des Lehrers in selbstentworfenen und vorgedruckten Formblättern zusammen. Ein Blatt mit der Kurzfassung der didaktischen Analyse und ein bis zwei Blätter für die Verlaufsplanung dürften für die meisten Unterrichtsstunden ausreichen. Zur Ökonomisierung der Planungsarbeit trägt es bei, wenn sich der Lehrer ein Verzeichnis von Abkürzungen und Zeichen für Lernschritte, Vorgänge, Relationen usw. entwirft, die in Unterrichtsvorbereitungen immer wieder auftauchen. Das Ergebnis der Sachanalyse, methodische Maßnahmen und Medien werden gleich in die Verlaufsplanung eingearbeitet.

Formblatt für die Kurzfassung der didaktischen Analyse (auf DIN A4 verteilt)

Thema:

---

1. *Angaben zur Zielgruppe:* vgl. 3.5.4.1/1.

2. *Lernziele*

2.1 *Grobziele* (wörtlich aus dem Lehrplan bzw. Stoffverteilungsplan)

–

–

–

2.2 *Feinziele* (realisierbare Anzahl; Beschreibung als eindeutige, sinnvolle Handlungseinheiten)

–

–

–

–

–

–

3. *Methodische Vorüberlegungen* (jeweils mit Kurzbegründung in einem Satz)

3.1 *Methodenkonzeption:*

3.2 *Dominierende Unterrichtsformen:*

3.3 *Methodische Einzelentscheidungen:* (Nur wenn sie von besonderer Bedeutung sind, also z. B. Kleingruppenarbeit als ausdrückliches soziales Lernziel geplant wird)

4. *Verlaufsplanung*

Artikulationsschema	Lernziele und Lerninhalt	Methoden	Medien/Material	Zeit-einteilung
1. Motivation 2. Problem-formulierung	● Die einzelnen Feinziele bzw. Unterrichtsschritte werden nur mit ihrer Ziffer vom Deckblatt erwähnt. ● Der Lerninhalt wird nach sachlogischen Gesichtspunkten in Stichworten, Skizzen usw. entfaltet. ● Arbeitsanweisungen, tragende Impulse, Kernaussagen, Merktexte, Zusammenfassungen werden wörtlich notiert. ● Wichtig ist die übersichtliche parallele Anordnung der jeweils zusammengehörenden Planungselemente; also besser ein Blatt mehr verwenden als die Übersichtlichkeit aufs Spiel setzen!	In der Regel sind hier bei jedem Arbeitsschritt aufzuführen: ● Sozialform (SF) ● Aktionsform (AF) (Art des Denkens und Handelns) ● Unterrichtsform (URF) ● Aufgabentypen Auf die widerspruchsfreie Wechselwirkung der Methodenentscheidungen untereinander und mit den anderen Planungselementen achten!	Genaue Angabe von ● Gerät (Hardware) ● Medienangebot (Software) ● Fundort (Lehrmittelzimmer, Katalognummer, eigene Materialsammlung . . .)	Geschätzte Unterrichtszeit, evtl. im Vergeich mit der tatsächlich verbrauchten Unterrichtszeit; diese Spalte kann mit zunehmender Routine in realistischer Zeiteinteilung entfallen.

Nach jedem Planungsschritt Platz lassen für Anmerkungen aufgrund der Unterrichtsanalyse für mögliche Verlaufsvarianten, neu entdeckte Medien usw.!

3.5.4.3 Unterrichtsplanung in Form von Tafelbildern, Foliensätzen, Overlayfolien u. ä.

Mit zunehmender Erfahrung im schülerangemessenen Umgang mit fachwissenschaftlichen Aussagen kann es genügen, eine Unterrichtseinheit oder Unterrichtsstunde als exakt aufbereitete Abfolge des nötigen Lehr- und Lernmaterials und der wesentlichen Erkenntnisschritte zu planen.

1. *Die Unterrichtsvorbereitung in Form eines Tafelbildes* bietet den Vorteil, alle für den Unterricht wesentlichen Maßnahmen auf einer DIN A4-Seite übersichtlich zusammenzufassen.
Die *Gliederung* des Stundenverlaufs wird durch Numerierung der Teilschritte (Stichwort, Kurztext, Skizze) und der Beziehungen zwischen den Teilschritten festgehalten. Um in der Anspannung der Unterrichtssituation Fehlentscheidungen vorzubeugen, sollten *methodische und mediale Entscheidungen* in geläufigen Abkürzungen und evtl. farbig bei den einzelnen Teilschritten notiert werden. Die bei jeder Form der Unterrichtsvorbereitung nötige eindeutige Beschreibung der *Unterrichtsziele* als sinnvoller Handlungseinheiten der Schüler erfolgt auf der Rückseite der Tafelskizze.

Beispiel der Unterrichtsvorbereitung in Form eines Tafelbildes (je nach Thema und Zusammenhang anders gestaltet)
(DIN A4 quer; Einteilung je nach vorhandener Tafel mit oder ohne klappbaren Seiten)

Rückseite: Lernziele   Anlagen: Arbeitsblätter, Folien, Texte …

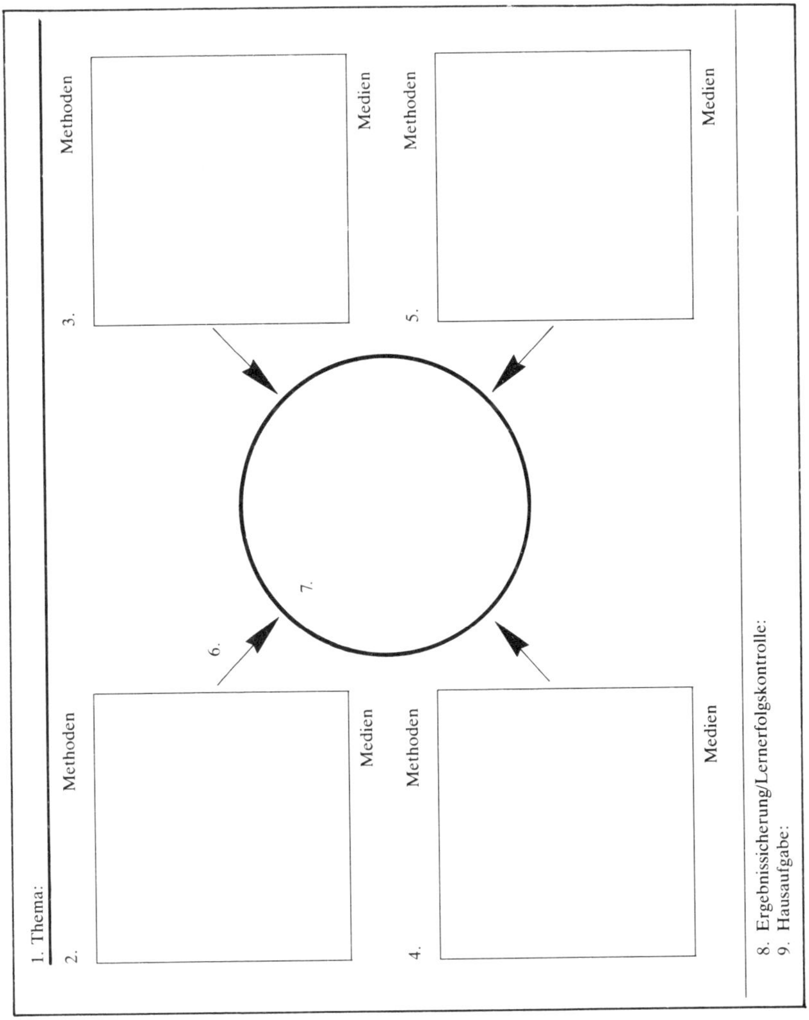

2. Eine *Unterrichtsvorbereitung in Foliensätzen oder Overlay-Folien* liegt nahe, wenn das aufbereitete Arbeitsmaterial aufgrund langfristig unveränderter Informationslage immer wieder in derselben Weise Verwendung findet. So lohnt es sich unter unterrichtsökonomischen Gesichtspunkten, z. B. für die Erarbeitung einer komplizierten mathematischen Gesetzmä-

ßigkeit, einen aufwendigen Foliensatz vorzubereiten. Er garantiert nicht nur eine erhebliche Zeitersparnis in Wiederholungsstunden zugunsten der Denk- und Übungsphasen der Schüler, sondern er überzeugt auch gegenüber der Tafelarbeit durch größere Genauigkeit.

Overlay-Folien erweisen sich als besonders geeignet, wenn in der Unterrichtsstunde ein Sach- und Beziehungszusammenhang erarbeitet werden soll. Durch Hereinklappen numerierter Folienteile auf die Grundfolie kann ein Lerngegenstand schrittweise entwickelt und auf einer Schreibfolie mit zusätzlichen Ergänzungen versehen werden.

Sowohl Foliensätze als auch Overlay-Folien werden als Form der Unterrichtsvorbereitung in erster Linie bei Lerninhalten in Frage kommen, welche die darbietende oder fragend-entwickelnde Unterrichtsform verlangen.

3.5.4.4 Unterrichtsvorbereitung in Form von Flußdiagrammen

Flußdiagramme eignen sich als Form der Unterrichtsvorbereitung, wenn neben dem bloßen Nacheinander von Planungsschritten Verzweigungen, vielschichtige Zusammenhänge und arbeitsteilige Leistungen in übersichtlicher Form verdeutlicht werden sollen. Allgemein gebräuchliche Symbole erleichtern zusätzlich das Bemühen um Übersichtlichkeit der Darstellung und leisten darüber hinaus einen weiteren Beitrag zu möglichst ökonomischer Unterrichtsvorbereitung.

Legende für Flußdiagramme im Unterricht

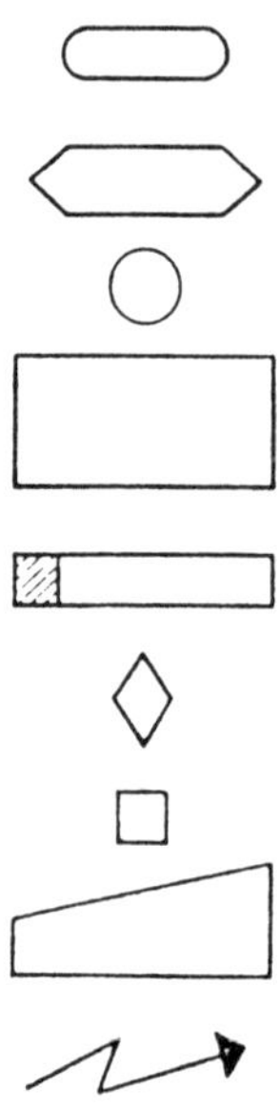

Beginn und Ende der Unterrichtseinheit

Problemaufriß (Motivation)

Überleitung, Impuls, Anweisung usw.

Allgemeine Operation

Erkenntnis

Lernerfolgskontrolle

Weitere Lernhilfen (individuelle Lehrerhilfe)

Übung

Transfer

Beispiel für die Planung einer Unterrichtsstunde in Form des Flußdiagrammes: Erdkunde, 7. Jgst., Realschule

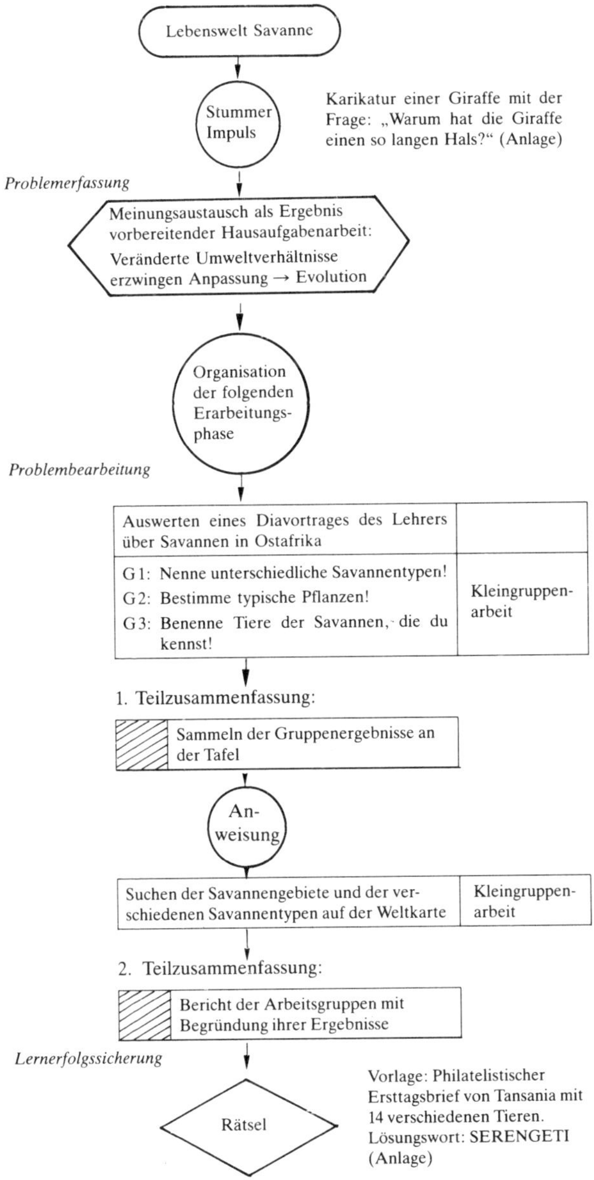

3.5.5 Die Schulwirklichkeit als Spannungsfeld zwischen direktivem und offenem Unterricht

(Vgl. z. B. Baacke 1985; Duncker 1987 (2×); v. Hentig 1984)

3.5.5.1 Schulwirklichkeit und neue Lernformen

Schulkritik – so alt wie die Schule selbst – neigt mit ihren Aussagen zur Überzeichnung und Einseitigkeit. Dies mitbedacht, beschreibt sie den herkömmlichen Unterricht folgendermaßen:

- Er ist überwiegend lehrgangsmäßig gestaltet.
- Er ist auf Prüfungen ausgerichtet, die Berechtigungsscheine ausstellen.
- Er koppelt Lerninhalte und Methoden von der gegenwartsbezogenen Erlebniswelt der Schüler ab.
- Mit seiner Zukunftsorientierung schafft er zwangsläufig Konflikte, die auf seiten der Schüler in Verhaltensweisen zwischen konsumorientierter Anpassung und Aufbegehren bis hin zur Flucht in die Drogenwelt und Ersatzreligionen münden.

Nach Duncker (1987) ist die skizzierte Situation heute noch verschärft durch folgende Tatsachen:

- Die schulischen Berechtigungen laufen vielfach ins Leere (Arbeitsmarkt).
- Zukunftsängste verweisen auf ein intensives Leben im Hier und Jetzt.
- Die lebensbestimmenden Werte sind gegenwarts- und genußorientiert.
- Die Jugend hat heutzutage viel früher Zugang zum Erwachsenenleben.
- Die Peergroup hat als jugendgemäße Lebenswelt eine enorme Aufwertung erfahren.

Als – selbstverständlich näher zu präzisierende – *Vorschläge für einen angemessenen Umgang mit diesen aktuellen Herausforderungen* bietet Duncker an:

- Offene Zeitstruktur und Prozeßorientierung des Unterrichts, was auf eine Verbindung von Zielstrebigkeit und Erfahrungsspielraum hinausläuft.
- Interessenorientierung im Sinne altersabhängiger und damit zunehmender Beteiligung der Schüler an unterrichtlichen und schulischen Entscheidungen.
- Handlungs- und Situationsorientierung: Nur aktuelle, anregende Situationen, in denen Probleme und Widerstände erlebt werden können, münden in engagiertes Handeln.

- Kommunikative Orientierung des Unterrichts, einschließlich der Interpretation des eigenen Unterrichtsbetriebs, der dort gespielten Rollen usw.
- Ästhetische Orientierung des Unterrichts: Ausgleich zwischen der sprachlich-reflexiven Seite des Unterrichts (Unterricht als Ort der Schrift- und Sprachkultur) und der szenischen, ikonischen, dramaturgischen Seite des Unterrichts (Gegenwart der Jugendkultur bis hinein in Gestik, Mode, Subkultursprache). Diese zweite Seite des Unterrichts soll dabei nicht etwa zum Unterrichtsgegenstand gemacht werden, sondern im Schulalltag als Ausdrucksmittel zugelassen und gemeinsam mit den Schülern hinterfragt werden (z. B. Selbstdarstellung in Schrift und Bild).

3.5.5.2 Direktiver und offener Unterricht im Vergleich

(Vgl. z. B. Behnken 1989; Bönsch/Schittko 1979; Breuer 1989; Götz 1987; Hänsel 1985; Jank u. a. 1986; Kayser/Schäkel 1986; Klewitz/Mitzkat 1982; Müller-Bardorff 1986; Ramseger 1977; Röbe 1986; vgl. auch die Literaturhinweise zu den Unterrichtskonzepten unter 3.5.5.3)

Der Vergleich soll nicht der Propagierung des einen Unterrichtskonzepts und der Verteufelung des anderen dienen. Der Lehrer befindet sich immer in der – oft genug belastenden – Situation, zwischen den Ansprüchen von Kind und Sache vermitteln zu müssen. Sein Auftrag besteht gerade darin, Begegnung mit der Wirklichkeit in schülergemäßen Formen zu ermöglichen. Dies bedeutet: *„Soviel Strukturierung wie nötig, soviel offener Unterricht wie möglich", und zwar je nach Sachlage, Lernsituation und Lernvoraussetzungen der Schüler.* Gefragt ist also kein Entweder-Oder-Standpunkt, sondern ein immer wieder neu zu bestimmender Brückenschlag zwischen den Unterrichtskonzepten.

Direkter Unterricht	*Offener Unterricht*
1. *Definitionen*	
Der direktive Unterricht bezeichnet schulisches Lernen, das – vom Lehrer und/oder einem Lehrsystem (insbesondere Unterrichtsmedien) geplant ist, – damit in seinem Verlauf fremdgesteuert und	Der offene Unterricht bezeichnet Unterichtskonzepte, – die ganz oder teilweise wesentliche Elemente des Lernprozesses wie z. B. Zielbestimmung, Methodenwahl, Ergebnisformulierung, Ergebnissicherung der Ei-

Direkter Unterricht	*Offener Unterricht*
– bezüglich Ausführung und Ergebnis ständig kontrolliert ist. – „Der Lehrer als Zentralsonne eines Trabantenhaufens“ (Comenius). – Synonyme Bezeichnungen, z. B. lehrerzentrierter Unterricht, formeller Unterricht, geschlossener Unterricht . . .	gensteuerung und Eigenverantwortung der Schüler überlassen. – Das Ausmaß der Öffnung ist abhängig von den mittlerweile erreichten Fähigkeiten der Schüler, ihre eigenen Lernprozesse selbst zu entwerfen und zu steuern. – Ziel des offenen Unterrichts ist die Bewältigung von Lebenssituationen durch selbstbestimmtes Handeln (Erwerb praxisorientierter Handlungskompetenz). – Offener Unterricht hebt sich aber selbst auf, wenn er die Schüler überfordert, also wenn er gegen die Schülerorientierung als Unterrichtsprinzip verstößt. – Formen des offenen Unterrichts werden seit Beginn des 20. Jahrhunderts gefordert, so z. B. von J. Dewey (learning by doing: Lernen durch Handeln, Erfahrungslernen), von den Reformpägagogen (vor allem der Arbeitsschulbewegung G. Kerschensteiners) und in neuerer Zeit von der Kommunikativen Erziehungswissenschaft.

2. *Merkmale*

– Exakte, verbindliche Lernzielbestimmung, Zielangabe am Beginn des Lernprozesses, fremdbestimmte Schwerpunktsetzung.	– Rahmenziele, evtl. Auswahlmöglichkeit zwischen beschriebenen Lernzielen, Mitsprache der Schüler bei der Zielsetzung (v. a. durch Verbindung von schulischer und außerschulischer Wirklichkeit) und Möglichkeit der Veränderung von Zielsetzungen

Direkter Unterricht	Offener Unterricht
	aufgrund des Unterrichtsverlaufs, immer dem individuellen Entwicklungsstand der Schüler angepaßt.
– Festgelegte Abfolge der Lernschritte.	– Entwurf und Durchführung eines eigenen Lernplanes.
– Vorgeschriebene Lernzeit mit hohem Anspruch an die nach- und mitvollziehende Aktivität der Schüler.	– Vorgabe der Gesamtlernzeit (z. B. Tages- oder Wochenplan, Blockstunde), aber variable Einteilung durch die Schüler.
– Methodisch straff gegliedert, anregend durch Methodenwechsel, aber Bevorzugung lehrerzentrierter Methoden wie Entwickelnder Unterricht, Darbietender Unterricht, Impulsunterricht ...	– Bevorzugung von Methoden, welche ganzheitliches Lernen erfordern sowie Eigenaktivität, Eigenverantwortung und Kooperation.
– Präzise, meist eng begrenzende Arbeitsanweisungen.	– Weite Arbeitsanweisungen, im Idealfall von den Arbeitsgruppen bzw. den einzelnen Schülern selbst formuliert.
– laufende Lernerfolgskontrolle.	– Lernerfolgskontrollen durch die Arbeitsgruppen oder selbsttätig anhand von Kontrollhilfen des Lehrers, einschließlich von Anregungen zur Überwindung von Lernschwierigkeiten.
– Sofortige Ausschaltung lernfremder Aktivitäten und von Störverhalten durch den Lehrer.	– Einbezug gruppendynamischer Arbeit in den Unterricht, Anleitung der Arbeitsgruppen zu konstruktivem Umgang mit Störungen, Lernflucht, Konflikten ...
– Der Lehrer behält die gesamte Lerngruppe im Auge, reagiert flexibel auf Leistungsunterschiede, vermeidet Leerlauf.	– Das Lernen lernen in Eigenverantwortung!

3. *Auswirkungen auf die Schüler: Welche Lernvollzüge, Denkformen, sozialen Verhaltensweisen werden gebraucht bzw. gefördert?*

Direkter Unterricht	*Offener Unterricht*
– Überwiegend Rezeptivität, Reaktivität und Reproduktion auf vorgeschriebenen Wegen.	– Gefordert sind Produktivität und Kreativität.
– Eher nach- und mitvollziehendes Denken.	– Eher problemlösendes, kritisches Denken.
– In der Regel Einwegkommunikation Lehrer – Schüler (komplementäre Kommunikation).	– Auf Wechselseitigkeit beruhende Kommunikation aller am Lernprozeß Beteiligten (symmetrische Kommunikation): kooperativ, herrschaftsfrei, auf Erwerb und Vollzug von Diskursfähigkeit ausgerichtet, um Eigensteuerung der Kommunikation und Metakommunikation innerhalb der Lerngruppe bemüht (evtl. unter Anleitung des Lehrers)
– Erwartet ist ein Verhalten, das fraglos vorgegebenen Verhaltensregeln angepaßt ist.	– Unterricht wird ausdrücklich u. a. als bewußt angelegtes Übungsfeld für soziales Lernen verstanden.

4. *Hauptsächliche Anwendungsbereiche mit folgenden Anforderungen bzw. Voraussetzungen*

– Der Aufgabentyp läßt nur ein bestimmtes erwünschtes Verhalten zu, um z. B. Fehlleistungen oder unökonomische Versuch-Irrtums-Phasen auszuschließen.	– Spielraum für kreative Lernphasen (z. B. ausprobieren, Plakatarbeit für die Ergebnisse) sowie für erfahrungsbezogenes, problemlösendes und anwendendes Lernen, das argumentieren, schlußfolgern, bewerten u. ä. erfordert. Es geht nicht nur um die Ergebnisse von Lernprozessen, sondern auch um die Lernprozesse selbst.

Direkter Unterricht	*Offener Unterricht*
– Straffe Lernzielorientierung nach Lehrplan, begründet z. B. durch logische Abfolge bestimmter Schritte.	– Die Unterrichtsziele sind teilweise oder ganz offen. Die Mitentscheidung der Schüler bei der Planung und Durchführung des Unterrichts ist gefragt; ohne Einführung und Einübung der Schüler in effektives Entscheidungsverhalten und in Grundkenntnisse der Netzplantechnik sind sie hier allerdings überfordert.
– Direktiver Unterricht ist v. a. dann sinnvoll, wenn möglichst schnell verfügbare fehlerfreie Reproduktion erwünscht ist, also z. B. bei Erwerb von Grundlagenwissen und fachlich notwendigen Verfahrensweisen oder bei Vermittlung prüfungsrelevanten Basiswissens.	– Offener Unterricht liegt nahe, wenn die Anknüpfung an die Bedürfnis- und Erlebniswelt der Schüler möglich ist und die Schüler über einen ausreichenden Erfahrungshintergrund verfügen.
– Direktiver Unterricht ist in Unterrichtssituationen zu bevorzugen, die eine behutsame, aber straffe Führung durch schwierige Sachverhalte und Zusammenhänge erfordern oder bei der Einführung in neue Wissensgebiete.	– Offener Unterricht setzt auf Entfaltung und Training der eigenen Lernfähigkeiten und auf die Einübung in erfolgreiche Kooperation. Die Reflexion des eigenen Lernverhaltens wird zu einem wichtigen Lernziel neben inhaltlichen und methodischen Lernzielen. Für offenen Unterricht kommen deshalb nur Lernsituationen in Frage, welche die Schüler bei entsprechender Materialvorgabe auch selbsttätig bewältigen können.

5. *Durch praktische Erprobung ermittelte Voraussetzungen für die Verwirklichung des offenen Unterrichts*

- *Die für den offenen Unterricht nötigen Verhaltensweisen und Arbeitstechniken müssen im Rahmen eher direktiven Unterrichts eingeübt werden,* andernfalls gerät er für Schüler und Lehrer zur frustrierenden Überforderung.
  Zu üben ist z. B. Material beschaffen, Informationen auswerten, Arbeitsstrategien festlegen, Konflikte ökonomisch und konstruktiv zugleich bearbeiten, Ergebnisse übersichtlich gestalten u. v. a. m.
- Erfolgsversprechend ist ein *fließender Übergang vom eher direktiven Unterricht zum offenen Unterricht* mit ansteigenden Anforderungen, z. B.
  - Elemente des offenen Unterrichts unter Anleitung des Lehrers im Rahmen einer direktiven Gesamtplanung,
  - Elemente offenen Unterrichts in Eigenverantwortung der Schüler, aber vom Lehrer kontrolliert,
  - Elemente offenen Unterrichts in Eigenverantwortung der Schüler und von den Schülern auch selbst (mit und ohne Anleitung des Lehrers) reflektiert,
  - *Einübung der Schüler in Entscheidungskompetenz* durch schrittweise erweiterten Vollzug folgender Aktivitäten:
    Informationen aufmerksam aufnehmen und verarbeiten (ordnen, gliedern, zusammenfassen),
    Anhörungsrecht ausüben (Äußerung anmelden, Äußerung „griffig" aufbereiten . . .),
    Mitspracherecht verwirklichen (in Strategien erfolgversprechender Auseinandersetzung und Verhandlung einüben . . .),
    Einspruchsrecht üben (Standpunkte exakt abklären, eigene Kompetenz nicht überschreiten . . .),
    Mitentscheidung durchsetzen (geschickt argumentieren, in Kooperation und Kompromißfindung einüben, eigene Standpunkte vertreten lernen, ohne andere Standpunkte zu mißachten . . .),
    Alleinentscheidung vollziehen als Summe aller vorher erworbenen Fähigkeiten.
  - Gestaltung einer Unterrichtsstunde nach den Prinzipien des offenen Unterrichts durch den Lehrer,
  - Kooperative Gestaltung einer Unterrichtsstunde nach den Prinzipien des offenen Unterrichts durch Lehrer und Schüler,
  - Ausweitung des offenen Unterrichts auf Doppelstunden, die Erarbeitung von Wochenplänen usw.

- *Sehr unruhige, disziplinlose, leicht zerstreute Klassen zuerst „disziplinieren"*, d. h. durch verstärkten Einbezug gruppendynamischer Lernziele in den Unterricht zu selbstverantwortetem Arbeits- und Sozialverhalten führen.
- *Stundenplantechnische Voraussetzungen* für die zeitintensiven Arbeitsphasen des offenen Unterrichts durch Einplanung von Doppelstunden schaffen.
- *Notwendige räumliche Veränderungen:*
  - gruppen- und diskussionsorientierte Sitzordnung,
  - Arbeitsecken bzw. -tische mit frei zugänglichem Material, z. B. Lesebereich, Experimentierbereich). Gestaltung der Klassenzimmer als Lebens-, Lern- und Arbeitsraum,
  - „Wände" für die Arbeitsergebnisse.
- Offener Unterricht wird erheblich erleichtert durch *kooperative Unterrichtsplanung* mit Kollegen und durch Formen des Teamteaching. Mindestens aber ist wegen der sichtbaren Veränderungen im Klassenzimmer um Verständnis bei den Kollegen zu werben.
- Gelegentlich ist mit *besorgten Eltern* zu rechnen, die – ganz dem traditionellen Lernbegriff und ihren eigenen Unterrichtserfahrungen verhaftet – danach fragen, wann denn da etwas gelernt werde.
- *Der Lehrer muß dazu bereit sein, sich von überkommenen Vorstellungen der Lehrer-Schüler-Interaktion zu lösen,* die durch Alibis wie Stoffmenge, Stundenplanmängel, Disziplinierbarkeit der Klassen beharrlich aufrecht erhalten werden. Seine Aufgaben sind im offenen Unterricht v. a.
  - Material und Medien in geeigneten Lernsituationen bereitzustellen,
  - Hilfestellung in „verfahrenen" Situationen zu geben,
  - als Beobachter und Berater zur Verfügung zu stehen,
  - in schwierigen Lernphasen zu ermutigen . . .

  Offener Unterricht verlangt zweifellos vom Lehrer umfassende Kompetenz im behandelten Sachgebiet, höhere Flexibilität im Eingehen auf Lernwege der Schüler und einen im Vergleich zum direktiven Unterricht höheren Vorbereitungsaufwand.
- Mit Geduld ist einer in unseren eigenen Praxisversuchen immer wieder erlebten *Ablehnung des offenen Unterrichts durch die Schüler höherer Schülerjahrgänge* zu begegnen. Ihre Gründe:
  - Aufgrund ihrer gesamten bisherigen und mittlerweile auch gewohnten schulischen Sozialisation trauen sie den „demokratischen" Angeboten nicht.

- Manche Schüler befürchten schlicht, im offenen Unterricht größere Anstrengungen auf sich nehmen zu müssen.
- Relativ viele Schüler reagierten mit der besorgten Frage, ob denn das im offenen Unterricht Erarbeitete auch prüfungsrelevantes Wissen sei.

3.5.5.3 Überblick über Unterrichtskonzepte auf dem Weg zum offenen Unterricht

Die nachfolgend dargestellten Unterrichtskonzepte verfügen zum Teil über eine beachtliche Tradition in der Geschichte der Schulpädagogik. Jedes Unterrichtskonzept war zum Zeitpunkt seiner Entstehung eine Antwort auf eine allzu direktive Unterrichtspraxis. Von Bedeutung für unsere heutige Unterrichtspraxis sind sie alle, da sie *Akzentsetzungen je nach den Erfordernissen der unterrichtlichen Gesamtsituation darstellen.* Mit ihrer jeweiligen Akzentsetzung weisen sie sich auch als Elemente des offenen Unterrichts aus, da sie neben ihrer – allen Konzepten gemeinsamen – Orientierung am Vorgang des „natürlichen" Lernens sowie an den Bedürfnissen und speziellen Lernbedingungen der Schüler wahlweise auch einer Öffnung des Unterrichts in bezug auf Ziele/Inhalte, Methoden, Medien, die Eigenart der Interaktionen und die Organisation Vorschub leisten.

1. *Der entdeckende Unterricht, auch forschendes Lernen oder genetisches Verfahren*

(Vgl. z. B. Bruner 1973 und 1974; Klewitz/Mitzkat 1977; Neber 1981; Wilde 1984; Berg 1985)

- *Ziel:* Der Schüler soll einen Sachzusammenhang selbständig bzw. mit Hilfe geringfügiger Anleitung durch den Lehrer und gegebenenfalls in Kooperation mit anderen erschließen können. Die Lernhilfen des Lehrers sind hier wie in anderen schülerorientierten Unterrichtskonzepten immer als Anregung zur Selbstbewältigung durch den Schüler zu verstehen.
  Je nach Ausmaß der Lehreranleitung wird *unterschieden* zwischen
  - selbstentdeckendem Unterricht und
  - gelenkt entdeckendem Unterricht.
- *Voraussetzungen bei den Schülern:*
  - Intrinsische (an der Sache orientierte) Motivation, die Neugier und Forscherhaltung bedeutet.
  - Bereitschaft und Fähigkeit zu produktiven und kreativen Lernleistungen,

- Bereitschaft und Fähigkeit zu eigengesteuerten Such- und Auswahlverfahren als Bedingungen der Selbsttätigkeit.
- Voraussetzung und gleichzeitig Ziel sind die für entdeckende Verfahren nötigen Denk- und Arbeitsmethoden.

- *Voraussetzungen beim Lehrer und im Umfeld:*
  - Problem- und materialreiches Umfeld, z. B. Experimentiertische zur freien Beschäftigung . . .
  - Der Lehrer als Vorbild (Forscherhaltung)!
  - Auswahl von Unterrichtsmethoden, die entdeckendes Lernen zulassen.
  - Arbeit an Lernprozeß und Lernstil der Schüler, da sie diese Art des Lernens meistens nicht gewohnt sind.
  - Den Schülern Zeit lassen in entdeckenden Unterrichtsphasen! Umwege und Irrtümer zulassen! Erst nach und nach ökonomische Verfahren des entdeckenden Lernens mit den Schülern einüben!
- Zum Verlauf des entdeckenden Lernens vgl. den allgemeinen Verlauf der Problembearbeitung unter 2. (Problemlösender Unterricht)!

2. *Problemlösender Unterricht*

(Vgl. z. B. Becher/Scheibner 1983; Ingenkamp 1979; Lange 1986; Wilde 1984)

- *Ziel:* Der Schüler soll zu selbständigem Denken und Handeln im Umgang mit Alltagsproblemen geführt werden. Von einem Problem ist hier die Rede, wenn eine Situation eine Aufgabe enthält, die durch Routinehandeln nicht gelöst werden kann. Zu *unterscheiden* ist der problemlösende Unterricht vom
  - Problemunterricht,
  - problemorientierten Unterricht und vom
  - problembehandelnden Unterricht, bei denen die Problembegegnung im Vordergrund steht und nicht die Problemlösung.
- *Allgemeiner Verlauf der Problembearbeitung:*
  - Auffinden bzw. Präsentation des Problems,
  - Erkennen des Problems,
  - Exakte Beschreibung bzw. Definition des Problems,
  - Entschluß zur Bearbeitung des Problems (u. a. abhängig von Kenntnissen und Fähigkeiten),
  - Phase der eigentlichen Problemlösung,
  - Sicherung und Veröffentlichung der Ergebnisse,
  - Prüfung der Gültigkeit, Brauchbarkeit, Anwendbarkeit der gefundenen Problemlösung.

3. *Schülerorientierter Unterricht*

(Vgl. z. B. Bohnsack 1984; Einsiedler/Härle 1976; Fuhr 1979, Hanke 1987; Wagner 1977)

- *Ziel:* Im schülerorientierten Unterricht werden die unterrichtlichen Entscheidungen in erster Linie am Lernenden ausgerichtet, also an seiner Erfahrungswelt, seiner Ausgangslage, seinen Bedürfnissen, Interessen und Erwartungen. Der Schüler soll aus der Rolle des bloßen Adressaten eines Informationstransports herausgelöst und statt dessen zu selbständiger Informationsbeschaffung und -verarbeitung angeleitet werden. Schülerorientierter Unterricht ereignet sich, wenn im Sinne W. Klafkis der Akt des doppelseitigen Erschließens eines Bildungsinhalts gelingt, d. h., wenn der Bildungsinhalt durch die didaktische Ermittlung seines Bildungs*gehalts* für den Schüler interessant und gleichzeitig zugänglich wird.
  Zu *unterscheiden* ist zwischen
  - Schülerorientierung als Unterrichtsprinzip im Sinne von Angemessenheit, Passung
  - und Schülerorientierung als Unterrichtskonzept, das hier zur Debatte steht.
- *Kennzeichen des schülerorientierten Unterrichts:*
  - Der schülerorientierte Unterricht knüpft vor allem an aktuelle Probleme der Schüler an; Konsequenz: Problemorientierte Themenformulierung!
  - Einbezug der Schüler bei der inhaltlichen und methodischen Planung im Sinne altersangemessener Mitsprache
  - Selbsttätigkeit
  - Arbeit am eigenen Lernverhalten (Lerntyp, Lernwege, Lernstil ...)
  - Arbeit an der Gruppendynamik der Schulklasse durch Metakommunikation, Feedback, konstruktive Konfliktregelung ...
  - Förderung von Kooperation und symmetrischer Kommunikation
  - Starke Tendenz zur Differenzierung und Individualisierung des Unterrichts
  - Priorität unmittelbarer Umweltbegegnung
  - Nutzung pädagogischer Freiräume.

4. *Erfahrungsbezogener Unterricht*

(Vgl. z. B. Garlichs/Groddeck 1978; Gmelch 1987; Jank 1986, Scheller 1980 und 1981)

- *Ziel:* Der erfahrungsbezogene Unterricht setzt schwerpunktmäßig bei der Erfahrungswelt der Schüler und Lehrer an, die thematisiert und erweitert wird.

- *Besonderheiten des Unterrichtsverlaufs:*
  Gefühle, Stimmungen und körperliche Befunde werden ausdrücklich in den Unterricht einbezogen. Insofern versteht sich der erfahrungsbezogene Unterricht als ganzheitliches Unterrichtskonzept im Gegensatz zur einseitigen Verkopfung des Unterrichts.

5. *Kommunikativer Unterricht*

(Vgl. z. B. Biermann 1985; Schäfer/Schaller 1971; Schaller 1987)

Der kommunikative Unterricht knüpft an Kommunikations- und Interaktionstheorien an. Er sieht den Schüler als Subjekt in herrschaftsfreier Kommunikation.
Vgl. näherhin das *kommunikationstheoretische Strukturmodell der Didaktik unter 3.4.5*

6. *Projektorientierter Unterricht*

(Vgl. z. B. Bastian/Gudjons 1986; Duncker/Götz 1984; Frey 1980; Geisler u. a. 1976; Hänsel 1986; Münzinger 1977; Struck 1980; Tymister 1975)

Ansätze des projektorientierten Unterrichts finden wir in der Reformpädagogik, vor allem bei Dewey und Kilpatrick, bei der Arbeitsschule G. Kerschensteiners und bei der Freinet-Pädagogik.
Zur Organisation und zum Verlauf des projektorientierten Unterrichts vgl. 4.3.4!

7. *Handlungsorientierter Unterricht*

(Vgl. z. B. Bastian 1980; Becker 1984; Behnken 1989; Blohm 1980; Brenner 1981; Fauer u. a. 1983; Frey 1980; Gudjons 1986, 1987; Habermas 1981, 1984; Heller 1983; Meyer 1980, 1987; Müller-Bardorff 1986; Puchta/Schratz 1984; Röbe 1986; Rohr 1980; Söltenfuß 1983; Steinert 1977; Volk 1979; Witzenbacher 1985)

Im Reigen aspekthafter Wiederbelebung seit jeher bewährter Unterrichtskonzepte und -prinzipien hat zu Beginn der 90er Jahre der handlungsorientierte Unterricht einen Spitzenplatz eingenommen. Durch geradezu inflationäre Vereinnahmung des Begriffs Handlung in der Literaturwissenschaft, der Linguistik und in den Sozialwissenschaften droht auch dem handlungsorientierten Unterricht das Schicksal einer Modeerscheinung: spektakulär aufgeputzt und kurzlebig. So genügt es z. B. nicht mehr, von Konsequenzen zu reden, es müssen schon Handlungskonsequenzen sein; und anstelle von Unterrichtsformen und Aktionsformen bestimmen Handlungssituationen und Handlungsmuster bzw. Handlungselemente die Szene in der Lehrerausbildung.

Angesichts des wichtigen Anliegens des handlungsorientierten Unterrichts ist klarzustellen, ob für seine unterrichtspraktische Beschreibung die umsichtige und aktualisierte Interpretation pädagogischer Klassiker etwa zum Unterrichtsprinzip Selbsttätigkeit ausreicht oder ob er nicht – wenigstens teilweise – eine originäre Antwort auf neue Anforderungen der Wirklichkeitsbewältigung darstellt.

a) *Warum überhaupt die dringende Forderung nach handlungsorientiertem Unterricht?*

Die Begründung ist aus der Analyse der tatsächlichen Lebenswirklichkeit und ihren Anforderungen an die notwendige Ausstattung des Menschen mit Wissen, Fähigkeiten, Verhaltensmustern und Haltungen zu ihrer erfolgreichen Bewältigung zu gewinnen. Eine solche Analyse legt als Grundausstattung des Menschen z. B. nahe:

- Kommunikationsformen, die bei aller Erfolgsorientierung auf Verständigung bauen;
- ausgefeilte Formen der Kooperation, ohne die die komplexen und durch Spezialwissen als ganze undurchschaubaren Aufgaben der Lebenswirklichkeit nicht mehr bewältigt werden können;
- hochspezialisierte Fähigkeiten für den Umgang mit technischen Informationssystemen, durch die allein noch die anwachsende Informationsmenge erfaßt und koordiniert werden kann;
- Bereitschaft und Fähigkeit zu verantwortlichem Handeln, das die Handlungsfolgen vorwegdenkend gestaltet u. a. m.

Offensichtlich ist die Schulwirklichkeit mit ihren nach wie vor überwiegend auf Rezeption und Reaktion angelegten Vermittlungs- und Kommunikationsformen diesen Anforderungen nur teilweise gewachsen, wie uns zumindest die einschlägigen Klagen aus den außerschulischen Lebenswelten unüberhörbar versichern.

Handlungsorientierter Unterricht wird also aufgeboten

- gegen den stofforientierten Ansatz in der Didaktik, der Wissen und Fähigkeiten ohne Anbindung an die außerschulische Wirklichkeit vermittelt,
- und gegen den lernzielorientierten Ansatz, der zum einen mit den meisten seiner curricularen Lehrplanentwürfe eben nicht von der Analyse der vorgefundenen Lebenswirklichkeit ausging, sondern sich in Etikettenschwindel durch die Überarbeitung vorhandener Lehrpläne erging, zum anderen durch überzogene Lernzielzertrümmerung bis in kleinste

Verhaltensvorschriften die auf Überblick und Ganzheitlichkeit ausgerichtete Handlungsfähigkeit sabotierte.
Es muß als tragikomisches Ereignis der jüngsten Geschichte der Didaktik bezeichnet werden, daß die auf grundlegendem Mißverständnis oder gar Unverständnis der curricularen Lernzieltheorie beruhende Praxis des lernzielorientierten Unterrichts das Gegenteil der ursprünglichen Idee produzierte, die ja gerade Qualifikation für den erfolgreichen Umgang mit Welt forderte, also Handlungsfähigkeit.

b) *Was ist Handlung?* (notwendiger, weil grundlegender Exkurs)

Nach Danto (1977) bedeutet handeln „*verursachen,* daß etwas geschieht", im Unterschied etwa zu bloßem Tun oder zu Vorgängen wie Niesen oder Gähnen, Einschlafen oder Stolpern.
Ähnlich definiert Wright (1977): „Handeln heißt, *intentional* eine Veränderung in der Welt bewirken oder verhindern."
Mit Blick auf pädagogische Situationen formuliert Aebli (1983): „Handlungen sind zielgerichtete, in ihrem inneren Aufbau verstandene (und damit verantwortete/Köck) Vollzüge, die ein faßbares Ergebnis erzeugen."
In einer Handlung sind also Wahrnehmen, Denken, Tätigsein und Verantworten in einem allseitigen Wechselwirkungsprozeß miteinander verschränkt.
Nach Habermas (1981) dient handeln allgemein „der *Bewältigung von Situationen*"; ausgehend von
① der Deutung einer vorgefundenen Situation
② vor dem Hintergrund der eigenen Lebenswelt (die den sichernden, vorinterpretierten Rahmen für den Zusammenhang der objektiven, sozialen und subjektiven Welt abgibt)
③ wird ein Handlungsplan entworfen und ausgeführt,
④ um ein definiertes Ziel zu erreichen.

Zielgerichtetheit bzw. Zwecktätigkeit ist jedem Handeln eigen; der Handelnde erreicht seinen Zweck durch die Auswahl erfolgversprechender Mittel. Für ausschließlich erfolgsorientiertes Handeln in nicht-sozialen Handlungssituationen reicht auch die Befolgung technischer Handlungsregeln aus (z. B. zur Reparatur eines Automotors). In sozialen Handlungssituationen entscheidet aber über die Qualität des Handelns die Art, auf welche die Einzelhandlungen der Beteiligten koordiniert werden:

- Wenn in sozialen Handlungssituationen ein Handeln am Erfolg orientiert wird, ergibt sich *strategisches Handeln,* in dem Einfluß auf die Entscheidung des Gegenspielers ausgeübt werden soll; was zählt, ist die eigene Deutung der Situation und das daraus abgeleitete Handlungsziel, nicht die Art des Umgangs miteinander.

- *Kommunikatives Handeln* liegt dagegen vor, wenn ein *kooperativer Deutungsprozeß* vorgenommen wird. *Die Handlung wird an der Verständigung orientiert,* d. h., wechselseitige Geltungsansprüche werden intersubjektiv anerkannt, die Handlungspläne der Beteiligten werden durch verständigungsorientierte Benutzung der Sprache koordiniert (im Gegensatz zur wechselseitigen Beeinflussung beim strategischen Handeln).

  Für das Gelingen kommunikativen Handelns müssen allerdings einige *Voraussetzungen* erfüllt sein:

  ① Der Sprecher beansprucht *Wahrheit* für Aussagen oder Existenzbehauptungen,

  ② *Richtigkeit* für legitim geregelte Handlungen und deren normativen Kontext

  ③ und *Wahrhaftigkeit* für die Kundgabe subjektiver Erlebnisse.“ (Habermas 1984, S. 589)

  Konsequenterweise darf „in Zusammenhängen kommunikativen Handelns als zurechnungsfähig nur gelten, wer als Angehöriger einer Kommunikationsgemeinschaft sein Handeln an intersubjektiv anerkannten Geltungsansprüchen orientieren kann“ (Habermas 1981, S. 34).

  Für das Verständnis des handlungsorientierten Unterrichts ist es ausschlaggebend, ob er an einer derart anspruchsvollen Definition von Handlung gemessen wird oder ob er sich durch Unschärfen in der Begriffsbestimmung in der Beliebigkeit subjektiver Interpretationen verbröselt.

c) *Der handlungsorientierte Unterricht und seine Väter*

Das heutige Verständnis des handlungsorientierten Unterrichts ausschließlich auf historische Vorbilder (z. B. das Prinzip der Selbsttätigkeit, alternative Schulkonzepte, Projektunterricht) zu stützen, greift zu kurz.

Wenn der handlungsorientierte Unterricht mehr sein will als bloß tätigkeitsorientierter Unterricht, wenn er gar ein zeitgemäßes Unterrichtskonzept darstellen will, müssen wir ihn auch von den neueren handlungstheoretischen Ansätzen her begründen und dann auf seine Realisierbarkeit hin prüfen.

- Die in verschiedenen Wissenschaften beheimateten *Handlungstheorien* versuchen über das menschliche Handeln in bestimmten Handlungssituationen aufzuklären.

  So interessiert z. B. im Rahmen der *Wirtschaftswissenschaften* das

menschliche Handeln im Zusammenhang des Gestaltens und Produzierens von Gütern.
Wenn von *Didaktik als Handlungstheorie* die Rede ist, sind die Handlungsanleitungen für den Lehrer gemeint, seinen Unterricht „theoriegeleitet zu planen, kontrollierend zu realisieren und analysierend zu reflektieren" (Adl-Amini in Lenzen 1986, Bd. 1, S. 37). *Soziologische Handlungstheorien* sind an der Klärung sozialen Handelns interessiert, und zwar sowohl seiner Merkmale als auch der verschiedenen „Mechanismen der Handlungskoordinierung" über Einflußnahme oder Einverständnis, wodurch eine „regelhafte und stabile Vernetzung von Interaktionen ermöglicht" wird. (Habermas 1984, S. 571/572). Ziel ist „eine intersubjektiv geteilte soziale Ordnung".

- *Die Kritische Theorie der Frankfurter Schule* verweist darauf, daß Handlungsorientierung im Unterricht mit der gesellschaftlichen Realität korrespondieren muß; ohne für die Schüler erfahrbare außerschulische Bezugspunkte bleibt Handlungsorientierung wirkungslos bzw. von vorneherein bloße Tätigkeit oder umtriebige Geschäftigkeit. Außerdem ist das Handeln selbst im Kontext seiner gesellschaftlichen Bedingtheit und von Interessen geleitet kritisch zu reflektieren. Die von Habermas entfaltete *Theorie des kommunikativen Handelns* (s. S. 164) brachte eine Dimension in die Betrachtung menschlichen Handelns ein, die längst – leider nicht immer sorgfältig rezipiert und oft mit Mißverständnissen befrachtet – in die schulpädagogische und didaktische Fachliteratur und Praxis durchsickerte.
- Von der *Humanistischen Psychologie* wird durch empirische Untermauerung seit alters bekannter Zusammenhänge die Erkenntnis in die Diskussion eingebracht, daß nur bedeutungsvolles, ganzheitliches und selbstverantwortetes Lernen auf die Dauer nachhaltige Wirkung auf den Lernenden ausübe.
- Die *Kommunikationstheorie,* der *Symbolische Interaktionismus* mit seiner Rollentheorie und die *Lernzieltheorie* sind an dieser Stelle wenigstens zu erwähnen. Sie leisten zur Erklärung des menschlichen Handelns gerade in der Lebenswelt Schule beachtliche Beiträge, die im Zusammenhang mit den nachfolgenden Praxisanleitungen verdeutlicht werden sollen.

d. *Was ist handlungsorientierter Unterricht?*
Entscheidend für den handlungsorientierten Unterricht ist nicht der Besitz von Wissen und Können, sondern *wie die Schüler ihr Wissen und Können erwerben und verwenden.*
Im handlungsorientierten Unterricht lernt der Schüler, (in alters- und entwicklungsgemäßer Weise) Aufgaben und Situationen der für ihn erfahrbaren und bedeutungsvollen Wirklichkeit selbsttätig zu erkennen, zu deuten und zielorientiert zu bewältigen sowie für seine Handlungsergebnisse die Verantwortung zu übernehmen. In sozialen Handlungssituationen lernt er darüber hinaus seine Handlungspläne mit denen der anderen Beteiligten über Vorgänge der Verständigung zu koordinieren. Im handlungsorientierten Unterricht wird der Schüler als selbständig handelndes Subjekt ernst genommen.
Ziel des handlungsorientierten Unterrichts ist Lebenstüchtigkeit im Sinne ergebnis- und verständigungsorientierten sowie verantwortlichen Handelns in und an der Wirklichkeit.

e. *Das Praxiskonzept des handlungsorientierten Unterrichts steht und fällt mit der Einhaltung folgender Grundsätze:*

- Handlungsorientierter Unterricht ist ein *Unterrichtskonzept,* nicht bloß Unterrichtsprinzip.
- *Durch Selbsttätigkeit zur Selbständigkeit* (vgl. auch 4.7.2/6). Handlungskompetenz wird nur durch Handeln erworben, nicht durch Reden über Handeln und schon gar nicht durch Erzählungen über Handeln. Das uralte Unterrichtsprinzip Selbsttätigkeit bzw. des learning by doing (von Dewey bis Bruner) lehrt uns, daß nur einsichtiges, selbst eingeleitetes und selbstverantwortetes Lernen an für den Schüler bedeutungsvollen Aufgaben nachhaltige Wirkung für den Lernenden besitzt. Allerdings birgt die Selbsttätigkeit der Schüler auch das Merkmal der Unsicherheit in sich, die dem Unterricht einen anderen als den vom Lehrer geplanten Verlauf geben kann. Aber auch für den Handelnden selbst gilt: Je mehr er selbst denkt und verantwortlich handelt, um so riskanter lebt er, da seine Handlungsergebnisse grundsätzlich der Kritik ausgesetzt sind.
- *Verantwortetes Handeln erfordert die Freiheit der Planung und Mitgestaltung des Unterrichts durch die Schüler.*
  Die Merkmale Verantwortung, freie Selbsttätigkeit und Mitgestaltung weisen den handlungsorientierten Unterricht als eine *Spielart des offenen Unterrichts* aus (vgl. 3.5.5). Handlungsorientierung nimmt in dem

Ausmaß zu, als der Lehrer das Handeln und die Verantwortung dafür den Schülern überläßt; umgekehrt nimmt sie mit dem Ausmaß seines Eingreifens ab und wandelt sich in Tun, Nachvollzug, Wegnahme von Verantwortung, eben in lehrerzentrierten Unterricht.

- *Handlungsorientierter Unterricht begünstigt ganzheitliches Lernen* (wahrnehmen, denken, fühlen, handeln als dialektische Einheit) *in realen Handlungszusammenhängen.* Damit setzt er sich von einseitiger Verkopfung und bloßem „Maulbrauchen" (Pestalozzi) als unnatürlicher weil beschnittener Lernformen ab. Gleichzeitig wendet er sich *gegen die Wirklichkeitsentfremdung* (Kritische Theorie), indem er die unmittelbare Auseinandersetzung mit der Wirklichkeit an die Stelle der Wirklichkeit aus zweiter Hand setzt. *Handlungsorientierter Unterricht gelingt nur dort, wo der Lerninhalt zur Sache des Schülers wird.*
- *Handlungsorientierter Unterricht zielt auf sinnvolle, einsichtige und selbstverantwortete Handlungsergebnisse,* wozu aufgrund des ganzheitlichen Verständnisses von Lernen ausdrücklich *auch Vollzug und Ergebnis künstlerischen Gestaltens* (vgl. z.B. produktionsorientierten Deutschunterricht), *sozialen Handelns und verantworteter Kommunikation* zählen. Zum Handeln *an* einer Sache kommt das Handeln *miteinander* und das Handeln *füreinander* als Programm, nicht bloß nebenbei wie schon immer.
- *Handlungsorientierter Unterricht ist zielorientierter Unterricht,* der das Handeln an dem allgemeinen Verlaufsmuster Wahrnehmung der Situation, Zielorientierung, Bereitstellung der Mittel ausrichtet. Dabei sind aufeinanderfolgende eindeutige und sinnvolle Handlungseinheiten als Grobentwurf vorauszuplanen (vgl. Lernzieltheorie!).
- *Handlungsorientierter Unterricht nimmt Anleihen für die Unterrichtsstrategie von den Handlungstheorien,* die menschliches Lernen vor allem unter folgenden Gesichtspunkten untersuchen:
  ① Ziel des Handelns (individueller oder kollektiver Art)
  ② Bedingungen, unter denen sich das Handeln vollzieht, z. B. die zur Verfügung stehenden Mittel und Informationen, die Widerstände . . .
  ③ Die Bewertung von angestrebten Zielen und von aufzuwendenden Mitteln und ihre vergleichende Gegenüberstellung (Arbeits- bzw. Lernökonomie).

Daß derartige Strategien nicht nur allgemein ergebnisorientiert, sondern sogar existenzsichernd durchgeführt werden können, wird uns seit langem in den Managementetagen der Wirtschaft vorexerziert, wo durch sog. Szenarios mögliche Entwicklungen der Wirklichkeit durchgespielt und entscheidungsreif vorbereitet werden. Die Parallele zum Zweck des Unterrichts liegt auf der Hand.

- *Handlungsorientierter Unterricht in sozialen Situationen versteht sich als Übungsfeld für die Schüler,* in dem sie die Verlaufsformen und Folgewirkungen der verschiedenen Typen des Handelns (ergebnisorientiertes Handeln, strategisches Handeln, kommunikatives Handeln) erfahren können und eine verständigungsorientierte Koordinierung ihrer Handlungspläne einüben können.
- Handlungsorientierter Unterricht ist am leichtesten in unterrichtlichen *Situationen* zu verwirklichen, *die das Handeln zwingend herausfordern,* z. B.
  Werkstatt,
  Exkursion,
  Labor,
  Schulspiel und Theater,
  Projekte,
  Ausstellung,
  Spiel usw.
  Wir erinnern uns: Die Tatsache, daß ein Schüler zuhört oder den Bleistift zur Hand nimmt, ist noch keine Handlung!

f. *Für den unterrichtlichen „Normalbetrieb" einige Tips zum Einstieg in den handlungsorientierten Unterricht:*

- Nicht alle lehrplanmäßig vorgeschriebenen Lerninhalte eignen sich für eine Vermittlung über den handlungsorientierten Unterricht (vgl. die Prinzipien unter e).
- Der inflationären Verbröselung der Handlungsorientierung im Unterricht kann begegnet werden, indem Tätigkeiten mit den Begriffen belegt werden, die sie exakt treffen, also z. B. Nachvollzug, Mitdenken, Zuhören, Problemlösen, Erleben, Handeln nach Vorschrift usw.
- Mit überschaubaren handlungsorientierten Elementen innerhalb einer Unterrichtsstunde beginnen! Bei dieser Gelegenheit können für das Handeln nötige Fähigkeiten nach und nach eingeübt werden, z. B. Erfassen einer Problemsituation, präzise Beschreibung eines Problems, aufmerksames Registrieren abweichender Meinungen, Formulierung des Handlungszieles bzw. des angestrebten Handlungsergebnisses, Entwurf und Erprobung eines Handlungsplanes, Formulierung und Präsentation eines Handlungsergebnisses, Einübung in verständigungsorientiertes Aushandeln gemeinsamer Handlungspläne, kritische Reflexion des Handlungsverlaufs.

- Die Schüler „fordern statt verwöhnen“ (v. Cube 1988). Handlungsorientierter Unterricht ist anspruchsvoll, anstrengend und zeitaufwendig.
- Natürliche Aktivitäten der Schüler unterstützen, wo immer dies möglich ist!
- Funktionslust erzeugen! Das Interesse an der Übernahme von Aufgaben ist eine wesentliche Voraussetzung für das Handeln.
- Neugiertrieb einsetzen und Forscherhaltung aufbauen, z. B. durch problemorientierte Stundenthemen.
- Faire Konkurrenz einüben!
- Handeln durch spielerische Elemente im Unterricht fördern!

Aber wohlgemerkt: Dies sind lediglich Vorbereitungen für einen handlungsorientierten Unterricht im Sinne kommunikativen Handelns.

g. *Für die Unterrichtsplanung und -durchführung ergeben sich im handlungsorientierten Unterricht folgende Schritte:*

1
- Forderungen des Lehrplans, organisatorische und mediale Gegebenheiten, Interessen des Lehrers
- Lernvoraussetzungen und Interessen der Schüler

2
Lernziel für eine bestimmte Schulklasse

Entscheidung über Elemente des Unterrichts, die

eher am Nach- und Mitvollzug orientiert sind	eher handlungsorientiert sind
→ Überwiegend vom Lehrer getragene Vorbereitung und Durchführung des Unterrichts	Formulierung möglicher Handlungsziele

Je nach Fähigkeit zur Mitentscheidung werden die Entscheidungen über Lernziele, Unterrichtskonzepte und Handlungsziele von den Schülern mitgetragen.

3
Orientierungs- und Erprobungsphase für die Erstbegegnung mit dem problematischen Sachverhalt bzw. mit der problematischen Situation.
Zweck: Erkennen, deuten und formulieren der Problemlage durch die Schüler; sichten der vorhandenen Kenntnisse und Fähigkeiten zur Bearbeitung des Problems

4
Lehrer und Schüler verständigen sich über das Handlungsprodukt und über erfolgversprechende Handlungspläne.

5
Ausführung der Handlungspläne, in der Regel arbeitsteilig in Kleingruppen; der Lehrer beschränkt sich auf die Funktion des gefragten Beraters.

6
Auswertungsphase: Kritische Reflexion des Handlungsverlaufs und des Handlungsprodukts; Erprobung weiterer Anwendungsmöglichkeiten; Vorschläge für Übungslernen; Präsentation des Handlungsprodukts (für die anderen Gruppen, andere Klassen, außerschulische Adressaten, z. B. durch Wandbilder, Zeitung, Vorführung, Ausstellung, Spiele, Feiern . . .

4. Unterrichtsmethoden als Formen des Lehrens und Lernens und als Unterrichtsgegenstand

(Vgl. z. B. Aschersleben 1974, Bastian o. J., Gudjohns 1982, Guhl/Ott 1985, Kriss-Rettenbach/Liedke 1986, Meyer 1987, Terhart 1983)

4.1 Lernziel: Unterrichtsmethodische Handlungskompetenz

„Die unterrichtsmethodische Handungskompetenz von Lehrern und Schüern besteht in der Fähigkeit, in immer wieder neuen, nie genau vorhersehbaren Unterrichtssituationen zielorientiert, selbständig und unter Beachtung der institutionalisierten Rahmenbedingungen zu arbeiten, zu interagieren und sich zu verständigen." (Meyer 1987, S. 47). Für die ständige Überprüfung und Weiterentwicklung der unterrichtsmethodischen Handlungskompetenz des Lehrers ist die Erkenntnis bedeutsam, daß die Schüler die Ausgestaltung einer jeden Methode durch ihre Fähigkeiten, ihr Sicheinlassen oder ihr Sichverweigern entscheidend mittragen.
Von seiten des Lehrers wird die unterrichtsmethodische Handlungskompetenz zum Teil – und da meist unreflektiert – von unterrichtsmethodischem Theoriewissen bestimmt. Größeren Einfluß üben meistens Erfahrungswissen (als ehemaliger Schüler und jetzt als Lehrer), rezeptologische Handlungsanweisungen (für möglichst effektive Lehramtsprüfungen), nicht mehr hinterfragte fachmethodische Routinegeleise, persönliche Vorlieben und Abneigungen bestimmten Methoden gegenüber, die Einschätzung von Schülerfähigkeiten, das Grundverständnis von Unterricht und dergleichen mehr aus, ganz zu schweigen von vorgeordneten Einflüssen wie z. B.

weltanschauliche und politische Überzeugungen des Lehrers,
seine Persönlichkeitsstruktur,
seine physische und psychische Verfassung,
seine kommunikativen Fähigkeiten,
seine grundsätzliche Berufseinstellung,
institutionelle Rahmenbedingungen u. a. m.

Dabei beschreitet der *angehende* Lehrer nach Meyer einen Weg von der *Anfängerdidaktik* (akademisch theoriegeleitet) über die *Prüfungsdidaktik* (rezeptologisch-erfolgsorientierter) zur *Profididaktik* (auf Alltagserfahrung gestütztes Routinehandeln).
Die unterrichtsmethodische Handlungskompetenz von Lehrern und Schülern kann also wegen ihrer Wechselwirkung und aufgrund ihrer aufgezeig-

ten Abhängigkeiten nicht als Anwendungswissen im Sinne eines verläßlichen Ursache-Wirkungs-Verhältnisses aufgebaut werden. Vielmehr ist das unterichtsmethodische Theoriewissen ständig neu der Bewährung in konkreten Lernsituationen und im Wechselspiel aller am Lernprozeß Beteiligten ausgesetzt.

Beispiel

Die empirisch durchaus gesicherte Aussage „Kleingruppenarbeit bringt qualitativ höherwertige Ergebnisse als der Frontalunterricht" kann in dieser Form nur aufrecht erhalten werden, wenn bei ihrer Erprobung in der Unterrichtspraxis bedacht wird, daß sie z. B. eine langwierige Einübung der Schüler in die Techniken der Kleingruppenarbeit und in die Reflexion der gruppendynamischen Ereignisse bei der Kleingruppenarbeit voraussetzt; andernfalls endet Kleingruppenarbeit allzuoft mit Enttäuschung bei Lehrern und Schülern und wird evtl. voreilig aus dem unterrichtsmethodischen Repertoire gestrichen.

Die Entwicklung der unterrichtsmethodischen Handlungskompetenz der Schüler wird um so mehr behindert – mit fatalen Rückwirkungen auf die methodischen Bemühungen des Lehrers –, je mehr der Lehrer aus nicht mehr überprüftem routiniertem Methodenrepertoire heraus und mit geheimnisumwitterter Unterrichtsplanung die Schüler steuert. Nur wachsende Einsicht der Schüler in die methodische „Trickkiste" des Lehrers und damit ihr Zuwachs an methodischer Kompetenz verhilft letztlich den unterrichtsmethodischen Anstrengungen des Lehrers zu optimalen Ergebnissen.

4.2 Anmerkungen zum Verständnis von Unterrichtsmethoden

Bedauerlicherweise konnte die Fachliteratur bis heute keine Übereinstimmung im Verständnis der Unterrichtsmethoden erzielen, ganz zu schweigen von allgemeinverbindlichen Bezeichnungen für die einzelnen Unterrichtsmethoden oder gar der Erarbeitung einer empirisch abgesicherten Theorie des Lehrens und Lernens.

Die folgenden Überlegungen orientieren sich deshalb an sachlogischen und pragmatischen Gesichtspunkten, um die Meinungsvielfalt der schulpädagogischen Diskussion zu einem *praktikablen Instrumentarium unterrichtlicher Arbeit* zu bündeln.

1. *Methode* bezeichnet allgemein das zielgerichtete und nach bestimmten Regeln erfolgende Vorgehen und Verfahren, z. B. in der Forschung bei Untersuchungen, bei der Herstellung von Gütern, im Unterricht.

2. Die *Unterrichtsmethodik* ist nach Klafki (1977, S. 31) als „Inbegriff der Organisations- und Vollzugsformen zielgerichteten Lehrens und Lernens" aufzufassen. Die diesem Verständnis verpflichteten *Unterrichtslehren* versuchen alle im Unterricht relevanten Methoden zu beschreiben und als Handlungsanweisungen fruchtbar zu machen. Da sie sich überwiegend auf *bewährtes Erfahrungswissen* stützen, haftet ihnen auch heutzutage immer noch die Tendenz zur Kompendienliteratur an.
Methodik bzw. Unterrichtsmethodik bezeichnet neben dem Verständnis als Lehre von den Methoden aber auch eine bestimmte Kombination von Einzelmethoden zu einer Arbeitsweise, die der Bewältigung eines Problems oder einer Situation angemessen ist.

3. „*Unterrichtsmethoden* sind die Formen und Verfahren, in und mit denen sich Lehrer und Schüler die sie umgebende natürliche und gesellschaftliche Wirklichkeit unter institutionellen Rahmenbedingungen aneignen" (Meyer 1987, Bd. 1, S. 45).
„Das *methodische Handeln* von Lehrer und Schülern besteht aus der zielgerichteten Arbeit, sozialen Interaktion und sinnstiftenden Verständigung" (S. 47).
Um dem methodischen Handlungsanspruch gerecht werden zu können, ist *unterrichtsmethodische Handlungskompetenz* erforderlich, deren Repertoire im Sinne eines kontinuierlichen Lernprozesses ständig erweitert und auch kritischer Überprüfung zugänglich gemacht werden muß.
Für die Klärung der *Methodenproblematik in Unterricht und Erziehung* scheint mir die folgende Diffenzierung nützlich zu sein, wie sie z. B. W. Schulz (in Lenzen 1985, Bd. 4, S. 53 f.) zusammenfaßt:

- Methode bezeichnet zunächst die *Vorstellung vom pädagogisch orientierten Handeln für eine förderliche Entwicklung der Heranwachsenden.* Sie ist zeitabhängig und wird verwirklicht in absichtlichen erzieherischen Maßnahmen, über ideologische Grundsatzentscheidungen, offizielle Lehrpläne und den sog. heimlichen Lehrplan, über Institutionen und deren spezielle Organisation.
  Methode in diesem Sinne ist *stark beeinflußt von den gesammelten Alltagserfahrungen in unterrichtlichen Situationen,* die der Lehrer als Schüler, Student, Referendar und aus seiner bisherigen Lehrerpraxis gewonnen hat. Die daraus abgeleiteten Erwartungen und Befürchtungen des Lehrers sind
  - stark emotional beladen und wenig reflektiert,
  - relativ überdauernd und verallgemeinernd und damit schwer veränderbar,

- wissenschaftlicher Theorie kaum zugänglich und meistens auch nicht von ihr hergeleitet,
- durch lang andauernde bzw. stark beeindruckende Erfahrungen zu Verhaltensmustern verfestigt, die Meinungen, Gefühle und Körpersprache umfassen.

- Methode meint ferner *Konzepte der Erziehung und des Unterrichts,* wie z. B. Erziehung und Unterricht im Sinne der Freinet-Pädagogik oder Projektunterricht.
- In der wohl geläufigsten Bedeutung bezeichnen Methoden *Einzelmaßnahmen zum möglichst effektiven Umgang mit Lerngegenständen und Lebenssituationen,* wie z. B. bestimmte Abfolgen des Lernprozesses oder Sozial- und Aktionsformen, aber auch das methodisch orientierte Gesamtkonzept einer Unterrichtsstunde.

Unterrichtsmethoden legen den Interaktionsrahmen von Schülern und Lehrern für ihr gemeinsames Handeln an Lerninhalten fest.

Dabei kommt der Lehrer aufgrund seines Vorsprungs an unterrichtsmethodischer Handlungskompetenz zunächst ein Steuerungsvorteil zu. Als jeweils angemessene Unterrichtsmethode wird ja in der Regel auch jenes Lehrverfahren bezeichnet, das in einer bestimmten Unterrichtssituation den höchstmöglichen Lerneffekt bei den Schülern verspricht. Für Comenius (1592–1670) z. B. ist dieser Effekt durch die richtige Kombination von „Zeit, Stoff und Methode“ zu erreichen (1960).

Da es aber auch ein erklärtes Ziel des Unterrichts ist, daß die Schüler auf ihrem Wege zu selbständiger Lebensgestaltung ihre unterrichtsmethodische Handlungskompetenz ständig erweitern, muß der Lehrer auf seinen Steuerungsvorteil in Wechselwirkung mit den möglichen Fähigkeiten der Schüler verzichten. *Unterrichtsmethoden sind nicht nur Mittel der Lernsteuerung, sondern selbst Unterrichtsgegenstand und damit geplantem Meta-Unterricht zugänglich zu machen.* So kann der Lehrer z. B. gelegentlich sein methodisches Handeln begründen, den Schülern einen Blick in seine methodische „Trickkiste“ gewähren, Methoden auf ihre Brauchbarkeit und ihre Grenzen prüfen lassen, individuellen Schwierigkeiten der Schüler mit bestimmten Methoden nachspüren lassen usw.

Ziel dieses Teils unterrichtlicher Arbeit, die auch unter dem Schlagwort „das Lernen lernen“ seit langem mit enttäuschend geringem Effekt gehandelt wird, ist *verantwortete methodische Handlungskompetenz*. Dieses Ziel wird durch die Einübung von Techniken allein nicht erreicht, sondern nur wenn es gelingt, Methoden kritisch in Dienst zu nehmen.

4. *Der sog. Implikationszusammenhang der Unterrichtsmethoden und daraus abgeleitete Auswahlkriterien für Unterrichtsmethoden*

Methodische Entscheidungen können bei der Unterrichtsplanung nicht isoliert getroffen werden. Die gewählte Unterrichtsmethode wirkt sich vielmehr unmittelbar über die bloße Transportfunktion hinaus auf die Qualität des Unterrichtsgegenstandes aus, wie umgekehrt z. B. Zielvorstellungen und Unterrichtsinhalte entscheidenden Einfluß auf die Auswahl der Unterrichtsmethoden nehmen.

Für den Praktiker wäre es nun von Vorteil, wenn sich gesetzmäßige Beziehungen zwischen den Zielen, Inhalten und Methoden des Unterrichts ermitteln ließen, die hieb- und stichfeste Unterrichtseffekte garantieren würden. Solchen Wechselbeziehungen versucht die gegenwärtige einschlägige Literatur vor allem mit den Bezeichnungen „Interdependenz der Planungselemente“ (z. B. Heimann), „Implikationszusammenhang“ (z. B. Blankertz) und „Ziel-Inhalt-Methoden-Relation“ auf die Spur zu kommen. Dabei scheint die übliche vereinfachende Frage „Welche Methode ist der Sache und dem dafür günstigen Lernvorgang angemessen?“ zu kurz zu greifen, wie aus dem folgenden Zusammenhang von bestimmenden Abhängigkeiten der Unterrichtsmethode ersichtlich ist.

Unterrichtsmethode
in allen ihren beschriebenen Erscheinungsformen ist bestimmt durch

① entwicklungspsychologische Erkenntnisse,

② lernpsychologische Erkenntnisse,

③ technisch-organisatorische Voraussetzungen wie Räume, Medien, Instrumente . . .

④ gesellschaftlich-politisches Umfeld, z. B. der einzelne als Untertan oder mündiger Bürger, funktionierend oder mitbestimmend,

⑤ die Pluralität der Meinungen und der Methoden der Informationsverarbeitung

⑥ durch die durch Massenmedien, Mobilität und Tempo veränderte Lernumwelt,

⑦ sachlogische Gesichtspunkte: Jede Sache trägt ihre Methode in sich; nur durch sie findet der Schüler angemessenen Zugang zur Sache;

⑧ Lernziele des Unterrichts,

⑨ den Lehrer mit seinem Berufsverständnis, seinen erkenntnis- und handlungsleitenden Interessen, seiner Lehrmotivation und eigenen Methodenkenntnis.

Erläuterungen zu ① und ②

Der entwicklungs- und lernpsychologische Ansatz fragt vor allem danach, welche Fähigkeiten die Schüler bereits besitzen und welche sie bei einer gegebenen Lerngelegenheit einüben könnten und sollten. So sind z. B. nach Untersuchungen von Flavell (1979) Kinder von acht bis zehn Jahren nicht in der Lage, ihre Verarbeitungsfähigkeiten im Hinblick auf die Schwierigkeit einer Lernaufgabe richtig einzuschätzen. Einen ersten Überblick über erfolgversprechende Lernstrategien kann man erst ab dem elften Lebensjahr erwarten, wobei allerdings immer noch eine starke Abhängigkeit von Akten der Veranschaulichung bleibt.
Oder: Die Aptitude-Treatment-Interaction (ATI: Untersuchung von Wechselwirkungen zwischen Unterrichtsmethoden und Schülermerkmalen) hat beispielsweise ergeben, daß ängstliche Schüler im lehrerzentrierten Unterricht zu besseren Ergebnissen kommen als im wenig strukturierten schülerzentrierten Unterricht. Die Konsequenz aus solcher Erkenntnis ist die langsame, schrittweise Einübung in den schülerzentrierten Unterricht, wenn sich bei einem Teil der Schüler keine Negativeffekte einstellen sollen.
Oder: Die Lernpsychologie empfiehlt dringend das einübende Verweilen bei Methoden und Lernbedingungen anstelle methodischer Hyperaktivität und permanenten bis hysterischen Methodenwechsels. Auch für den Methodeneinsatz gelten die pro- und retroaktiven Gedächtnishemmungen. Die hinlänglich bekannten Folgen eines allzu turbulenten Methodenwechsels sind Überforderung, Übermüdung, Abstumpfung . . ., oder der hektische Aktivitätswechsel der Schüler schlägt in „Gschaftlhuberei“ um, die des Tiefgangs entbehrt.
Angemessener Methodeneinsatz erfordert sensible Wahrnehmung des aktuell Notwendigen, da keine Klasse ist wie eine andere, nicht einmal zwei Schüler restlos vergleichbar sind.
Das letzte Beispiel erhellt auch die Problematik von Show-Stunden (bei Prüfungen, Hospitationen, Beurteilungen), in denen meistens ein Feuerwerk methodischer Brillanz abgebrannt wird, das kein Schüler länger als ein bis zwei Stunden verkraften kann.

5. *Dimensionen unterrichtsmethodischen Handelns*

Klassifikationen von Unterrichtsmethoden bieten durchaus praktikable Orientierungshilfen für die Zuordnung von Methodenkombinationen zu bestimmten Lehr-Lern-Situationen. Da sie überwiegend aus der praktischen Erfahrung abgeleitet sind und nur wenige wissenschaftlich abgesicherte Ergebnisse bezüglich der Effekte bestimmter Methodenkombinationen vorliegen, ist dem Praktiker zu empfehlen, Klassifikationen wie die folgende trotz ihrer einleuchtenden Zusammenhänge flexibel und kritisch vor dem Hintergrund der Unterrichtswirklichkeit zu benutzen.

Zuordnung der Dimensionen unterrichtsmethodischen Handelns

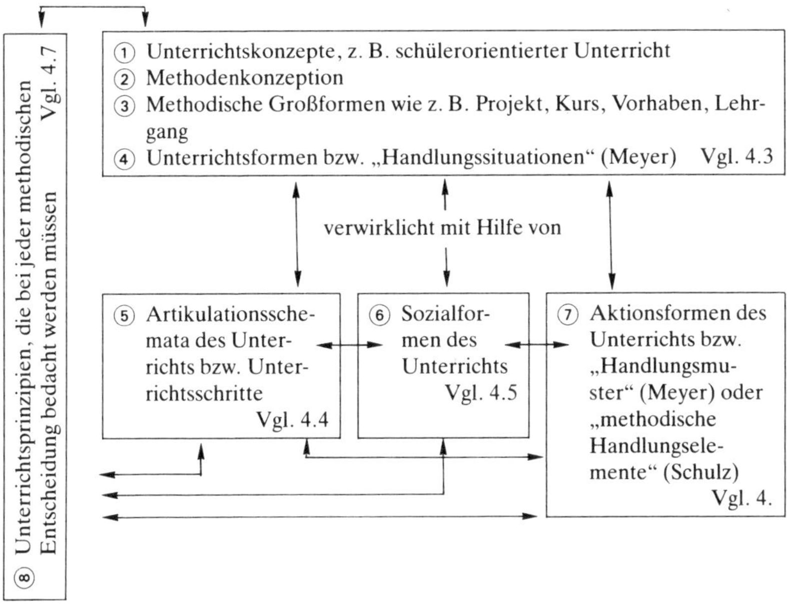

Beispiel

Der entwickelnde Unterricht im Sinne des Frage-Antwort-Unterrichts ④ wird sinnvollerweise vor allem in der Erarbeitungsphase der Unterrichtsstunde ⑤ mit Hilfe sach- und adressatenangemessener Fragetechnik des Lehrers ⑦ im Klassenunterricht (Frontalunterricht) ⑥ bei situationsabhängiger Berücksichtigung der Unterrichtsprinzipien ⑧ z. B. Anschaulichkeit, Selbsttätigkeit, Differenzierung . . . verwirklicht.

4.3 Unterrichtsformen

4.3.1 Definition und Abgrenzung der Unterrichtsformen

1. Unterrichtsformen bezeichnen die Art der Organisation der Interaktionen von Lehrer und Schülern im Unterricht aufgrund der Vorgabe methodischer Rahmenbedingungen.
So sieht z. B. im Geschichtsunterricht eine Phase des darbietenden Unterrichts in Form einer Lehrererzählung vor, daß die Schüler ohne Interaktion untereinander und ausschließlich auf den Lehrer als Informationsquelle ausgerichtet durch aufmerksames Zuhören die vorgetragenen Fakten – vorläufig unbefragt – akzeptieren und aufnehmen.
Für den dargestellten Sachverhalt werden in der Literatur auch die folgenden Bezeichnungen verwendet (Auswahl):
- Lehr- und Lernverfahren,
- Lehr- und Lernformen,
- Lehrrahmen,
- Unterrichtsrahmen,
- Handlungsmuster (Meyer 1987).

Fr. Herbart (1806 und 1835) kannte drei Lehrformen (Unterrichtsformen):
- den bloß darstellenden Unterricht (Erzählen, Vortragen des Lehrers),
- den analytischen Unterricht: Der Schüler äußert zuerst seine Gedanken, die „unter Anleitung des Lehrers auseinandergesetzt, berichtigt, vervollständigt werden“ (1835),
- den synthetischen Unterricht, in dem „der Lehrer selbst unmittelbar die Zusammenstellung dessen bestimmt, was gelehrt wird“ (1835).

2. Bei aller Toleranz gegenüber definitorischer Eigenwilligkeit in der Fachliteratur wäre es für die „Verständigung in der Lehrerausbildung wünschenswert, neben der Übereinstimmung in Grundbegriffen exakte *Abgrenzungen* vorzunehmen.

a) *Unterrichtskonzepte* sind nach Meyer (1987) „Gesamtorientierungen methodischen Handelns“ wie z. B. der lehrerzentrierte Unterricht und der schülerorientierte Unterricht. Sie reichen damit weit über den Wirkungsbereich von Unterrichtsformen hinaus, integrieren dieselben als Methodenelemente. Hinter Unterrichtskonzepten stehen neben methodischen Überzeugungen immer auch Grundannahmen von Unterricht, über die Möglichkeiten der organisatorischen und institutionellen Rahmenbedingungen, über die Lernfähigkeit der Schüler sowie fachwissenschaftliche und fachdidaktische handlungsleitende Interessen.

b) *Methodenkonzeptionen des Unterrichts* nennen die Väter der Berliner Schule (Heimann, Otto, Schulz) das methodische Gesamtkonzept einer Lehr- und Lerneinheit, also leitende methodische Entscheidungen, die den Gesamtverlauf einer Unterrichtsstunde bzw. einer Lehr- und Lerneinheit betreffen. Solche methodische Grundsatzentscheidungen für den gesamten Lehr- und Lernprozeß sind:

- „*Ganzheitlich-analytische Verfahren* gehen von einem (oft diffusen) Gesamteindruck aus, von einem Filmerlebnis z. B. oder von einer Exkursion der Klasse, um ihn in seinen Aspekten zu klären und so zu einem präzisierten und differenzierten Gesamtbild zu verhelfen" (Heimann, Otto, Schulz 1977).
  Also: Vom Erlebnis des Gesamtproblems über die Analyse der problematischen Einzelteile zum präzisierten Ganzen.
- „*Elementenhaft-synthetische Verfahren* bauen aus Wissenselementen Wissenszusammenhänge auf, wie eine umstrittene Leselernmethode aus Buchstaben Worte und schließlich Sätze zusammenfügen läßt."
  Dieses Verfahren lehnt sich an die in der wissenschaftlichen Forschung übliche induktive Methode an. Sie wird vor allem bei sehr komplexen Lerninhalten Anwendung finden, bei denen die Begegnung mit dem Gesamtproblem die Schüler eher zur Lernflucht als zur Problembewältigung anhalten würde.
- „*Projektverfahren*" gehen ... von Zielsetzungen aus, die auf Schülerinitiativen zurückgehen oder jedenfalls nicht allein auf Lehrerinitiative, und suchen sie in gemeinsamer Arbeit zu planen, arbeitsteilig zu lösen und dann der Kritik zu unterwerfen. Als Projektziel wird in der Regel nur ein „Werk" anerkannt, z. B. die Objektivierung des Lernfortschritts in einer Theateraufführung, in einem selbstgebauten Fahrradschuppen, einer Reiseplanung, dem renovierten Klassenraum.
- Ein *fachgruppenspezifisches Verfahren* mit Konzeptionscharakter ist etwa die Direkte Methode (bzw. Einsprachigkeit) im Unterricht der neueren Fremdsprachen."

Die vier Methodenkonzeptionen der Berliner Schule sind nicht im Sinne von Entweder-Oder-Entscheidungen zu verstehen, da sie verschiedene Dimensionen methodischen Handelns ansprechen. Während die beiden erstgenannten Methodenkonzeptionen die methodische Spannungskurve einer Unterrichtsstunde betreffen, wirken die fachgruppenspezifischen Verfahren wie Unterrichtsprinzipien (vgl. 4.7). Projektverfahren schließlich favorisieren einen ausgesprochen schülerorientierten forschenden Umgang mit Lernproblemen, womit sie m. E. zu den entdecken lassenden Unterrichtsformen zählen.

c) Überhaupt nicht mehr einzusehen und der Präzisierung der Unterrichtsplanung mehr als abträglich ist es, wenn Unterrichtsformen, Sozialformen und Aktionsformen in derselben Ordnungsklasse abgehandelt werden. Sie stehen zwar in unaufhebbarer Wechselwirkung miteinander, sind aber nicht beliebig austauschbar.
Beispiel: Die darbietende Unterrichtsform ist auf die Sozialform Frontalunterricht (Klassenunterricht) *als Mittel* angewiesen, um die beabsichtigten Lehrer- und Schüler-Aktivitäten (Aktionsformen) in der Entsprechung von vortragen – zuhören, vormachen – nachmachen usw. zur Wirkung kommen zu lassen.
Unterrichtsformen werden durch bestimmte (d. h. für die jeweilige Unterrichtsform geeignete) Handlungen des Lehrers und der Schüler im dazu passenden äußeren Arrangement einer Sozialform verwirklicht.

4.3.2 Übersicht über geläufige Unterrichtsformen

(siehe Grafik Seite 181)

Erläuterung

Je weiter nach links in der Übersicht von Vogel eine Unterrichtsform auf dem Kontinuum Lehrer-Schüler-Aktivität angeordnet ist, desto mehr dominiert der Lehrer im Unterricht, und desto mehr befinden sich die Schüler in aufnehmenden Lernhaltungen. Umgekehrt tritt z. B. im schülerkooperierenden Verfahren der Lehrer teilweise oder völlig zurück und entläßt die Schüler – selbstverständlich mit der nötigen Ausrüstung an Materialien und Arbeitstechniken – in die selbsttätige Bearbeitung eines Problems.
Je nach Unterrichtsform ergeben sich also quantitativ und qualitativ unterschiedliche Handlungen von Lehrer und Schülern. Dennoch darf die Übersicht nicht voreilig etwa zugunsten der erarbeitenden und entdecken lassenden Unterrichtsformen interpretiert werden mit der praktischen Folge einer methodischen Schlagseite. *Didaktisch begründet hat vielmehr jede der genannten Unterrichtsformen ihre unersetzbare Bedeutung.* So stellt die in der Literatur viel geschmähte darbietende Unterrichtsform durchaus hohe Anforderungen an die Fähigkeiten der Schüler zu Rezeptivität, Reproduktivität und Reaktivität, sofern sie gezielt die Ausbildung und Übung dieser Fähigkeiten beabsichtigt. Die Informationsflut unseres Medienzeitalters fordert geradezu eine hochentwickelte Rezeptionsfähigkeit, die als verläßlicher Filter nach bestimmten Qualitätskriterien zu sortieren vermag.

Nach Weber (1925)

1.	2.	3.
darbietende Unterrichtsform	herausholende Unterrichtsform	anreizende Unterrichtsform

Nach Huber (1968)

1.	2.
unmittelbarer Unterricht-Lehrformen (vom Lehrer ausgehend)	mittelbarer Unterricht-Lernformen (vom Schüler eingeleitet, zumindest getragen)

Nach Vogel (1978)

1.	2.	3.
darstellende Unterrichtsform	erarbeitende Unterrichtsform	entdecken lassende Unterrichtsform
darbietend	a) entwickelnd b) Impulsunterricht c) aufgebend	a) kurzphasiges schülerkooperierendes Verfahren b) langphasiges schülerkooperierendes Verfahren c) dialogisches Verfahren

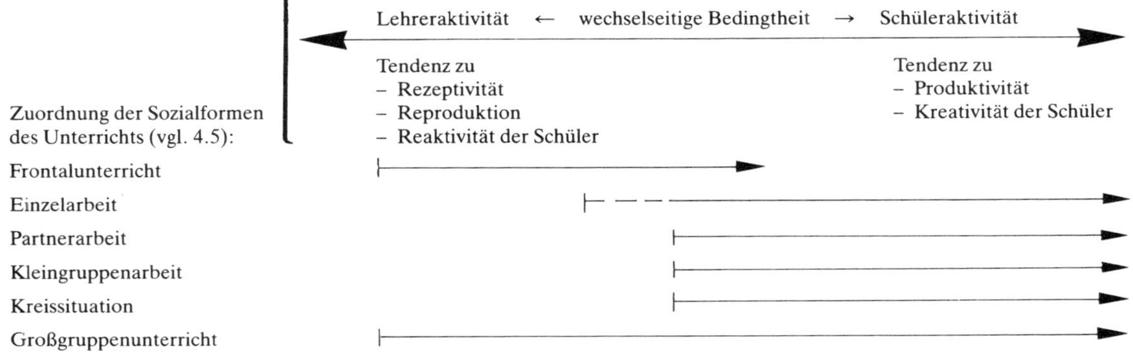

In der Unterrichtspraxis treten meistens mehrere Unterrichtsformen kombiniert in einer Lerneinheit oder Unterrichtsstunde auf, z. B. die darbietende Unterrichtsform, die in die aufgebende Unterrichtsform übergeht, oder die Impuls-Unterrichtsform, die in die kurzphasige schülerkooperierende Unterrichtsform mündet usw.
Wichtig ist dabei, daß die Wahl der jeweiligen Unterrichtsform nicht dem Zufall überlassen werden darf oder unter dem alleinigen Gesichtspunkt des methodischen Wechsels erfolgt. *Es muß vielmehr jene Unterrichtsform gewählt werden, die unter den Planungskriterien Lernziele, Lerninhalt, Methoden, Medien, Schüler und Unterrichtsökonomie möglich und angemessen erscheint.*
Wenn aber die Entscheidung für eine derart begründete Unterrichtsform gefallen ist, sollte sie weder durch unangemessene Sozialformen des Unterrichts noch durch unpassende Aktivitäten von Lehrer und Schülern in ihrer beabsichtigten Wirkung beeinträchtigt werden, es sei denn, sie erwiese sich im aktuellen Vollzug als Fehlplanung.
Beispiel: Eine spannende Lehrererzählung (darbietende Unterrichtsform) kann nur ihre Wirkung entfalten, wenn jeder einzelne Schüler im Gesamtverband der Klasse (Frontal- oder Klassenunterricht) aufmerksam dem Lehrer zuhört (Aktionsform). Zwischenfragen der Schüler oder gar Seitengespräche können die gewählte Unterrichtsform bis zur Wirkungslosigkeit zerstören.
Auch für Unterrichtsformen gelten Regeln und Rituale, die eingeübt und eingehalten werden müssen. Verständnisfragen in unserem Beispiel beugt der Lehrer vor, indem er Wortwahl und Verständnisniveau seiner Erzählung *vorher überdenkt,* neue Begriffe *vorab klärt* und irritierende Fremdwörter nicht erst während der Erzählung niederringt.

4.3.3 Kurzbeschreibung und Anwendungsbereiche der einzelnen Unterrichtsformen

4.3.3.1 Darbietende Unterrichtsform

(Z. B. Michael 1983)

1. *Kurzbeschreibung/Funktionen*

Bei der darbietenden Unterrichtsform erfolgt in totaler Fremdsteuerung der Schüler die Informationsausgabe von *einer* Informationsquelle (Lehrer, Schüler, Medium) *gleichzeitig* an *alle* Schüler, und zwar im selben Tempo, innerhalb derselben Lernzeit, auf demselben Anspruchsniveau (Uniformierungstendenz).

Der Aktivität der Informationsquelle stehen die ausschließliche Rezeptivität und Reaktivität der Schüler gegenüber, die vorläufig kritik- und fraglos die Information aufgrund der Autorität und Kompetenz der Informationsquelle übernehmen und nachvollziehen.
Interaktionen zwischen den Schülern sind nicht erwünscht.

2. *Hauptsächliche Anwendungsbereiche*

- Bericht eigener Erlebnisse oder Erfahrungen durch Lehrer, Schüler, Fachmann, direkt oder über Medien
- Erzeugung bestimmter emotionaler Stimmungen
- Ökonomische Ausgabe einer großen aber leicht verständlichen Informationsmenge
- Vermittlung von Arbeitsmaterial, das auf andere Weise schwer zugänglich ist
- Berichterstattung von Arbeitsergebnissen (z. B. aus der Kleingruppenarbeit)
- Vermittlung von Methoden und Arbeitstechniken, um Fehlleistungen von vorneherein auszuschließen
- Demonstration gefährlicher oder besonders aufwendiger Versuche.

3. *Hinweise und Tips*

- Informationen nach den Kriterien Kürze/Prägnanz, Verständlichkeit und übersichtliche Gliederung gestalten
- Wo möglich (z. B. Lehrererzählung in Geschichte) dramatisieren, personifizieren, lokalisieren
- Die Schüler *vor* der Informationsausgabe zu „gebündelter" Konzentration versammeln!
- Dauer je nach Spannungsgehalt max. 10–20 Minuten, besser nur 5 Minuten, denn danach kommt es zu Abschaltungen bei den Schülern.

4.3.3.2 Entwickelnde Unterrichtsform: Frage-Antwort-Unterricht

1. *Kurzbeschreibung/Funktionen*

Bei der entwickelnden Unterrichtsform versucht der Lehrer (oder das Programm) jeden einzelnen Schüler im Klassenverband auf eingleisiger Denkspur Schritt für Schritt (meistens mit Hilfe von Frage-Antwort-Ketten) durch ein Problem zu einem bereits formulierten Ziel zu führen. Die Schüler sind mit ihren Antworten voll auf die Erwartungshaltung des den Lernprozeß der Schüler steuernden Lehrers (Programms) eingestellt; sie denken den Denkweg des Lehrers nach. Interaktionen zwischen den Schülern sind nicht angebracht, einziger Bezugspunkt ist die Fragequelle Lehrer oder Programm.

2. *Hauptsächliche Anwendungsbereiche*

- Lernprozesse, die hohe Zielgerichtetheit bei gleichzeitig straffer Führung erfordern, z. B. Regelerarbeitung,
- erwünschter Vollzug einer ganz bestimmten Methode,
- schwierige, komplexe Themen.

3. *Hinweise und Tips*

- Sparsam, das Denken aktivierend fragen!
- *Vorher* klären, welche Aufgabe die Frage erfüllen soll (in Anlehung an Meyer 1987, Bd. 2, S. 207):
  - Vorkenntnisse ermitteln,
  - wiederholen,
  - Aufmerksamkeit, Neugier wecken,
  - zum Nachdenken, Widerspruch provozieren,
  - disziplinieren.
- Auf den *Vierer-Takt des Frage-Antwort-Unterrichts* achten:
  - Lehrerfrage,
  - Überlegphase,
  - Schülerantwort,
  - Würdigung der Antwort (Verstärkung, Berichtigung ...).
- *Angemessene Frageform* wählen (Meyer, a. a. O.):
  - *Inhalts-/prozeß-/beziehungsbezogene Fragen:* „Wer kennt eine Definition für ‚Handlungsmuster'?"/„Seid ihr endlich fertig?"/„Was ist eigentlich mit dir los?"
  - *Wissensfragen* („Wer ist Alfred Hrdlicka?") und *Denkfragen* („Wie könnte ein Denkmal für Friedrich Engels gestaltet werden?")
  - *Offene* („Wer weiß noch mehr darüber?") und *geschlossene* Fragen („Wie heißt die Hauptstadt von Frankreich?")
  - *Konvergente* und *divergente* Fragen: Beim „konvergenten" Denken wird bereits Bekanntes und Vertrautes auf neue Probleme oder Situationen angewendet bzw. weiterentwickelt. Beim anspruchsvolleren „divergenten" Denken müssen neue Sach-, Sinn- oder Problemzusammenhänge durchschaut werden, die zum Teil oder ganz im Widerspruch zum bisher Bekannten stehen. (Diese Begriffsbildung stammt von dem Psychologen Guilford.)
  - *„Schrotschuß"-Fragen:* Sie sind absichtlich unscharf. Sie zielen nur ungefähr in die Richtung, in die der Lehrer das Gespräch lenken will. Sie sollen dazu führen, daß sich möglichst alle Schüler der Klasse angesprochen fühlen und beteiligen können: „Einige von euch haben doch sicherlich zu Hause ein Haustier? Erzählt doch mal!"

- *„Ballon"-Fragen:* Sie greifen in der Ordnung des Lehrgangs vor und dienen dazu, eine neue Lernlandschaft zu erkunden. Der Lehrer testet, wie weit er gehen kann, z. B. „Wißt ihr, was 'ne Anti-Baby-Pille ist?"

- *Fehlformen der Frage vermeiden* (Meyer, a. a. O., S. 208):
  - *Ketten-Fragen:* Der Lehrer stellt mehrere Fragen unmittelbar hintereinander und vermengt sie zumeist noch mit Sachinformationen.
  - *Suggestiv-Fragen:* Der Lehrer will von den Schülern gar nichts Neues wissen, sondern verpackt seine Aufforderung, zuzustimmen, in Frageform: „Sind Sie jetzt auch, so, wie ich Ihnen den Sachverhalt erläutert habe, der Meinung, daß der Euro-Scheck ein praktisches Zahlungsmittel ist?" (Was sollen die Schüler darauf wohl antworten?)
  - *Echo-Fragen:* Viele Lehrer neigen dazu, Schüler-Antworten zu wiederholen. Diese Wiederholung wird dann oft noch in Frageform verpackt: „So, meinen die anderen auch, daß Paris die Hauptstadt von Großbritannien ist?"
  - *Nase-Pul-Fragen:* Der Lehrer stellt eine diffuse Frage, erwartet aber eine ganz präzise Antwort. Da diese längst nicht immer auf der Stelle folgt, pult und bohrt er so lange, bis die erwünschte Antwort da ist. Bei der Nase-Pul-Technik handelt es sich sicherlich um die häufigste und für die Schüler zugleich lästigste Fehlform der Lehrerfrage.
  - *Schein-Fragen:* In Frageform verpackte Tadel oder Belobigungen, Ironisierungen, Anbiederungen usw.
  - *Killer- oder Fangschußfragen:* Der Lehrer hat bemerkt, daß ein Schüler träumt, stört oder mit Nebentätigkeiten beschäftigt ist. Er nimmt ihn dran, um ihn bloßzustellen: „Na, Heiner, kannst du uns die Aufgabe nochmal erklären? Du paßt ja grade so prima auf!"

4.3.3.3 Impuls-Unterrichtsform

(Z. B. Köck, 1972)

1. *Kursbeschreibung/Funktionen*

Bei der Impuls-Unterrichtsform wird der Schüler *durch die im Impuls präsentierte Kernproblematik des Unterrichtsthemas* veranlaßt, sich in einem *weiteren Denkfeld* als beim Frage-Antwort-Unterricht assoziierend, in seinem Wissen orientierend und Lösungen suchend mit dem Lerninhalt auseinanderzusetzen. Je nach Intensität und Tragweite des Impulses kann der ausgelöste Lernprozeß fünf Minuten (z. B. Eindrücke sammeln) bis zu einer Unterrichtsstunde (z. B. Lösungssuche im Versuchs-Irrtums-Verfahrens oder Fallbeschreibung) andauern.

In der Regel löst der Lehrer den Lernprozeß der Schüler durch den Impuls aus, sorgt im weiteren Verlauf des Unterrichts aber lediglich dafür, daß die Schüler nicht aus dem abgesteckten und vereinbarten Lernfeld laufen.
Meistens herrscht hohe Interaktion der Schüler untereinander, Einzelarbeit ist aber je nach Aufgabenstellung ebenso möglich.

2. *Hauptsächliche Anwendungsbereiche*

- Bei allen Lerninhalten, für welche die Schüler über ausreichend Vorkenntnisse verfügen, um die Kernprobleme erschließen und bearbeiten zu können,
- bei Lerninhalten, die für die Schüler selbst von hoher Aktualität sind und sie neugierig machen,
- bei Lerninhalten, die provozieren, zum Widerspruch reizen, Meinungsvielfalt erwarten lassen.

3. *Hinweise und Tips*

- Mögliche Vielfalt der Impulse nutzen:
  - Ein Wort
  - Ein Satz } meistens provozierend formuliert
  - Ein Kurztext
  - Eine als Impuls wirkende Frage
  - Stummer Impuls: Bild, Bildgeschichte, Graphik, Karikatur, Dia, Filmausschnitt (z. B. Goebbels – Rede vom totalen Krieg)
- Impulse sorgfältig aufbereiten:
  - Fachlich einwandfrei präsentieren!
  - Sprachlich präzis!
  - So knapp wie möglich!
  - Das Kernproblem muß für den Schüler durchschaubar sein!
  - Psychologisch angemessen!
  - Technik des Impulsunterrichts einüben: Das präsentierte Problem wirken lassen (Denkpause), Impuls nicht zerreden, Meinungen sammeln → ordnen → Arbeitsaufgaben ableiten → weiteren Lernweg beschließen . . .

4.3.3.4 Aufgebende Unterrichtsform

1. *Kurzbeschreibung/Funktionen*

Durch die aufgebende Unterrichtsform werden die Schüler in die Lage versetzt, anhand präziser Aufgabenstellungen ein Lernproblem auf vereinbartem Wege selbsttätig zu lösen.
Je nach Anspruchsniveau der Aufgabenstellung (enge oder offene, vom

Lehrer vorgegebene oder selbst erstellte Aufgaben) liefern die Schüler Produkte auf vorprogrammiertem Weg oder Problemlösungen mit hoher Eigenleistung.
Die aufgebende Unterrichtsform ist in fast jede Unterrichtsstunde integriert und beansprucht je nach Aufgabenumfang ca. zehn bis 30 Minuten. Zur Regelung der Interaktionen der Schüler kommt in Abhängigkeit vom Lernproblem und der vereinbarten Aktionsformen jede Sozialform in Frage.

2. *Hauptsächliche Anwendungsbereiche*

- Sequenz einer Unterrichtsstunde, meistens in der Phase der Problembearbeitung oder Problemanwendung,
- Feststellung des Lernfortschritts,
- Hausaufgabe.

3. *Hinweise und Tips*

- Präzise Aufgabenbeschreibung durch Lehrer oder Schüler, schriftlich fixiert (Tafel, Overheadprojektor, Arbeitsblatt).
- In der Regel genaue Wegbeschreibung durch Lehrer oder Schüler.
- *Vorher* bedenken, welches Material, welche Hilfmittel, welche Arbeitstechniken benötigt werden.

4.3.3.5 Entdeckenlassende Unterrichtsformen:

kurzphasig (innerhalb einer Unterrichtsstunde) und
langphasig (innerhalb einer Doppelstunde oder stundenübergreifend)

1. *Kurzbeschreibung/Funktionen*

Die entdeckenlassenden Unterrichtsformen sollen die Schüler dazu anleiten,
- ein vorgegebenes oder selbst gewähltes Thema
- durch eigene Materialsuche
- und durch eigene Ermittlung geeigneter Methoden
- bei freier Zielsetzung zu bearbeiten.

Eigensteuerung und Eigenverantwortung der Schüler für ihren Arbeitsprozeß, ihr Arbeitsverhalten und ihre Arbeitsergebnisse fordern
- die Auswahl problemhaltiger Themen, die Argumentation, Meinungsaustausch, Ringen um die optimale Lösung verlangen
- *und* gleichzeitig Einplanung und kritische Reflexion sozialer Lernziele und gruppendynamischer Ereignisse.

2. *Hauptsächliche Anwendungsbereiche*

- Bewußt angelegtes Übungsfeld für soziale Lernziele, insbesondere für die Einübung von Kooperation und für die Stärkung des Selbstwertgefühls der Schüler,
- problemlösende Unterrichtssequenzen, zum Teil fremdgesteuert – kurzphasig, z. B.
  - Schüler zerlegen eine Pflanze. (Biologie)
  - Schüler finden anhand eines Stadtplanes von London den Weg zum Wachsfigurenkabinett. (Englisch)
  - Schüler bauen ein Hindernisrennen auf. (Sport).
  - Schüler bereiten die Begegnung mit dem Bischof vor. (Religion)
  - Schüler entwickeln Aufgaben aus der Materialbegegnung. (Kunsterziehung)
- Langphasige Problemlösungen mit aufwendiger Materialsuche und -auswertung,
- gebundene Schülerexperimente (kurzphasig) bis offene Schülerexperimente (langphasig),
- gebundene Unterrichtsgespräche (kurzphasig) bis freie Unterrichtsgespräche (langphasig),
  - Planspiele,
  - Projekte (vgl. 4.3.4).

3. *Hinweise und Tips*

- *Motto:* Die Schüler alles tun lassen, was sie tun können!
- Für präzise Arbeitsanweisungen und die Bereitstellung von Material und Strategien *sorgen,* also die Schüler dazu anleiten!
- In der Phase der Problembearbeitung ist der Lehrer lediglich Beobachter, im Ausnahmefall Berater. Er enthält sich gängelnder „Gschaftelhuberei" auch angesichts von Irrwegen der Schüler.
- Für Einüben in die Grundfähigkeiten der Kooperation im eher lehrergeleiteten Unterricht sorgen! (Vgl. Köck 1987, S. 176 f.) Andernfalls stellen sich Überforderung, Entmutigung, lernfremde Tätigkeiten der Schüler und Disziplinprobleme ein.

4.3.3.6 Dialogische Unterrichtsform

1. *Kurzbeschreibung/Funktionen*

Im dialogischen Verfahren bemühen sich gleichberechtigte Gesprächspartner um Problemlösungen. Entscheidend sind z. B.

- Argumente anstatt Mehrheiten,

- Freiheit der Meinungsäußerung anstelle der Anpassung an die Gruppenmeinung,
- strenge Problemorientierung,
- *und* Miteinbezug von Emotionen und Beziehungen in den Arbeitsprozeß

2. *Hauptsächliche Anwendungsbereiche*

- Integriertes Unterrichtsprinzip im Sinne von Metakommunikation
- Planung und Durchführung von Veranstaltungen des Schullebens wie z. B. Schullandheimaufenthalte, Skilager,
- Auseinandersetzungen auf weltanschaulicher Grundlage und/oder über existenzielle aktuelle Probleme,
- Bearbeitung aktueller Konfliktsituationen.

3. *Hinweise und Tips*

- Hier ist der Lehrer selbst permanent Lernender (zur Nützlichkeit gruppendynamischer Trainings vgl. Köck 1987, S. 129).
- Verhaltens- und Gesprächsregeln erleichtern den humanen Umgang miteinander im dialogischen Verfahren (vgl. z. B. die Feedback-Regeln und die Verhaltensregeln der Themenzentrierten Interaktion in Köck 1987, S. 156–158!).

4.3.4 Das Projekt als Beispiel langphasiger entdecken lassender Schülerkooperation

(Z. B. Bastian/Gudjons 1986, Böhnke/Hennig 1980, Bossing 1935, Dewey/Kilpatrick 1935, Duncker/Götz 1984, Freinet 1979, Frey 1980, Geisler u. a. 1978, Heller/Semmerling 1983, Kaiser 1977, Otto 1977, Stach 1978)

4.3.4.1 Verständnis und historische Wurzeln des Projektunterrichts

Ein Projekt (lateinisch: das Vorentworfene) bezeichnet in unserem Zusammenhang eine besondere Form praxisorientierten Unterrichts. Es verbindet die Schule (als Organisationsrahmen) mit der außerschulischen Wirklichkeit (als lebensnahem Inhalt). Durch ganzheitliches Lernen, in dem Wissen, Erfahrung, Denken, Fühlen und Handeln in ihrer Wechselwirkung erlebt werden, sollen die Schüler die Fähigkeit zu gemeinsamem problemorientiertem und selbstverantwortetem Handeln erwerben.
Im Sinne handlungsorientierten und selbsttätigen Lernens hat der Projektunterricht eine Tradition aufzuweisen, die bis zu Comenius, Rousseau, Pestalozzi und Fröbel zurückreicht. Das Lernen aus Erfahrung aufgrund

aktueller, die Neugier der Schüler erregender Probleme erfuhr eine neuzeitliche Wiederbelebung durch das in den USA nach 1910 eingeführte „General Science". Man wollte damit einer angeblich beobachteten Abwendung vieler Schüler von naturwissenschaftlichen Fächern begegnen. Die erste umfassende Beschreibung der Projektmethode legte W. H. Kilpatrick 1917 in der Zeitschrift General Science Quarterly vor (siehe auch Dewey/Kilpatrick 1935 und Bossing 1935). In Deutschland erlebte die Projektmethode eine Blütezeit durch die Reformpädagogik, z. B. im Jena-Plan P. Petersens, ideen- und methodenreiche Ansätze schulischen Unterrichts, die durch die Gleichschaltungsstrategie des Nationalsozialismus untergingen.

4.3.4.2 Voraussetzungen des Projektunterrichts

Da die hohen Anforderungen eines Projekts an die intellektuelle, methodische und kommunikative Leistungsfähigkeit der Schüler gleichzeitig Lernziele und Voraussetzungen für das Gelingen der Projektarbeit darstellen, wären die Schüler – je nach Projekterfahrung mehr oder minder – überfordert, wenn sich der Lehrer aus seiner Planungsverantwortung verabschiedete.

1. Die im Projekt nötigen Arbeitstechniken, sozialen Verhaltensweisen und Grundkenntnisse der Netzplantechnik müssen in den eher lehrergeleiteten Formen des Unterrichts auf einen Stand gebracht werden, der die Schüler in ihren selbstgesteuerten Arbeitsphasen nicht vor ungewohnten Schwierigkeiten kapitulieren läßt.

2. Um einer demotivierenden Überforderung der Schüler vorzubeugen, ist dringend zu raten, nicht mit einem Großprojekt zu starten, sondern die Schüler in die andersartigen Arbeitsweisen in Formen des *projektorientierten* Unterrichts einzuüben.

3. Gerade bei den ersten Versuchen projektorientierten Unterrichts oder gar des Projektunterrichts ist es ergebnisentscheidend, mit den Schülern Themen zu vereinbaren, die sie als lebensnah und für sich unmittelbar bedeutsam anerkennen.

4. Im Stundenplan verlangt der Projektunterricht mindestens Doppelstunden, für beabsichtigtes Teamteaching sogar die zeitgleiche Einplanung der betreffenden Fächer. Solche Wünsche müssen frühzeitig vor der Erstellung eines Stundenplans angemeldet werden. Projektunterricht aus dem Stand scheitert meistens schon an den ungeeigneten organisatorischen Rahmenbedingungen.

5. Die meisten Projektthemen sind fächerübergreifend angelegt, erfordern also die Kooperation mit den betroffenen Kollegen.

6. Es kommt dem projektorientierten Unterricht und dem Projektunterricht entgegen, wenn die Klassenzimmer entsprechend umgestaltet werden:

- Sitzordnung in Sechsergruppen,
- Ausrüstung mit Wandtafeln, Flipchards,
- Anlage einer kleinen Handbibliothek, vor allem Nachschlagewerke (absperrbar),
- Anlage von Materialkästen zu verschiedenen Fächern usw.

C. Freinet (1979) fordert eine konsequente Umgestaltung der Klassenzimmer zu „Forschungswerkstätten“ (Ateliers, Labors, Druckerei ...), in denen die Schüler anhand ausgelegter oder selbstmitgebrachter Arbeitsmaterialien mit/ohne Anleitung Versuche machen können (vgl. praktische Beispiele in deutschen Schulversuchen bei Böhnke/Hennig 1980).
Als Fernziel wird hier die Doppelqualifikation Hochschulreife und Berufsausbildung erkennbar, die z. B. in Freinetschulen, Freien Waldorfschulen und in der Bielefelder Laborschule bereits mit Erfolg erreicht wird.

4.3.4.3 Kriterien des Projektunterrichts

Als besondere Ziele des Projektunterrichts gelten z. B. Wahrnehmung eigener Bedürfnisse, Einübung in Kooperation und demokratische Verhaltensweisen, Bereitschaft zu arbeitsteiliger Aufgabenbewältigung und modellhafter Wirklichkeitsbegegnung, Erweiterung der Eigenverantwortung für Lernprozesse, Stärkung des Selbstbewußtseins u. a. m.
Der Projektunterricht kann solchen Zielen nur dienen, wenn die folgenden Kriterien ohne wesentliche Modifikationen erfüllt werden (vgl. Otto 1977):

① *Bedürfnisbezogenheit:* Die Interessen und Bedürfnisse der Schüler bestimmen die Auswahl des Projektthemas. Im Idealfall schlagen die Schüler von sich aus ein Projektthema vor, unter dem Gesichtspunkt des Lehrplanbezuges muß ihnen aber mindestens die Wahl unter mehreren Themen bleiben.

② *Situationsbezogenheit:* Das Projekt bezieht sich auf eine tatsächliche, für die Schüler erfahrbare und aktuelle Situation. Ohne unmittelbar einsichtigen Sinn ihrer Arbeit halten die Schüler ein Projekt nicht durch.

③ *Interdisziplinarität:* Die komplexe Struktur der Projektthemen erfordert die überfachliche bzw. von verschiedenen fachlichen Aspekten ausgehende Bearbeitung, d. h. auch das Zusammenwirken der betroffenen Fachkollegen unter den Lehrern. Mit fachinternen überschaubareren Projektthemen lassen sich in der Einübungsphase in die Projektarbeit die aus der kollegialen Zusammenarbeit resultierenden Organisationsprobleme vermeiden.

④ *Selbstorganisation des Lehr-Lern-Prozesses durch die Schüler einschließlich der Beurteilung des Verlaufs und des Ergebnisses:* Diese Forderung setzt unbedingt die ausgiebige Einübung in projektbezogene Arbeitsweisen wie selbständige Materialsuche, gruppeninterne Entscheidungsfindung, Interviewtechnik, Auswertung von Lexika und anderen Quellen usw. in gewohnten Unterrichtsformen voraus; andernfalls verlassen die Schüler durch das ständige Erlebnis ihres Unvermögens fluchtartig das Lernfeld.

⑤ *Produktorientierung:* Das Projekt zielt auf ein „Werk" ab, z. B. auf eine Theateraufführung, eine Ausstellung, einen Nothilfsdienst, einen Bastelraum, eine Veröffentlichung . . .

⑥ *Kollektive Realisierung:* Alle Mitglieder einer Lerngruppe tragen verantwortlich durch Bearbeitung bestimmter zugeteilter bzw. übernommener Aufgaben zum Ergebnis des Projekts bei. Die Aufarbeitung evtl. auftretender gruppendynamischer Probleme, wie z. B. Arbeitsverweigerung, Drückebergerei, überschießende Dominanz . . , gehört wesentlich als soziales Lernziel mit zur Projektarbeit.

⑦ *Gesellschaftliche Relevanz:* Damit soll die Bedeutsamkeit des Projekts durch Orientierung an aktuellen Ereignissen unterstrichen werden. Außerdem sollte ein Projekt nicht um seiner selbst willen durchgeführt werden, sondern Nutzen für andere und die Projektarbeiter selbst abwerfen.

4.3.4.4 Projektverlauf

① Themenauswahl

In Abhängigkeit von der Projekterfahrung der Schüler wird der Lehrer nach Erkundung der Interessenlage das Projektthema vorgeben, aus mehreren Themen auswählen lassen oder von den Schülern frei bestimmen lassen.

Folgende Gesichtspunkte müssen die Entscheidung für ein Projektthema leiten:

- Aktualität des Themas,
- Interesse der Schüler am Thema,
- Bildungswert des Themas, evtl. Lehrplanbezug,

- Angemessenheit der Projektmethode für ein Thema,
- Verhältnis von Zeitaufwand und erwartetem Effekt; Schüler neigen zu überdimensionierten Themen,
- Materialkosten und Materialbeschaffung,
- schulische Sachzwänge wie Organisation, Räume, Medien, Einstellung von Schulleiter, Kollegen, Pedel...

② Motivation und Zielfindung

Die Zielbestimmung unter Mithilfe der Schüler und die Identifikation der Schüler mit *ihren* Projektzielen sind entscheidend für ihre Motivation und Durchhaltebereitschaft. Allgemeine Nützlichkeit des Projekts reicht – vor allem für jüngere Schüler – meistens nicht aus; sie erwarten, daß ihre eigenverantwortlich geleistete Arbeit auch unmittelbar einsichtigen Nutzen für sie selbst abwirft. Der Lehrer sollte also um der Arbeitszufriedenheit willen darauf achten, daß der soziale und der persönliche Nutzeffekt sich ergänzen.

③ Planung

Sowohl die Planung des Gesamtprojekts im Plenum als auch die Planung der Teilschritte in den Kleingruppen müssen
- begründet,
- in Stichpunkten übersichtlich schriftlich fixiert
- und allen Projektteilnehmern zugänglich angebracht werden (Planungstafel, große Kartons an den Wänden).

Grundkenntnisse der Netzplantechnik und vereinbarte Symbole zur Kennzeichnung der Arbeitsschritte beugen dem Auseinanderdriften der Arbeitsgruppen vor.

④ Ausführung

- Die Kleingruppen bewältigen ihre Arbeit in mehreren aufgabenorientierten Schritten.
- Metakommunikation über den Arbeitsfortschritt und über gruppendynamisch bedeutsame Ereignisse werden in die Kleingruppenarbeit integriert.
- An vereinbarten Haltepunkten (siehe Gesamtplan) tauschen die Kleingruppen ihre bisherigen Erkenntnisse, Schwierigkeiten, evtl. Materialien aus. Anspruchsvolle arbeitsteilige Verfahren sind darauf gerichtet, daß die Kleingruppen bereits während der Ausführungsphase einander zuarbeiten und nicht bis zum Projektende nebeneinander herarbeiten und evtl. auch noch konkurrenzbezogen ihre Zwischenergebnisse abschotten.

Einander zuarbeiten kann u. U. auch bedeuten, daß der weitere Arbeitsplan revidiert werden muß. An solchen Haltepunkten darf sich der Lehrer bei aller gebotenen Zurückhaltung den Schülern nicht als Koordinator verweigern, zumindest muß er sie in die Methoden zur Bewältigung ihrer Probleme einweisen.

⑤ Auswertung und Reflexion

- Gemeinsam zu beurteilen sind das Gesamtergebnis, der Projektplan und der Arbeitsweg.
- Bei dieser Gelegenheit sind die Schüler in angemessene Beurteilungskriterien einzuüben.
- Die Teilnehmer vereinbaren gemeinsam, ob und auf welche Weise das Projektergebnis einer weiteren Öffentlichkeit zugänglich gemacht werden soll (Schule, Tag der offenen Tür, Massenmedien, Kontakte mit staatlichen und gemeindlichen Stellen . . .).

4.3.4.5 Beispiele für durchgeführte Projektthemen (ungeordnet)

- Verschönerung des Schulhauses, des Klassenzimmers
- Einrichtung einer Kellerbar
- Schulhofgestaltung
- Planung und Durchführung eines Schullandheimaufenthaltes
- Planung und Durchführung von Festen, Feiern, Theater an der Schule
- Musical „Dracula“
- Puppenspieltheater
- Herausgabe einer Schülerzeitung
- Tageszeitung
- Jugendliteratur
- Zeitschriftenanalyse
- Comics – Rezeption und Produktion
- Klassenbibliothek
- Ein Kinderbuch schreiben, illustrieren, herstellen
- Die Medienwelt
- Mehr Mitmenschlichkeit
- Kirchenbauten
- Kontakt zu einer Missionsstation
- Sexualerziehung
- Verkehrserziehung
- Ländervergleich Bundesrepublik Deutschland – Großbritannien
- Die englische Küche
- Heimat bewußt erleben

- Gewässerkunde vor Ort
- Landschaftsreinigung
- Biotop im Schulgarten
- Strukturanalyse eines Landkreises
- Verbraucherinformationen

Projektwoche zum Thema Umwelt:

Englisch	Umwelt, ein internationales Problem (speakers corner)
Wirtschaftslehre	Welcher Preis ist für das Wachstum des Bruttosozialprodukts zu bezahlen? Ein Raum wird als Irrgarten zum „goldenen Kalb" gestaltet – der Irrgarten endet in einem leeren Raum zum Nachdenken.
Biologie	Müllsammeln in einem abgesteckten Gebiet + Photoaktion: → Es werden Abfalltonnen für getrennten Abfall aufgestellt. → Vergleichsdarstellung Auto – Fahrrad unter Umweltgesichtspunkten → Vergleichsdarstellung Altpapier – Neupapier unter Umweltgesichtspunkten
Chemie	Wassergüte in der Umgebung/aktuelle Probleme (z. B. Stausee, Flußbegradigung ...)
Religion	Schöpfungsbericht und Wirklichkeit
Musik	Songs, Kabarett
Geographie	Ortung der Schulumwelt und Strukturanalyse
Deutsch	Auswertung der Tagespresse → Collagen → Abfassen eigener Eingaben

4.4 Strukturierung des Unterrichts

1. Strukturierung bzw. Artikulation des Unterrichts bezeichnet die lernprozeßorientierte Gliederung einer Lehr-Lern-Einheit in Unterrichtsschritte. Der Ablauf einer Unterrichtsstunde wird also in erster Linie vom Lernprozeß des Schülers und nachrangig erst von sachlogischen Gesichtspunkten des Lerninhalts bestimmt.

Die für diesen Zweck im Lauf der Schulgeschichte praktizierten *Artikulationsschemata* waren und sind lediglich als Orientierungsrahmen der Unterrichtsgliederung zu verstehen. Je nach Lerngruppe, den aktuellen Lernbedingungen, evtl. Störungen, Lernziel und Lerninhalt sowie den methodischen und medialen Voraussetzungen müssen sie situationsangemessen variiert werden. Jeder Lehr-Lern-Prozeß stellt eine besondere Handlungsfolge dar, die durch jede Art der Schematisierung um die Chance kreativer Entwicklung gebracht wird. Artikulationsschemata des Unterrichts sind also eine Art Sicherheitsrahmen bzw. „Wegmarkierungen" (Meyer) für die Unterrichtsplanung, die alternative Wege – geplant oder aus dem aktuellen Unterrichtsgeschehen entstanden – oder Umwege, gelegentlich auch Irrwege einkalkulieren.

2. *Unsicherheit* in die Planung von Unterrichtsschritten wird allein schon dadurch getragen, daß der Lehrer mit seinen methodischen Entscheidungen auf entsprechende Reaktionen der Schüler abzielt, die sich in der erwarteten Form aber nicht zwangsläufig einstellen müssen. Welchem Lehrer ist z. B. nicht schon die Enttäuschung widerfahren, trotz großen Motviationsaufwandes die Schüler nicht in den Zustand der Aufmerksamkeit und des Interesses (Motivation) versetzt zu haben?!
Eine weitere Unsicherheit, die sich einer perfekten Verlaufsplanung des Unterrichts entgegenstellt, ist mit den *Transferverlusten zwischen der inneren und der äußeren Seite jeder methodischen Entscheidung* gegeben (vgl. Meyer 1987). Die z. B. dem Algorithmus (regelhaftem Ablauf) der induktiven Methode entsprechende zeitliche Gliederung einer Unterrichtsstunde (äußere Seite) wird nur zum Erfolg führen, wenn die Schüler aufgrund ihrer Vorerfahrungen und/oder entsprechender Anleitung in der Lage sind, den auf Seite 197 abgebildeten Algorithmus nachzuvollziehen (innere Seite):

3. *Ein für alle Lernsituationen gleichermaßen geeignetes, gar lernpsychologisch legitimiertes Artikulationsschema gibt es nicht.*
Die ohnehin nur als Orientierungsrahmen flexibel zu verwendenden Artikulationsschemata weisen vielmehr je nach Aufgabenstellung und Lernsituation unterschiedliche Verlaufsformen auf.
K. A. Wiederhold ermittelte *fünf grundsätzliche Theorieansätze für die Formulierung von Artikulationsschemata,* auf die sich die in großer Anzahl vorliegenden Artikulationsschemata aus der Geschichte des schulischen Unterrichts zurückführen lassen (in Twellmann Bd. 4.1, S. 406 f., Stichwort: Die Artikulation des Unterrichts):

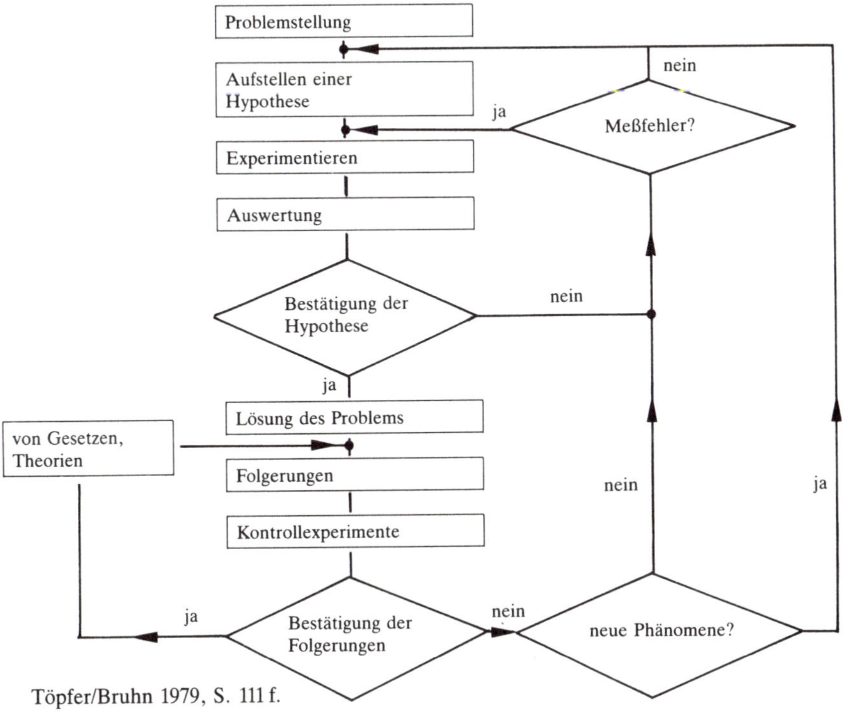

Töpfer/Bruhn 1979, S. 111 f.

① *Erkenntnistheoretisch orientierte Artikulationsmodelle*

(Herbarts Erkenntnistheorie und die Formalstufentheorien von Ziller und Rein)

Z. B. Herbart:

1. Vertiefung 1.1 Klarheit (durch Analyse der gegebenen Einzelmerkmale eines Unterrichtsgegenstandes)
   1.2 Assoziation (Verbindung der analysierten Einzelteile zu Vorstellungen)
2. Besinnung 2.1 System (Ordnen der Vorstellungen nach den Prinzipien der Logik, nach Grund-Folge- und Ursache-Wirkungs-Verhältnis)
   2.2 Methode (Anwendung der neu geordneten Vorstellungen)

Für erkenntnis- und problemorientierte Aufgabenstellungen ist diesem Artikulationsschema auch aus heutiger Sicht m. E. nichts hinzuzufügen.

Zillers Formalstufen (nach Stach 1979)

Bezeichnung	Prozeßcharakter	Erläuterungen
Zielangabe	Interessenfixierung	Angabe der Denkrichtung
Analyse	Orientierungsprozeß	Interessenweckung und Bewußtmachung der Lernlücke; Ortung des Unterrichtsgegenstandes; Vorgang der Besinnung
Synthese	Informierungsprozeß	Allseitiges Erfassen und Aneignen des Unterrichtsgegenstandes als das Besondere, Einzelne; Vorgang der Vertiefung
Assoziation	Abstraktionsprozeß	Begriffsbildung; Ablösung des Allgemeinen vom Besonderen durch Vergleich; erneuter Vorgang der Vertiefung
System	Zuordnungsprozeß	Herstellen von Begriffsverbindungen unter Einbeziehung des Vorwissens; Bildung des Gedankenkreises; Vorgang der Besinnung
Methode	Anwendungsprozeß	Entwicklung eines Wertsinnes für erworbenes Wissen, Charakterbildung; Übertragung des Wissens auf neue Aufgabenbereiche

② *Handlungsorientierte Artikulationsmodelle*
(Arbeitsstufentheorien von Gaudig, Scheibner, Kerschensteiner u. a.)
Z. B. Scheibner

- Arbeitsziel setzen,
- Arbeitsweg planen,
- Arbeitsmittel bereitstellen,
- Arbeitsschritte vollziehen,
- Arbeitsergebnisse hinstellen, bewerten, prüfen, einordnen.

③ *Lernprozeßorientierte Artikulationsmodelle*
(Lernstufentheorien von Guyer und Roth)
Z. B. Roth

- Stufe der Motivation
  Der Schüler wird durch die Präsentation des Unterrichtsgegenstandes, einer Aufgabe, eines Problems, eines Fallbeispiels usw. in den psychischen Zustand der Aufmerksamkeit versetzt, im Idealfall wird er neugierig. Neugier ist das Primärmotiv des Lernens schlechthin.
- Stufe der Schwierigkeiten
- Aufgrund der Erstbegegnung mit dem Problem oder mit Teilaspekten des Problems sind die Schüler alleine oder mit Hilfe des Lehrers in der

Lage, die Lernaufgaben der Unterrichtsstunde zu bestimmen, Lösungsvermutungen zu äußern, eine Zielangabe zu formulieren.

- Stufe der Lösung
  Durch Orientierung in ihrem bisherigen Wissen, durch Versuchs-Irrtums-Lernen, mit Hilfe behutsamer Führung durch den Lehrer usw. versuchen die Schüler die Problemlösung.
- Stufe des Tuns und Ausführens
  Die Schüler müssen unbedingt noch innerhalb der Unterichtsstunde ihre neu gewonnene Erkenntnis oder Fähigkeit anwenden, und sei es in einer geeigneten Form der Feststellung ihres Lernfortschritts. Wenn dieses erste anwendende Handeln am Stundenproblem oder auch an einem ähnlichen Problem unterbleibt, wird der Lernprozeß auf halber Strecke abgebrochen. Bei den Hausaufgaben stehen die Schüler dann vor oft unüberwindbaren Schwierigkeiten, weil sie Mißverständnisse, halb Verstandenes, mangelhaften Einblick in Zusammenhänge im Unterricht nicht ausräumen konnten.
- Stufe des Behaltens und Einübens
  Das sichere Verfügen über Kenntnisse und Fähigkeiten wird durch Übungsbeispiele, wiederholte Anwendung in den Folgestunden, eigene Übungsstunden (auch in spielerischer Gestaltung) und durch Hausaufgaben erreicht.
- Stufe des Bereitsstellens, der Übertragung und der Integration des Gelernten
  Durch wiederholte Anwendung in unterschiedlichen Lernsituationen und sachlichen Zusammenhängen wird das neu Gelernte in den Bestand relativ sicher verfügbaren Wissens und Könnens eingefügt.

④ *Fachorientierte Artikulationsmodelle*
(Z. B. Dienes, Polya für den Mathematikunterricht)

Nach Dienes geht es bei der Unterrichtsplanung um „eine Art bester Anpassung zwischen der Struktur der Aufgabe und der Struktur des individuellen Denkens“ (1969, S. 39).
Polya schlägt für den Mathematikunterricht das folgende Artikulationsschema vor:

1. Phase: **Verstehen der Aufgabe**
Das Verstehen der Aufgabe wird gefördert durch folgende Fragen: Was ist unbekannt? Was ist gegeben? Wie lautet die Bedingung? Ist die Bedingung ausreichend, unzureichend, überbestimmt oder kontradiktorisch? Läßt sich eine Figur zeichnen oder eine passende Bezeichnung einführen? Lassen sich Teile der Bedingung trennen?

2. Phase: **Ausdenken eines Planes**
Ein wichtiger Aspekt für das Ausdenken eines Planes ist das Aufspüren von Aufgaben oder Daten, die mit dem anstehenden Problem im Zusammenhang stehen (verwandte Aufgaben; allgemeinere oder speziellere Aufgaben; analoge Aufgaben u. a.). Auch durch systematische Konstruktion neuer Aufgaben, durch Umstrukturierung oder Veränderung der gegebenen Daten, kann die Idee des Ausführungsplanes gefördert werden. Damit die anstehende Aufgabe nicht aus dem Blick gerät, gilt es zu prüfen, ob alle Daten und Bedingungen benutzt worden sind.

3. Phase: **Ausführen des Planes**
Bei der Ausführung des Planes soll jeder Schritt durchgeführt und auf seine Richtigkeit überprüft werden.

4. Phase: **Rückschau**
In der Rückschau geht es um das Kontrollieren des Resultates und des Beweises sowie die Frage, ob das Resultat und die Lösungsmethode auch für andere Aufgaben verwendbar sind.

⑤ *Unterrichtspraktisch orientierte Artikulationsmodelle*
(Bach und Drefenstedt/Neuner)
Z. B. Bach (hier nach Wiederhold)

1. Phase: **Hinwendung**
Als mögliche Formen dieser Phase nennt Bach: die Anknüpfung an den voraufgegangenen Unterricht, die gemüthafte Einstimmung, die Weckung des Interesses, die Herausforderung, die Erregung der Neugier, die Anspornung des Ehrgeizes und schließlich die Herstellung von Beziehungen zum täglichen Leben der Kinder.

2. Phase: **Vorbereitung**
Diese Phase ist charakterisiert durch näheres Bekanntwerden mit der Sache, durch wachsende Spannung, Beobachtung, freie Erfahrungsäußerung, „naive" Lösungsversuche, Vorüberlegungen, Aufgabenerfassung und -entfaltung, Einführung in die Arbeitsform, Einübung oder Schulung der eingesetzten Lerntechniken, Arbeitsanweisungen für in Frage kommende Unterrichtsmittel bzw. deren Verteilung, Abstellung anfangs auftretender Schwierigkeiten usw.

3. Phase: **Erarbeitung**
In ihr kommt es zur Bewältigung der verschiedenartigen Aufgaben, der Problemlösungen, der Schlußfolgerungen, des Verständnisses, der Erlebnishöhe.

4. Phase: **Vertiefung**
Hier läßt sich ein Streben nach Perfektionierung, nach intensivem Einbringen, nach Überschau, Ordnung, Abklärung, Unterscheidung, Nachprüfung, Erweiterung, Verfeinerung und Differenzierung des Gewonnenen beobachten.

5. Phase: **Befestigung**
Hier gilt es, das Gewonnene festzuhalten, zu sichern. Es ist der Zeitpunkt für eine erste Wiederholung, ein Vergleichen, ein Aufspüren von Beziehungen zu dem bereits gesicherten Erfahrungsschatz, ein Einordnen und Ausprobieren oder ein erstes Anwenden bzw. Verwerten des Gelernten in anderen Zusammenhängen.

6. Phase: **Gestaltung**
Diese Phase ist durch das Bestreben gekennzeichnet, dem Gewonnenen eine bleibende Form zu geben; sie könnte auch als Phase der Entladung oder des Ausdrucks bezeichnet werden. In dieser Phase gehören die sprachliche Formulierung oder schriftliche Fixierung, die zeichnerische, plastische, musische oder szenische Darstellung sowie die Übung gewonnener Fähigkeiten, bis sie fest zum gekonnten Bestand gehören. Sie ist auch Phase der Vergewisserung für den Lehrer, inwieweit die Klasse das gesteckte Unterrichtsziel wirklich erreicht hat, so daß kritische Beobachtungen, Kontrollen und Prüfungen notwendig werden.

7. Phase: **Ablösung**
In dieser Phase soll das Geschehen der vorausgegangenen Phasen allmählich ausklingen. Den unterschiedlichen Unterrichtsgegenständen gemäß, bieten sich folgende Formen an: das Ausklingenlassen in Andacht, Musik oder Gespräch, die Betrachtung, die Ausstellung, die Schul- oder Klassenfeier, die Kritik der entstandenen Arbeiten, die Rückschau auf die Unterrichtseinheit, die Diskussion der Arbeitsform, die Erörterung der Arbeitshaltung der Klasse, das einfache Einsammeln der Arbeitsmittel, das Aufräumen des Arbeitsplatzes und der Klasse oder der Ausblick auf anschließende Unterrichtsthemen.

8. Phase: **Entspannung**
Diese Phase dient zur Verarbeitung des Gelernten im Unbewußten und dem Schöpfen neuer Kräfte. Gemeint sind damit Pausen, freie Spiele oder ein einfaches In-Ruhe-Lassen der Kinder.
Bach selbst grenzt seine Phaseneinteilung von den Formalstufen ab, indem er darauf hinweist, daß
– seine Phasen nicht nur für intellektuelle Unterrichtsgegenstände geeig-

net sind, sondern immer einer dem entsprechenden Unterrichtsgegenstand angemessenen Ausformung bedürfen,
- seine Phasen nicht von vornherein bestimmte Unterrichtsformen, -techniken und -mittel für die einzelnen Abschnitte normierend festlegen,
- seine Phasen nicht nur Gestaltungsgesichtspunkte für die einzelne Unterrichtsstunde, sondern auch für Unterrichtstage und Unterrichtswochen abgeben,
- seine Phasen im Hinblick auf ihre Länge vom Unterrichtsgegenstand sowie von der Individuallage der Klasse abhängen.

4. *Ausgewählte Beispiele für die Gestaltung der Hauptphasen einer Unterrichtstunde* (vgl. hierzu auch 3.5.3)

Funktionen	Gestaltungs- und Handlungsmöglichkeiten
Unterrichtseinstieg 1. Motivation 2. Weckung des Fragebewußtseins des Schülers 3. Erschließung von Schüler und Sache füreinander 4. „Disziplinierung“ (Meyer, Bd. 2, 128)	1. Die Schüler „einsammeln“ und für das Fach und das Thema „aufwärmen“, evtl. mit eigenen Konzentrationsübungen. 2. Ausgangslage der Schüler ermitteln, und zwar durch Mitsprache der Schüler, nicht nur über Lehrervermutungen. Vorkenntnisse und Vorerfahrung der Schüler klären (inhaltlicher, methodischer, gefühlsmäßiger Zugang ...). Unterschiede in der Ausgangslage müssen durch Differenzierungsmaßnahmen, z. B. über Helfersystem, ausgeglichen werden. 3. Gegenstand präsentieren und zwar mit aufforderndem Anspruchsniveau. 4. Aufmerksamkeit wecken, z. B. durch Provokation, paradoxe Aufgaben, Rätsel usw., d. h. Schüler und Unterrichtsinhalt miteinander „anfreunden“. 5. Neugier als primäres Lernmotiv wekken. 6. Problembewußtsein wecken und zur Problemdefinition anregen. 7. Sinn, Zweck, Verlauf der Stunde klären (≙ dem informierenden Unterrichtseinstieg).

Funktionen	Gestaltungs- und Handlungsmöglichkeiten
Erarbeitung 1. Sachkompetenz 2. Methodische Kompetenz 3. Kommunikative Kompetenz der Schüler, und zwar mit dem Ziel zunehmender Selbstständigkeit der Schüler	*Denken und Handeln:* 1. Erarbeitung z. B. von Regeln, Gesetzmäßigkeiten, Zusammenhängen: Ziel ist das *brauchbare Handlungswissen.* 2. Reflexion über Inhalte, Methoden, Umgangsformen, Normen, und zwar im selbsttätigen Vollzug der Schüler, nicht lediglich nachvollziehend. Bezüglich der Methoden z. B. Reflexion des methodischen Stundenaufbaus, der methodischen „Strickmuster", verwendeter Medien; Reflexion des eigenen methodischen Handelns unter logischen und gruppendynamischen Gesichtspunkten, Begründung methodischer Maßnahmen durch den Lehrer... 3. Den Schülern Gelegenheit zu gemeinsamem Handeln geben, didaktisch begründet und in überlegtem Wechsel mit eher rezeptiv orientierten Informationsphasen (vgl. die „Ideenkiste" bei Meyer 1987, Bd. 2, S. 158–160).
Anwendung, Ergebnissicherung, Übung 1. Fixierung der wesentlichen und verbindlichen Unterrichtsergebnisse 2. Vergleich von Soll- und Istwert der Unterrichtsplanung: In welchem Ausmaß haben die Schüler die gesetzten Lernziele erreicht? Evtl. ausgleichende Arbeit! 3. Erstes Einprägen der neu gewonnenen Kenntnisse und erstes Üben der angebahnten Fähigkeiten	1. Bevorzugt integrierte Formen der Ergebnissicherung einbauen, wie z. B. Wiederholungen, Anwendung in neuen Zusammenhängen, Sammeln des Orientierungswissens. 2. Die Kriterien sinnvollen Einprägens und Übens beachten: – motivieren, – Zweck erläutern, – Anforderungen am mittleren Schwierigkeitsgrad ausrichten, – lernen in Sinnzusammenhängen, – Geordnetes Lernmaterial wird besser behalten als ungeordnetes. – Ganzheitlich mit allen Sinnen lernen, – v. a. operatives Lernen fördern,

Funktionen	Gestaltungs- und Handlungsmöglichkeiten
4. Praxisbezogene Anwendung 5. Evtl. „kritische Bewertung der geleisteten Unterrichtsarbeit“ (Meyer, a. a. O., S. 165)	– spielerische Formen der Ergebnissicherung einbeziehen, – auf angst- und streßfreie Atmosphäre achten . . . (vgl. ausführlich Köck 1988). 3. *Beispiele* (siehe ausführlich bei Köck 1987 und Meyer, a. a. O., S. 172–180) – Mündliche Zusammenfassung am Schluß der Unterrichtsstunde, – gelenktes Unterrichtsgespräch, – schriftliche Zusammenfassung durch Tafeltext oder Lehrerdiktat, – protokollieren durch Schüler, – Simultan-Protokoll (Tafel, Overheadprojektor, Flipchard . . .), – abfragen und „verhören“, – Arbeit mit dem Schulbuch, – Hausaufgaben, – produktives Schreiben, – Schülerbuch, Schülerlexikon, Klassenzeitung, Schülerzeitung, – Wandzeitung, – Fries, – Zeitleiste (Geschichtsfries), – Film, Video, Hörspiel, – Streitgespräch, Diskussion . . ., – Rollenspiel, Planspiel, – Feste und Feiern, – Ausstellung, Dokumentation, – Selbständige Alleinarbeit . . .

4.5 Sozialformen des Unterrichts

4.5.1 Was sind Sozialformen des Unterrichts?

Sozialformen des Unterrichts beschreiben das äußere Zueinander von Lehrer und Schülern bei der Bearbeitung von Lerninhalten. Sie regeln die Beziehungsstruktur in der Klasse durch die Vorgabe des äußeren sozialen Rahmens. Sozialformen des Unterrichts sind insofern die Voraussetzung

dafür, daß Unterrichtsformen (vgl. 4.3) und Aktionsformen (vgl. 4.6) verwirklicht werden können.
Sie sind situations- und aufgabenabhängig und damit als begründetes Produkt der didaktischen Analyse auch grundsätzlich alle als gleichwertig einzuschätzen.
Üblicherweise werden die folgenden Sozialformen des Unterrichts unterschieden:

Frontalunterricht bzw. Klassenunterricht

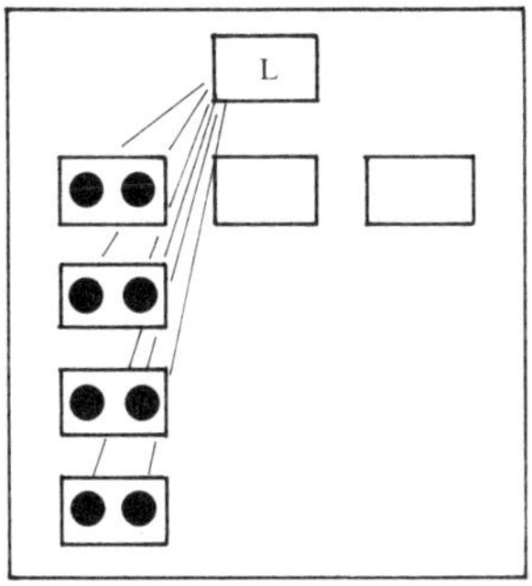

Einzelarbeit bzw. Still- oder Alleinarbeit

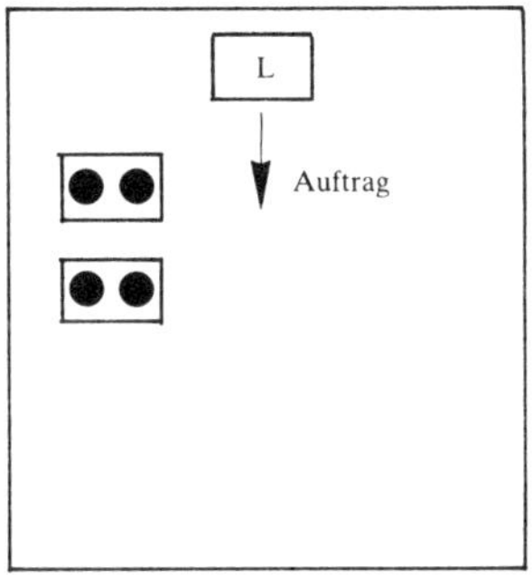

Partnerarbeit

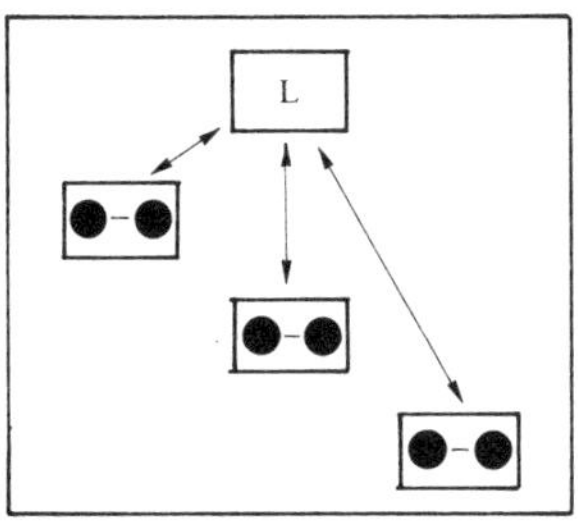

Kleingruppenarbeit bzw. Gruppenunterricht (Sitzordnung ohne Möbelrücken)

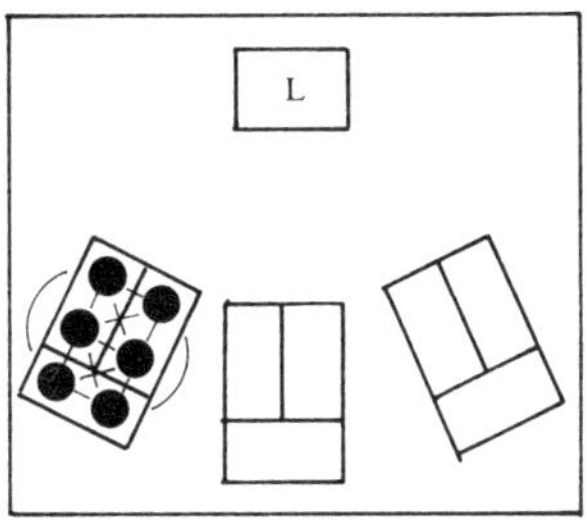

Kreissituation

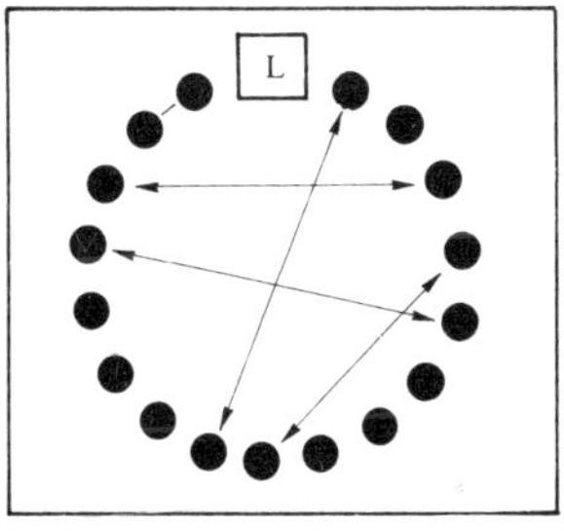

Großgruppenunterricht (evtl. in Verbindung mit Teamteaching), z. B.

1. Zwei Klassen sehen einen Film.
2. Klassenübergreifende Kleingruppen
3. Vorstellung der Ergebnisse im Plenum der zwei ursprünglichen Klassen

Nach ihrem Einsatz in der Unterrichtspraxis zu urteilen, erfreuen sich die dargestellten Sozialformen sehr unterschiedlicher Wertschätzung. So bestätigt auch eine neuere Untersuchung in der Sekundarstufe I an Gymnasien, Haupt- und Gesamtschulen (Hage u. a. 1985) eine beharrliche Kontinuität der Bevorzugung bestimmter Sozialformen durch Lehrer. In den untersuchten Fächern Deutsch, Gesellschaftslehre, Naturlehre wurden *76,86% des Unterrichts in der Sozialform Frontalunterricht* mit darbietendem, demonstrierendem und Frage-Antwort-Unterricht bestritten, also lehrergeleitet, – zwangsläufig um den Preis häufiger Nebentätigkeiten und Störungen der Schüler. Der Rest des Unterrichts verteilte sich auf

- Einzelarbeit (10,24%),
- Kleingruppenarbeit (7,43%),
- Partnerarbeit (2,88%),
- Klassenkooperation (2,6%).

Die bevorzugten Unterrichtsziele lagen im intellektuellen Bereich, also beim Erwerb von Wissen und geistigen Arbeitstechniken.

4.5.2 Auswahlkriterien für situations- und aufgabengemäße Sozialformen des Unterrichts

Für die Bevorzugung des Frontalunterrichts mag es Gründe geben, für ihre Rechtfertigung reichen sie aber bestimmt nicht aus. Es ist mehr als unwahrscheinlich, daß für Dreiviertel des gesamten Unterrichts der Frontalunterricht mit seinen spezifischen Anforderungen die situations- und aufgabenangemessene Sozialform sein sollte.
Auch für die Sozialformen des Unterrichts gelten – wie für jede andere Unterrichtsmethode – als *Auswahlkriterien*

- die Schüler mit ihrem aktuellen Eingangswissen und -können,
- das Lernziel mit seinem Anspruch verschiedener Verhaltensklassen,
- der Lerninhalt mit seiner speziellen Problematik,
- die Medien mit je unterschiedlichem Anspruch an Wahrnehmen, Denken, Handeln und Interagieren der Schüler,
- die Unterrichtsökonomie, die an einem vertretbaren Verhältnis von Aufwand und Effekt der unterrichtlichen Arbeit interessiert ist.

Mir scheint, daß das Kriterium der Unterrichtsökonomie allzuoft als Alibi dafür herhalten muß, mit dem Hinweis auf Stoff- und Prüfungsdruck Sozialformen nicht in den Unterricht einzubauen, die einen größeren Aufwand an Vorbereitung und Unterrichtszeit erfordern als der Frontalunterricht.

4.5.3 Auswirkungen, Funktionen und Einsatzbereiche der Sozialformen des Unterrichts

	Ablauf/Auswirkungen	Funktionen und bevorzugte Einsatzbereiche	Vorteile/Nachteile
Frontalunterricht (Z. B. Aschersleben 1986, Meyer/Okon 1984)	Die Informationen werden – von *einer* Informationsquelle (Lehrer, Medium) – an jeden einzelnen Schüler einer Klasse – gleichzeitig, – auf demselben Anspruchsniveau, – im selben Tempo, – innerhalb derselben Zeit, – total fremdgesteuert übermittelt.	– Schnelle und gleiche Information an alle Schüler, vor allem im darbietenden Unterricht ökonomische Informationsausgabe, – (vorläufig) unbestrittene Anerkennung der fachlichen Autorität des Lehrers bzw. des Mediums. – Im Frage-Antwort-Unterricht: Jeden einzelnen Schüler möglichst ohne Fehlleistung auf ein- und derselben Denk- und Handlungsspur halten, was die gleiche Ausgangslage für nachfolgende Unterrichtsphasen schafft. – Einübung in die Techniken rezeptiver Informationsverarbeitung, die gerade in einer Zeit zunehmender Informationsfülle an Bedeutung gewinnt. – Disziplinierungsfunktion.	Vorteile: – Der Lehrer „behält das Heft in der Hand“, fachlich wie disziplinär. – Wenig aufwendige Unterrichtsorganisation. – Alle Schüler werden gleichzeitig auf denselben Informationsstand gebracht. – „Ablenkungsmanöver“ der Schüler können schnell erkannt und abgefangen werden. Nachteile: – Uniformierung der Anforderungen: Differenzierung und Individualisierung haben keine Chance. – Selbsttätigkeit, Eigensteuerung, Eigenverantwortung der Schüler haben keinen Spielraum. – Tendenz zur Verfestigung autoritärer Beziehungsstrukturen zwischen Lehrer und Schülern. – Isolierungstendenz, da Schülerkontakte ausdrücklich nicht erwünscht sind. – Evtl. Verstärkung der Ettikettierungseffekte für die schwächeren Schüler.

	Ablauf/Auswirkungen	Funktionen und bevorzugte Einsatzbereiche	Vorteile/Nachteile
			– Problem „Drankommen“: Nach Untersuchungen stammen zwischen 60% und 80% aller Wörter im Unterricht vom Lehrer, der Rest verteilt sich nochmals ungleich zwischen den stärkeren (Motoren) und schwächeren Schülern einer Klasse. Eine weitere Verschiebung zugunsten der eher Leistungsmotivierten ergibt sich mit dem Stundenfortschritt eines Schulvormittags.
Einzelarbeit	Jeder einzelne Schüler löst allein Lernaufgaben, und zwar – aufgrund präziser Aufgabenstellung, – mit vorgegebener oder selbst zu findender Methode, – je nach Aufgabe eher nachvollziehend – festigend oder problemlösend. Eine extreme Form der Einzelarbeit ist die lineare Programmierte Instruktion.	– Vor allem in Phasen der Wiederholung und des Einübens für die selbständige Anwendung von Kenntnissen, Erkenntnissen und Fähigkeiten, auch in der Hausaufgabe. – Überprüfung des persönlichen Lernfortschritts; individuelle Defizite können erkannt und bearbeitet werden. – Einzelarbeit ist immer dann angemessen, wenn es um die Sicherung des sog. Minimalwissens und -könnens geht, über welche jeder einzelne Schüler für nachfolgende Lernaufgaben (auch Prüfungen) verfügen muß. – Disziplinierungsfunktion, m. E. nur gerechtfertigt zur Herstellung der nötigen Konzentration	Vorteile: – Möglichkeit der Individualisierung der Lernprozesse nach Lernaufgabe, Methode, Arbeitstempo, Leistungsfähigkeit, Interessen. – Bei angemessenem Anspruchsniveau eine bedeutsame Möglichkeit der Selbstverstärkung. Nachteile: – Bei gehäufter Anwendung Vereinsamungseffekte (v. a. bei linearen Form der Programmierten Instruktion). – Motivationsprobleme bei langandauernder Über- oder Unterforderung: Auch Einzelarbeit bedarf der beratenden Begleitung durch den Lehrer.

		für die Bewältigung von Lernproblemen.	
Partnerarbeit	– Jeweils zwei Schüler – in der Regel die Banknachbarn – bilden für kurze Zeit eine Arbeitsgemeinschaft. – Sie bearbeiten nach präziser Arbeitsanweisung überschaubare Aufgaben v. a. der Materialsuche und -auswertung sowie der wechselseitigen Kontrolle.	– Vorteilhaft für schnelle Materialauswertung, – wechselseitige Kontrolle der Feststellung des Lernfortschritts, – in Wiederholungs- und Übungsphasen, – Einsatz im Rahmen des Helfersystems, – Sozialisationsfunktion.	Vorteile: – Erweiterung des Wahrnehmungs- und Denkfeldes sowie größere geistige Beweglichkeit durch Meinungsaustausch. – Einübung ins Argumentieren, Nachgeben, in die Fähigkeit, Kompromisse zu schließen und auf seiner Meinung mit Begründung zu beharren. – Übernahme von Eigenverantwortung für eigene Lernprozesse und deren Ergebnisse, gelegentlich auch im Wettbewerb, – größere körperliche Mobilität, – schnell und ohne großen Aufwand zu organisieren. Nachteile: – Tendenz zum Dominanzverhalten eines Partners bei leistungsungleichen Schülern. – V. a. bei themengleicher Partnerarbeit können nicht alle Ergebnisse im Plenum gewürdigt werden. – Einübung in Arbeitsdisziplin und in die nötigen sozialen Fähigkeiten kostet Zeit.

	Ablauf/Auswirkungen	Funktionen und bevorzugte Einsatzbereiche	Vorteile/Nachteile
Kreissituation	Der Lehrer und alle Schüler einer Klasse sitzen einander zugewandt (Kreis- oder Hufeisenform), – notwendige Voraussetzung für alle Arten des Gesprächs, in denen verbalen *und* nonverbalen Signalen gleichgroße Bedeutung zukommt. – Ein vom Lehrer vorgegebenes oder von der Klasse formuliertes Thema – wird nach bekannten und eingeübten Gesprächsregeln, – von einem Gesprächsleiter gelenkt oder ohne Lenkung vom Gesprächskreis selbst reguliert, – von gleichberechtigten Gesprächsteilnehmern bearbeitet (symmetrische Kommunikation).	– Einübung in aufgaben- und situationsangemessene Formen der Kommunikation, Erweiterung der kommunikativen Kompetenz, – Einübung in Metakommunikation als kritische Reflexion alltäglicher Kommunikation, von Unterrichtsinhalten, Unterrichtsmethoden, Umgangsformen, Regeln usw. – V. a. geeignet für die Formulierung, Vertretung und Erweiterung persönlicher Meinungen aufgrund des Austausches begründeter Argumente – sowie für die Bearbeitung aktueller sozialer Konflikte und von Kommunikationsstörungen.	Vorteile: – Übungsfeld zur Überwindung sprachlicher und emotionaler Barrieren, sich in größeren Gesprächsrunden zu äußern, – bewußte Pflege nonverbaler Kommunikation, – Einübung in die Selbstregulierung eines Gesprächskreises. Nachteile: – Mögliches Abgleiten in einen „Plauderkreis“, – Verfestigung hierarchischer Strukturen, wenn die vereinbarten Gesprächsregeln symmetrischer Kommunikation nicht beachtet werden, – Angst einzelner Schüler, sich im großen Gesprächskreis zu äußern, – Gruppen- und Meinungsdruck, wenn das gruppendynamische Geschehen nicht reflektiert wird.

Großgruppen-unterricht	– Die Schüler mehrerer Klassen werden in der Phase der Informationsausgabe (z. B. über einen Film) zusammengeführt (z. B. Aula, Medienraum). – In der Erarbeitungsphase werden klassenübergreifend und meistens interessenorientiert Kleingruppen zu Arbeitsschwerpunkten (in der Regel themenverschieden und arbeitsteilig) des Gesamtthemas gebildet, evtl. Teamteaching (vgl. 4.6). – Die Kleingruppen berichten (mündlich, veranschaulicht in schriftlicher Form, durch Werkstücke, Plakate, Videofilme usw.) im Plenum der Ausgangsklassen. – Die Ergebnisse werden in den einzelnen Klassen gesichert. – Der Großgruppenunterricht setzt organisatorisch mindestens eine Doppelstunde voraus; er kann sich aber auch über mehrere Wochen im Sinne eines Projekts erstrecken.	– Klassenübergreifende Kontaktpflege, – Ökonomie v. a. bei technisch aufwendiger Informationsausgabe, – geeignet v. a. bei Themen, die ergiebige Arbeitsschwerpunkte enthalten und evtl. aus verschiedener fachlicher Sicht beleuchtet werden können → Projekt	Vorteile: Vgl. bei Funktionen! Nachteile: – Verstärkte Tendenz zu Disziplinverstößen und Unterrichtsstörungen, wenn die nötigen Arbeits- und Umgangsregeln nicht hinreichend eingeübt sind und auf ihre Beachtung hin streng kontrolliert werden, und zwar von den Schülern selbst. – Der Zeitaufwand liegt meistens höher als bei den üblichen klasseninternen Unterrichtsorganisationen.

	Ablauf/Auswirkungen	Funktionen und bevorzugte Einsatzbereiche	Vorteile/Nachteile
Kleingruppenarbeit (Vgl. bezüglich der sozialpsychologischen und gruppendynamischen Grundkenntnisse Köck 1987, S. 124 f.)	Durch die Sozialform Kleingruppenarbeit wird der Klassenverband zeitlich befristet in Untergruppen aufgelöst, die klar beschriebene Teilaufgaben zum Gesamtthema einer Unterrichtseinheit bzw. Unterrichtsstunde selbsttätig und kooperativ bewältigen sollen. – Die Kleingruppenarbeit ist gerechtfertigt bei problemorientierten Lerninhalten bei gleichzeitiger Mitnahme sozialer Lernziele. Es kommen insbesonders Aufgaben in Betracht von der Art der Kräfteaddition, des Suchens und Findens, des Fehlerausgleichs (Weg zur günstigsten Lösung) und des Entscheidens. – Ideale Gruppengröße: 4 bis 6 Schüler. – Räumliche Voraussetzungen schaffen, z. B. Sechserblocksitzordnung, um das aufwendige und störende Möbelrücken zu vermeiden. – Kleingruppenarbeit kann themengleich oder themenverschieden organisiert sein.	– Einübung in entdeckendes und problemlösendes Lernen, – selbsttätiger Umgang der Schüler mit dem Unterrichtsgegenstand, dem Arbeitsmaterial und den Arbeitstechniken, – Arbeitsteilung (Ökonomieprinzip, – Einübung in fairen Wettbewerb, – Lernziel „Kooperation“, v. a. durch die Balance zwischen den Ansprüchen von Sache, Gruppe und dem einzelnen Schüler (nach R. Cohn, vgl. Köck 1987, S. 182 f.), – Förderung der Kommunikationsfähigkeit und der Fähigkeit zur Metakommunikation (vgl. hierzu als mögliches Hilfsmittel den nachfolgenden Fragebogen zum Nachdenken über Kleingruppenarbeit!), – Steigerung der „sozialen Handlungskompetenz“.	*Vorteile:* – In der Regel sind Qualität der geleisteten Arbeit und der Lernzuwachs der Schüler (Behaltwert und Arbeitstechniken) höher zu veranschlagen als bei anderen Sozialformen. – Kleingruppenarbeit knüpft an den Stärken der einzelnen Schüler an. – Kleingruppenarbeit fordert Schüleraktivität und Kooperationsbereitschaft. – Kleingruppenarbeit schafft die Voraussetzungen für produktive und kreative Problemlösungen (mehr Köpfe – mehr Ideen!). – Positive Rückwirkungen der Kleingruppenarbeit auf die Einzelarbeit der Schüler wurden mehrfach nachgewiesen, v. a. für leistungsschwächere Schüler (Modell-Lernen, Beobachtungslernen). – Kleingruppenarbeit bewirkt größere emotionale und soziale Arbeitszufriedenheit der Schüler. – Kleingruppenarbeit sorgt für die Erhöhung des Sprachanteils des einzelnen Schülers im Unterricht.

- Der Lehrer hat während der Kleingruppenarbeit vorwiegend beratende Funktion.

Verlauf:

- Problembeschreibung und exakte Formulierung der Arbeitsschwerpunkte je nach Aufgabentyp im Klassenunterricht, und zwar schriftlich festgehalten an der Tafel, auf der Overheadprojektor-Folie, im Arbeitsblatt ... Je mehr Erläuterungen nachträglich nötig sind, um so schlechter war der Arbeitsauftrag formuliert.
- Kleingruppenarbeit an den vereinbarten Arbeitsschwerpunkten einschließlich der Ergebnisformulierung.
- Ergebnisberichte der Kleingruppe im Plenum in sachangemessener Form: mündlich, schriftliche Zusammenfassung an der Tafel, auf der Folie, Flipchard ...

Gruppenbildung:

- frei nach Zuneigung, Aufgabe, Interessen,
- vom Lehrer bestimmt nach gruppendynamischen Gesichtspunkten, nach Leistung (gleich oder differenziert, Helfersystem), nach fachlichen Kenntnissen ...

- Kleingruppenarbeit fördert den kritischen Umgang mit Lerninhalten, Meinungen, Vorurteilen.
- Kleingruppenarbeit ist ein Übungsfeld für soziales Lernen: zuhören, sichdurchsetzen, nachgeben, Kompromisse schließen, argumentieren, Konflikte fair austragen ...
- Kleingruppenarbeit hilft die Angstschwelle zu überwinden, vor dem Plenum der Klasse zu sprechen.
- Kleingruppenarbeit vermindert lenkende Lehrermaßnahmen zugunsten der Beratertätigkeit des Lehrers.

Nachteile:

- Bei Vernachlässigung der gruppendynamischen Dimension besteht die Gefahr autoritärer Fehlentwicklung der Kleingruppe durch die Dominanz einzelner Schüler bzw. die Gefahr eines ineffektiven Dauerrollenkampfes.
- Die Disziplinprobleme können zunehmen, wenn keine gemeinsam vereinbarten Umgangsregeln eingeübt werden.

	Ablauf/Auswirkungen	Funktionen und bevorzugte Einsatzbereiche	Vorteile/Nachteile
	– Auf Wechsel bei der Gruppenzusammensetzung achten, um Rollenfixierungen vorzubeugen. – Abgesehen von Wiederholungs- und Übungsphasen sind bezüglich der Leistungsfähigkeit heterogene Gruppen den homogenen vorzuziehen.		– Möglich sind schnelle Entmutigung der Schüler bei Überforderung und Ausflippen in Leerlaufhandlungen bei Unterforderung. – Hinsichtlich der Vorbereitung, Organisation und der Unterrichtszeit ist die Kleingruppenarbeit meistens aufwendiger als andere Sozialformen. *Mißerfolge bei der Kleingruppenarbeit* rühren meistens her von – ungünstiger Gruppengröße, v. a. wenn mehr als 6 Gruppenmitglieder zusammenarbeiten sollen – unklarer Arbeitsanweisung – schwer verständlichem Arbeitsmaterial – unzureichend eingeübten Arbeitstechniken – Mängeln im Sozialverhalten

Schrittweise Hinführung zum Kleingruppenunterricht:

Von der Partnerarbeit über themengleiche kurzphasige und themengleiche langphasige Kleingruppenarbeit zu themenverschiedener Kleingruppenarbeit, und zwar mit jeweils zunehmender Anforderung an Sachverstand, methodische Kenntnisse, Entwurf von Arbeitsplänen, Arbeitsteilung und gruppendynamische Fähigkeiten.

Fragebogen zum Nachdenken über Gruppenarbeit

Der folgende Fragebogen soll Euch zum Nachdenken über die Arbeit in Eurer Gruppe anregen. Bearbeitet diesen Fragebogen zunächst jeder für sich allein, und vergleicht dann die Ergebnisse in Eurer Gruppe. Versucht zu klären, warum Ihr unterschiedlich geantwortet habt, oder wie Ihr die Arbeit in der Gruppe verändern könnt!

Fragen zum Unterrichtsinhalt	ja	teils/teils	nein
1. War mir klar, worin unsere Aufgabe bestand, was unsere Aufgabe war?	○	○	○
2. Wußte ich genug, um an die Aufgabe herangehen zu können?	○	○	○
3. War es gut, die Aufgaben in Gruppenarbeit zu lösen?	○	○	○
4. Hatte ich Interesse und Lust zu der Aufgabe?	○	○	○
5. War ich in der Lage, die mir übertragene Aufgabe zu erledigen?	○	○	○
Fragen zur Organisation der Gruppenarbeit			
6. Konnten wir uns am Anfang über unser Vorgehen einigen?	○	○	○
7. Haben wir uns an unsere Vereinbarungen gehalten?	○	○	○
8. Wußte ich immer genau, welche Aufgabe ich in der Gruppe übernehmen sollte?	○	○	○
9. Konnten wir immer die zur Arbeit notwendigen Informationen und Hilfsmittel beschaffen?	○	○	○
Fragen zum Miteinanderumgehen			
10. Habe ich mich in der Gruppe wohl gefühlt?	○	○	○
11. Haben sich alle an der Gruppenarbeit beteiligt?	○	○	○
12. Sind wir im Gespräch aufeinander eingegangen?	○	○	○

Aus: Ernst Meyer: Angst als Thema der Schule. In: Die Realschule, Heft 5, 1982, S. 299

4.6 Aktionsformen im Unterricht

4.6.1 Anmerkungen zum Verständnis und sinnvollen Einsatz von Aktionsformen im Unterricht

Aktionsformen des Unterrichts bezeichnen die lehr- und lernbezogenen Handlungen, die Lehrer und Schüler im Unterricht ausüben. Für die Unterichtsplanung ist es bedeutsam, daß *grundsätzlich jede Aktionsform von jedem Teilnehmer am Unterrichtsprozeß wahrgenommen werden kann.* Es muß sogar als vordringliches Erziehungsziel gesehen werden, vorwiegend vom Lehrer praktizierte Aktionsformen durch schrittweise Einübung auf die Schüler übergehen zu lassen. Wie bei den Unterrichtsformen ist auch hier eine grundsätzliche Bevorzugung einzelner Aktionsformen weder lernpsychologisch noch didaktisch zu rechtfertigen. *Aktionsformen sind vielmehr aufgrund ihrer aufgabenspezifischen Leistung auszuwählen.* So erfolgt z. B. Informationsausgabe meistens im Rahmen der darbietenden Unterrichtsform durch vortragen, erzählen, beschreiben, erklären, vormachen, vorzeigen. Die genannten Aktionsformen des Lehrers bringen ihre volle Leistung aber erst, wenn die Schüler ihre adäquate Antwort beisteuern, in unserem Beispiel also zuhören, nacherzählen, mitvollziehen, nachvollziehen, nachmachen. Die konsequente Entsprechung von Lehrer- und Schüler-Aktivität entscheidet über die Güte der gewählten Aktionsform. Dies bedeutet, daß der Lehrer bei der Bestimmung von Lehr-Aktivitäten die erwünschten Lern-Aktivitäten der Schüler mitbedenken muß. Andernfalls bleibt gelegentlich der Effekt nicht aus, daß die Schüler sich zu anderen Handlungen entschließen, als vom Lehrer erwartet werden.

Bedauerlicherweise reicht aber auch die logische Entsprechung von Lehr- und Lernaktivität noch nicht für das Gelingen einer Aktionsform aus. Als zumindest teilweise unbekannte Störgröße erweist sich nämlich die jeweilige Handlungsfähigkeit der Schüler, die sie in der geplanten Situation einbringen können und wollen. Mit anderen Worten: Auf manche Aktionsformen springen die Schüler nicht an, weil sie die spezifische Antwort auf eine Lehr-Aktivität nicht hinreichend beherrschen und/oder weil ihre altersabhängige Vorliebe für einen z. B. eher erfahrungs- und gefühlsbetonten sowie spielerischen Umgang mit der Wirklichkeit mißachtet wird. Die Folge sind im besten Fall Lern-Aktivitäten der Schüler, die hinter den Erwartungen des Lehrers zurückbleiben, gelegentlich aber auch zur Aufgabe gesetzter Stundenziele führen. Die Schüler können aber auch ihren Part an der Aktionsform bewußt total verweigern und sich phantasiereich unterrichtsfremden Aktivitäten zur Bekämpfung aufgezwungener Langeweile hingeben (z. B. zeichnen, vor sich hin dösen, mit Schreibmaterial spielen, Schiffe versenken, Hausaufgaben erledigen, Geräusche erzeugen usw.). Die dem Schüler nicht angepaßte Aktionsform produziert mutwillig Unterrichtsstörungen.

Häufige Aktionsformen sind

- *Vortrag,* vor allem der Kurzvortrag des Schülers, in dem er ein kleines Stück Lehrfunktion übernimmt,
- Geschichtenerzählen,
- Mitschreiben,
- Arbeit an Arbeitsblättern, am Buchtext, am Quellenmaterial . . .,
- Interview,
- *Fragen,* die das Denken des Schülers, nicht das Antworten, Reagieren fördern sollen. Bei den meisten Lehrerfragen sind die Schüler gezwungen, sich ratend oder wie in einem linearen Programmablauf Schritt für Schritt am Frager zu orientieren und damit am Denken des Fragers, statt das eigene Denken mobilisieren zu dürfen. Die ideale Fragesituation liegt mit Lernsituationen vor, die die Schüler zum Fragen anregen (Vgl. z. B. Bodenheimer 1984, Dahms 1979).
- Impuls,
- Gespräch in verschiedenen Varianten, z. B. gebundenes oder freies Unterrichtsgespräch, Diskussion, Debatte, Anhörkreis, Gesprächskreis,
- Experiment, v. a. Schülerexperiment und Vorbereitung von Experimenten durch Schüler,
- Demonstration,
- Lernspiele,
- Rollenspiele,
- Dialogspiele (v. a. im Fremdsprachenunterricht),
- Simulationen,
- Planspiel,
- Freies Spiel, Stegreifspiel, Pantomime . . . (vgl. Schulleben unter 1.),
- Teamteaching
- *sowie viele fachspezifische Aktionsformen* wie z. B. Konstruktion, Kartenarbeit, Collagen erstellen, Erkundungsgang . . .

Aktionsformen werden immer innerhalb einer Sozialform (vgl. 4.5) und einer Unterrichtsform (vgl. 4.3) verwirklicht.

4.6.2 Zum Beispiel: Lehrer- und Schülervortrag

1. *Begriffliche Abgrenzung*

„Reden heißt leider auch sich isolieren. Und schlimmer noch: Viel reden heißt sich unsozial verhalten.“ (Vollrath 1973, S. 77).
Durch einen Vortrag werden Informationen an den Zuhörer
- zusammenhängend,
- in adressatengerechter Form
- und in zumutbarer Zeitspanne übermittelt.

Lehrer- und Schülervortrag verfolgen zusätzlich den Zweck, die Zuhörer zum Lernen zu veranlassen.
Als Vortrag im Unterricht gelten sowohl der ausgefeilte Kurzvortrag als auch etwas unscharf abgegrenzt mehr oder minder freie Formen des Vortrags wie längere Erläuterungen, Erzählungen, Schilderungen, Rezitationen, Berichte z. B. über einen Arbeitsvorgang oder über den Verlauf einer Gruppenarbeit und deren Ergebnis u. a. m.
Mit dem *Schülervortrag* ist im Rahmen der Aktionsformen nicht der Übungsvortrag im Deutschunterricht gemeint, sondern die entsprechende Lehr-Aktivität, die der Schüler anstelle des Lehrers oder eines anderen Mediums in einer bestimmten Phase des Unterrichts übernimmt. Ein Schülervortrag dieser Art bedarf der genauen Absprache zwischen Lehrer und Schüler über seinen didaktischen Ort sowie einer gründlichen Einweisung des Schülers in Thema, Methode und Medien.

2. Für die *Gestaltung von Lehrer- und Schülervortrag* gelten gleichermaßen die folgenden *Grundsätze,* die auch zur Unterrichtsanalyse im Seminarverband oder in der Selbstüberprüfung (z. B. mit Hilfe eines Kassettenrecorders) herangezogen werden können:

- Lehrer- und Schülervortrag müssen *einfach, verständlich* (auf die Adressatengruppe zugeschnitten), *anschaulich* und bei alledem *sachlich richtig* sein. Unvermeidbare Fachausdrücke werden erläutert.
- Sie weisen deutlich erkennbar eine *übersichtliche Gliederung* auf, die bei längeren Vorträgen evtl. durch stichpunktartige Teilzusammenfassungen oder durch graphische Darstellung von Zusammenhängen schriftlich (Tafel, Overheadprojektor) unterstrichen werden kann.
- Lehrer- und Schülervortrag sind *auf das Wesentliche beschränkt.* Kürze und Prägnanz schließen aus, in Details zu schwelgen und „auf die Pauke zu hauen“.
- Der Anregung der Aufmerksamkeit dienen z. B.
  - Blickkontakt,

- humorvolle Einschübe,
- modulationsreiche Sprechtechnik (Tonfall, Tempowechsel, Lautstärke),
- kontrollierte Gestik und Mimik,
- sensible Verarbeitung der Feedbacks aus der Klasse (gähnen, träumen, kritzeln, aufmerksam zuhören, angespannter Gesichtsausdruck usw.).

● Die *Lehrererzählung* (vgl. z. B. von Borries, in Lenzen 1985), deren Wirkung vom Gelingen einer Spannungskurve und der Emotionalisierung der Zuhörer über möglichst viele Sinne abhängt, fordert vom Erzähler zusätzlich
- Personalisierung,
- Lokalisierung und
- Dramatisierung,

aber innerhalb der Grenzen sachlicher Richtigkeit und Glaubwürdigkeit.

3. Einen den Unterrichtsalltag belebenden und keineswegs auf die Grundschule beschränkten Vorschlag bringt Meyer (1987, Bd. 2, S. 306) mit den *Schülergeschichten* in Erinnerung:

„– *Endlos-Geschichte:* Der Lehrer gibt eine Rahmenbedingung vor, und die Schüler müssen diesen Rahmen reihum ausfüllen: Der Lehrer erzählt den Anfang der Geschichte eines Fünf-Mark-Stückes, das frisch aus der Münze gekommen ist und gleich einem Banküberfall zum Opfer fällt. Die Schüler spinnen die Geschichte weiter.
- *Reizwort-Geschichte:* Der Lehrer gibt drei, vier oder fünf Reizwörter vor – die Schüler denken sich dazu eine Geschichte aus, z. B.: Fischkutter/Kapitän/Piraten/Schatzkiste.
- *Modernisierungen:* Der Lehrer liest ein Märchen, eine Fabel, eine Geschichte aus dem Alten oder Neuen Testament vor. Die Schüler machen daraus eine zeitgemäße ‚Story‘.
- *Den Faden zu Ende spinnen:* Der Lehrer erzählt die erste Hälfte einer Geschichte. Die Schüler denken sich aus, wie sie zu Ende gehen kann.
- *Rätsel-Geschichten:* Der Lehrer denkt sich eine logisch konstruierte Geschichte (z. B. einen Krimi) aus. Die Schüler müssen die Geschichte durch ausmalende Rückfragen, auf die der Lehrer nur mit ja oder nein antwortet, rekonstruieren.“

4.6.3 Zum Beispiel: Das Gespräch im Unterricht

(Behme 1977, Pöggeler 1964, Ritz-Fröhlich 1982, Thiele 1981 und 1982)

1. Im Gespräch tauschen die Kommunikationspartner verbal und nonverbal Informationen aus. Wie immer in kommunikativen Situationen hängt das Ausmaß der Verständlichkeit auch beim Gespräch ab

- vom gemeinsamen Sprachvorrat (allgemeiner: Zeichenvorrat) zum Gesprächsinhalt
- und von der Beschaffenheit der Beziehungen zwischen den Kommunikationspartnern sowie ihrer Fähigkeit, an Beziehungsstörungen gemeinsam zu arbeiten.

2. Die *Gesprächsformen im Unterricht* verfolgen über den bloßen Informationsaustausch hinaus weitere Ziele:

- Höherer Behaltwert des im Gespräch Verarbeiteten,
- Schulung von Ausdruck- und Diskussionsfähigkeit,
- Schulung von Kritikfähigkeit und Urteilsvermögen,
- Training der Fähigkeit des konzentrierten Zuhörens,
- Arbeit am Begegnungsstil der Klasse → Verwirklichung humaner Kommunikation,
- Befähigung zur Metakommunikation.

Die Gesprächsformen im Unterricht werden nach dem Ausmaß der Lenkung durch den Lehrer unterschieden. Ihre Verwendung wird vom jeweiligen Zweck des Lehrens und Lernens bestimmt. In Anlehnung an Meyer (1987, Bd. 2, S. 281) und Pöggeler (1964) stehen folgende Gesprächsformen im Unterricht zur Wahl:

Gelenktes bzw. gebundenes Unterrichtsgespräch bzw. Lehrgespräch, Prüfungsgespräch	Erkundungsgespräch (Interview), Sachverständigenbefragung, „mäeutische“ Gesprächsformen	Diskussion, Streitgespräch (Pro-Contra), Debatte (auf Grund eines Antrags soll eine Entscheidung gefällt werden)	freies Unterrichtsgespräch bzw. Schülergespräch, evtl. Rollengespräch	Unterhaltung

◄────────────────────────────►

hohe Lenkung durch den Lehrer — geringe bzw. keine Lenkung durch den Lehrer

Für die *sach- und situationsangemessene Auswahl* von Gesprächsformen im Unterricht bieten sich als Orientierungshilfen – wie immer bei methodischen Entscheidungen – die folgenden Aspekte an:

- Ist das zugehörige Lernziel eher kognitiv oder affektiv oder instrumentell gewichtet?
  Beispiel: Für die schlichte Vermittlung unstrittiger Fakten sind eher Gesprächsformen mit hoher, zielorientierter Lenkung angemessen, erfahrungsbezogenen Lernzielen wird eher mit freien Gesprächsformen entsprochen.
- Das Gesprächsthema hilft bei der Entscheidungsfindung, insofern die Vorerfahrungen und das Vorwissen der Schüler sowie die Komplexität des Themas selbst die zulässige Gesprächsform nahelegen.
- Es ist zu fragen, in welchem Ausmaß die Schüler die Regeln einer bestimmten Gesprächsform beherrschen. Diesbezügliche Mängel müssen in Übungsphasen und durch integrierten Metaunterricht abgearbeitet werden.
- Schließlich entscheidet der Grundsatz der Unterrichtsökonomie darüber mit, ob eine zeitaufwendigere freie Gesprächsform angesichts des erstrebten Effekts vertretbar ist.

3. *Tips für die Verbesserung unterrichtlicher Gesprächsformen*

- Grundlegende Ausdrucksfähigkeit aufbauen!
- Dafür sorgen, daß sich alle Beteiligten laufend über ihren gemeinsamen verbalen und nonverbalen Zeichenvorrat verständigen. Fremdwörter und Fachsprachen schließen den Nichtwissenden vom Gesprächsverlauf aus.
- An gesprächsoffener Klassenatmosphäre arbeiten!
- Echte, problemhaltige Gesprächsanlässe aufgreifen, die an den Interessen und Bedürfnissen der Schüler orientiert sind!
- Nach und nach verbindliche Gesprächsregeln einführen!
  (Z. B. die Gesprächsregeln der Themenzentrierten Interaktion, in Köck 1987, S. 157/158).
- Sitzordnung von Angesicht zu Angesicht: Kreis, Halbkreis, Hufeisen.
- Gelegenheiten zum Metaunterricht über Inhalte, Verfahren, Umgangsregeln, „Normen“ nutzen!
- Der Lehrer soll zunehmend mit der Gesprächsfähigkeit der Schüler
  - zuhören und schweigen können,
  - ordnende Hilfen anbieten,
  - die Schüler am Problem halten,
  - die Schüler zur Äußerung ermuntern,
  - Schülerbeiträge positiv verstärken,
  - seine Meinung in freien Unterrichtsgesprächen erst dann beitragen, wenn sie gefragt ist.

4.6.4 Zum Beispiel: Planspiel

(Buddensiek 1979, Freudenreich 1979, Lehmann 1977, Reimann 1972, Reinisch 1980, Tiemann 1969;
zu Rollenspiel: Kochan 1981, van Ments 1985, Meyer 1987, Bd. 2)

1. *Was ist ein Planspiel?*

Im Planspiel wird ein Handlungszusammenhang der Wirklichkeit modellhaft und möglichst praxisnah im Unterricht vollzogen.
Dabei wechseln Rollenspielphasen und Reflexionsphasen einander ab. In den *Rollenspielphasen* legen die Schüler durch Identifikation mit verschiedenen Interessengruppen zu aktuellen Problemen der Wirklichkeit Argumente für ihre Position dar, die durch gruppenintern erarbeitete Informationen begründet sind.
In den *Reflexionsphasen* diskutieren und werten die Kleingruppen und das Plenum die jeweils erzielten Ergebnisse, die Methoden ihrer Erkenntnisgewinnung und die Art des Umgangs miteinander in den Spielphasen.
In Planspielen müssen wirklichkeitsbezogene Entscheidungen getroffen werden. Dabei ist von *offenen Planspielen* die Rede, wenn Konflikt- oder Problemsituationen mit offener Lösung gegeben sind.
Geschlossene Planspiele liegen vor, wenn das Ziel bzw. das Ergebnis gegeben ist und die für die Zielerreichung angemessenen bzw. tatsächlichen Entscheidungen gefunden werden müssen.

2. *Primäre Erziehungsziele der Planspielmethode*

- Die Schüler lernen ihr Wissen in größeren Zusammenhängen zu sehen und in alltäglichen Situationen zu erproben.
- Sie erleben an ausgewählten Beispielen die Verbindung von schulischem Lernen und außerschulischer Wirklichkeit – mögliche Rückkopplung für die Lernmotivation!
- Sie erfahren die Konsequenzen ihrer Entscheidungen und ihres Handelns und lernen, zu den Konsequenzen zu stehen oder nötige Kompromisse einzugehen.
- Planspiele fördern die Fähigkeit der Schüler zu selbständiger Informationsbeschaffung und -verarbeitung sowie ihre Kommunikationsfähigkeit in der Auseinandersetzung um Standpunkte, Meinungen und Vorurteile.
- Planspiele führen die Schüler an aktuelle gesellschaftliche Probleme heran.

3. *Empfehlungen für die Einübung der Schüler in Planspiele und für ihre Durchführung oder: der Entmutigung vorbeugen!*

- Planspiele dienen nicht in erster Linie dem Wissenszuwachs, sondern der Entscheidungsfindung bzw. dem Nachvollzug gesellschaftlich relevanter Entscheidungen. Sie setzen also zuverlässig verfügbares Wissen und Erfahrungen der Schüler zur Problemlage voraus.
- Da Planspiele die engagierte Identität mit Positionen und Rollen der außerschulischen Wirklichkeit verlangen, kommen dafür nur aktuelle Problemsituationen in Frage, an deren Lösung die Schüler selbst interessiert sind bzw. deren Weg zur Entscheidungsfindung sie durchschauen wollen.
- Die Rollenspielphasen gelingen um so wirklichkeitsnäher, je mehr die Schüler auch emotional von der Problemlage erfaßt werden.
- Die im Planspiel nötigen Arbeitstechniken (z. B. Quellenmaterial auswerten, Argumente abwägen, diszipliniert diskutieren, Ergebnisse übersichtlich zusammenfassen und vortragen, Feedback geben, Grundfähigkeiten der Metakommunikation) müssen im eher lehrergeleiteten Unterricht so weit eingeübt sein, daß das Planspiel nicht an ihrem Mangel scheitert.
- Die Schüler müssen mit Eigenart, Zweck und Formen des Rollenspiels vertraut sein.
- Die Aufgabe des Lehrers im Planspiel besteht vor allem darin, die Schüler am Problem und im Lernfeld zu halten. Mit zunehmender Vertrautheit der Schüler mit der Planspielmethode baut der Lehrer seine lenkende Einflußnahme ab.

4. Als *Themen für Planspiele* kommen beispielsweise in Frage:

- Besiedlungsplan, Naherholungsraum, Altstadtsanierung, Umgehungsstraße, Alpenerschließungsplan u. a. in Geographie,
- soziale und ethische Problemsituationen wie Jugendarbeitslosigkeit, Altenversorgung, sexuelle Freizügigkeit und Ehe u. a. in Sozialkunde, Ethik und Religionslehre,
- aktuelle Problemsituationen der Schüler wie Konflikte untereinander mit Lehrern und Eltern ...
  (vgl. unter dem Gesichtspunkt einer Themensammlung z. B. Tiemann 1969).

5. Wichtig ist, daß jede Phase des Planspiels und schließlich das Planspiel als ganzes in den Kleingruppen und/oder im Plenum *reflektiert werden.*

Als *Leitfragen* bieten sich z. B. an:

- Was war unser Ziel? Inwieweit haben wir es erreicht? Welche konkreten Ergebnisse liegen vor?
- Wer in unserer Gruppe hat zur Zielverwirklichung auf welche Weise beigetragen? Wer hat dominiert, wer blockiert? (konkrete Beispiele)
- Welchen Weg sind wir in der Bewältigung des Problems gegangen? Welche Fehler, Umwege wären vermeidbar gewesen?
- Welche Spielgruppen haben unsere eigene Arbeit fördernd oder hemmend beeinflußt? (konkrete Beispiele)
- Welchen Lerngewinn in bezug auf Realitätsbewältigung stellen wir fest?
- Welche gesellschaftlich relevanten Aktivitäten ergeben sich evtl. aus unserer Arbeit? Wie gehen wir sie konkret an?

4.7 Unterrichtsprinzipien als handlungsleitende Regulative der Unterrichtsplanung

(Z. B. Brunnhuber 1972, Kopp 1973, Wöhler 1979)

4.7.1 Beschreibung und Zweckbestimmung von Unterrichtsprinzipien

Unterrichtsprinzipien sind handlungsleitende Grundsätze der Unterrichtsgestaltung, im Unterrichtsverlauf nicht direkt beobachtbar, aber aus dem tatsächlichen Verlauf erschließbar. Indem sie zur Begründung unterrichtlicher Maßnahmen herangezogen werden, sorgen sie bei jedem Schritt der Planung und Durchführung von Unterricht sozusagen als Regulative dafür, daß die Begegnung von Schüler und Lerninhalt möglichst intensiv und effektiv gelingt. Das Unterrichtsprinzip der Anschaulichkeit z. B. gibt in Verbindung mit dem Unterrichtsprinzip der Angemessenheit dem Lehrer Kriterien an die Hand, daß er mit seinen unterrichtlichen Anforderungen das Abstraktions- und Arbeitsvermögen der Schüler nicht überfordert. Oder mit der bewußten Beachtung des Unterrichtsprinzips der Selbsttätigkeit kann der Lehrer sicherstellen, daß die Schüler durch allzu ausgedehnte lediglich aufnehmende Lerntätigkeit nicht in Langeweile oder entlastende Störmanöver abdriften.

Unterrichtsprinzipien können nicht unter allen Umständen totale Geltung beanspruchen. Die jeweilige Lernsituation entscheidet darüber, welche Unterrichtsprinzipien zusammenwirken können, wann dagegen einem einzigen Unterrichtsprinzip der Vorzug zu geben ist und welche konkurrierenden Unterrichtsprinzipien im Sinne dialektischer Wechselwirkung einzusetzen sind. So ziehen die Unterrichtsprinzipien der Anschaulichkeit, Angemessenheit und Selbsttätigkeit in der Regel an einem Strang, während Anschaulichkeit und abstraktes Denken sich ausschließen oder auch gegenseitig ergänzen können. Einseitige Bevorzugung ausgewählter Unterrichtsprinzipien zwingt Lehrer und Schüler in eine Routine, die allemal nur eine bruchstückhafte Wirklichkeitsbegegnung zuläßt.

4.7.2 Fachübergreifend gültige Unterrichtsprinzipien

In der Fachliteratur fallen je nach Grundverständnis des Unterrichts (vgl. die Strukturmodelle der Didaktik unter 3.4) *die Kataloge der Unterrichtsprinzipien* in Auswahl und Gewichtung sehr verschieden aus. Wir beschränken uns in der folgenden Auswahl auf jene Unterrichtsprinzipien, die fachübergreifend und unabhängig von der didaktischen Grundposition als lernpsychologisch gesichert und für jeden Lernprozeß mit unterschiedlicher Gewichtung als gültig ausgewiesen sind. Kataloge von Unterrichtsprinzipien sind grundsätzlich als offen und dem geschichtlichen Wandel ausgesetzt zu sehen.

4.7.2.1 Das Prinzip der Angemessenheit,

auch Entwicklungs-, Alters-, Schüler- oder Kindgemäßheit, Schülerorientierung oder Passung (Heckhausen) genannt, bezeichnet die Aufbereitung eines Lernangebotes auf eine bestimmte Lerngruppe, extrem auf einen einzelnen Lernenden hin. Lernsituation und Lernangebot sollen den Schüler aus entwicklungspsychologischer, lernpsychologischer und soziologischer Sicht seiner Lernbereitschaft und seinen Lernmöglichkeiten entsprechend treffen. In der Diskussion um den Begabungsbegriff, die Leistungsorientierung der Schule, die Chancengerechtigkeit und neuerdings verstärkt um die Situation der Hochbegabten nimmt das Prinzip der Angemessenheit eine hart umkämpfte Position ein.

Handlungskonsequenzen für den Unterricht

- Das Prinzip der Angemessenheit fordert, daß sich schulischer Unterricht gleichermaßen am entwicklungspsychologisch gegebenen Durchschnitt der Klasse und am individuellen Lernstand des einzelnen Schülers orientiert. Dieses Dilemma ist in krassen Fällen nur über Maßnahmen der Individualisierung und inneren Differenzierung des Unterrichts zu bewältigen. Der Lehrer muß für die überforderten Schüler z. B. weiteres Anschauungsmaterial bereithalten, die unterforderten Schüler mit kniffligen Zusatzaufgaben bei der Stange halten (vgl. ausführlich unter 7. Differenzierung).

- Im Idealfall sollte anstelle der Über- oder Unterforderung der Schüler die gerade noch erreichbare Forderung (didaktischer Vorgriff) stehen. Erfahrungsgemäß dürfte der sog. mittlere Schwierigkeitsgrad einer Lernsituation die meisten Schüler einer Klasse erreichen. Gelegentliches Fordern der Schüler bis an ihre Leistungsgrenze stärkt ihr Selbstbewußtsein, dauernde Höchstleistung ermüdet sie und leistet mit der steigenden Fehlerhäufung ihrer Demotivierung Vorschub.
- Angemessenheit bedeutet, Lernsituation und Lernangebot an Eingangswissen und -können der Schüler zu orientieren. Die Schüler sind für den neuen Lernprozeß dort abzuholen, wo sie stehen; dies gilt auch und gerade für lernschwächere Schüler. Gelegentlich kann sich der Lehrer durch informelle Eingangstests ein Bild darüber verschaffen, von welchen Vorerfahrungen seine Schüler tatsächlich ausgehen. Wenn er über längere Zeit weder Eingangstests noch – sinnvollerweise in jede Unterrichtsstunde zu integrierende – Maßnahmen der Lernerfolgskontrolle durchführt, flüchten Über- und Unterforderte gleichermaßen aus dem Lernfeld in Leerlaufhandlungen oder Störaktionen.
- Um einem frühzeitigen Ausklinken einzelner Schüler aus dem Unterrichtsprozeß vorzubeugen, kann die Angemessenheit durch Organisationshilfen hergestellt werden, die in der Geschichte der Schulpädagogik eine lange Tradition haben, wie z. B.
  - vom Leichten zum Schwierigen,
  - vom Einfachen zum Komplizierten,
  - vom Nahen zum Fernen,
  - vom sinnlich Wahrnehmbaren zum Vorgestellten (vgl. Prinzip der Anschaulichkeit) usw.
- Die Lernziele der Unterrichtsstunde müssen für die Schüler einsichtig und nachvollziehbar abgeklärt sein. Nur auf diese Weise können evtl. Startschwierigkeiten schon in ihrer Entstehung abgefangen werden.
- Angemessenheit des Unterrichts bedeutet, daß der Lehrer zusätzliche Hilfestellungen für den Lernprozeß der Schüler vorausplant, aber auch spontan und flexibel der aktuellen Unterrichtsentwicklung entsprechend anbietet.
- Das Prinzip der Angemessenheit fordert die Berücksichtigung der jeweiligen Lerngeschichte, des Lernstils und des Lerntyps der Schüler. Dies bedeutet, daß Lerngewohnheiten und Arbeitstechniken der Schü-

ler und ihr bisheriges Können im Umgang mit fachspezifischen Methoden und Medien in die Überlegungen zur Unterrichtsplanung einbezogen werden müssen. Was nützt cin dem Auffassungsvermögen der Schüler angemessener Lerninhalt, wenn ihnen die Mittel zu seiner erfolgreichen Bearbeitung nicht zur Verfügung stehen!?

- Angemessenheit bedeutet die Rücksichtnahme auf die Gefühlslage und Belastbarkeit der einzelnen Schüler und der Klasse. Unterricht endet mit Sicherheit in der Ineffektivität, wenn er wie geplant ohne Rücksicht auf Konflikte, besondere Belastungen durch vorausgegangene oder nachfolgende Prüfungen, sichtliche Ermüdung usw. durchgezogen wird.

4.7.2.2 Das Prinzip der Sachgemäßheit

(Synonym: Sachgerechtigkeit, Wissenschaftlichkeit, Wissenschaftsorientierung) Bei aller wünschenswerten Ausrichtung des Unterrichts dem Schüler zuliebe nach den Prinzipien der Angemessenheit und Anschaulichkeit muß der Unterrichtsgegenstand in seinem wesentlichen Gehalt vermittelt werden. Das Prinzip der Sachgemäßheit verlangt, daß der Lerninhalt vom Lehrer dem aktuellen Stand der wissenschaftlichen Diskussion entsprechend aufbereitet wird und von den Schülern mit Hilfe sachgemäßer Methoden bearbeitet wird. Das Prinzip der Sachgemäßheit garantiert die Eigengesetzlichkeit der begegnenden Wirklichkeit.
Nach dem Strukturplan von 1970 „soll das organisierte Lernen für alle wissenschaftsorientiert sein“, freilich „in abgestuften Graden“ dem Alter der Schüler entsprechend. Die Interpretation dieser Forderung bescherte der Schule in der Folgezeit nicht nur exzessiven Lernzielformalismus, sondern auch eine verhängnisvolle Theoretisierung aller Schulfächer. Wissenschaftlich einwandfreie Vermittlung von Lerninhalten wurde mit theoretischer Kopflastigkeit des Unterrichts verwechselt, die Praxis der Theorie und dem „Maulbrauchen“ (Pestalozzi) geopfert.

Handlungskonsequenzen für den Unterricht

- Der Unterrichtsgegenstand darf durch ungenaue Erläuterungen, veraltete Erklärung, Verfremdung durch ideologische oder auch nur interessengeleitete subjektive Auswahl von Akzentsetzungen nicht verfälscht werden.
- Die unter dem Gesichtspunkt der Wissenschaftlichkeit für Schüler aller Schulstufen immer nötige didaktische Reduktion (vgl. 3.3.2/3a) findet spätestens dort ihre Grenze, wo durch Vereinfachung und Beschränkung der Unterrichtsgegenstand in seinem wesentlichen Gehalt und Kontext nicht mehr deutlich wird. Ein Zuviel an Anschaulichkeit kann

in Simplifizierung umschlagen, eine allzu dramatisch gestaltete historische Erzählung kann den Lehrer leicht zum Dazuerfinden einiger spannender, aber nicht belegter Details verführen.

- In deutlicher Distanz zu jeder Wissenschaftsgläubigkeit muß der Schüler im Vorfeld wissenschaftlichen Arbeitens gefordert werden, in zunehmendem Maße fachwissenschaftliche Methoden zu erproben und sich in eine sorgsam beobachtende und abwägende Arbeitshaltung einzuüben.
- Jedes Fach erfordert fachangemessene Formen des Lehrens und Lernens, die von der Fachdidaktik zu entwickeln sind, z. B. Einsprachigkeit im Fremdsprachenunterricht, Experimentalunterricht in Physik, Chemie und Biologie, Quellenanalyse im Geschichtsunterricht usw.
- Die Sachgemäßheit im Sinne von Objektivierung wird eher gewahrt, wenn der Schüler dem Unterrichtsgegenstand in seinem realen Zusammenhang begegnen kann, statt auf Wort- und Buchübermittlung angewiesen zu sein.
- Sachgemäßheit bedeutet, dem Schüler den Ort des einzelnen Unterrichtsgegenstandes im Gefüge der Gesamtwirklichkeit und in seiner Bedeutung für den Menschen aufzuzeigen mit allen Möglichkeiten und Grenzen der Machbarkeit (ökonomischer, ökologischer, ethischer Aspekt des Unterrichts).

4.7.2.3 Das Prinzip der Elementarisierung

bzw. der didaktischen Reduktion (vgl. auch 3.3.2/3a) versucht zwischen den Prinzipien der Angemessenheit (Schülerorientierung) und der Sachgemäßheit zu vermitteln. Der Unterrichtsgegenstand soll einerseits für den Schüler zugänglich werden, andererseits in seinem wesentlichen Gehalt nicht verfälscht werden. Elementarisierung verhilft zu einer ersten Erschließung eines komplexen Sachverhalts, einer vielfach beeinflußten Lebenssituation, eines gesetzmäßigen Ablaufs. Sie leistet Einstiegshilfe, mit deren Auswirkung sich der Lehrer allerdings nicht begnügen darf. Vielmehr soll über das Einfache, Überschaubare, Exemplarische der Weg zum komplexen Zusammenhang, Allgemeinen, Grundsätzlichen, Gesetzmäßigen, Ganzen usw. gebahnt werden. Elementarisierung führt insofern immer zu vorläufigen Antworten in der Begegnung mit der Wirklichkeit.

Handlungskonsequenzen für den Unterricht

- Von Elementarisierung im strengen Sinne ist die Rede, wenn bei der Aufbereitung von Bildungsinhalten
  - das Elementare als das grundlegend Einzelne aufgesucht wird, der „Kern der Sache“, von dem aus das Ganze erschließbar ist;

- oder das Fundamentale als „das sinnerschließend Strukturierte" (A. Wolf);
- oder das Kategoriale (W. Klafki) als eine Klasse von grundlegenden, das Wesentliche eines Sachverhalts betreffenden Einsichten, die zu ordnender Gliederung eines Wirklichkeitsausschnittes geeignet sind.

● Weitere unmittelbar praktizierbare Möglichkeiten der Elementarisierung hat Glöckel (1985) zusammengefaßt:
- *„Die Beschränkung auf den einfachen Fall* ...
  Z. B. Rechenoperationen, Sachrechenfälle, Formeln usw. werden zunächst mit einfachen Zahlen geübt, damit die Schwierigkeiten des Ziffernrechnens nicht den Blick auf die mathematische Struktur verdecken ...
- *Die Vergröberung durch Weglassen von Elementen*
  Zur ersten Orientierung im Raum wählt man inhaltsarme Karten mit vereinfachten Symbolen ohne Höhendarstellung ...
  Das unüberschaubare Bedingungsgeflecht für die Machtergreifung Hitlers wird auf die vermutlich wichtigsten Faktoren reduziert, z. B. Versailler Vertrag, fehlende Bereitschaft für die Demokratie, Versagen der Parteien, gekonnte NS-Propaganda, Wirtschaftskrise.
  Ein Sport- oder Gesellschaftsspiel wird zunächst nach den wichtigsten Grundregeln ohne die Fülle der Komplikationen gespielt ...
- *Die vorläufige Beschränkung auf eine Schicht des Sachverhalts* ...
  Physik beschränkt sich vorerst auf die Beobachtung und Deutung der Phänomene und verzichtet auf Mathematisierung ...
- Die Rückführung auf eine andere Repräsentationsebene ...
  Zahlenverhältnisse werden in Schaubildern, Mengenbeziehungen an „logischen Blöcken" verdeutlicht ...
- *Die Darstellung am anschaulichen Beispiel bzw. am konkreten Fall*
  Das Leiden im Krieg, die Verfolgung der Juden, die Probleme der Gastarbeiter werden am Schicksal einer Familie nacherlebt ...
  Die wechselseitige Abhängigkeit der Lebewesen wird an einem überschaubaren Biotop aufgezeigt.
- *Strukturierung und Schematisierung*
  Der zweifache Blutkreisklauf wird an einem stark vereinfachenden Schaubild erklärt ...
- *Darstellung am Modell als „anschauliche Schematisierung"*
  Hauptteile und Funktion des Viertaktmotors werden an einem beweglichen Flachmodell verdeutlicht, die inneren Organe des Körpers an einem Torsomodell mit herausnehmbaren Organen demonstriert ...

- *Modellhaftes Handeln*
  Betriebliche Überlegungen und Entscheidungen werden in einem Planspiel simuliert.
  Im Werkunterricht werden einfache Werkstücke einmal in Einzel-, ein andermal in Fließbandarbeit hergestellt...
- *Auflösung eines statischen Nebeneinanders in ein dynamisches Nacheinander durch Rückführung in die Ursprungssituation...*
  Vom Sandkastenmodell des Heimatdorfes aus wird die erste Karte erarbeitet...
- *Sprachliche Einfachheit*
  Naturerscheinungen werden zunächst in der Umgangssprache beschrieben und zu erklären versucht, ehe schrittweise die notwendigen Begriffe der Fachsprache eingeführt werden..."

4.7.2.4 Das Prinzip der Anschaulichkeit

„Anschauung ist das Fundament aller Erkenntnis" (Pestalozzi), d. h., Vorstellungsbilder und Begriffe werden durch die unmittelbare sinnliche Wahrnehmung eines Sachverhalts aufgebaut. Denken als Reflexion des Wahrgenommenen kann ohne diese Vorstellung nicht gelingen. Selbst das abstrakte, formallogische Denken operiert mit Symbolen und Zeichen, die durch anschauliches Handeln „begriffen" wurden und ihrerseits eine höhere Anschauungsebene darstellen. Die unmittelbar sinnliche Wahrnehmung vermittelt Zeichen und Symbole, die als Stellvertreter der Wirklichkeit zum Handeln befähigen. Begriffe ohne anschauliches Fundament sind wirklichkeitsfremd, bloße Anschauung bleibt unfruchtbar für das realitätsgemäße Handeln.
Je nach Wirklichkeitsnähe der Anschauung ergibt sich folgende Unterscheidung:

- Unmittelbare direkte Anschauung liegt vor, wenn der zutreffende Begriff gleichzeitig mit der Wirklichkeitsbegegnung angeboten wird.
- Mittelbare direkte Anschauung ist gegeben, wenn die Wirklichkeit durch Medien vermittelt wird.
- Die indirekte Anschauung baut auf hinreichend bekannten Begriffen auf, mit deren Hilfe der Schüler in einem Vorgang der inneren Anschauung Vorstellungsbilder entwickeln und kombinieren kann.

Handlungskonsequenzen für den Unterricht

- Soviel Anschaulichkeit wie nötig, soviel Abstraktion wie möglich!
- Die Qualität des Anschauungsaktes hängt maßgeblich davon ab, daß

den sinnlichen Erfahrungen die tatsächlich zugehörigen Symbole, Zeichen, Begriffe zugeordnet werden; sprachliche Präzision ist gefordert.

- Nicht die Menge der Anschauungsmittel ist entscheidend, sondern ihre Qualität. Der Anschauungsgegenstand soll der verfügbar beste sein, einen Zusammenhang zu erschließen oder einen Erkenntnisprozeß zu leiten.
- Die Formen der direkten Anschauung sind in der Regel zuverlässiger als die indirekte Anschauung. Bei der indirekten Anschauung ist immer mit unterschiedlich ausgeprägten Begriffsebenen der Schüler zu rechnen. Außerdem führt das eigene Erleben, Handeln und Beobachten mit weniger Widerständen zu Erkenntnissen der Schüler als die lediglich in der Vorstellung vollzogene Wirklichkeit.
- Anschauungsakte werden nicht um ihrer selbst willen vollzogen, sondern um mit ihrer Hilfe Wirklichkeit sprachlich zu erfassen und damit angemessenem Handeln zugänglich zu machen. Handeln aber gerät um so flexibler und wirklichkeitsgerechter, je unabhängiger von unmittelbar sinnlicher Wahrnehmung es ausgeführt werden kann. Die Förderung der Abstraktionsfähigkeit ist somit ein vordringliches Ziel des schulischen Unterrichts, allerdings verbunden mit der Forderung, die Ergebnisse des abstrakten Denkens an der sinnlich wahrnehmbaren Wirklichkeit zu prüfen.

4.7.2.5 Das Prinzip der Lebensnähe

(Synonym: Aktualität, Wirklichkeitsnähe, Brauchbarkeit, Praxisorientierung, Handlungsbezug)

Die synonymen Bezeichnungen für das Prinzip der Lebensnähe lassen die verschiedenen pädagogischen Ansätze erkennen, die in der Geschichte der Pädagogik immer wieder gegen die unreflektierte Übernahme des Überkommenen, gegen die Verschulung der Wirklichkeit, gegen das Abdriften der Schule zur pädagogischen Provinz und gegen die reine Buch- und Wortschule antraten. Heutzutage sieht sich die Schule vor allem der Kritik ausgesetzt, ihren Auftrag zwischen oberflächlicher Aktualitätshascherei und technologisch ausgeklügelter Vermittlung über Medien zu verfehlen. Das Prinzip der Lebensnähe betont gegenüber all den genannten Verzerrungen schulischen Unterrichts den Auftrag der Schule, die Schüler auf die Wirklichkeitsbewältigung heute und morgen vorzubereiten, ohne deshalb ihre ganze Arbeit reinem Nützlichkeitsdenken unterzuordnen. Das Prinzip der Lebensnähe ist zweifellos in hohem Maße dem historischen Wandel, ja sogar der Bestimmung durch das herrschende Gesellschaftssystem ausgesetzt. Einem damit immer gegebenen möglichen Mißbrauch, zumindest aber blickverengender Einseitigkeit begegnet das Prinzip der Lebensnähe, indem es das gewünschte reibungslose Funktionieren der Schüler in Beruf und Gesellschaft in grundlegende Traditionen und überzeitlich gültige Wertsysteme einbindet. Lebensnähe als Unterrichtsprinzip bedeutet, das Leben von heute mit seinen Wurzeln in der Vergangenheit und begleitet von einer tragfähigen Tradition zu sehen.

Handlungskonsequenzen für den Unterricht

- Die Schüler haben ein Recht darauf, eine Begründung für ihre Lernanstrengungen zu bekommen. Der uralte Vorsatz „Nicht für die Schule, sondern für das Leben lernen wir" gerät zur ärgerlichen Farce, wenn der Lehrer seinen Schülern die Lernziele einer Lerneinheit nicht in ihrem Stellenwert für praktisches Handeln erläutert.
- Lebensnähe gilt nicht nur für die Auswahl von Lerninhalten, sondern auch für Methoden, Arbeitstechniken, Medien und kooperatives Handeln.
- Lebensnähe bedeutet, daß der Lehrer geplant und spontan seinen Unterricht an aktuelle Ereignisse anbindet, wenn immer sich dies sinnvoll anbietet. Nur auf diese Weise kann die Schule sicherstellen, im aufgezwungenen Konkurrenzkampf mit den Massenmedien nicht als hoffnungslos realitätsfern abgeschlagen zu werden.
- Ohne krampfhaften Motivationsgags und kurvenreicher Schülerlockung das Wort zu reden, sollte der Lehrer seinen Unterricht an den Interessen der Schüler anknüpfen, vor allem wenn die Schüler selbst sie deutlich zu erkennen geben. Zumindest aber sollte er sich bei der Unterrichtsvorbereitung die didaktische Frage stellen, welche Bedeutung der Unterrichtsgegenstand für die Schüler besitzt, und das Ergebnis seiner Überlegungen gelegentlich auch den Schülern mitteilen.
- Handlungsbezug des Unterrichts ergibt sich einsichtig durch Handeln der Schüler im Unterricht.
- Lebensnähe wird für die Schüler „erlebbar", wenn Schule und außerschulische Wirklichkeit verbunden werden. Möglichkeiten dazu bieten Projektarbeit, Projekttage, Tage der offenen Türe, Feste und Feiern, Betriebspraktika, Erkundungsgänge, Exkursionen, intensive Elternarbeit...
- Lebensnähe im vollen Umfang wird verwirklicht, wenn alltägliche Entscheidungen und Handlungen und deren Konsequenzen von wertgeleiteten Einstellungen her begründet werden. Die Gesellschaft braucht den mündigen Bürger, nicht den funktionierenden Vollstrecker.

4.7.2.6 Das Prinzip der Selbsttätigkeit

(Z. B. Aebli 1983, Gaudig 1969, Geppert/Preuss 1980, Neber 1981, Vettiger 1979) (Synonym: Lernen durch Handeln bzw. durch Operationen, Handlungsorientierung)

Selbsttätigkeit beschreibt das selbst- oder mitgestaltete Lernen des Schülers, das maßgeblich der Verwirklichung des Erziehungszieles „Selbständigkeit“ dient. Selbsttätigkeit ist gekennzeichnet durch Handeln, Eigeninitiative und Selbststeuerung beim Lernprozeß.
Selbständigkeit besagt die eigenverantwortliche Handlungsfähigkeit, die weder der Fremdmotivation noch der Fremdsteuerung bedarf. Selbsttätigkeit ist als Unterrichtsprinzip in der Geschichte der Pädagogik seit Comenius nachweisbar. Besondere Beachtung fand sie in der Reformpädagogik und in der Arbeitsschulbewegung (Gaudig, Kerschensteiner). In neuerer Zeit hat die Selbsttätigkeit des Schülers einen zentralen Stellenwert, z. B. in den Konzepten des „entdeckenden Lernens“ (Bruner), des „schülerorientierten Unterrichts“ und des „handlungsorientierten Unterrichts“. Bei der Unterrichtsgestaltung ist abhängig von der Struktur des Lerninhaltes und den lern- sowie entwicklungspsychologischen Voraussetzungen bei den Schülern – abzuwägen, welches Ausmaß an Selbsttätigkeit den Schülern zugemutet werden kann.

Handlungskonsequenzen für den Unterricht

- Der Lehrer sollte sich grundsätzlich bei der Unterrichtsplanung von der folgenden Faustregel leiten lassen: Alles, was die Schüler tun können, sie auch tun lassen!
- Lernsituationen schaffen, die Neugier beim Schüler auslösen, und die ihn ermuntern, den Lerngegenstand selbständig zu bearbeiten.
- Handelndes Lernen verhilft nicht nur am leichtesten zu Einsichten und Erkenntnissen, sondern schafft auch Ergebnisse mit hohem Behaltwert.
- Selbsttätigkeit kann sich entfalten, wenn dem Schüler Möglichkeiten des entdeckenden Lernens, des genetischen Lernens, des erfahrungsbezogenen Lernens, des problemorientierten Lernens, des Versuch-Irrtum-Lernens angeboten werden.
- Der Schüler soll über Selbsttätigkeit zu Selbständigkeit befähigt werden. Das „Lernen lernen“ muß vor allem unter der Devise stehen, den Schüler von der Führung durch den Lehrer zunehmend unabhängig zu machen. (Vgl. hierzu ausführliche Tips in Köck 1987 und 1988!)

4.7.2.7 *Die Prinzipien der inneren Differenzierung und der Individualisierung*

(Z. B. Hausser 1981, Herber 1983, Klafki/Stöcker 1976, Merkle 1972 u. 1973, Niermann 1981, Preuß 1976, Winkeler 1975; für die Problematik der Hochbegabten vgl. Heller/Feldhusen 1986, Hochbegabte Kinder 1985)

Durch Maßnahmen der inneren Differenzierung werden die Schüler einer Klasse aufgrund ihrer unterschiedlichen Ausgangslage bzw. Lernmöglichkeiten in Lehr- und Lernprozessen in Untergruppen mit verschieden gestalteten Lernangeboten aufgeteilt. Die Unterrichtsplanung für den sog. Durchschnittsschüler kann nur einen Teil der Schüler einer in der Regel heterogen zusammengesetzten Schulklasse treffen.
Innere Differenzierung ist deshalb die zwangsläufige Antwort auf die in jeder Jahrgangsklasse gegebenen Unterschiede zwischen den Schülern in Lernverhalten, Leistungsvermögen, Interessen, Methodenkenntnissen u. a. Für angemessene differenzierende Maßnahmen ist die Voraussetzung eine genaue Bestandsaufnahme der Unterschiede und ihrer Verursachung z. B. durch Begabungsschwerpunkte, bisherige Lernerfahrungen, unökonomischen Lernstil, ungünstige häusliche Lernbedingungen, methodische Fehler der Unterrichtsorganisation. Sinnvolle Differenzierung strebt ein Lernarrangement an, das an den gegebenen Lernmöglichkeiten des Schülers ansetzt und den Schüler ohne Über- und Unterforderung optimal fördert. Innere Differenzierung trägt insofern in hohem Maße dem Aufbau und Erhalt der grundlegenden Lernmotivation Rechnung, indem sie jeden Schüler in seiner „Individuallage“ (Pestalozzi) ernst nimmt, den lernstärkeren Schüler vor frustrierender Langeweile bewahrt und dem lernschwächeren Schüler dauernde Frustration durch Versagen und schließlich Mißerfolgsängstlichkeit erspart.
Während Maßnahmen der inneren Differenzierung aus organisatorischen und ökonomischen Gründen in der Regel auf einigermaßen homogene Untergruppen ausgerichtet sind, verfolgt *das Prinzip der Individualisierung* die konsequente Planung eines Lehr-Lern-Prozesses auf einen bestimmten einzelnen Schüler hin. Eine derart weitreichende Individualisierung können Privatlehrer oder Nachhilfelehrer leisten, im schulischen Unterricht gelegentlich Formen der Programmierten Instruktion, des computerunterstützten Unterrichts, des mastery learning nach Bloom (zielerreichendes Lernen, 1973) und des adaptiven Unterrichts (Schwarzer/Steinhagen 1975; die Lernvoraussetzungen der einzelnen Schüler werden exakt mit den Unterrichtsbedingungen abgestimmt).

Handlungskonsequenzen für den Unterricht

1. Innere Differenzierung ereignet sich auf dreifache Weise:

- Sie findet sozusagen als *ungeplantes Nebenprodukt der Unterrichtsführung* statt, wenn der Schüler nur die Gelegenheit bekommt, sich seinen Fähigkeiten und Neigungen entsprechend in einer Lernsituation einzurichten. Dies kann er tun, wenn er z. B.
  - in Alleinarbeit, Partner- oder Kleingruppenarbeit seine besonderen Stärken entwickeln kann,
  - einem reichhaltigen Materialangebot konfrontiert wird, das mit unterschiedlichen Anforderungen zwischen Anschauung und Abstraktion angesiedelt ist,
  - in handlungsorientierten Lernsituationen über verbale Leistungen (das „Maulbrauchen" Pestalozzis) hinaus ganzheitlich gefordert wird,
  - einen Spielraum im Gebrauch von Methoden, Hilfsmitteln und im Finden von Lösungswegen zugestanden bekommt.

  Man kann geradezu von der *Hochform der inneren Differenzierung* sprechen, wenn der Schüler durch den regulären Unterricht – und ohne ausdrücklich auf eine bestimmte Schülergruppe hin geplante differenzierende Maßnahmen des Lehrers – in die Lage versetzt wird, seinen Lernweg und Lernstil im Zusammenspiel mit Lehrer und Mitschülern selbst zu finden und zu vervollkommnen. Dabei ist das Ziel selbstverständlich nicht das Einzementieren bereits beherrschter Lernstrategien, sondern deren schrittweise Erweiterung durch Ausprobieren, Nachahmen, einübendes Mitvollziehen.
- *Innere Differenzierung als lenkende Maßnahme ergibt sich oft aus dem aktuellen Unterrichtsgeschehen.*

  Beispiele
  - Der Lehrer bemerkt bei mündlicher oder schriftlicher Anknüpfung an die Vorstunde (Eingangstest), bei der Hausaufgabenkontrolle oder bei der Wiederholung vor längerer Zeit vermittelter Kenntnisse und Fähigkeiten, daß ein Teil der Schüler Defizite aufweist, welche die erfolgreiche Bearbeitung des neuen Lernangebots sabotieren.
  - Aufgrund der Mitarbeit der Schüler kann der Lehrer erkennen, daß einige Schüler während der Erarbeitungsphase abhängen (sie sind hilfesuchend im Lernmaterial oder bei Mitschülern unterwegs, träumen mit abwesendem Blick durch den Lehrer hindurch oder zum Fenster hinaus, sitzen ratlos vor einer Arbeitsaufgabe, liegen mit Antworten „total daneben", beginnen lerninhaltsfremde Seitengespräche, verlieren sich in Leerlaufhandlungen u. dgl. m.).

- In erfolgssichernden Unterrichtsphasen werden einige Schüler aufgrund ihres höheren Arbeitstempos und/oder ihrer umfangreicheren Lösungsfähigkeiten schneller mit einer Aufgabe fertig.
- Der Lehrer entdeckt für bestimmte Unterrichtsthemen Spezialisten unter den Schülern, an die er einen Teil seiner Lehrfunktion abtreten könnte.
- Der Lehrer erfährt aufgrund allgemeiner Unlust, Passivität oder Störaktionen der Schüler, daß sie eine belastende Schulaufgabe hinter sich haben, einen aktuellen Konflikt mit dem Lehrer oder untereinander austragen, keinen Zugang zum Unterrichtsgegenstand finden oder schlicht übermüdet sind u. a. m.

In solchen Fällen verfehlt der Lehrer allemal sein Lehrziel bzw. verschenkt leichtfertig Chancen der Schülerförderung, wenn er an seinem vorbereiteten Unterrichtskonzept festhält.

Von angemessener Reaktion kann man reden, wenn er

- mit methodischen Varianten auf die aktuelle Situation antwortet,
- den schnelleren und erfolgreicheren Schülern Zusatzmaterial anbieten kann,
- Lerndefizite bei einigen Schülern selbst angeht oder über Helfersystem aufarbeiten läßt, während der Rest der Klasse an vertiefenden oder vorbereitenden Aufgaben arbeitet,
- den Spezialisten Raum gibt für die Erprobung ihres Wissens und Könnens vor der Klasse,
- lernbehindernde Ereignisse und Situationen ableiten hilft (Gespräch, Entspannungsübungen, Lernspiele).

● Es bleibt nicht aus, daß der Lehrer mit *geplanten Maßnahmen der inneren Differenzierung* einem Auseinanderdriften des Lern- und Leistungsverhaltens der Schüler begegnen muß.
  - Grundsätzlich kommt auch hierfür jede Phase des Unterrichts in Frage. Durch die *Lernerfolgskontrolle, die in jede Unterrichtsstunde integriert sein muß,* erhält der Lehrer Aufschluß darüber, ob er gleich zu Beginn der Folgestunde im Rahmen wiederholender Aufarbeitung differenzieren muß, die Erarbeitungsphase gezielt auf unterschiedliche Interessen und Fähigkeiten der Schüler ausrichtet oder eine intensive differenzierende Anwendungs- und Übungsphase (nach Bedarf auch eine ganze Unterrichtsstunde) planen muß.
  - Die geplante innere Differenzierung, die sich bewußt an den Interessen und Leistungen der Schüler orientiert, kann – von jederzeit möglichen Kombinationen abgesehen – nach ihren schwerpunktartig bestimmten Maßnahmen unterschieden werden:

- Die *thematisch-intentionale Differenzierung* greift Neigungen und Interessen der Schüler auf, denen v. a. durch die zulässige Auswahl eines Schwerpunktthemas aus dem Lehrplan und durch arbeitsteilige Kleingruppenarbeit entsprochen werden kann. Als praktikabel erweisen sich auch Spezialistenteams, die aufgrund ihres besonders motivierten Zugangs zu einem Fach oder Themenbereich durch außerschulische Arbeit z. B. Materialsammlungen anlegen und die Ergebnisse ihrer Arbeit in den Unterricht einbringen.

  Eine Differenzierung nach Lernzielen (intentionale Differenzierung) ist wegen der Verbindlichkeit von Minimalanforderungen, die an alle Schüler in gleicher Weise gestellt werden müssen, nur vertretbar zur Zieldefinition von Nachholkursen zum Abbau von Defiziten und von Zusatzangeboten über das Allgemeinverbindliche hinaus.
- *Die soziale Differenzierung,* die in der Regel in Kombination mit anderen differenzierenden Maßnahmen praktiziert wird, dient dem sozialen Lernen. Durch überlegte Gruppenzusammenstellung kann auf die Öffnung eingeschworener Schülercliquen hingearbeitet werden, die Zusammenarbeit gerade leistungsverschiedener Schüler und das Helfersystem gefördert werden, der Zusammenhalt einer zerstrittenen Klasse gekittet werden ...
- Am häufigsten wird der Lehrer zu *Maßnahmen der methodischen Differenzierung* greifen, mit denen er Sozialformen und Aktionsformen des Unterrichts den aktuellen Erfordernissen entsprechend variabel einsetzt, unterschiedliche Übungsarten anbietet, Lernzeit und Lerntempo variiert.
- Die *mediale Differenzierung* versetzt die Schüler in die Lage, an Lernmaterialien und Medienangeboten sowie mit Arbeitsmitteln zu arbeiten, die ihrer Aufnahme- und Verarbeitungskapazität entsprechen. Je nach Ausmaß der nötigen Veranschaulichung werden hier z. B. Erklärungen des Lehrers, Texte, Graphiken, Bilder, Modelle eingesetzt.

  Beispiele

  Teilaspekte eines historischen Zusammenhangs können in Schülergruppen arbeitsteilig durch Quellenanalyse, Auswertung historischer Karten und durch exzerpierendes Studium des betreffenden Abschnitts im Schulbuch erarbeitet werden.

  Das Volumen eines Würfels mit kegelförmiger Aussparung kann in der Übungsphase von einer Schülergruppe vorstellungsgebunden ermittelt werden (evtl. mit weiterführenden Zusatzaufgaben), von einer zweiten Schülergruppe mit Hilfe graphischer Veranschaulichung und von einer dritten Schülergruppe anhand eines Plastikmodells berechnet werden.

2. *Diagnostische Verfahren im Dienste innerer Differenzierung*

- *Das Gespräch mit dem einzelnen Schüler und mit der Klasse* ist neben Verfahren der Lernerfolgskontrolle und Leistungsmessung die ergiebigste und zuverlässigste Quelle über besondere Interessen und Lernschwierigkeiten der Schüler. Entscheidend für verwertbare Ergebnisse solcher Gespräche ist eine angstfreie Atmosphäre, die den Schüler sicher sein läßt, daß ihm eingestandene Schwächen nicht zum Nachteil ausgelegt werden.
- *Die Schülerkartei des Lehrers,* die aufgrund aktueller Befunde fortlaufend geführt wird, gibt Aufschluß z. B. über Mitarbeit, Arbeitsweise, Arbeitshaltung, Interessen, Leistungsschwerpunkte und bevorzugte Arbeitsgebiete (Fachmann) des Schülers.
- *Schriftliches und mündliches Feedback der Schüler* als der Adressaten aller unterrichtlichen Bemühungen sollten vom Lehrer nicht als mögliche Quelle destruktiver oder inkompetenter Kritik abgelehnt werden, sondern als Selbststeuerungsinstrument der Schüler für ihre Lernprozesse nach und nach aufgebaut werden. Wie sonst sollten die Schüler in Eigenverantwortung für ihr Lernen und ihre Lernmotivation eingeübt werden?

  Mit fortschreitender Einsicht in den Zweck sinnvollen Feedbacks sollten die Schüler auch die Gelegenheit erhalten, zu allen sie betreffenden schulischen Fragen (z. B. Interessen, Lehrerverhalten, Unterrichtsgestaltung) ihre Meinung zu äußern, bevor dieselbe in den schulischen Untergrund abtaucht und dort ein oftmals sehr störendes Eigenleben entfaltet.
- Wenigstens zu Beginn jeder größeren Lerneinheit sollten die *Lernvoraussetzungen der Schüler durch einen Eingangstest* festgestellt werden. Im Vergleich mit dem hypothetisch besten Lernweg lassen sich auf diese Weise differenzierende Lernwege ermitteln, die der Realität einer heterogenen Klasse von vorneherein eher entsprechen als die üblichen durchschnittlichen Lernprogramme.
- *Der soziale Status der Schüler in ihrer Klasse* übt einen nicht zu geringschätzenden Einfluß auf ihr Lern- und Leistungsverhalten aus. Soziometrische Verfahren (Soziogramm, evtl. Milieusoziogramm nach Engelmayer) können dafür Anhaltspunkte liefern, die aber allemal gründli-

cher Überprüfung durch Beobachtung und durch das Gespräch mit den Schülern bedürfen.

- *Lernerfolgskontrollen* (in jede Unterrichtsstunde integriert und unbenotet) und *Leistungsmessungen* (benotete Überprüfung nach längeren Lernabschnitten) dienen nicht nur der Ermittlung des jeweiligen Leistungsstandes der Schüler, sondern auch im Sinne dauernder Lernberatung als mögliches Untersuchungsmaterial für die Aufdeckung von Lernschwierigkeiten der Schüler und von Planungsdefiziten des Lehrers.
- *Begabungs- und Intelligenztests* können grundsätzliche Aufschlüsse über das Lernverhalten der Schüler geben, dürfen in ihrer Aussagekraft aber nicht überschätzt werden. Als alleiniges Diagnoseinstrument werden sie dem komplexen Untersuchungsgegenstand nicht gerecht.

3. *Nützliche Tips zur Durchführung differenzierender Maßnahmen*

- Leistungsgemischte Gruppen sind aus folgenden Gründen in der Regel günstiger:
  - Höherer Motivationsanreiz,
  - Möglichkeit des Modell-Lernens,
  - geringere Tendenz zur Diskriminierung,
  - sozialerzieherischer Aspekt,
  - Nutzung des Helfersystems.
- In der schriftlichen Unterrichtsvorbereitung nötige und mögliche differenzierende Maßnahmen deutlich kennzeichnen (einrahmen, farbig markieren) und den Zeitaufwand für die einzelnen Arbeitsgruppen festlegen → Leerlauf vermeiden!
- Die Arbeitsaufträge für die Schüler müssen verständlich und genau formuliert und den Schülern in schriftlicher Form zugänglich sein (Tafel, Overheadprojektor, Arbeitsblatt ...).
- Die Arbeitszeit der differenziert arbeitenden Gruppen langsam steigern.
- Die Arbeitsweise der einzelnen Gruppen sowie ihre Zwischenergebnisse im Auge behalten, dabei aber nicht reglementieren; der Selbstregulierung der Arbeitsgruppen in Abhängigkeit von ihren Fähigkeiten eine Chance geben und sie dazu anleiten.
- Die Arbeitsergebnisse der Gruppen oder einzelner würdigen → Selbstwertgefühl! Außerdem haben die Schüler ein Recht darauf, über den Zweck der Maßnahmen innerer Differenzierung und über die erzielten Ergebnisse informiert zu werden.
- Kontrollen durch den Lehrer, durch Helfer oder die Arbeitsgruppe

sowie über geeignete Arbeitsmittel (Lexikon, Schulbuch ...) und eigene Aufgaben zur Lernerfolgskontrolle sollen jedem einzelnen Schüler einen Überblick über seine Fortschritte, aber auch über evtl. noch vorhandene Defizite verschaffen.

4.7.2.8 Zusammenfassung weiterer Unterrichtsprinzipien

Die nachfolgend kommentarlos aufgelisteten Unterrichtsprinzipien geben einen – bereits wieder auswählenden – Einblick in die Fülle von Nennungen in diesem methodischen Bereich. Je nach unterrichtstheoretischem Ansatz und abhängig von den jeweiligen Zeitumständen wurden und werden sie unterschiedlich gewichtet.

- Zielorientierung
- Motivierung und Aktivierung (vgl. Köck 1987)
- Planmäßigkeit
- Situationsbezogenheit (vgl. Dollase 1979)
- Erfolgssicherung (vgl. S. 268 f.)
- Prinzip des erziehenden Unterrichts
- Gemeinschaftsbezogenheit (Sozialisation)
- Mehrperspektivität (vgl. Nestle 1979)
- Heimatbezogenheit und Weltoffenheit
- Ganzheit (Ganzheitlichkeit, Interdisziplinarität, Prinzip des fächerübergeifenden Unterrichts)
- Prinzip der Unterrichtsökonomie
- Prinzip der Effektivität

4.7.2.9 Unterrichtsprinzipien der Berliner Schule (Interdependenz, Variabilität, Kontrollierbarkeit)

Wegen ihrer Überschaubarkeit und praktischen Verwertbarkeit haben die drei *Unterrichtsprinzipien der Berliner Schule* (Heimann u. a. 1977) eine beachtliche Breitenwirkung in der Unterrichtspraxis erfahren. Sie bestimmen als handlungsleitende Grundsätze jede Unterrichtsplanung, schließen also eine Schwerpunktsetzung wie die bereits genannten Unterrichtsprinzipien aus. (Vgl. zu den Grundlagen des lehr- und unterrichtstheoretischen Strukturmodells der Didaktik 3.4.4!)

- Das *Prinzip der Interdependenz* besagt, daß in jeder Unterrichtsplanung eine „widerspruchsfreie Wechselwirkung aller Planungselemente“ gegeben sein müsse. Entsprechende Fragen in der Planung könnten z. B. sein:

- Ist der ausgewählte Lerninhalt ausreichend geeignet, um das gesetzte Lernziel zu erreichen?
- Ist die geplante Methode sowohl sachangemessen als auch adressatenangemessen, d. h., wird sie von den Schülern im hier geforderten Maße überhaupt beherrscht?
- Erleichtern die Medien die Erreichung der Lernziele oder treiben sie von ihnen weg? ...

- Das *Prinzip der Variabilität* meint
  - die „absichtsvolle Bereitstellung von Alternativen" (der Lehrer baut vertiefende Zusatzangebote, differenzierende methodische oder mediale Maßnahmen usw. in seine Planung ein),
  - das „Zulassen von Variationen" (der Lehrer geht auf planungsverändernde Interessenrichtungen und alternative Lösungsvorschläge der Schüler und dergleichen ein),
  - die nachträgliche Korrektur von Unterrichtszielen" und „Elastizität beim Ansteuern dieser Ziele", was kritische Nacharbeit zum Unterricht und Einbezug der Schüler (so weit als möglich) in die Gestaltung des Unterrichts bedeutet.
- Das *Prinzip der Kontrollierbarkeit* versteht die Berliner Schule als *Kontrolle des Verhältnisses von Planung und tatsächlichem Verlauf.* In diesem Sinne kann sich der Lehrer z. B. in ein realistisches Zeitgefühl einüben, indem er die einzelnen Schritte seiner Unterrichtsvorbereitung mit geschätzten Zeitangaben versieht, denen er die tatsächlich im Unterrichtsverlauf verbrauchte Zeit gegenüberstellt. Meines Erachtens stellt es eine wünschenswerte Erweiterung der Bedeutung des Prinzips der Kontrollierbarkeit dar, es auch auf den Sachverhalt zu beziehen, daß eine Unterrichtsskizze so ausführlich gestaltet sein muß, daß sie für den Fachmann nachvollziehbar ist (*Maßstab für die Ausführlichkeit einer Unterrichtsskizze*).

5. Medien als Lehr- und Lernhilfen, als Unterrichtsgegenstand und Erziehungsaufgabe

(Vgl. z. B. André 1985, Armbruster 1978, Baacke 1980, Baacke/Kluth 1980, Bachmair 1979, Barthelmes u. a. 1983/84, Boeckmann/Heymen 1978, Bosler/Kapune 1985, Bosler u. a. 1985, Brucker 1982, Dichanz/Kolb 1975, Dichanz 1979, Dichanz/Kolb 1979, Dichanz/Tulodziecki 1984, Graefe/Vogel 1980, Hacker 1980, Hagemann/Tulodziecki 1978, Heitger 1981, Holstein 1979, Jürgens 1984, Kagelmann/Wenninger 1982, Köck 1977, Ortner 1981, Projekt-Team 1981, Prokop 1985, Ratzke 1982, Saxer 1980, Schnitzer 1981/82, Schröter 1981, Tulodziecki 1976 u. 1981, Wandl 1985)

5.1 Anmerkungen zum Verständnis von Medien

5.1.1 Die Medien als Lebenswirklichkeit

Die Mediokratie, d. h. die unumschränkte und im alltäglichen Leben kaum hinterfragte Herrschaft der Medien, ist längst keine Angstphantasie einiger Psychologen und Pädagogen mehr, sondern eine handfeste Tatsache mit unübersehbaren Folgewirkungen. Medien ermöglichen eine Bewußtseinserweiterung von noch nie dagewesenem Ausmaß. Nur mit den Medien können viele individuelle und gesellschaftliche Aufgaben unserer Zeit bewältigt werden; denn sie haben unsere Welt, unsere Vorstellungen, unser Bewußtsein so mitgestaltet, wie sie heute sind. Medien suggerieren grenzenlose Informationsbeschaffung und damit verbunden Daseinserleichterung, totale Weltbemächtigung und Weltbewältigung. So verselbständigt sich Medien aber auch immer gebärden, sie sind und bleiben Kommunikationsmittel, Mittel zum Zweck, von personalen Auftraggebern, Urhebern und Interpreten von Informationen und deren Interessen gesteuert. Sie ermöglichen also auch Manipulation ohne Grenzen, Einflußnahme auf Verhaltensweisen und Einstellungen einzelner und von Gruppen in kürzester Zeit mit einem schwer abschätzbaren Multiplikationseffekt.

Medienmanien und Medienneurosen sind schon lange keine seltenen Krankheitsbilder in der kinderpsychologischen Praxis mehr, sondern Alltagswirklichkeit. Die Medien entfremden den Menschen der originalen Wirklichkeit und zwingen ihn durch Illusionierung und Denkentwöhnung in eine fatale Medienabhängigkeit. Unkontrollierter Medienkonsum mündet in einen Freiheitsverlust, in dem nicht mehr der Mensch das Medium als Mittel zum Zweck benutzt, sondern vom Medium manipuliert und mit einer unberechenbaren Vielzahl von anderen Menschen gleichgeschaltet wird. Die Medien als heute fest integrierter Bestandteil der menschlichen Lebensgestaltung fordern in allen Lebensbereichen – wieder einmal insbesonders in der Schule – eine Medienerziehung, die Wege aufzeigt, auf denen der Mensch sich der totalen Fremdbeeinflussung entziehen und die Medien daseinserleichternd in Dienst nehmen kann.

5.1.2 Situationsanalyse zum Medieneinsatz in der Schule

1. Trotz ermutigender Ansätze wie z. B. der informationstechnischen Grundbildung bezieht die Schule die außerschulische Medienwelt zu wenig in den Unterricht ein, weder als Lerngegenstand noch als Informationsquelle. Auf diese Weise entsteht in der Erfahrungswelt der Schüler ein Konkurrenzkampf zwischen außerschulischer und schulischer Medienbegegnung, den die Schule mit ihren herkömmlichen Unterrichtsmethoden nicht gewinnen kann.

2. Auf der anderen Seite ist der totale medienorientierte Unterricht im Konzept ausgedacht, für die einen ein Wunschtraum zur Erzielung optimaler Lerneffizienz, für andere ein Alptraum totaler Manipulation über entpersönlichte Lernprozesse und sicheres Mittel zu sozialer Isolierung.

3. Die Beobachtung der Unterrichtswirklichkeit läßt deutlich werden, daß die Situation der Verwendung von Medien im Unterricht je nach Lehrereinstellung von Euphorie bis Ignoranz gekennzeichnet ist.

4. Medieneinsatz erweist sich oft deshalb nicht als lohnend, weil Medien am falschen Platz, mit unverhältnismäßig geringem Effekt oder nicht mehr vertretbar großem Aufwand verwendet werden. Medien scheinen vielfach eher nach Verfügbarkeit eingesetzt zu werden als aufgrund strenger Beurteilung anhand von Auswahlkriterien. Von Zufallstreffern abgesehen, muß dann das Ergebnis enttäuschen.

5.1.3 Definition und Zweckbestimmung von Unterrichtsmedien

1. *Medien im Unterricht sind Mittel* (bzw. Zeichen- und Informationssysteme), *die Kommunikation im Rahmen unterrichtlich organisierter Lernprozesse herstellen und unterstützen.*
Die Umkehrung dieser Begriffsbestimmung besagt, daß Unterricht als Kommunikation, ja selbst als bloßer Informationsumsatz (wie ihn z. B. die informationstheoretische Didaktik sieht) ohne Medien grundsätzlich nicht möglich ist.

2. *Mediendidaktik* kann – neben der Medienerziehung und der Medientechnik – als Teildisziplin der Medienpädagogik und als Sonderform der Allgemeinen Didaktik definiert werden. Sie ist zu verstehen als Wissenschaft vom Lernen und Lehren unter dem Aspekt der Organisation von Lernprozessen mit Hilfe von Unterrichtsmedien auf der Grundlage lernpsychologischer Erkenntnisse. Die jeweilige Erfolgskontrolle dient als Korrektiv und als Beurteilungsmaßstab für die Feststellung der didaktischen Wertigkeit der verwendeten Medien.
Die Mediendidaktik entwickelt Kriterien für Herstellung, Verwendung, Analyse und Beurteilung von Unterrichtsmedien.

3. Alle heutzutage maßgeblichen unterrichtstheoretischen Konzepte teilen die *Erwartungen, die an die Medien im Rahmen des Unterrichts herangetragen werden:*

- Medien ermöglichen die Auseinandersetzung mit Lerninhalten, die der direkten Erfahrung des Schülers nicht zugänglich sind, wie z. B. die Lebensumstände der Menschen in anderen Ländern (Film, Dias, Karten, Reiseberichte ...) oder komplizierte technische Zusammenhänge (Trickdarstellung der Funktionsweise des Ottomotors) oder Mikroorganismen (Mikroskop) oder historische Ereignisse (filmische und schriftliche Dokumente, Bilder ...) oder gefährliche Experimente in Physik und Chemie.
- Medien machen die gleichen Informationen für beliebig viele Lernende verfügbar. Sie dienen damit dem Prinzip der Unterrichtsökonomie bzw. der Rationalisierung von Lernprozessen.
- Medien ermöglichen die jederzeitige Wiederholung von Informationen, womit sie in gleicher Weise unterrichtsökonomischen und unterrichtsdifferenzierenden Überlegungen zugute kommen.
- Medien begünstigen durch perfekte Machart und Veranschaulichung sowie durch ihren Motivationscharakter die Optimierung von Unterricht.
- Medien sind ihrerseits leicht optimierbar im Sinne der Zweck-Mittel-Rationalisierung, d. h., sie können aufgrund ihrer überprüfbaren Wirkung schrittweise und situationsangemessen verbessert werden.
- Medien helfen, die Objektivierung von Unterricht zu verwirklichen. Sie steuern damit der alleinigen Abhängigkeit der Schüler von den Meinungen, Interessen und Darstellungsgewohnheiten des Lehrers entgegen und erweitern den Erfahrungshorizont der Schüler.
- Bestimmte Medien, wie z. B. Problemsituationen, Experimentiermaterial, Medienverbundsysteme, fördern die Eigenaktivität der Schüler und

damit ihre Fähigkeit, sich Wirklichkeit langfristig selbsttätig zu erschließen.

- Medien ermöglichen die Differenzierung und Individualisierung des Unterrichts nach Interessen, Leistung und Lerngewohnheiten der Schüler.
- Medien als Unterrichtsgegenstand leiten die Schüler zu kritischem Umgang mit Informationen und ihrer Aufbereitung an.

5.2 Übersicht über Unterrichtsmedien

Eine Klassifikation von Unterrichtsmedien verfolgt die Absicht, zumindest alle gebräuchlichen Unterrichtsmedien zu beschreiben und zu ordnen. Sie richtet sich dabei nach festgesetzten Einteilungskriterien, wie z. B. Funktion der Unterrichtsmedien, unterrichtsmethodischer Ort der Unterrichtsmedien (Motivation, Erarbeitung, Ergebnissicherung, Übung, Kontrolle), Aktivitätsverteilung durch die Unterrichtsmedien, ausgelöste Lernaktivität durch die Unterrichtsmedien usw.
Als empirisch gesichert kann keine der zahlreichen Medienklassifikationen und -taxonomien gelten. Darüber hinaus erschwert ihre meist komplizierte und damit lernaufwendige Handhabung den Zugang für den Praktiker (vgl. den noch verhältnismäßig übersichtlichen Versuch von Schröter 1981, S. 103–112). Die folgende Übersicht beschränkt sich deshalb auf eine bloße Auflistung der im Unterricht gebräuchlichen Medien, zu deren Gebrauch in den folgenden Kapiteln Handlungsanregungen entwickelt werden. (Vgl. Brucker 1986, hier erheblich erweitert)

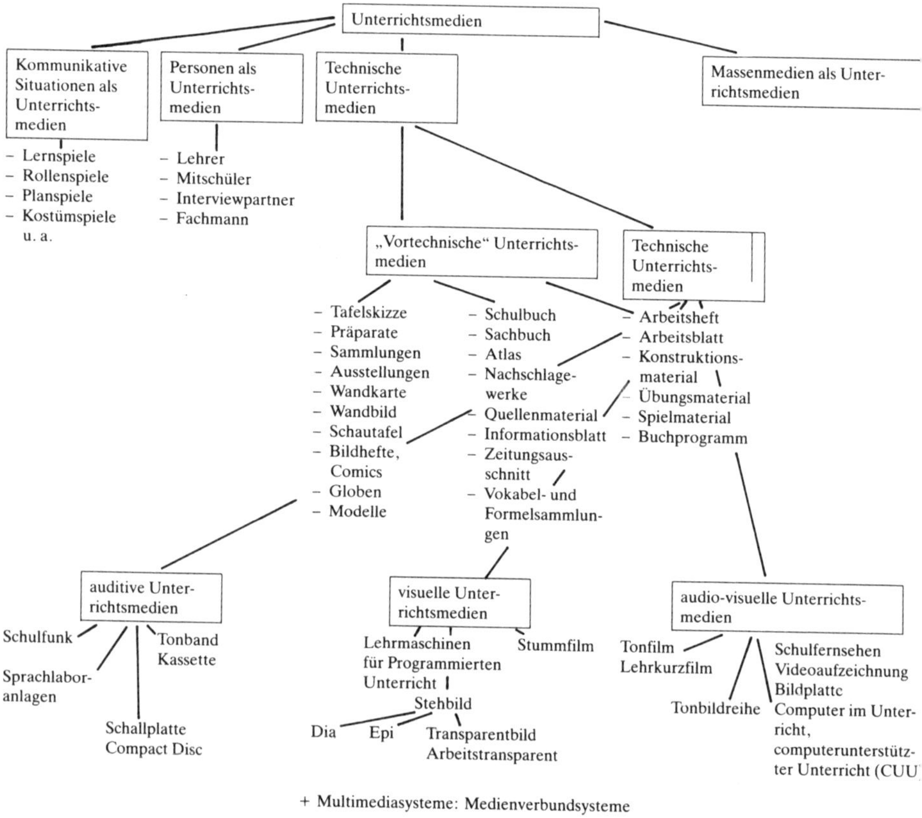

5.3 Grundsätze eines sinnvollen Medieneinsatzes

Medien sind kein beliebig auswechselbarer Bestandteil des Unterrichts. Sie beeinflussen mehr oder minder verändernd die gesamte Unterrichtsplanung und den tatsächlichen Verlauf von Lernprozessen. Bei der Auswahl von Unterrichtsmedien reicht deshalb der Blick auf Lernziele, Lerninhalt und beherrschte Arbeitstechniken der Schüler allein nicht aus. Der Lehrer kommt nicht um eine begründete Antwort auf die Frage herum, welchen Stellenwert das jeweils ausgewählte Unterrichtsmedium in der Gesamtplanung des Unterrichts besitzt.

5.3.1 Die Frage nach der Bildungsrelevanz von Unterrichtsmedien

Wenn wir Bildung als ordnende Orientierung in der Welt und als Befähigung zum angemessenen Verhalten in dieser Welt verstehen, ist auch beim Einsatz von Unterrichtsmedien zu fragen, welchen speziellen Beitrag sie dazu leisten. Dabei greifen unsere Überlegungen zu kurz, wenn wir die Unterrichtsmedien lediglich in ihrer Dienstfunktion als Träger und Vermittler von Informationen sehen. Information ohne Medien – und deren informationsbeeinflussende Wirkung – ist nicht möglich. Bildung im beschriebenen Sinn kann nur gelingen, wenn über den Informationstransport hinaus immer gleichzeitig an der Befähigung der Schüler gearbeitet wird, sich durch die Wahl der jeweils richtigen Mittel möglichst ökonomisch Informationen beschaffen zu können und mit den gewählten Mitteln auch sicher und medienkritisch umgehen zu können. Ein noch so perfekt geplanter Unterricht verfehlt letztlich seinen Bildungszweck, wenn nicht der Schüler über die Medien verfügt, sondern die Medien über den Schüler verfügen.

So kann z. B. die kritische vergleichende Untersuchung derselben Nachricht in verschiedenen Medien Hilfe dafür sein, eigene wertende Stellungnahmen zu ermöglichen, die Manipulierbarkeit der Medien selbst zu erkennen, nach den Menschen hinter den Medien zu fragen. Letztlich kommt es auf das Bewußtsein permanenter Manipulation durch die Medien an, der Widerpart zu bieten sich keinesfalls immer lohnt, der aber den Kampf anzusagen lebensnotwendig sein kann, wenn mangelnde Transparenz der Absichten medialer Angebote eine nicht mehr reflektierbare Manipulation vermuten läßt. (Vgl. Köck 1975)

5.3.2 Die Frage nach der didaktischen Relevanz von Unterrichtsmedien

Der Praktiker mag es noch selbstverständlich finden, bei der Unterrichtsvorbereitung danach zu fragen, ob ein mediales Angebot den Lerninhalt ohne korrigierende Eingriffe in seinem wesentlichen Gehalt trifft, ob es Zusatzinformation oder Randständiges anbietet oder ob es sozusagen als Materiallieferant „ausgeschlachtet" werden muß.

Problematischer ist es, der Tatsache nachzuspüren, daß Medien die gewünschten Informationen durch die Art ihrer Aufbereitung und des Transports zum Empfänger verändern. Die Medien entscheiden mit über den Gefühlswert einer Information für den Schüler und über die Eigenart seines Zugangs zum Informationsgehalt.

Beispiel

Es kann kaum ein Zweifel darüber bestehen, daß das Nachlesen im Medium Geschichtsbuch über die Machtergreifung Hitlers einen ungleich blasseren, wenn vielleicht auch objektiveren Eindruck über die Ereignisse vermittelt als das Nacherleben über das Medium Dokumentarfilm. Die Entscheidung für ein bestimmtes Medium kann sich also nicht danach richten, welches Medium gerade greifbar ist oder wieviel Aufwand der Lehrende für die Unterrichtsvorbereitung in Kauf nehmen will, sondern sie ist bestimmt von der am Lernziel orientierten Vorentscheidung, auf welche Qualifikation des Schülers die Beschäftigung mit dem Lerninhalt ausgerichtet ist. Wenn es bei unserem Beispiel lediglich um die Kenntnis der historischen Fakten geht, mag das Medium Geschichtsbuch genügen, seine Verwendung ist jedenfalls lernökonomischer als die eines Dokumentarfilms. Anders aber verhält es sich, wenn über die Kenntnis der historischen Fakten hinaus Verständnis für historische Entwicklungen und wertende Stellungnahme erwartet werden. Die Fragerichtung bei der didaktischen Analyse in unserem Beispiel darf aber nicht nur vom Lernziel über den Lerninhalt zu den Methoden und Medien führen, *sondern sie muß rückläufig auch eine Antwort darauf geben, was das als zunächst angemessen anerkannte Medium tatsächlich in bezug auf Lernziel und Lerninhalt* einbringt. Es könnte sich evtl. unter dem Gesichtspunkt wertender Stellungnahme herausstellen, daß der gewählte Dokumentarfilm die Gefahr in sich birgt, über der Faszination demonstrierter Machtentfaltung das eigentliche Lernziel zu verfehlen, wenn nicht durch ein weiteres Medium sichergestellt wird, daß den Schülern der ganze Kontext der Hitlerschen Machtergreifung gegenwärtig ist. Die Diskrepanz zwischen Lernziel und Medium könnte jedoch auch dazu führen, das zunächst gewählte Medium durch ein anderes zu ersetzen, um die Anforderungen des Lernziels und die Aussagemöglichkeiten des Mediums zur Deckung zu bringen und um nicht der den Medien grundsätzlich eigenen Tendenz zu erliegen, sich innerhalb des didaktischen Gesamtkonzepts und schließlich gegen dasselbe zu verselbständigen. Wenn der Lehrer die *eigengesetzliche Wirkung* der Medien nicht einkalkuliert, steht er u. U. verwundert vor der Tatsache, daß das gesetzte Lernziel von den Schülern nicht erreicht wurde.

5.3.3 Die Frage nach der methodischen Relevanz der Unterrichtsmedien

richtet sich darauf, welche spezielle Aufgabe die Unterrichtsmedien im Lernprozeß der Schüler erfüllen sollen und welche mutmaßlichen Auswirkungen auf die Schüler sie dabei haben werden.

1. *Die Auswirkungen der Unterrichtsmedien auf den Lernprozeß der Schüler* werden zunächst von folgenden *medieneigenen Faktoren* bestimmt (vgl. Armbruster 1978, Boeckmann/Heymen 1978, Tulodziecki 1981):

- Der bei der Verschlüsselung der Information angelegte *Reduktionsgrad* erlaubt Aussagen darüber, in welchem Ausmaß das mediale Angebot von der Wirklichkeit abweicht:
  - Bei *ikonischer Darbietung* ist wenigstens ein Detail der Wirklichkeit unverändert dargestellt, z. B. auf dem Foto oder im Film.
  - Die *schematische Gestaltung* führt die Wirklichkeit auf das Wesentliche zurück, wie z. B. im Trickfilm oder in der Graphik.
  - Die *verbale Vermittlung* beschränkt sich auf die schriftliche oder mündliche Wiedergabe von Informationen.
  - Die *symbolische Vermittlung* begnügt sich mit Begriffen, Wörtern, vereinbarten Zeichen für Handlungsfolgen usw.
- Die bei der Verschlüsselung der Information gewählte *Abbildungsart* legt fest, welche Sinne durch das Medienangebot angesprochen werden (auditiv, visuell, audiovisuell). Untersuchungen über den Behaltwert von Informationen im Gedächtnis haben nachgewiesen, daß er um so höher liegt, je mehr Sinne an der Aufnahme und Verarbeitung der Information beteiligt waren.
- Die *Gestaltungstechnik* bei der Verschlüsselung der Information (z. B. Einstellungsgröße, Kamerablickwinkel, Schnitt, Farbeinsatz) entscheidet – in oft sogar bewußter Manipulationsabsicht – maßgeblich über Quantität und Qualität der Information sowie über Gefühle, die im Empfänger (hier Schüler) ausgelöst werden sollen.
- Die *Gestaltungsform,* die zur Verschlüsselung von Informationen gewählt wird (z. B. Dokumentarfilm, Spielszene, Reportage, Bericht oder Erzählung) wirkt v. a. über dramaturgische Mittel und den Anschein von Echtheit oder Unechtheit des Angebots auf die Aufnahmebereitschaft der Schüler.

Neben diesen medieneigenen Gestaltungsmerkmalen hängen Medienangebote noch ab
- von der Einstellung der Schüler zur Thematik, von ihren Vorkenntnissen, von der Aktualität des Angebots für die Schüler
- und vom richtig gewählten Ort des Medienangebots im Unterricht.

2. *Die Zuteilung einer bestimmten Aufgabe an Unterrichtsmedien im Lernprozeß der Schüler* kann sich an verschiedenen Ansätzen orientieren, die in der Praxis meistens zu unterschiedlichen *Aufgabenkombinationen* führen:

- Unterrichtsmedien werden oft *zur Auslösung bestimmter Teilschritte* im

Lernprozeß eingesetzt, z. B. zur Motivation, Erarbeitung, Festigung, Ergebnissicherung, Erfolgskontrolle, Übung, Ausweitung ...).

- Unterrichtsmedien werden zur *Anregung bestimmter Sinneswahrnehmungen* aufgeboten. Durch die Nutzung verschiedener Eingangskanäle für Informationen (visuell, auditiv, multisensorisch) können lernerschwerende Bedingungen vermindert werden. Außerdem lernen die Schüler ihre bevorzugten Lerngewohnheiten zu durchschauen und durch bewußte Medienverwendung zu verbessern sowie an vernachlässigten Möglichkeiten ihrer Sinneswahrnehmung zu arbeiten. Das langfristig angelegte Ziel aller Medienarbeit im Unterricht ist die Eigenverantwortung des Schülers für seinen Lernprozeß.
- Unterrichtsmedien dienen der *Einleitung und Stützung bestimmter Lernaktivitäten* wie z. B. der Beobachtung, Informationsverarbeitung, Erprobung, dem Handeln, dem Speichern von Informationen. Ihr Einsatz ist v. a. geboten, wenn die unmittelbare *Anschauung* der Wirklichkeit nicht möglich bzw. nicht ökonomisch realisierbar ist (z. B. Lebensverhältnisse der Menschen in der dritten Welt) oder der *Verdeutlichung* bedarf (z. B. Einsatz der Videokamera bei der Demonstration eines Physik- oder Chemieexperiments).
- Die Aufgabe von Unterrichtsmedien kann durch das *Ausmaß ihrer Einflußnahme auf den Lernprozeß des Schülers* bestimmt werden:
  - *Medien werden unterrichts- bzw. kommunikationsunterstützend eingesetzt* (Enrichmentfunktion). In dieser Funktion dienen sie in erster Linie der Vermittlung von Informationen, sie ermöglichen bzw. unterstützen die Verständigung der am Unterricht Beteiligten, zwischen denen aber die direkte Kommunikation aufrechterhalten bleibt. Diese Funktion erfüllt z. B. die Tafelskizze, der Atlas, das Lehrbuch, die Wandkarte, die Diareihe, ein Anschauungsmodell u. v. a.
  - *Medien treten als „eigenständige Kommunikationsinstanz" auf* (Kolb) wie z. B. die Fernsehsendung, der Unterrichtsfilm, im Unterricht verwendete Massenkommunikationsmittel, Medienverbundsysteme, die Programmierte Instruktion und der Computer. In solchen Fällen übernehmen die Medien die Lehrfunktion, womit allerdings für die Lehrobjektivierung – außer der Unabhängigkeit von der Lehrervermittlung – nichts weiter gewonnen ist. Gerade der scheinbaren Objektivität, welche vor allem die technischen Medien kennzeichnet, muß der Kommunikationspartner Schüler mit zunehmender kritischer Distanz gegenübertreten. Diese erwirbt er aber nur – im Sinne eines Langzeitunternehmens –, wenn er lernt, neben dem Inhalt auch die

Präsentationsform und die handlungsleitenden Interessen der jeweiligen Produzenten kritisch zu befragen.
- *Medien werden zu „Kommunikationsmitteln in der Hand der Lernenden“* (Kolb), wie dies z. B. bei Planspielen, Projekten, Arbeitsbüchern, Schülerzeitung, Schulspiel, selbst gestalteten Ausstellungen, bei der Produktion von Video- und Super-8-Filmen der Fall ist. Der Blick hinter die Kulissen und auf die Machart wird erweitert zum Umgang mit den Medien. Der Schüler kann sich auf diesem Wege – schrittweise und sicherlich mühevoll – vom Rezipienten zum Kommunikator entwickeln, der seinen Handlungsspielraum in der Auseinandersetzung mit dem Medium erkennt und auch zu nutzen weiß.

5.4 Auswahlkriterien für Unterrichtsmedien

Ein Medienangebot ohne Auswahlprozedur, d. h. ohne Sichtung, einzusetzen, bedeutet immer ein schwer kalkulierbares Risiko. Auch Begleithefte können dem Lehrer nicht die eigene exakte Analyse von Medienangeboten abnehmen, wenn er sie als Bausteine mit klar definierter Aufgabe in seine Gesamtplanung für eine ganz bestimmte Adressatengruppe einbauen will. Der zeitraubende Aufwand für die Medienanalyse wandelt sich in eine Entlastung für künftige Unterrichtsplanungen, wenn sich der Lehrer eine *Kartei* anlegt, in der er die analysierten Medienangebote mit stichwortartiger Inhaltsangabe und Beurteilung z. B. mit Hilfe der nachfolgenden Auswahlkriterien erfaßt. *Die Übersicht über Auswahlkriterien für Unterrichtsmedien* ist als Zusammenfassung von Fragen an das Medienangebot zu sehen, die von Fall zu Fall *in unterschiedlicher Kombination und Gewichtung* von Bedeutung sein werden:

Erläuterungen

1. *Lernziel- und Inhaltsangemessenheit:*
- Den im Lernziel formulierten Qualifikationen dienlich,
- Zentral- oder Randproblem,
- Lernzielverändernder Rückkopplungseffekt ...

2. *Wissenschaftliche Zuverlässigkeit*
- Aktueller Stand der Informationen,
- wesentliche Informationen,
- evtl. ideologische Verfremdung,
- Informationen durch die Gestaltung verdeckt,
- einwandfreie Verwendung fachwissenschaftlicher Methoden,
- Gefahr des Simplifizierungseffekts ...

3. *Schülerangepaßtheit*
- Dem Entwicklungsstand der Schüler angemessen,
- der Aufnahmekapazität und den Lernfähigkeiten der Schüler angemessen
- Verständlichkeit (Durchschaubarkeit, klare Gliederung, Prägnanz im Ausdruck)
- der gruppendynamischen Struktur der Klasse angemessen bzw. förderlich,
- an Schülerinteressen orientiert ...

4. *Dem Unterrichtszweck dienlich*
- zur Motivation,
- zur Information,
- zur Verarbeitung,
- zur Erweiterung, Ergänzung, Vertiefung,
- zur Kontrolle,
- zur Übung,
- kommunikationsstiftend,
- Aktivitätswechsel (vgl. auch 5.3.3) ...

5. *Empanzipatorischen Zielen dienlich*
- Medienkunde
- Umgang mit Medien,
- Erstellung von Medien,
- erzieherischer Aspekt des selbstgestalteten und kritisch distanzierten Lernens,
- Zugewinn an Lernfähigkeiten und Wirklichkeitserfahrung ...

6. *An Unterrichtsprinzipien ausgerichtet*
- Anschaulichkeit
- Selbsterfahrung und Selbsttätigkeit
- vgl. die überschneidenden Punkte 1./2./3./8./11.

7. *Methodischer Aspekt*
- vorausgesetzte Arbeitstechniken,
- vorausgesetzte, evtl. einzuübende Sozialformen,
- erforderliche Aktivitäten,
- Entsprechung zur Unterrichtsform (eher lehrergeleitet oder eher schülerorientiert) ...

8. *Lehrobjektivierung:*
- Aktualität,
- umfassender Zugang zur Wirklichkeit,
- Unabhängigkeit vom Lehrer,
- Wiederholbarkeit ...

9. *Zugänglichkeit*
- Didaktische Aufbereitung,
- Begleitmaterial,
- ausschnittweise verwendbar,
- evtl. nötiger Raumwechsel,
- Bereitstellung ...

10. *Unterrichtsökonomie*
- Aufwand an Vorbereitungszeit,
- Aufwand an Lernzeit,
- Aufwand an Material und finanziellen Mitteln,
- Entlastungsfunktion für den Lehrer.

11. *Der Differenzierung und Individualisierung dienlich*
- Differenzierung nach den Gesichtspunkten Zeit, Ziel, Inhalt, Schülerinteressen, Weg,
- Bewältigung organisatorischer Probleme dabei.

12. *Äußere Voraussetzungen*
- Klassen- bzw. Gruppengröße,
- Sitzordnung,
- Spezialräume,
- technische Voraussetzungen wie Verdunkelung, Kabel ...

13. *Mediengemäßheit*
- Sind die technischen Möglichkeiten des Mediums optimal genutzt? (Gestaltungstechnik und Gestaltungsform, vgl. 5.3.3)

Als hilfreich bei der Entscheidung für oder gegen ein bestimmtes Medium können sich hier sog. *Mediensteckbriefe* erweisen. Sie geben

- Informationen über die technischen Möglichkeiten eines Mediums und seine Handhabung,
- Erfahrungen zu den überhaupt möglichen didaktischen Funktionen eines Mediums,
- Informationen über Organisationsprobleme, Kostenfragen, Literatur (vgl. Heidt/Loser in Dichanz/Kolb 1979!).

Vorschlag eines Formblatts für die Medienanalyse

1. *Formale Angaben*

Art des Unterrichtsmediums: Fundort:
Titel: Kennzeichnung:
Laufzeit / Bilderzahl insgesamt:
bei Ausschnitten: von ________________ bis ________________
Nummern ausgewählter Bilder/Dias . . .: ________________________
Qualität der technischen Aufbereitung:

2. *Inhalt in Stichpunkten* (mit Kennzeichnung von Schwerpunkten, brauchbaren Ausschnitten usw.)

Wissenschaftliche Zuverlässigkeit / Aktualität:

3. *Aspekt Schüler:*

Jahrgangsstufe:
Voraussetzungen an Wissen und Können:
Ort im Lernprozeß (z. B. Motivation):
Geforderte Lernaktiviät:
Medienerzieherischer Aspekt:

4. *Aspekt Lernziel:*

Lehrplanbezug (mit Fundstelle):
Exakte Beschreibung der zu vermittelnden Qualifikationen:
Evtl. lernzielverändernde Effekte des Unterrichtsmediums:

5. *Aspekt Unterrichtsmethode:*

Leistet das Medienangebot punktuelle Informationsübermittlung, ist es Leitmedium oder Kommunikationsmittel?:
Mögliche bzw. nötige Kombination mit anderen Medien?:
Mögliche Sozialformen:
Mögliche Arbeitsaufträge (auch differenzierend):

5.5 Medienpädagogik und Medienerziehung im Informationszeitalter

(Vgl. z. B. Bieger 1980, Bonfadelli 1986, Deutsche Leseges. 1985, Fröhlich 1982, Gibas 1985, Haefner 1985, Hagemann 1979, Hentig 1984, Issing 1987, Mundzeck/Schneider 1979, Neubauer 1982, Sturm 1979, Tulodziecki 1985 u. 1987)

5.5.1 Aufgaben und Zielsetzungen

1. Haefner (1985) beschreibt die *Medienpädagogik* als „die Wissenschaft von der Mediatisierung und deren Bewältigung durch den aufgeklärten Menschen". Die Schwerpunkte medienpädagogischer Forschung sind „die Informations- und Kommunikationstechniken mit ihren sozialen und kulturellen Folgen" (Baacke).

2. *Medienerziehung* ist als angewandte Medienpädagogik der Aufgabe verpflichtet, *Hilfestellung zu bieten bei der Einübung des Menschen in eine reflektierte Mediennutzung.* Wie die unmittelbare Wahrnehmung und die Kommunikation dienen auch die Medien der Orientierung des Menschen in der Welt und oft genug auch als Antrieb zu Handlungen. Kommunikations- und Handlungskompetenz sind im Informationszeitalter ohne Medienkompetenz als neuer Kulturtechnik nur mit Einschränkung für die Daseinsbewältigung brauchbar.
Baacke spricht im Zusammenhang mit der Medienerziehung von der „Notwendigkeit der Bewältigung kommunikationskultureller Problemlagen", die durch die Medien neu geschaffen wurden. So verändern beispielsweise die sog. neuen Medien nicht nur die Informationsübertragung, sondern auch die Kommunikation selbst, die Arbeitsplätze, ja sogar überkommene Denk- und Sprachformen. Ethische Probleme ergeben sich, wenn man z. B. an den Handlungsvorteil der informationstechnischen Insider gegenüber den bloßen Medienkonsumenten denkt. Medienerziehung als Hilfe

beim Aufbau einer fundierten Medienkompetenz hat aber nur eine echte Chance, wenn sie bereits im frühpädagogischen Bereich ansetzt und als lebenslanges Lernen verstanden wird. Schulische Medienerziehung bleibt ein Tropfen auf einen heißen Stein, wenn die Eltern nicht für ihre Ziele gewonnen werden können. Ferner wird Medienerziehung ein einseitiges, wenn nicht fruchtloses Unternehmen sein, wenn sie nicht eingebettet in eine umfassende Freizeiterziehung praktiziert wird. Empfohlene Medienaskese z. B. kann nur gelingen im Rahmen alternativer sinnvoller Freizeitaktivitäten.

3. Als *vordringliche Ziele der Medienerziehung* lassen sich heute erkennen (vgl. Tulodziecki in Issing 1987, S. 157):

- „Verarbeitung emotionaler Medienwirkungen und medienvermittelter Informationen" (Aufarbeitung der Medienbiographie der Schüler, also ihrer bevorzugten Gewohnheiten bei der Mediennutzung).
- „Medienanaylse und Medienkritik" auf der Grundlage medientechnischen Wissens (Grundwissen über Medien, ihre Spezifika, ihre Herstellungspraktiken, ihre möglichen positiven und negativen Wirkungen).
- „Aktive Medienarbeit" (Medienerziehung heißt auch Befähigung zur Produktion eigener Medienangebote, das Erlebnis der Medien als fügsames Ausdrucks- und Kommunikationsmittel, das Erlebnis der Macht potentiell unbegrenzter Manipulation).
- „Sinnvolle Nutzung vorhandener Medienangebote" (Auswahlkriterien, kriterienorientierte Auswahl in Programmzeitschriften, bewußte und begründete Medienaskese).
- „Erfahrung alternativer Handlungsmöglichkeiten zum Medienkonsum" (Einbettung in eine umfassende Freizeitkultur).
- „Entwicklung des intellektuellen und des sozialen bzw. moralischen Urteilsniveaus im Umgang mit Medien."
- Zusätzlich schließt Medienerziehung sicherlich auch die Übung in direkter Kommunikation von Person zu Person mit ein, denn so paradox es klingt, Medien leisten trotz immensen Informationsangebotes der Kommunikationsunfähigkeit und -armut in direkten zwischenmenschlichen Beziehungen Vorschub. Es ist gelebte Medienerziehung, wenn gerade Lehrende sich in der Auseinandersetzung zwischen Lernenden und Medien nicht als dialogische Bezugspersonen versagen. Vielleicht liegt sogar im mediendidaktischen Geschick der Lehrenden die einzige gewichtige Chance schulischer Medienerziehung. Sicher ist, daß der Lehrer als Medienerzieher sich auch als Therapeut von Medienmanien und -neurosen verschiedener Art begreifen muß.

Die aus den Erfahrungen der alltäglichen Medienwirklichkeit abgeleiteten Zielsetzungen machen deutlich, daß Medienerziehung ihren Auftrag weder als Bewahrpädagogik noch als bloße Anleitung zur Entwicklung eines kritischen Medienrezipienten erfüllen kann, der den vielfältigen medialen Manipulationen gewachsen ist. Im Informationszeitalter ist vielmehr der Mediennutzer im umfassenden Sinne gefragt, der kritisch und handelnd mit den Medien als Kommunikationsinstanzen der Wirklichkeit umzugehen versteht, auch und gerade im Unterricht; dort gesellt sich zum Zweck der Objektivierung und Perfektionierung des Unterrichts durch Medien (mit der Gefahr der Verplanung des Schülers) die Medienanalyse und der produktorientierte Umgang mit Medien.

5.5.2 Für die Medienerziehung bedeutsame empirische Befunde

1. In welchem Ausmaß Medien Lerneffekte bei Kindern bewirken und sie zum Denken anregen, bestimmt nicht die Menge des Medienkonsums, sondern *die qualitative Art des Umgangs mit den Medienangeboten* (vgl. Untersuchungen z. B. zum Fernsehkonsum von Salomon, zusammengefaßt in Issing 1987). Dabei neigen Kinder – ohne besondere Instruktionen – dazu, Medienangebote eher unter dem Aspekt ihres Unterhaltungswertes und als Mittel zur Realitätsflucht zu betrachten als unter dem des Lernens. Medienangebote werden zunächst einmal mit Hilfe bereits bekannter Informationen bewältigt; Neues bedeutet Anstrengung.

2. Eine von mir angeregte Untersuchung (Schmölz 1986) zum privaten Fernsehkonsum der Realschüler und seiner Auswirkungen auf den Unterricht brachte u. a. folgende Ergebnisse:

- Fernsehwissen gelangt in den Unterricht meistens als oberflächliches Halbwissen oder gar in Form von Vorurteilen, die gründliche Nacharbeit herausfordern. Für den Unterricht brauchbare Informationen werden durch ein wahllos konsumiertes Fernsehangebot überlagert und gelegentlich bis zur Unbrauchbarkeit entstellt.
- Jugendliche beziehen Vorbilder und Einstellungen kritiklos vor allem aus dem Fernsehen. Die befragten Schüler sprachen unter dem Auswahlangebot Fernsehen, Presse, Rundfunk dem Fernsehen mit 100 Prozent die größte Glaubwürdigkeit zu.
- Der private Fernsehkonsum der Schüler scheint sich durch die pausenlose Bilder- und Informationsfolge mindernd auf ihre Konzentrationsfähigkeit auszuwirken.
- Die vom Denken entlastende Bildersprache des Fernsehens trägt zu-

sammen mit der im Gleichschritt marschierenden verkümmernden Kommunikation in der Familie zur sprachlichen Verarmung bei. Den durch das Fernsehen vergrößerten passiven Wortschatz können viele Schüler nicht sprachgestaltend umsetzen.

- Exzessiver Fernsehkonsum scheint ein Mitverursacher schlechter Schulleistungen zu sein.

Das Ergebnis kindlicher Medienbegegnung fällt also meistens äußerst flüchtig aus, bei gleichzeitig unreflektierter Aufnahme einer Menge unerwünschter Informationen (Gewalt, Stereotype, Vorurteile) mit schwer kalkulierbarem Tropfen-Effekt.

3. Eine Langzeitstudie von Tannis MacBeth Williams (1986) u. a. brachte den Nachweis, daß vor allem unkontrolliert hoher Fernsehkonsum Aktivitäten beeinträchtigt, die ungeteilte Aufmerksamkeit verlangen wie z. B. der Leselernprozeß. Ferner hemmt das Fernsehen durch den Verbrauch von Muße die Entwicklung der Kreativität, fördert die Aggression durch wirklichkeitsfremde Schnell-Lösungs-Strategien und mindert die Sozialkontakte.

4. Insbesonders Fernsehen und Film machen es wegen ihrer formalen „medienspezifischen Angebotsweisen“ (Tempo der Bilderfolge, Schnitttechnik . . .; vgl. Sturm in Issing 1987) meistens unmöglich, das Geschehen innerlich zu versprachlichen. Die Folge sind Erregungszustände mit Denkblockaden sowie Erlebnisse mit verschwindend geringem kognitivem, aber relativ hohem emotionalem Behaltwert. Sturm fordert als Konsequenz eine „zuschauerfreundliche Mediendramaturgie“, d. h. Zeit für innerliches Verbalisieren, keine emotionalen Wechselduschen, Rücksicht auf die Verständnisstruktur der Adressaten.

5.5.3 Herausforderung für die Medienerziehung durch die sog. neuen Medien

1. Der allgemeine Zugriff auf Medien aller Art wurde durch Massenproduktion und günstige Preisgestaltung enorm ausgeweitet. Unter dem Einfluß der *sog. neuen Medien* wie z. B. Videographie, Teletextsysteme, Breitbandkommunikation, Videoclips, Telespiele, Bildplatte, Bildtelefon, Computersimulationen nimmt die Intensität der vermittelten Begegnung mit der Wirklichkeit einen beängstigenden Stellenwert im menschlichen Leben ein. Die modernen Informations- und Telekommunikationssysteme erfordern ein Ausmaß an psychischer Mobilität, das über informationstechnische Grundbildung allein nicht aufgebracht werden kann.

2. Der *Computer* erfaßt die Wirklichkeit ausschließlich nach den Gesetzen der binären Logik – streng genommen eine Simplifizierung der Wirklichkeit –, was für den Menschen eine neue Gefahr der Entfremdung in sich birgt. Die schulische Aufgabe muß deshalb heißen:

- Die Schüler müssen in kritischen und verantworteten Umgang mit dem Computer eingeübt werden. Immerhin ermöglicht der Computer einen enormen Informationszuwachs.
- Den Schülern muß die ausschnittweise, technologische Wirklichkeitserfassung durch den Computer und die damit verbundene Entfremdungsgefahr für den Menschen erfahrbar gemacht werden.
- Vorübergehend möglichen Isolierungstendenzen durch den Umgang mit dem Computer muß die Schule gegensteuern.

3. *Videofilme* führen zu noch längerer Verweildauer der Kinder und Jugendlichen vor dem Fernseher, wobei nach Untersuchungen ca. ein Drittel der Jugendlichen über 15 Jahren keinen Einschränkungen durch die Eltern bei der Auswahl unterliegen. Befragungen von Schülern legen aber die Annahme nahe, daß alle Kinder und Jugendlichen auch ohne Erlaubnis der Erziehungsberechtigten an alle Arten von Videos, also auch Horror- und Pornovideos, herankommen, die sie sehen wollen.

Auswirkungen

- Abdriften in eine Traumwelt, die auch nicht durch familiale Kommunikation aufgearbeitet wird,
- Verstärkung herkömmlicher geschlechtsspezifischer Rollenfixierung durch herabsetzende Darstellung der Frau,
- langfristig anhaltende Angstzustände.
- Der Angstabwehr dienende Immunisierungsversuche der Kinder und Jugendlichen, die sich damit beruhigen, daß ja alles nur Trick und Ketchup sei.
- Gelegentliches Umspringen der Bildschirmerlebnisse in konkrete Handlungsbereitschaft, von Lehrern vor allem am Montag nach den Videowochenenden beobachtbar.

5.5.4 Handlungskonsequenzen für die Medienerziehung

Eine Fülle *praktischer Anregungen* vermitteln z. B.:

- Zentrale Erprobung audiovisueller Medien im Unterricht (Dantegymnasium), Wackersberger Straße 61, 8000 München 70
- Audiovisuelle Zentralstelle am Pestalozzianum, Beckenhofstraße 31, 8035 Zürich

- Bayerisches Staatsministerium für Unterricht und Kultus: Gesamtkonzept der Medienerziehung in der Schule. Juli 1988

1. Den nachhaltigsten Erfolg scheint im Rahmen der Medienerziehung die *aktive Medienarbeit* zu zeitigen. Dabei sollten aus Zeit- und Motivationsgründen mediale Kurzformen im Vordergrund der Arbeit stehen, z. B.:
- Videoaufzeichnungen zu aktuellen Schulereignissen,
- Videoprojekt „Die Schule stellt sich vor",
- Interviews und Reportagen,
- Schulnachrichten (Zeitung, über das Ansagesystem, Video in der Pausenhalle ...),
- Dokumentaraufnahmen zu aktuellen Ereignissen aus dem näheren Schulumfeld,
- Literaturvideos (Umformung eines Textes in szenische Abfolgen, Illustration eines Gedichtes, Verfilmen einer Erzählvorlage ...),
- Aufbereitung von Unterrichtsinhalten in Wandzeitungen, Hörbildern ...,
- Märchen als Hörspiel,
- Fotodokumentationen,
- Verfilmte (vertonte) Geschichte,
- Schülermagazin in einer Fremdsprache,
- Teilnahme an Medienwettbewerben u. a. m.

2. Große Bedeutung kommt gerade in einer Zeit technologisch verkürzter und einseitiger Informationsübermittlung der *ganzheitlichen Wirklichkeitswahrnehmung* zu. Hierbei kann von Nutzen sein z. B.
- Einübung in *konzentriertes* Lesen, Hören, Sehen, Handeln,
- die schrittweise Erarbeitung von Kriterien ganzheitlicher Wahrnehmung,
- systematische Sinnesschulung durch gezielte Übungen,
- Konzentrations- und Meditationspraktiken.
- Äußerer Anreiz speziell zum Lesen können die Einrichtung und Pflege von Schul- und Klassenbibliotheken sein, gelegentliche Büchertauschaktionen, kurze Schülerkommentare zu Lieblingsbüchern u. a. m.

3. Medienerziehung ereignet sich, wenn der unvermittelten Wirklichkeit der Vorzug vor der vermittelten Wirklichkeit gegeben wird, wenn immer dies möglich ist. Die Erfahrungen aus zweiter Hand vermindern die Fähigkeit des Menschen zum originalen Zugriff auf die Wirklichkeit auch dann, wenn sie existenznotwendig ist. Vor allem die konsequente Pflege der Lesekultur wird von Fachleuten (z. B. Neil S. Postman) als wirkungsvolles

Mittel beschworen, die Informationsgesellschaft nicht in eine Minderheit lesegeübter und damit denkgewohnter und zur Herrschaft prädestinierter Spezialisten und eine Mehrheit über Bildersprache manipulierter Konsumenten von Informationen zerfallen zu lassen. Die originale Begegnung mit der Wirklichkeit ist z. B. möglich

- durch Exkursionen,
- durch die Analyse literarischer Vorlagen für Fernsehfilme,
- durch die Arbeit im Schulgarten,
- durch Betriebs- und Umwelterkundungen,
- durch Teilhabe am gemeindlichen Leben u. a. m.

4. Jede noch so kreativ eingefädelte Medienerziehung wird unglaubwürdig, wenn sich Eltern und Lehrer als Modelle ihrer erzieherischen Vorstellungen versagen. Bedauerlicherweise bleibt die Einflußnahme des Lehrers auf die Eltern beschränkt auf (drastische) Information über Medienwirkungen. Es darf unterstellt werden, daß sich die Eltern der Auswirkungen von Massenmedien, insbesonders des Fernsehens und des Videomarktes, auf Lern- und Sozialverhalten ihrer Kinder nicht bewußt sind. Aus diesem Grunde kann wiederholte und mit Fakten belegte Information durchaus medienerzieherisches Engagement der Eltern einleiten. Trotz ihrer Bemühungen um die Mithilfe der Eltern enttäuschten Lehrern bleibt immer noch ihr eigenes Modellverhalten im Umgang mit Medien, das von kritisch auswählender Medienaskese bis zur kundigen Nutzung von Medien als Informationsübermittler reicht.

5. *Die Rolle des Lehrers im medienorientierten Unterricht*
Umfragen bestätigen immer wieder das Unbehagen der Lehrer, durch Unterrichtsmedien auf die Rollen eines Medientechnikers, -arrangeurs, -koordinators und eines Lernzielkontrolleurs reduziert zu werden. Da die herkömmliche, durch Curricula und Lehrpläne stark reglementierte Unterrichtspraxis auch nicht gerade zu Experimenten mit medial offen strukturierten Lernsituationen ermutigt, liegen auch keine gesicherten Erkenntnisse über die Praktikabilität durch Medieneinsatz veränderter Lehrerrollen vor. So dominiert auch heute noch ein Rollenverständnis des Lehrers im Unterricht, das durch straffe zielgerichtete Organisation unterrichtlicher Lernsituationen gekennzeichnet ist. Die Unterrichtsmedien werden bei einer solchen Grundeinstellung vorwiegend auf dem Stellenwert eines stets berechenbaren Unterrichtsfaktors festgeschrieben. Unterrichtsverläufe mit metakommunikativen Bestandteilen wie z. B. beim Planspiel oder Projekt werden selten gewagt, weshalb auch die Einübung der Lehrer in ein verändertes Rollenverständnis kaum eine Chance hat. Demgegen-

über erscheinen die Forderungen z. B. des kommunikationstheoretischen Didaktikansatzes eher als Appelle denn als Beschreibung praktizierten Unterrichts. Wenn allerdings die enge Zweck-Mittel-Bindung der Medien in Richtung kritischer Indienstnahme der Medien durch die Schüler erweitert werden soll, müssen unterrichtliche Lernsituationen unter Leitung von Medien verwirklicht werden, in denen sich der Lehrer aus seiner zentralen Macherposition zurücknimmt und sich bewußt geplant in die Rollen eines Moderators, Tutors, Lernhelfers, Beraters und Diagnostikers einübt. Nur durch eine konsequente Schwerpunktverschiebung von der unterrichtlichen Funktion des Lehrers zu seiner erzieherischen Funktion, die nur mit Hilfe der Medien gelingen kann, wird auch ein ausgewogener, am jeweiligen Zweck des Unterrichts orientierter Ausgleich zwischen lehrerzentriertem und schülerorientiertem Unterricht möglich sein. Theorie und Praxis klaffen allerdings hier einmal mehr weit auseinander.

5.6 Ausgewählte Auswertungs- und Beobachtungshilfen für den medienorientierten Unterricht

Die in der Unterrichtsvorbereitung vorgenommene Analyse und situationsspezifische Auswahl von Unterrichtsmedien sowie die konkret formulierten medienerzieherischen Absichten erfahren ihre Kontrolle durch ihre tatsächlichen Auswirkungen im Unterricht. Lehrer und Schüler gelangen von einem lediglich ungefähren Eindruck zu exakten, für die weitere Unterrichtsplanung richtungweisenden Aussagen, wenn sie Planung und Durchführung medienorientierter Unterrichtsphasen einer ebenfalls geplanten vergleichenden Untersuchung unterziehen.

5.6.1 Bei Beobachtungs- und Kontrollfragen für die Schüler ist aus Zeitgründen und möglicher Überforderung der Schüler vorbeugend anzuraten, die Schüler jeweils auf eine einzige Frage zu ihrer Begegnung mit dem Medienangebot zu konzentrieren. Welche Frage angemessen ist, erkennt der Lehrer in der Regel aus seinen Beobachtungen zum Lernverhalten seiner Schüler und aus der Medienanalyse, gelegentlich auch erst aus dem aktuellen Unterrichtsverlauf.

Beispiele für Beobachtungs- und Kontrollfragen, welche die Schüler für sich selbst beantworten und in Arbeitsgruppen, im Klassenverband, mit dem Lehrer besprechen sollten:

1. Konnte ich Schwierigkeiten im Umgang mit dem Medienangebot feststellen? (Art der Darstellung, Umfang der Information, Klarheit und Verständlichkeit der Aussagen, Übersichtlichkeit der Informationen ...)

2. Welche Lerngewohnheiten kann ich im Umgang mit dem Medienangebot entdecken? Welche Mängel an Lern- und Arbeitstechniken fallen mir auf? Was könnte ich sofort zu ihrer Behebung unternehmen, üben?

3. Wie ist meine Wahrnehmungsfähigkeit beschaffen? Was vom Medienangebot habe ich im Vergleich zu meinen Schulkameraden wahrgenommen, was nicht?
Wie kann ich meine Wahrnehmungsfähigkeit trainieren?
Woher bekomme ich Übungsangebote?

4. Welche Lernaktivitäten wurden durch das Medienangebot ausgelöst?

5. Welche Gefühle wurden durch das Medienangebot angesprochen? ...

5.6.2 Die Beobachtungs- und Kontrollfragen für den Lehrer dienen in erster Linie der Überprüfung der Übereinstimmung von Planung des Unterrichts und seiner Auswirkungen auf die Schüler, aber auch der Aufdekkung evtl. vorhandener „blinder Flecke“, wie z. B. unvermuteter Medienwirkungen oder unzureichend eingeübter Arbeitstechniken der Schüler für die Medienerschließung.

1. Einen Überblick über den Zusammenhang eingeplanter Unterrichtsmedien und dadurch ausgelöstes Schülerverhalten bietet das folgende *Verlaufsprotokoll:*

Verlaufsprotokoll mit Schwerpunkt „Medien und Schülerverhalten“				
Zeit	Unterrichtsphase und inhaltlicher Ablauf	Verwendete Medien und Funktion der Medien	Schüleraktivitäten	Bemerkungen
	1. *Eröffnungsphase*			
	2. *Erarbeitungsphase* *1. Schritt* *2. Schritt* usw.			

2. Zur Auswertung bzw. Ergänzung des Verlaufsprotokolls und der während des Unterrichts gewonnenen Beobachtungsdaten haben sich die folgenden *Kontrollfragen* bewährt:

- *Verbale und nonverbale Mittel der Kommunikation (personale Unterrichtsmedien)*
  - Umgangston? – Reversibel oder irreversibel?
  - Typische Redeformen?
  - Vorzüge und Mängel in der Redetechnik?
  - Verteilung der verbalen Beiträge auf Lehrer und Schüler?
  - Welche nonverbalen Verständigungsmittel werden gebraucht?
  - Wird die Unterrichtssprache reflektiert (Metakommunikation)?
- *Fragen zur Verwendung technischer Unterrichtsmedien*
  - Welche Unterrichtsmedien wurden eingesetzt?
  - In welcher Stelle des Unterrichts wurden sie eingesetzt? – Richtig oder falsch plaziert?
  - Welche Funktionen sollten sie erfüllen und haben sie erfüllt? (z. B. Motivation, Erarbeitung, Materialausgabe, Ergebnissicherung ...)
  - Wurde der Lerninhalt wissenschaftlich zuverlässig dargestellt?
  - Aufgrund welcher spezifischen Merkmale erschien das verwendete Unterrichtsmedium als besonders gut (weniger) geeignet?
  - Entsprach die Darstellung den Lernvoraussetzungen der Schüler?
  - Sprache des Mediums? – Sprache der Schüler? – Überbrückungshilfen?
  - Konnten die verwendeten Unterrichtsmedien die Schüler aktivieren? Wie? Welche Tätigkeiten wurden angeregt?
  - Wurden die Unterrichtsmedien erschöpfend ausgewertet? Welche Informationen bzw. Wirkungen wurden nicht verwertet?
  - Gaben die Unterrichtsmedien Anlaß zum sozialen Lernen? Wozu konkret?
  - Welche organisatorischen Maßnahmen mußten beim Einsatz des Unterrichtsmediums getroffen werden bzw. wurden nicht vollzogen? (Frage nach der Ökonomie)
  - Brachte das Medienangebot die erwartete Entlastung des Lehrers von seiner Lehrfunktion?
  - Entsprach das Medienangebot den Auswahlkriterien auch beim Einsatz im Unterricht? Wodurch wurden evtl. Abweichungen von der Planung ausgelöst?

5.7 Hinweise zur Beschaffung und Organisation von Unterrichtsmedien

Der Einsatz von Unterrichtsmedien unterbleibt oder scheitert oft deshalb, weil Hardware und Software unökonomisch organisiert sind, mangelhaft gewartet werden, dem Lehrer nicht hinreichend zur Kenntnis gebracht werden, Bedienungsängste vorliegen u. a. m.

5.7.1 Überblick

(siehe Seite 267)

5.7.2 Audiovisuelle Blöcke im Klassenzimmer

Es kann im Informationszeitalter nicht als unzumutbare finanzielle Forderung bezeichnet werden, jedes Klassenzimmer mit einer Mindestausrüstung an technischen Unterrichtsmedien auszustatten. Die gebräuchlichsten Unterrichtsmedien müssen jederzeit griffbereit zur Verfügung stehen, um zeitaufwendige Organisation und Überschneidungen in der Ausleihe zu vermeiden. Die im Klassenzimmer stationär untergebrachten Unterrichtsmedien werden ökonomisch und für einen schnellen Zugriff am besten in einem Medienschrank konzentriert und verkabelt. Bei Bedarf stehen sie – auf beweglichen Standbrettern herausgezogen – ohne unnötige Handgriffe zur Verfügung.

Standardausrüstung des Medienschranks:

- Fernsehgerät
- Videorekorder
- Filmgerät, 16 mm
- Diaprojektor
- Tageslichtprojektor
- Radiogerät
- Tonbandgerät bzw. Kassettenrecorder
- evtl. Plattenspieler und Epidiaskop

Beschaffung von Medien durch den Medienbetreuer
- Medienwünsche der Lehrer einholen
- Orientierung auf dem Medienmarkt, auf Messen, bei Firmen
- Entscheidungsfindung über die endgültige Antragsliste
- Etatverhandlungen

Hardware (Geräte)	Vorgefertigte Software (Medienangebot) der Medienverlage	Mitgeschnittene Software von Rundfunk und Fernsehen (unter Beachtung der urheberrechtlichen Bestimmungen)	Selbsterstellte Software
– auf Kompatibilität achten! – Genügend große Anzahl von Ersatzteilen und Ersatzgeräten beschaffen!			

↓

Katalogisierung der Medien

Hardware, z. B.
- Monitore
- Rundfunkgeräte
- Plattenspieler
- Videogeräte
- Diaprojektoren

- Trägermaterialien wie Kassetten, Filme, Folien ...
- Arbeitsgeräte wie Zeichengeräte, Folienstifte ...

Software, z. B.
- bespielte Tonbänder und Videokassetten
- Schallplatten
- Filme
- Diareihen
- Foliensätze ...

↓

Bedienungsanleitungen für Hardware
- übersichtlich
- gut lesbar
- verständlich und unmittelbar nachvollziehbar

Einsatzmöglichkeiten für Software, u. a. durch schriftlich fixierte Erfahrungsberichte der Lehrer

↓

Ausleihsystem
(Anlage und Betreuung eines Medienarchivs)

Wartung
- Funktionsprüfung
- Ausführung von Kleinreparaturen
- Veranlassung größerer Reparaturen

- Information der Lehrer über vorhandene Unterrichtsmedien
- Einweisung in die Gerätebedienung
- Beratung für den Medieneinsatz

Medienbetreuer und technische Assistenten

6 Ergebnissicherung durch Wiederholen, Üben und Anwenden

(Vgl. z. B. Aebli 1983, Arbeitsgemeinschaft Lernmethodik 1980, Baddeley 1979, Bönsch 1987, Bollnow 1983, Drescher 1983, Eisenhut u. a. 1981, Endres u. a. 1982, Foppa 1968, Grünwaldt 1984, Helmke u. a. 1987, Hülshoff/Kaldewey 1980, Köck 1987, Kohnen 1978, Kugemann 1977 und 1986, Maras 1987, Naef 1982, Neher 1982, Odenbach 1981, Oerter 1988, Ortner 1987, Pöppel 1985, Potthoff 1981, Rabenstein 1983 und 1984, Reischmann 1985, Schmidt 1988, Schräder-Naef 1988, Speichert 1986, Vester 1985, Vilgertshofer 1978 und 1980, Wettler 1979)

6.1 Worum geht es bei den Lernhandlungen Wiederholen, Üben, Anwenden?

Lehrer und Schüler arbeiten in Wiederholungs- und Übungsstunden oft aneinander vorbei, weil nicht eindeutig geklärt ist, welche Lernleistung und welcher Lerneffekt verlangt sind und zu welchem Zweck (Lernziel) das ganze Unternehmen veranstaltet wird.
Was passiert also beim Wiederholen, Üben, Anwenden, Vertiefen? Wozu dient die jeweilige Aktivität, und wie führt man sie möglichst effektvoll aus? Solche Fragen müssen zusammen mit den Schülern beantwortet werden, wenn das „Lernen lernen“ einmal mehr eine echte Chance haben soll, und die Schüler sich nicht schon bei der Ankündigung wiederholender und übender Lernsituationen auf Phasen der Lustlosigkeit und Langeweile einstellen sollen.

6.1.1 Zusammenhang der ergebnissichernden Lernaktivitäten

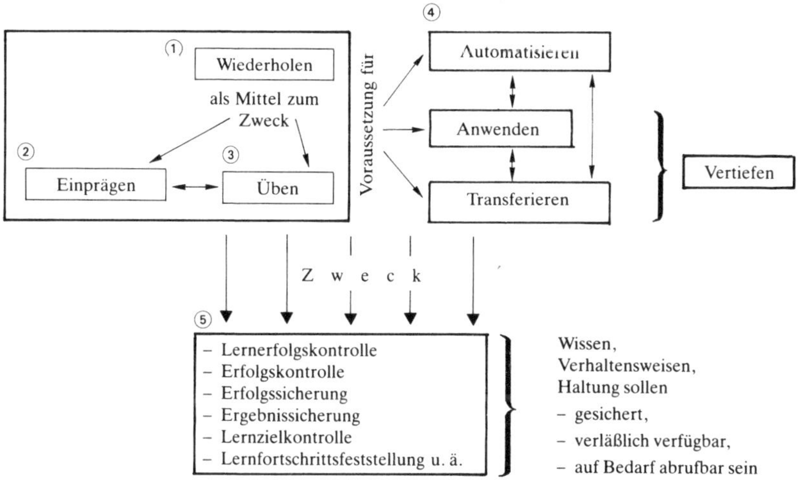

6.1.2 Erläuterungen zu den einzelnen Lernaktivitäten

① *Wiederholen* bedeutet die nochmalige bzw. mehrmalige Ausführung eines äußeren oder inneren Handlungsablaufs in unveränderter bzw. sinngemäßer Form.

Beispiele

- Der Bewegungsablauf beim Weitsprung wird durch oftmalige Wiederholung eingeschliffen und verbessert.
- Geläufige Satzmuster in der Fremdsprache werden durch Wiederholung in gleichen und ähnlichen Sprachsituationen verfügbar.
- Die Schüler wiederholen einen eben erarbeiteten Sinnzusammenhang mit eigenen Worten, um den Lerneffekt zu sichern und gleichzeitig ihr Verständnis unter Beweis zu stellen.
- Verläßliche Formeln, Regeln, Lösungsstrategien sollen durch oftmalige Wiederholung zum schnellen Durchspielen bei Problemlösungen zur Verfügung stehen, und zwar aus ökonomischen Gründen zur Entlastung der kreativen Lernarbeit.

② Im *Vorgang des Einprägens* soll die Wiederholung als Mittel zum Zweck zur Sicherung von Informationen, Wissen, Fakten, Kenntnissen, Einsichten, Zusammenhängen u. dgl. führen, d. h. dieselben im Gedächtnis abrufbar verankern.

③ Demgegenüber stehen beim *Üben* Abläufe, Wege, Methoden, Prozesse im Vordergrund der Wiederholung, also Können, Fähigkeiten, Fertigkeiten, Handlungsvollzüge. Gefragt ist letztlich Leistungssteigerung. Einprägen und Üben arbeiten immer einander zu, für die Lernplanung ist es aber dennoch von Bedeutung, ob es z. B. lediglich um den Behaltwert von Fakten geht oder um eine Methode, gegebene Fakten sinnvoll und ökonomisch zu verbinden.

④ Mit dem Wiederholen zum Zweck des Einprägens und Übens sind die Voraussetzungen geschaffen für das Automatisieren, Anwenden und Transferieren. Vielleicht endet so mancher Transferversuch deshalb in Mißerfolgen, weil seine Voraussetzungen nicht hinreichend geübt waren?!

- Die besondere *Übungsform des Automatisierens* zielt über Drill, Konditionierung und Dressur auf Gewohnheitsbildung. Die erwünschten Verhaltensweisen sollen sich auf Schlüsselreize hin zuverlässig und ohne Belästigung des Bewußtseins einstellen. Im militärischen Bereich dient die Automatisierung von Bewegungsabläufen, Handgriffen und von Befehl-Antwort-Ketten der Überlebenssicherung; im zivilen Bereich begünstigen z. B. das Einschleifen von Eßmanieren, die Sauberkeitserziehung und die Eingewöhnung in allgemein übliche Umgangsformen die Akzeptanz der umgebenden Gesellschaft, – gelegentlich um den Preis einer zwanghaften Persönlichkeitsentwicklung und der Beeinträchtigung von Selbständigkeit und Verantwortungsfähigkeit.
  Lernpsychologisch gesehen bedeutet Gewohnheitsbildung unbestritten Entlastung von Routinehandlungen zugunsten einsichtigen Lernens. Unerwünschte Nebeneffekte können vermindert werden, wenn das Automatisieren *in Sinn- und Lebenszusammenhängen* erfolgt. So weist z. B. der pattern drill des Fremdsprachenunterrichts – übersetzt als Strukturmusterübung – über stumpfsinniges Pauken hinaus.
- In *Lernakten des Anwendens* soll der Praxisbezug hergestellt und geprobt werden. Im Tun, Handeln, Ausführen wird das neu Gelernte und hinreichend durch Wiederholung Gesicherte an Fallbeispielen, wirklichkeitsbezogenen Aufgaben oder schlicht am eingangs der Unterrichtsstunde gestellten Lernproblem erprobt. Allerdings dürfen die Erwartungen an die Lernleistung nicht zu hoch gesteckt werden, wenn die Aufgabe in der Anwendungsphase lediglich darin besteht, das eben Gelernte ein erstes Mal zu wiederholen.
- Im *Transferieren* wird letztlich flexibler Umgang mit der Wirklichkeit auf der Basis eines sicher verfügbaren Verhaltensrepertoires angestrebt. Die Übertragung von Lernerfahrungen auf neue Situationen und Pro-

bleme, die ungewohnt aber mit der bisherigen Ausrüstung lösbar sind, setzt ausgiebiges Einprägen und Üben voraus.
Transferleistungen dürfen nicht mit mühsamer Erinnerungsakrobatik belastet werden. Im Transfer konzentrieren sich die Schüler
- auf die möglichen Relationen zwischen Fakten,
- auf problemlösende Verknüpfungen von Regeln, Gesetzmäßigkeiten,
- auf Sinnzusammenhänge,
- auf kreative Kombinationen und Grenzüberschreitungen ...

Angesichts solcher Lernleistungen entpuppt sich so mancher Transfer einer Unterrichtsstunde als Hochstapelei, und manch anderer als Überforderung mangels entsprechender Vorleistungen im Einprägen und Üben.
Neue Erkenntnisse können nicht auf gerade gewonnene aufgepfropft werden, vielmehr muß als Voraussetzung einsichtigen Lernens auf jedem neu erreichten Erkenntnis- und Fähigkeitsplateau dem Schüler ausreichend Zeit für übendes Lernen zugestanden werden (vgl. hierzu die von Piaget beschriebenen Vorgänge der Äquilibration, Assimilation, Akkomodation!).
Je nach lernfördernder oder -behindernder Wirkung ist in der Literatur von positivem bzw. negativem Transfer die Rede. Von einem Null-Transfer wird gesprochen, wenn sich keine nennenswerte Auswirkung auf nachfolgende Lernsituationen beobachten läßt.

● Der in Unterrichtsvorbereitungen gelegentlich auffindbare Begriff *Vertiefung* wird meistens ohne Trennschärfe als Sammelbezeichnung für so unterschiedliche Lernvorgänge wie Zusammenfassen, Ausweiten, Anwenden hergenommen. Da auch hier wieder den einzelnen Lernanforderungen entsprechende Rahmenbedingungen bereitzustellen sind, erweist sich eine eindeutige Abgrenzung als günstig: Vertiefen bezeichnet eine für alle Schüler einer Klasse oder für einen Teil der Schüler vorgesehene *qualitative Intensivierung* der bis dahin geleisteten Lernarbeit.

Beispiele
- Das Lernergebnis wird in einen größeren Sinnzusammenhang gestellt. (Die Bedeutung der Verfassung der Vereinigten Staaten von Amerika für demokratische Verfassungen der Folgezeit)
- Ein Lerngegenstand wird durch zusätzliche Informationen in seinem Bedeutungsgehalt erweitert.
  (Kunstdünger als Mittel der Ertragssteigerung, aber auch als *eine* Ursache der Störung des ökologischen Gleichgewichts)
- Eine neue erlernte Operation wird in ihrer vollen Auswirkung erlebt,

indem mit ihrer Hilfe eine komplexe Situation der erfahrbaren Wirklichkeit (leichter) bewältigt wird.
(Stellenwert des Bewerbungsschreibens im Rahmen der Berufswahl)

⑤ Alle dargestellten Lernakte dienen der *Erfolgskontrolle und Ergebnissicherung* (vgl. 2.1). Die vom Schüler zu leistende Wiederholung, der Übungsverlauf, evtl. Schwierigkeiten bei Anwendung und Transfer sollen zunächst Aufschluß über Verlauf und Ergebnis des eben vollzogenen Lernprozesses geben. Verständnis- oder Handlungsschwierigkeiten der Schüler müssen im Zusammenhang mit dem aktuellen Lernvorgang aufgedeckt und bewältigt werden und dürfen nicht mit dem Alibi von Stoffdruck und Zeitnot den Eltern und Nachhilfezentren zugeschoben werden.
Neben der unmittelbar erfolgenden Erfolgs- (Ergebnis-, Lernziel-)kontrolle sind *die Ergebnisse in geplanten Abständen zu sichern* (vgl. später!), wenn überhaupt eine Aussicht bestehen soll, sie mit einigem Behaltwert in das Langzeitgedächtnis einzulagern und im Bedarfsfall über sie verfügen zu können.

6.2 Wesentliche Ergebnisse der Lern- und Informationspsychologie als Grundlage schülerangemessener Ergebnissicherung

Selbst redlich um Einprägen und Üben bemühte Schüler klagen darüber – von den abfragenden Lehrern ganz zu schweigen –, daß die Ergebnisse des Wiederholens ein äußerst ungünstiges Aufwand-Nutzen-Verhältnis abgäben. Vor allem entmutigt der hinlänglich bekannte Effekt, daß durch Wiederholung gesicherte Lernergebnisse vielleicht gerade noch für die mündliche Notengewinnung in der nächsten Unterrichtsstunde zur Verfügung stehen, ihr Behaltwert aber mit der zeitlichen Entfernung von der Wiederholungstortur beängstigend zusammenschmilzt.
Sollte es etwa an den Umständen und Bedingungen des einprägenden und übenden Lernens liegen, weshalb der Nutzeffekt fast immer hinter der investierten Anstrengung zurückbleibt?

6.2.1 Erkenntnisse der Lernpsychologie

Die *Lernpsychologie* läßt an der Bedeutung des Wiederholens, Übens und Anwendens für die Sicherung von Informationen, Erfahrungen und Verhaltensmustern keine Zweifel aufkommen. Unterschiedliche Standpunkte werden eher hinsichtlich der Methode vertreten, die zu größeren Behaltwerten führe.

So setzen *die dem Behaviorismus zuneigenden Lerntheoretiker* auf möglichst unveränderte Wiederholung der neu erfahrenen Reiz-Reaktions-Kombinationen in sinnvollen Lernsituationen. Durch Anwendung auf andersartige, aber mit dem bisherigen Können lösbare Lernsituationen hoffen sie auf Wirkungen der Übungsübertragung, einer Vorstufe des Transferierens. Allzu oftmalige Wiederholung führt zur Übersättigung und zu ablehnenden Reaktionen auch gegenüber an sich attraktiven Lernzielen. Bestehende Reiz-Reaktions-Verbindungen werden gelöscht bzw. vergessen, wenn sie

- sich überlagern,
- nicht benutzt bzw. nicht durch Wiederholung geübt werden
- und keine Erfolgserlebnisse (Verstärkung) nach sich ziehen.

Behavioristisch orientiertes Lernen ist also durch Zugewinn und Übung möglichst vieler Reiz-Reaktions-Verbindungen gekennzeichnet, durch die die begegnende Wirklichkeit „flächendeckend" bewältigt werden soll. Diesem Konzept wäre ohne Einschränkung zuzustimmen, wenn es bescheidener aufträte und sich für Gewohnheitsbildung und mechanisierendes Lernen zuständig erklärte.
Der Wirklichkeit mit ihren vielfältigen Anforderungen an Produktivität und Kreativität glauben eher *die Vertreter des kognitiven Lernens* gerecht zu werden. Nach ihrer Meinung ereignet sich bedeutsames Lernen über Erfahrung, Einsicht, Erkenntnisgewinnung, Entdecken und Handeln. In der Ergebnissicherung ist nicht die zuverlässig verfügbare Menge von Reiz-Reaktions-Verbindungen gefragt. Merkenswert sind vielmehr nur Leitsätze, Gesetzmäßigkeiten, Kategorien, also grundsätzliche Strukturelemente und -beziehungen, die unmittelbar zum Transferieren befähigen, einmal ganz abgesehen von ihrem größeren Behaltwert. Neu erworbene Operationen müssen auf vielfältige Weise in den zugehörigen „Operationsset" eingebaut werden, was jederzeit wieder abrufbare Verfügbarkeit bedeutet.
Aebli führt zur Klärung des *Unterschieds von Automatismus und Operation* folgendes *Beispiel* an (1976[6], S. 71):
„Das *Einmaleins* kann als eine Sammlung von Automatismen oder als eine Gruppe von Operationen erworben werden. Im ersten Fall wird jede Zahlenkombination als stereotype Reaktion gelernt, bei der die visuelle oder auditive Wahrnehmung zweier Zahlen, etwa 8 · 7, das Aussprechen (effektiv oder innerlich) einer dritten Zahl, hier 56, hervorruft. Jede der verschiedenen Zahlenkombinationen ist demnach von jeder anderen isoliert. Will man jedoch, daß die Schüler das Einmaleins als System von

Operationen begreifen, so wird man mit ihnen die vielfachen Beziehungen zwischen den verschiedenen Operationen studieren, zum Beispiel $6 \cdot 5 = (6 \cdot 10) : 2$, $7 \cdot 6 = (5 \cdot 6) + (2 \cdot 6)$, also $30 + 12$; $9 \cdot 8 = (10 \cdot 8) - (1 \cdot 8)$; $5 \cdot 5 = 25$; $5 \cdot 6 = 30$; $5 \cdot 7 = 35, \ldots$ also $5 \cdot a = n$ und $5 \cdot (a + 1) = n + 5$; usw., und dies alles, ohne noch vom Zusammenhang der Multiplikation mit der wiederholten Addition zu sprechen und ohne die Multiplikation in Beziehung zu ihrer Umkehrung, der Division, zu setzen. So wird das Einmaleins für den Schüler zu einem System, in dem er ohne Schwierigkeiten eine Operation aus der anderen ableiten und auf verschiedenen Wegen zu ein und demselben Ergebnis kommen kann, kurz: sich einem freien, seiner Ergebnisse sicheren arithmetischen Handeln zu überlassen vermag – dank dem Zusammenhang des Ganzen und der Beweglichkeit der Teile.
Dieser Unterschied zwischen Automatismus und Operation macht gut verständlich, warum die *intellektuellen Automatismen so oft in erstaunlich kurzer Zeit vergessen werden.* Das mechanisch gelernte Einmaleins braucht regelmäßige Wiederholung, sonst kann der Schüler bald nicht mehr über es verfügen."

Sollte also Lernen nur eine Frage der jeweils passenden Strategie sein: für Tischmanieren gedrillte Reiz-Reaktions-Ketten, für den Satz des Pythagoras operatives Lernen?

6.2.2 Unser Gedächtnis – Informationsspeicher mit hoher Verlustrate

(Ausführliche Erläuterungen zum Vorgang der Informationsverarbeitung vgl. Köck 1987, S. 95–99; ebenso eine Zusammenfassung von Forschungsergebnissen bei Schmidt 1988!)

Für Lernvorgänge ergibt sich eine bedenkliche Situation aus dem Befund, daß von Informationen im Kurzzeitgedächtnis nach ca. vier Sekunden nur noch die halbe Menge, nach zwei Tagen gar nichts mehr vorhanden ist. Dann sind die Informationen entweder vergessen oder ins Langzeitgedächtnis weitertransportiert.
Erfreulichere Behaltwerte über immerhin mehrere Monate werde im Langzeitgedächtnis erzielt. Trotzdem kennt jedermann die bedrückende Erfahrung, daß z. B. von einem Vortrag bereits nach einer Woche ohne sichernde oder weiterverarbeitende Maßnahmen das meiste vergessen ist; bestenfalls blieb eine Kernaussage als Rest, möglicherweise aber auch nur ein als Auflockerung gedachter Witz.

1. *Das Gedächtnis ist ein hypothetisches Konstrukt,* d. h. nicht unmittelbar beobachtbar, sondern nur aufgrund der Ergebnisse seiner Aktivitäten

erschließbar. Allgemein hat es die Aufgabe, Informationen jeder Art zu speichern und bei Bedarf wiedergeben zu können.
Als *Artgedächtnis* zeichnet es verantwortlich für die Weitergabe der gespeicherten Erbinformationen einschließlich der angeborenen Auslösemechanismen (AAM), als *Individualgedächtnis* verwahrt es die von jedem Individuum durch Lernen gesammelten, also auch nicht vererbbaren Erfahrungen.

2. Für die Gestaltung von Lernprozessen ist es bedeutsam, daß der Mensch nach Erkenntnissen der Faktorenanalyse in der psychologischen Forschung nicht über ein einheitliches Allgemeingedächtnis verfügt, sondern *unterschiedliche Gedächtnisleistungen je nach Aufgabengebiet* ausbildet. Die ältere Psychologie favorisierte ausschließlich das mechanisch-assoziative Gedächtnis als Generalgedächtnis, in dem Vorstellungen und Verhaltensweisen vor allem nach den Assoziationsgesetzen der Äquivalenz (Ähnlichkeit), des Kontrasts (Gegensatzes) und der Kontiguität (zeitliche und/oder räumliche Nähe) verknüpft werden. Auswendiglernen, Drill und Pauken waren die logische Konsequenz für die Informationsspeicherung.
Die faktorenanalytische Forschung wies mittlerweile neben diesem mechanisch-assoziativen Gedächtnis unterschiedliche Gedächtnisleistungen z. B. im Ultrakurzzeit- bzw. Gegenwartsspeicher, im Kurzzeit- bzw. Arbeitsspeicher, im Langzeitspeicher, für Zahlen, für visuell begegnende Informationen und für sinnvolles Lernmaterial nach.

3. Neurophysiologie, Neurobiologie und Biochemie haben dafür gesorgt, daß wie immer auch geartete Vorstellungen vom Schubladengedächtnis mit lediglich quantitativ gestapeltem Informationsmaterial der Vergangenheit angehören. So führt z. B. F. Vester Lernart und Gedächtnisleistungen auf die von der Geburt an zunehmende und durch die Interaktion mit der Umwelt gesteuerte *Vernetzung im Gehirn* zurück. Die dadurch entstehenden individuellen Grundmuster wirken sich begünstigend auf das weitere Lernen aus, wenn sie z. B. auf ähnliche Erklärungsmuster beim Lehrer stoßen, während sie bei Verschiedenheit der Grundmuster zur Lernflucht und zu Denkblockaden anstiften. Der Informationstheorie und der Kybernetik verdanken wir das plausible Erklärungsmodell, wonach solche Wechselwirkungen nicht nach dem Ursache-Wirkungs-Prinzip, sondern nach dem *Regelkreisprinzip* ablaufen: Informationsquelle, Art der Information, Informationsvermittlung und Informationsverarbeitung in den Gedächtnisspeichern beeinflussen sich wechselseitig, wobei grundsätzlich immer eine Eskalation in Richtung Lernzuwachs oder Lernflucht möglich ist.

4. Viele Indizien sprechen dafür, daß das Gedächtnis über *mehrere Speichersysteme mit unterschiedlichen Aufgaben, Kapazitäten und Behaltwerten* verfügt.
Im *Ultrakurzzeit- bzw. Gegenwartsgedächtnis* werden die Informationen lediglich registriert. Wenn sie nicht innerhalb weniger Sekunden in das *Kurzzeit- bzw. Arbeitsgedächtnis* zur Überprüfung ihrer Brauchbarkeit und Verknüpfbarkeit mit Bekanntem überführt werden, gehen sie sofort wieder verloren. Einen Behaltwert von mehreren Monaten erreichen Informationen, die durch Anknüpfung an bereits eingespeichertes Material die Hürde ins *Langzeitgedächtnis* genommen haben. Ohne gelegentlichen Gebrauch durch Wiedererinnern, Wiederholen, Üben, Anwenden in Alltagssituationen u. a. m. verblassen allerdings auch diese wenigen ins Langzeitgedächtnis durchgekommenen Informationen.

5. Die Informationsaufnahme und -verarbeitung sind während ihres gesamten Ablaufs durch mannigfache Informationsverluste belastet. Ein erheblicher Teil dieser Verluste geht auf das Konto des *Vergessens* (in biologischer Sicht ein Zerfallen der Ribonucleinsäure).
Im Gegenwartsbewußtsein wird Vergessen v. a. durch ein überforderndes Überangebot an Informationen und durch augenblicklich wirklich oder scheinbar unbrauchbare Informationen verursacht.
Ins Gedächtnis vorgedrungene Informationen scheinen dadurch in Vergessenheit zu geraten, daß sie durch neue Informationen verdrängt bzw. überschrieben werden. Dabei sind dem Vergessen aufgrund der rückwirkenden und vorauswirkenden Ähnlichkeitshemmung vorzugsweise solche Informationen ausgesetzt, die mit neuen nicht sehr verschiedenen Informationen konkurrieren müssen.
Dazu gesellt sich das *motivierte Vergessen,* durch das peinliche Erlebnisse und Erfahrungen in die „Rumpelkammer" des Unbewußten abgeschoben werden.
Schließlich spielen heutzutage gelegentlich auch in der Schule Gedächtnisstörungen eine Rolle, die auf Alkohol- und Drogenmißbrauch zurückzuführen sind.

6.3 Unterrichtspraktische Konsequenzen: eine Menge Tips mit Null-Effekt?

Die meisten Frustrationserlebnisse beim einprägenden und übenden Lernen sind nicht auf unbrauchbare Lernhilfen zurückzuführen, sondern auf deren Unkenntnis und falschen Einsatz. Da Menschen sich auch in der Art des lernenden Umgangs mit der Wirklichkeit unterscheiden, gilt für Lehrer und Schüler gleichermaßen, die der Alltagserfahrung und der wissenschaftlichen Forschung entstammenden Anregungen zum einprägenden und übenden Lernen zu sichten, zu erproben, dem jeweiligen Lerntyp entsprechend auszuwählen und zu einer individuellen Lernstrategie zusammenzubauen. Dabei gilt auch hier: Besser weniger Anregungen gründlich verwirklichen als viele oberflächlich!

6.3.1 Grundsätzliche Anforderungen an einprägende und übende Lernphasen

1. Ohne Bereitschaft und Motivation zum einprägenden und übenden Lernen besteht kein oder nur geringer Lernerfolg!
Wenn der Lerngegenstand selbst nicht genügend Motivation abwirft, dann vielleicht die Form (lustige Verpackung, Wettbewerb, Aussicht auf Belohnung ...).

2. Auch beim Einprägen und Üben hat der Schüler ein Recht darauf, den Sinn des Unternehmens zu erfahren (Lernziele!).

3. Die Lernanforderungen müssen für den Schüler überschaubar sein und Erfolgserlebnisse zulassen, die je nach Erfolgsgewohnheit bzw. Mißerfolgsängstlichkeit des Schülers individuell zu verstärken sind: Vom mittleren Schwierigkeitsgrad der Aufgaben beginnend die Anforderungen langsam steigern!

4. Die exakte Bestimmung von Art, Anforderung, Zweck und Kontrolle der Wiederholung erfordert eine gründliche Vorbereitung der einprägenden und übenden Lernphase, – vorstrukturiert an der Tafel, auf der Overheadprojektor-Folie, auf dem Arbeitsblatt ...

5. Lernen in Sinnzusammenhängen fällt leichter als an isolierten Teilstükken; es leitet außerdem zu strukturierendem Lernen an.

6. Geordnetes Lernmaterial wird besser behalten als ungeordnetes; dabei Ordnungsgesichtspunkte immer wieder bewußt machen! V. a. die Superzeichenbildung dient der Entrümpelung des Gedächtnisses von unnötigem Material.

7. Ganzheitliches, mit allen Sinnen (multisensorisches) erfolgendes Lernen erhöht die Chancen beträchtlich, daß über die vermehrten Eingangskanäle die Endprodukte im Langzeitgedächtnis erfreulicher ausfallen; also: handeln, laut sprechen, Skizzen entwerfen usw.

8. Insbesondere operatives Lernen (handelndes, selbsttätiges Lernen) führt zu erheblich größeren Behaltwerten als bloßer Nachvollzug oder Mitvollzug.

9. Die erste Wiederholung muß sofort nach der Einführung des neuen Wissens bzw. des neuen Könnens erfolgen, da andernfalls dasselbe bereits den Kurzzeitspeicher nicht übersteht.

10. Wiederholungsphasen sollten kurz sein, ihre Abstände voneinander werden mit der Entfernung von der Neubegegnung immer größer (individueller Erfahrungsplan nötig!).

11. Die Wiederholungen müssen unbedingt fehlerfrei gehalten werden, da falsch Eingelerntes nur mit hohem Aufwand wieder gelöscht werden kann.

12. In einprägenden und übenden Lernphasen müssen proaktive (vorauswirkende) und retroaktive (rückwirkende) Gedächtnishemmungen ausgeschlossen sein. Diese stellen sich unvermeidbar ein, wenn verschiedene Übungsphasen, aber auch die Neubegegnung mit Lernmaterial ohne deutliche Pause aufeinanderfolgen (vom Stundenplan vorprogrammierte Lernverluste). Auf diese Weise überlagern und löschen sich die verschiedenen Lernbereiche wechselseitig.

6.3.2 Wiederholen, Einprägen, Üben als Lernaufgaben

Auch auf diesem Gebiet fallen die Meister nicht vom Himmel, obwohl so manche schulische Übungs- und vor allem Hausaufgabenpraxis dies stillschweigend vorauszusetzen scheint und damit als Nebeneffekt nicht selten die Eltern in Verlegenheit bringt. Es gehört zu den selbstverständlichen Aufgaben der Schule, für die von ihr verordneten Lernaktivitäten des Einprägens und Übens auch die nötigen Techniken zu vermitteln, und zwar in jedem Fach an jeder gestellten Lernaufgabe. Einmalige Einführungskurse in die Technik des Lernens als Sonderveranstaltungen z. B. des Schulpsychologen oder Beratungslehrers können eine Grundlage schaffen und gravierende Lernfehler aufdecken, keinesfalls aber ein Alibi für die täglich zu leistende Kleinarbeit auf diesem Gebiet abgeben. Lern- und Arbeitsdisziplinen sind eine Aufgabe lebenslangen Lernens. Für den Lehrer heißt es auch hier wieder, mit Geduld ein Programm der kleinen, aber gründlich überlegten und geübten Schritte zu verwirklichen.

Beispiele

1. Die Taktik der Wiederholungsarbeit kann sehr unterschiedlich ausfallen, von den äußeren Umständen des Lernens über die benutzten Verar-

beitungskanäle bis hin zur Art der Speicherung. Der Lehrer muß deshalb als Fachmann für Lehren und Lernen dem Schüler behilflich sein, nach und nach seinen *individuellen Lernstil* herauszufinden, der beim Einprägen und Üben bei größtmöglicher Ökonomie die nachhaltigsten Effektc ab wirft. Allerdings muß der Lehrer dabei soviel Toleranz aufbringen, den Schülern nicht seinen eigenen Lernstil aufzunötigen, auch wenn er ihn für sich selbst als den effektvollsten erkannt haben sollte.

2. Lernphasen des Einprägens und Übens müssen deshalb *methodisch so abwechslungsreich* gestaltet sein, daß die Schüler ihrem Lerntyp entsprechend ihre Lernstärken (visuell, akustisch, motorisch, multisensorisch) ausbauen und an ihren Defiziten unter Anleitung (und ohne Angst vor Bestrafung) arbeiten können.

3. Für die individuelle, also vor allem für die häusliche Wiederholungsarbeit sollten Lehrer und Schüler *Übungs- und Lernpläne* entwerfen, die nach einiger Zeit der Erprobung auf ihre Wirksamkeit hin überprüft und gegebenenfalls – auch individuell – verändert werden. Solche Lernpläne könnten z. B. nach folgenden Gesichtspunkten gestaltet sein:

- Vom Leichteren zum Schwierigeren!
- Wo immer möglich: Ordnen, gliedern, strukturieren!
- Abwechseln zwischen schriftlichen und mündlichen Formen des Wiederholens!
- Lernhilfen und „Eselsbrücken" bauen!
- Wiederholungsdurchgänge in immer größeren zeitlichen Abständen festlegen!
- Einführung in die Mnemotechnik!
- Pausen fest einplanen → sorgsamer Umgang mit der eigenen Lernenergie! Übermüdung führt nicht nur zu Null-Effekten beim Lernen, sondern auch zu Abwehr- und Vermeidungsreaktionen.
- Sich selbst Belohnungen nach einem erreichten Lernziel zugestehen! ...

4. Die Lernberatung des Lehrers muß sich auch auf die *Biorhythmen und die damit verbundenen Leistungsschwankungen* während der schulisch relevanten Zeiteinheiten beziehen (vgl. z. B. Ortner 1987!)

- Die geistige Leistungsfähigkeit steigt *während des Schuljahres* von September bis März koninuierlich an, fällt ab Mai wieder ab und erreicht im Juli ihren Tiefpunkt.
- *Während der Schulwoche* können wir von Dienstag bis Donnerstag mit der höchsten Leistungsfähigkeit der Schüler rechnen, wobei der Montag vor allem als Opfer der Freizeitgewohnheiten am Wochenende (Fernsehen, Übermüdung) abzubuchen ist.

- *Während des Schultages* liegen die Leistungsspitzen zwischen 8 und 11 Uhr und zwischen 16 und 18 Uhr. Hausaufgaben im absoluten Leistungstief zwischen 13 und 14 Uhr zu erledigen, ist unsinnig.

Neben den Biorhythmen ist die *Konzentrationsfähigkeit* zu beachten, die je nach Alter – und mit individuellen Verschiedenheiten – bei ein und demselben Gegenstand 15 bis 30 Minuten verweilen kann. Nach dieser natürlichen Konzentrationsgrenze entartet weiteres Dranbleiben am Lerngegenstand erfahrungsgemäß in Trödelei, Leerlauf, Unlustgefühle, tränenreiche häusliche Machtkämpfe usw.

5. Es ist m. E. keineswegs eine Einmischung in das elterliche Erziehungsrecht, über die Schule hinaus Schülern und Eltern gegenüber immer wieder unermüdlich auf eine *lernfördernde Gestaltung der Lernumwelt* hinzuwirken:
Arbeitsplatzgestaltung, Lernmaterial, Ordnungshilfen, Geräuschkulisse, nebenbei unterhaltender Fernseher, Konfliktbereinigung …

6. Speziell für das Langzeitlernen empfiehlt sich die *Anlage einer Lernkartei* (z. B. Zettelkasten), die nachfolgendem Zeitplan arbeitet:

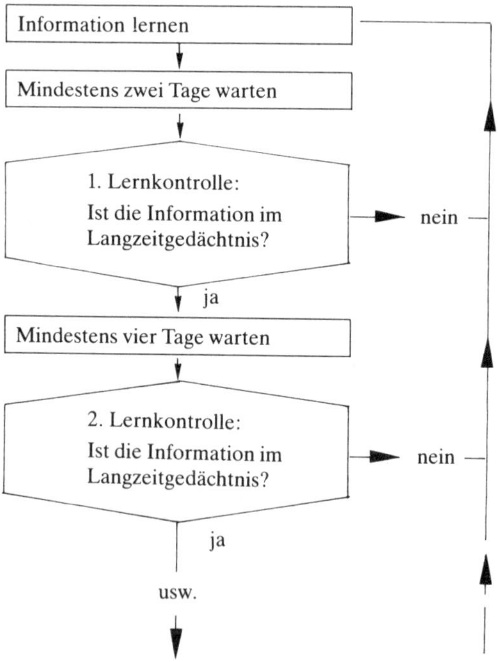

7. Als Langzeitunternehmen könnte die *Erarbeitung von Lernalgorithmen* in Angriff genommen werden, die sich als optimale Lösungsstrategien für Aufgaben eines bestimmten Problemkreises eignen. Beispiel eines Lernalgorithmus nach G. Meyer (1966, S. 99) zur induktiven Methode:

1. Untersuche Einzelfälle, die einzelnen konkreten Erscheinungen, und analysiere sie!
2. Suche die einzelnen Beziehungen, die Einflußfaktoren auf!
3. Beobachte zunächst qualitativ und weitergehend quantitativ die Einzelbeziehungen!
4. Stelle die Einzelbeziehungen zusammen (vielfach in tabellarischer Anordnung)!
5. Fasse zusammen (Synthese) und verallgemeinere die Einzelbeziehungen zu einem Gesetz, zu einer Regel, einem Formelausdruck (induktiver Schluß)!
6. Überprüfe an Beispielen, durch Experimente, in der Praxis das Gefundene!

6.3.3 Wiederholen, Einprägen, Üben und Anwenden im Unterricht

Bei diesen speziellen Anregungen für das Einprägen und Üben im schulischen Unterricht gelten ohne Einschränkungen die grundsätzlichen Anforderungen (6.3.1) und die in Auswahl angebotenen Maßnahmen der Lernberatung (6.3.2). Aus diesem Grunde sind im Folgenden auch gelegentliche Überschneidungen mit den bisherigen Ausführungen unvermeidbar.

1. Auch Wiederholungsstunden bedürfen der *Motivation,* d. h., die Schüler sollen in den psychischen Zustand der Aufmerksamkeit und Lernbereitschaft versetzt werden. *Echte* Anknüpfung an Schülerinteressen und an die außerschulische Wirklichkeit schafft solche Motivation noch am leichtesten, krampf- und trickreiche Lockeinstiege nicht unbedingt; die Schüler durchschauen die Absicht und sind verstimmt. Entgegen solchen Pseudomotivationen sind sie eher bereit, sich auch auf unbeliebte Übungsphasen einzulassen, wenn ihnen der Lehrer den Sinn des Unterfangens erläutert bzw. die zu sichernden Kenntnisse und Fertigkeiten im Zusammenhang mit einem größeren Lernvorhaben, gelegentlich sogar mit der aktuellen Lebenswirklichkeit aufzeigt. Der ideale Vollzug von Einprägen und Üben überhaupt liegt vor, wenn er sich sozusagen unbemerkt innerhalb fächerübergreifender, projektorientierter Lernsituationen ereignet.

2. Auch und gerade am Beginn einprägender und übender Lernphasen muß die *genau definierte Leistung* (Lernziele) stehen, an der sich der

Schüler messen kann. Der – evtl. sogar differenzierte – Schwierigkeitsgrad muß Erfolg zulassen. Bei Mißerfolg helfen nicht Verbalinjurien weiter, sondern nur die Aufklärung der verursachenden Defizite. Der Sinn des Einprägens und Übens ist ja nicht, Wiederholung des ohnehin schon Beherrschten bis zum Überdruß zu betreiben, sondern *mühevolle Kleinarbeit an noch bestehenden Unvollkommenheiten* zu leisten.

3. Die letzte Anmerkung beinhaltet die Forderung, daß Übungsstunden *angst- und streßfrei* gehalten werden müssen. Ungeduld, Ironie, Gespött der Klassenkameraden oder gar Drohung mit schlechten Noten lassen es dem Schüler nicht geraten erscheinen, individuelle Probleme im Umgang mit dem Lerngegenstand offen darzulegen; ein derart verunsicherter und ängstlicher Schüler wird noch unsicherer aus der Übungsstunde hervorgehen.

4. Gerade in der Kleinarbeit an individuellen Defiziten bewährt sich die *Kleingruppenarbeit,* in der nicht nur die Möglichkeiten der gegenseitigen Hilfestellung vervielfacht werden, sondern auch soziales Lernen praktiziert wird.

5. Für eine *lernfördernde Umwelt im Klassenzimmer – auch* beim Einprägen und Üben – sorgen z. B. Lernecken, Flip-chard oder Tafelflächen für großflächiges gemeinsames Arbeiten von Kleingruppen, eine Klassenbibliothek mit Nachschlagewerken (Lexikon, Duden, Atlanten ...), mittendrin der *Lehrer als die beratende Endstation.* Einprägen und Üben leben vor allem vom *selbsttätigen Handeln der Schüler,* nicht vom Nachvollzug (siehe oben!).

6. Für die gegenstandsangemessene Planung des Einprägens und Übens ist die Kenntnis der *verschiedenen formalen Übungsarten* nützlich, wie sie z. B. Kösel/Schneider (1978) zusammengestellt haben (zit. in Maras 1987):
a) *Die lineare Übung:* „Sie beginnt an einem Punkt und schreitet dann in einer Richtung weiter." Beispiel: Einmaleinsreihen.
b) *Die vieldimensionale Übung;* Beispiel: Die „Zahl 18 in ihrer Beziehung zu anderen Zahlen."
c) *Die kreisförmige Übung:* Ein Gegenstand erscheint zunächst in einem überschaubaren Bereich und wird dann in einen größeren Zusammenhang hineingestellt; Beispiel: Das Wasser im Haushalt – Überregionale Wasserversorgung.
d) *Die spiralförmige Übung:* Ausgehend von einem Begriff werden komplexe Sachverhalte vermittelt; Beispiel: „Auto ... – Benzinverbrauch, Verkehrsmittel, Autoindustrie, Umwelt."

e) *Die strukturorientierte Übung:* An einem „Gefüge“ wird geübt und wiederholt; Beispiel: Globus – „Schüler kennen die Bedeutung der Längen- und Breitengrade, kennen die Klimazonen, ziehen daraus Schlüsse.“
f) *Die ganzheitliche Übung:* „Beim ganzheitlichen Üben ... wird immer der ganze Lerngegenstand durchlaufen“; Beispiel: Auswendiglernen eines Gedichts.
g) *Die elementhafte Übung;* Beispiel: „Suche aus dem Text alle Wörter, die mit ie geschrieben werden!“

7. Für die genaue Bestimmung der erwarteten Lernleistung ist die Kenntnis bedeutend, *auf welcher Lernzielstufe sie angesiedelt ist* (vgl. die Übersicht!)

Erwartete Lernleistung

Reproduktion	Reorganisation	Transfer	Problemlösung
Reine Wiederholung im Sinne des Einschleifens, Mechanisierens; am besten in kleinen Einheiten sofort nach der Erstbegegnung (bei der Hausaufgabe sind Details schon wieder vergessen).	Mit Bekanntem in bekannten Zusammenhängen variabel umgehen, z. B. das Gelernte unter einer neuen Fragestellung neu ordnen: veränderter Blickwinkel gegenüber dem bekannten Sachverhalt.	Übertragung des Gelernten auch auf unbekannte Fälle, Sachverhalte, Probleme, die aber mit dem Bekannten voll lösbar sind.	Bekanntes muß auf neue Weise kombiniert werden; Teile des Lösungsweges sind selbständig zu erschließen; bekannte Strategien werden schrittweise verändert angewendet; Kreativität fordernde Situationen werden bearbeitet; Superzeichenlernen wird geübt ...

In der Regel angemessene Sozial- und Aktionsformen

Einzelarbeit, Partnerarbeit als Kontrolle
(Klassenunterricht als Ausnahme)

Aktionsformen z. B.
- Lückentext ausfüllen
- Verbalisieren graphischer Darstellungen
- Zuordnungsaufgaben lösen
- Zusammenfassungen erstellen
- Ausfüllen einer stummen Karte
- Tabelle auswerten
- Wettbewerbsspiele, Silben- und Kreuzworträtsel, Dialogspiele
- Programmierter Unterricht (lineare Form) ...

Partnerarbeit und Gruppenarbeit

Aktionsformen z. B.
- Fallbeispiele bearbeiten, Fallstudien
- Textanalysen erstellen
- Praxisnahe Planspiele und Projekte
- Quelleninterpretation
- Rollenspiele
- Debatten
- Erörterung
- Entwurf von Ordnungsschemata
- Programmierter Unterricht (verzweigte Form) ...

Wegen der nachgewiesenen lernfördernden Wirkung sei noch einmal daran erinnert, wenn immer möglich bei allen Formen der Ergebnissicherung dem *spielerischen Lernen* den Vorzug zu geben.

6.3.4 Prinzipien für die Gestaltung von Wiederholungs- und Übungsstunden

Der *Normalfall der Ergebnissicherung* sind in den Lernprozeß einer jeden Unterrichtsstunde *integrierte Wiederholungen und Übungen,* z. B. in Form von Teilzusammenfassungen, des Vollzugs früher gelernter Tätigkeiten, der Lösung von Teilaufgaben, der Abfassung von Merksätzen, der Lernerfolgskontrolle usw. Ergebnissicherung wird also vor allem *prozeßbegleitend* vollzogen, nicht nur prozeßabschließend am Ende einer Unterrichtsstunde oder Unterrichtseinheit. Dabei ist es für den Stellenwert der Ergebnissicherung im Lernprozeß und in der Sicht der Schüler von Bedeutung, daß sie nicht als lästiges Anhängsel in den Gongschlag hinein praktiziert wird, sondern als gleichwertiger Schritt der gesamten Lernplanung innerhalb der Unterrichtsstunde.
Für *prozeßabschließende Ergebnissicherungen in eigenen Wiederholungs- und Übungsstunden* verspricht die Einhaltung folgender Prinzipien eine Optimierung des Unterrichtsverlaufs:

1. *Ermittlung der Ausgangslage der Ergebnissicherung*

Wiederholungs- und Übungsstunden knüpfen an den *exakt ermittelten Kenntnisstand der Schüler* an, den der Lehrer über Lernerfolgskontrollen, Eingangstests, langfristige Beobachtungen erfährt. Bereits bei der Planung der Wiederholungs- und Übungsstunde müssen erste Entscheidungen über eine evtl. Aufgabendifferenzierung getroffen werden. Andernfalls sind Lustlosigkeit und Langeweile des unterforderten Schülers sowie Mißerfolgserlebnisse und Entmutigung des überforderten Schülers gleichermaßen vorprogrammiert. In Phasen der Ergebnissicherung soll jeder Schüler die Gelegenheit haben, von seinem augenblicklichen Stand aus Kenntnislücken zu schließen, Unsicherheiten abzubauen, Fähigkeiten in Richtung sicherer Beherrschung weiterzuentwickeln.

2. *Formulierung des – evtl. differenzierenden – Auftrages zur Ergebnissicherung*

- Formulieren Sie den Auftrag *sachlich genau, eindeutig, übersichtlich gegliedert* und für die speziellen Adressatengruppen der Schüler *verständlich* (Kenntnis- und Entwicklungsstand)!
- *Begründen* Sie im Auftrag (schriftlich oder mündlich) den Zweck und den Lerneffekt der zu leistenden Arbeit!
- *Erläutern* Sie im Auftrag (schriftlich oder mündlich) die Anforderungsstufe der Aufgabe, die Aufgabenform und den Lernweg, evtl. anhand eines Beispiels!

- Sorgen Sie dafür, daß der *Auftrag* für die Schüler während der gesamten Zeit der Ergebnissicherung *präsent bleibt* (z. B. an der Tafel, über Tageslichtprojektor, auf dem Arbeitsblatt, ins Heft notiert)!
- Überzeugen Sie sich durch Fragen zum Auftrag, daß *alle Schüler die Aufgabenstellung verstanden haben und über ausreichende Methoden zur Aufgabenlösung verfügen!*
- Denken Sie bei der Formulierung des Auftrages daran, die Ergebnissicherung *handlungsorientiert und ganzheitlich* zu gestalten: Jeder Schüler muß für seinen weiteren Lernweg ohne Fremdhilfe über die gesicherten Ergebnisse verfügen können. Dieses Ziel erreicht er leichter, wenn er nicht nur Aufgaben für Kopffüßler bekommt, sondern je nach Aufgabe sprechen, lesen, spielen, zeichnen, denken, handeln darf.

3. *Betreuung der Schüler während der Ergebnissicherung*

- Üben Sie nach und nach *spezielle Verhaltensregeln* für Phasen der Ergebnissicherung ein, z. B. Mitschüler bei individuell zu leistender Arbeit nicht stören; Reihenfolge möglicher Hilfsmittel (Schulbuch, Merkheft, Nachschlagewerke, Mitschüler, Lehrer); Mitschülern helfen, ohne ihnen die Lernarbeit wegzunehmen (evtl. Tutorensystem einführen); den eigenen Lernweg und die Ergebnisse der Arbeit bewerten, ohne zu mogeln . . .
- Sorgen Sie für eine *entspannte und angstfreie Atmosphäre bei der Ergebnissicherung!* Gerade Fehlleistungen und Kenntnislücken sollen entdeckt und beseitigt werden.
- Geben Sie Ihren Schülern Sicherheit durch *Lernhilfen,* durch erreichbare Teilaufgaben mit Zwischenergebnissen, durch Ermunterung!
- Ermutigen Sie Ihre Schüler zum *kreativen Umgang mit den Aufgaben,* zu alternativen Lösungswegen, zum spielerischen Ausprobieren . . .!
- Regen Sie je nach Sachlage den *Wechsel der Sozialformen und Aktionsformen* an!

4. *Auswertung der Ergebnissicherung*

- Bereiten Sie eine *zuverlässige Lernerfolgskontrolle* vor, z. B. Vergleich mit einer Vorlage über Tageslichtprojektor zur Selbst- oder Partnerkorrektur)!
- Helfen Sie, *Fehlleistungen durch genaue Fehleranalyse sofort zu beseitigen und aufgetretene Schwierigkeiten zu bearbeiten!*
- Lassen Sie ausgewählte Lösungwege *von den Schülern demonstrieren,*

Ergebnisse vortragen, die Überwindung von Lernschwierigkeiten beschreiben usw.!

- Sorgen Sie für *angemessene Verstärkung!*
- Überlegen Sie, ob sich eine *sinnvolle Weiterführung der Ergebnissicherung als Hausaufgabe* anbietet! Erläuterung und Überprüfung nicht vergessen!

7 Problemfall Hausaufgaben

(Vgl. z. B. Becker u. a. 1980, Becker/Kohler 1980, Boßmann 1979, Derschau 1979, Eigler/Krumm 1979, Feiks/Rothermel 1981, Geißler/Plock 1981, Geißler/Schneider 1982, Kamm/Müller 1975, Lipp/Will 1984, Pöggeler 1978, Schwemmer 1981, Speichert 1982, Winkeler 1977; vgl. auch die Literaturempfehlungen zur Ergebnissicherung!)

Von Hausaufgaben ist in Erlassen, Schulordnungen und pädagogischen Schriften die Rede, seitdem es organisierten Unterricht gibt.
Offensichtlich wurden sie als – wie immer auch definierte – Verlängerung des Schulunterrichts schon immer für notwendig gehalten, begleitet vom Wehklagen der Schüler und Eltern. Was ist auch von Hausaufgaben zu halten, wenn sie in Elternversammlungen und in der Tagespresse immer wiederkehrend als „Schikane der Lehrer“, „Tatbestand des Hausfriedensbruchs“, „Freizeitkiller“, und im selben Zusammenhang die Eltern als „Hilfslehrer der Nation“ bezeichnet werden, welche – oft genug peinlicherweise an der Grenze eigenen Leistungsvermögens – die Versäumnisse der Schule kompensieren müßten?

7.1 Die Hausaufgabe im Mißverhältnis zwischen pädagogisch sinnvollen Forderungen und der schulischen Wirklichkeit

7.1.1 Merkmale der Hausaufgabe

- Die Hausaufgabe ist ein vom Lehrer erteilter Auftrag.
- Sie steht mit dem augenblicklich behandelten unterrichtlichen Lernziel und Lerninhalt in Zusammenhang.
- Der Schüler bearbeitet sie in der unterrichtsfreien Zeit, und zwar ohne Fremdhilfe durch Lehrer oder Eltern, von kooperativen Formen der Hausaufgabe einmal abgesehen.

7.1.2 Schulrechtliche Bestimmungen

Die einschlägigen *schulrechtlichen Bestimungen* statten die Hausaufgabenpraxis mit einem Rechtsrahmen aus, der die sinnvolle Gestaltung von Hausaufgaben durchaus unterstützt.

So sollen Hausaufgaben
- die Festigung des in der Schule Gelernten (Kenntnisse, Fähigkeiten, Techniken) sicherstellen,

- die Schüler zu selbständiger Arbeit anregen,
- die Schüler an Eigenverantwortung für ihr Lernen gewöhnen
- sowie in realistische Zeiteinteilung und in sog. Arbeitstugenden (z. B. Regelmäßigkeit, saubere Gestaltung, Ausdauer) einüben,
- den Kontakt zwischen Elternhaus und Schule im Hinblick auf Lernfortschritte und Lernverhalten der Schüler kontinuierlich aufrechterhalten.

Die genannten Ziele können nur verfolgt werden, wenn sie nicht durch äußere Umstände in Frage gestellt werden. Die Schulordnungen schreiben deshalb folgende Rahmenbedingungen vor:

- Die Hausaufgaben müssen ausreichend erläutert werden.
- Ihre Menge muß so beschaffen sein, daß sie von einem durchschnittlichen Schüler in der Grundschule in höchtens einer Stunde, von Schülern der fünften bis zehnten Jahrgangsstufe in höchstens zwei Stunden und von Schüler der elften bis dreizehnten Jahrgangsstufe in höchstens drei Stunden bewältigt werden kann; dabei sind der Zeitaufwand für Schulwege und für Nachmittagsunterricht zu berücksichtigen.
- Den Schülern muß genügend Zeit für Erholung, Spiel und persönliche Interessen bleiben.
- Die Hausaufgaben sind vom Lehrer zu überprüfen.
- Die Lehrer müssen sich bezüglich ihrer Hausaufgabenforderungen abstimmen, z. B. durch Eintragung ins Klassenbuch oder einen Übersichtsplan an der Pinn-Wand).
- Die Schüler der Jahrgangsstufen 5 bis 10 führen ein Hausaufgabenheft.
- Sonntage, Feiertage und die Ferien sind von Hausaufgaben freizuhalten.

Bei der skizzierten Funktionsbestimmung der Hausaufgabe und dem für sie vorgesehenen Rechtsrahmen kann es nur an Unkenntnis, falscher Auslegung oder Mißachtung liegen, wenn die Hausaufgabenpraxis öfter als verkraftbar nicht damit in Einklang zu stehen scheint. Empirische Untersuchungen liefern ebenso wie schlichte Befragungen bei Elternabenden hartnäckig immer wieder die gleichen Fakten (Auswahl):

- Allzuoft erfordern die Hausaufgaben die Mithilfe der Eltern oder gar Nachhilfeunterricht. Dabei bleibt zunächst offen, ob dies auf mangelhafte Aufmerksamkeit der Schüler im Unterricht oder auf unzureichende Erläuterung der Lehrer zurückzuführen ist. Es liegt auf der Hand, daß hier Schüler benachteiligt sind, deren Eltern den Anforderungen der Hausaufgaben nicht gewachsen sind oder die keine Zeit für die Mithilfe und/oder kein Geld für die Nachhilfe aufbringen können.

- Der von den Schulordnungen vorgesehene Zeitrahmen für die Erledigung der Hausaufgaben wird mangels Koordination der Anforderungen durch die Lehrer oft erheblich überzogen. Die Folgen sind nicht nur zunehmende Lustlosigkeit der Schüler und Abneigung gegenüber Hausaufgaben überhaupt, sondern auch Übermüdung, Bewegungsmangel, Streßsymptome und Nervosität, begleitet von Spannungen innerhalb der Familie. Der Griff zu angeblich leistungssteigernden Psychopharmaka ist nicht selten.
- Die Hausaufgabenstreuung auch über Sonn- und Feiertage belastet das Verhältnis zwischen Eltern und Schule, da die Beeinträchtigung von Freitzeitaktivitäten auf die ganze Familie übergreift.
- In den meisten Fällen klagen Schüler und Eltern über langweilige und ideenarme Routineaufgaben, deren Erledigung ausschließlich als lästige Pflicht empfunden wird.
- Die Überprüfung der Hausaufgaben durch die Lehrer wird teilweise gar nicht oder allzu stichprobenartig gehandhabt, womit sowohl die Funktion der Rückmeldung als auch die Verstärkung für die Schüler (und die Eltern) ausfällt.
- Überforderung führt zwangsläufig zum Abschreiben von Unverstandenem, zum Schwindeln und Mogeln, womit nicht selten der Teufelskreis zunehmenden Leistungsversagens eingeleitet wird.
- Es ist sicherlich u. a. auf Defizite in der Beratung von Schülern und Eltern zurückzuführen, wenn für die Arbeit an Hausaufgaben falsche Lernzeiten (vgl. Biorhythmen unter 6.3.2/4.) und ungünstige äußere Umstände (Lernplatz, Radioberieselung usw.) gewählt werden.

7.2 Vorschläge für die Gestaltung abwechslungsreicher und sinnvoller Hausaufgaben

7.2.1 Grundsätze für die Arbeit am Verständnis der Hausaufgaben

1. Hausaufgaben bleiben so lange ein hoffnungsloser Problemfall, als der Lehrer sie nicht als *selbstverständlichen Bestandteil in die Planung des Unterrichts integriert.* Wenn sich die Hausaufgabe nicht zwingend notwendig aus der Lernprozeßplanung ergibt, besteht auch kein hinreichender Grund für ihre Anordnung. Ebenso gilt: Besser keine als eine nicht oder schlecht vorbereitete oder nicht genügend erläuterte Hausaufgabe!

2. Als Bestandteil der Gesamtplanung des Lehr- und Lernprozesses ist die Hausaufgabe *nur in folgenden Funktionen interessant und vertretbar:*

- In *didaktischer Funktion* dient sie der Vorbereitung, Ergebnissicherung, Ausweitung, Vertiefung unterrichtlicher Themen.
- *Kontrollfunktion* fällt ihr – neben den besser geeigneten Lernerfolgskontrollen – zu, wenn sie tatsächlich von den Schülern ohne Fremdhilfe bearbeitet wird, dadurch individuelle Lerndefizite aufgedeckt werden, und der Lehrer Konsequenzen für seine weitere Unterrichtsplanung daraus zieht.
- *Informationsfunktion* erfüllt die Hausaufgabe, insofern durch sie die Eltern in kontinuierlicher Weise Einblick in die Lernfortschritte und das Lernverhalten ihrer Kinder erhalten.
- *Die kooperations- und kommunkationsstiftende Funktion* der Hausaufgabe greift dann, wenn Schüler sie in Arbeitsgemeinschaften oder in Form von Interviews, Materialbesorgung, Erkundung und dergleichen bearbeiten.

Andere, meist unreflektierte, aber durchaus traditionsreiche Funktionen der Hausaufgabe wie z. B. die der Disziplinierung, der bloßen Beschäftigung, der Entlastung von schulischer Arbeit und der Selektion haben in einer verantwortlich durchgeführten Lernplanung keine Daseinsberechtigung.

3. *Erste Ergebnissicherung gehören in den Unterricht,* und sei es in Form der Lernerfolgskontrolle, um grundlegende Verständnisschwierigkeiten der Schüler im unmittelbaren Zusammenhang mit der problematischen Aufgabenstellung bearbeiten zu können. In die Hausaufgabe verschleppte und mittlerweile durch den Vorgang des Vergessens noch vergrößerte Verständnisschwierigkeiten erzwingen unerwünschte Fremdhilfe und/oder Abschreiben der Lösungen aus Angst vor Blamage oder anderen schulischen Sanktionen.

4. Hausaufgaben erfordern wie jeder andere Schritt des Lernprozesses *systematische Anleitung,* Besprechung auftretender Schwierigkeiten (Lernstil, Lernwege, Lernökonomie, Lernplatz ...) und gelegentlich beispielhafte Ausführung im Unterricht.

5. Alles Bemühen des Lehrers endet in einem frustierenden Nulleffekt, wenn er *die Eltern* über die verschiedenen vorgeschriebenen und möglichen Wege der Kontaktnahme nicht für die *Zusammenarbeit an der Gestaltung einer sinnvollen Hausaufgabenpraxis* gewinnen kann. Hier gilt es, mit Geduld auf Desinteresse ebenso wie auf überzogenen Drill, das Lernen zerstörende Strafmaßnahmen und lernbehindernde häusliche Umstände

einzuwirken (vgl. hierzu die Anmerkungen zur Ergebnissicherung unter 6.3!).

6. Durch Hausaufgaben soll der Schüler *sein Leistungsvermögen in angstfreien Situationen erproben*. Fällt ein Schüler mehrfach durch unerledigte Hausaufgaben auf, sind mit ihm zusammen die Gründe zu klären. Für angemessene Maßnahmen ergeben sich Unterschiede aus der Feststellung, ob er nicht will, nicht kann, grundsätzlich resigniert hat oder die Hausaufgabe schlicht vergessen hat.

7.2.2 Grundsätze für die Gestaltung von Hausaufgaben

1. *Formulieren* Sie Ihren Auftrag für die Hausaufgabe genau, übersichtlich gegliedert und für alle Schüler verständlich!
Vergewissern Sie sich, daß Ihr Auftrag bei allen Schülern angekommen ist! Sorgen Sie dafür, daß Ihr Auftrag den Schülern wörtlich präsent bleibt (Vorgabe auf Arbeitsblatt, Notiz der Schüler im Arbeits- oder Aufgabenheft)!

2. *Begründen* Sie Ihren Auftrag für die Hausaufgabe aus dem Zusammenhang der schulischen Lernarbeit!
Verzichten Sie auf die Hausaufgabe, wenn es Ihnen nicht gelingt, den Schülern den Sinn der Aufgabe zu vermitteln!

3. *Erläutern* Sie Art und Form der Hausaufgabe, geben Sie Hinweise für die Überwindung besonderer Schwierigkeiten, und besprechen Sie mit den Schülern mögliche Lösungswege und nötige Arbeitstechniken!
Erarbeiten Sie gegebenenfalls gemeinsam ein Musterbeispiel!

4. *Differenzieren* Sie nötigenfalls Ihren Auftrag nach Umfang oder Schwierigkeit der Aufgabe, nach Bearbeitungsverfahren, nach Interesse und Neigung der Schüler! Jeder Schüler soll in der Lage sein, mit seinen bereits erworbenen Kenntnissen und Fähigkeiten die Hausaufgaben selbständig zu bearbeiten.

5. *Variieren* Sie Ihre Aufgabenstellung (vgl. hierzu ausführlich 7.2.3!)!

6. Regen Sie bei geeigneten Aufgaben zur *Kooperation der Schüler* bei der Hausaufgabenarbeit an!

7. Geben Sie Ihren Schülern *immer wieder Lerntips* für Ihre Hausaufgabenarbeit mit!

Fordern Sie in diesem Zusammenhang die Schüler zur Selbstbeobachtung und zur Besprechung ihrer Lernschwierigkeiten mit Eltern, Lehrern und Mitschülern auf!

8. *Überprüfen* Sie die Hausaufgaben!
Selbst- und Partnerkorrektur der Schüler sind gelegentlich möglich, ersetzen aber nicht die schriftliche Ermunterung und Anerkennung des Lehrers.

9. *Koordinieren* Sie Ihre Aufträge für Hausaufgaben nach Zusammenhang und Menge mit den Anforderungen der anderen Lehrer der Klasse (Klassenheft, Übersichtsplan)!

10. *Vereinbaren* Sie mit den Schülern ein Verfahren, wie bei nicht oder unvollständig gefertigter Hausaufgabe vorzugehen ist, z. B. Anspruch der Schüler auf nochmalige Erläuterungen bei Verständnisschwierigkeiten, Erlaß der Hausaufgabe bei besonderen Familienereignissen, Nachholfrist für vergessene Hausaufgaben . . .

11. *Mißbrauchen Sie Hausaufgaben auf keinen Fall als Disziplinierungsmittel!* Sie vermiesen damit den Schülern die Hausaufgabe und bestrafen außerdem Unbeteiligte (Eltern, Geschwister, Spielkameraden) mit.

7.2.3 Suchraster für abwechslungsreiche und sinnvolle Hausaufgaben

Durch Befragung von Schülern und Lehrern und durch Umschau in der Fachliteratur erstellten Lipp und Will (1984) ein Suchraster für Hausaufgaben, das eine eindrucksvolle Fülle von Anregungen zur Überwindung festgefahrener Hausaufgabenroutine enthält:

1. **Motivierende Tätigkeiten**	2. **Schülerbezogene Hausaufgaben-Inhalte**	3. **Greifbare und konkrete Ziele**	4. **Flexible Hausaufgaben-Modi**
a) *Tätigkeiten zur Informationsgewinnung* – suchen, sammeln und ausschneiden, – interviewen, – besuchen und erkunden, – anfragen und sich erkundigen, – bestellen von Informationsmaterial, – nachschlagen und lesen, – gezielt fernsehen und Radio hören, – Versuche machen, beobachten, messen und zählen. b) *Kreativ-produktive Tätigkeiten* – basteln, bauen und handarbeiten, – zeichnen, malen und fotografieren, – erfinden und zusammenstellen, – rätseln, knobeln und spielen.	a) *Einzelne Schüler bringen ihre speziellen Interessen und Fähigkeiten ein, z. B. der* – Tierexperte, – Sammler von . . ., – Musikspezialist, – „geborene Schauspieler“, – Techniker, Bastler und „Tüftler“. b) *Schüler bringen sich selbst ein, z. B. über* – Briefe als persönliche Stellungnahmen, – Erlebniserzählungen, – Tagebuchaufzeichnungen, – Ferien- und Wochenendberichte. c) *Schüler bringen ihre unmittelbare Umgebung mit ein, z. B.:* – Geschehnisse im Schuleinzugsbereich, – Probleme im Schuleinzugsbereich, – Erforschung der Geschichte des Heimatraumes,	a) *Hausaufgaben als Beitrag zu Gemeinschaftsaktivitäten* – Briefwechsel mit Partnerklassen, – Briefe an Institutionen, – Aufsätze für ein Klassenbuch, – gemeinschaftlich erstellte Referate, Wandzeitungen, etc., – gemeinschaftlich vorbereitete Unterrichtsstunden, Projekte, Feste, Theaterstücke, – Beiträge zur Selbstdarstellung von Klasse und Schule (Klassen- und Schülerzeitung, Schaukästen, Ausstellungen). b) *Hausaufgaben mit dem Ziel individueller Bereicherung bzw. Anerkennung der eigenen Arbeit* – sich selbst als „Fachmann“ erleben (bei Referaten, Ausstellungen, . . .), – als Fachmann anerkannt werden,	a) *Hausaufgaben nicht nur vom Lehrer und aus dem Buch* – Schüler erfinden Aufgaben, – Planungsgruppen für Hausaufgaben, – Auswahl aus dem Hausaufgabenkasten. b) *Unterschiedliches Ausmaß an Verbindlichkeit und Festlegung der Hausaufgaben* – freiwillige Hausaufgaben (Fleißaufgaben), – verbindliche Hausaufgaben mit frei zu wählenden Inhalten, – Auswahlhausaufgaben, – Aufgaben über mehrere Tage aufgeben, – Langzeithausaufgaben. c) *Differenzierte Hausaufgaben* – nach Schwierigkeitsgrad, – nach Umfang, – nach Interesse, – nach Lerninhalten (z. T. Arbeitsteilung).

1. **Motivierende Tätigkeiten**	2. **Schülerbezogene Hausaufgaben-Inhalte**	3. **Greifbare und konkrete Ziele**	4. **Flexible Hausaufgaben-Modi**
	– Natur im Heimatbereich, – Einrichtung in der Umgebung erkunden, – bekannte Gebäude, Gegenstände, Flächen, u. a. als Grundlage für Beschreibungen, Messungen und Berechnungen verwenden. d) *Schüler bringen aktuelle Bezüge und Tagesthemen ein, indem sie* – sich in Nachrichten über aktuelle Geschehnisse aus Politik, Sport, Kultur, . . . informieren, – in Zeitungen nachlesen, – gezielt Fernsehsendungen zur Informationsentnahme nutzen, – Berichte zusammenfassen, – aktuelle Texte statt Lesebuchtexte bearbeiten.	– an Wettbewerben teilnehmen (Lese-, Mal-, Geschichtswettbewerbe), – Aufgaben für einzelne Schüler mit hohem Anreiz- und Schwierigkeitsgrad („intellektuelle Mutproben“), – sich engagieren durch Leserbriefe, Basare, Veranstaltungen, – Arbeitstechniken zur Informationsgewinnung anwenden und erproben, – Techniken zur aktuellen Lebensbewältigung einüben (Bewerbung, Lebenslauf, Brief, Formulare ausfüllen). c) *Hausaufgaben mit dem Ziel direkt ablesbarer Leistungssteigerung* In Verbindung mit vorbereitenden und stützenden Maßnahmen wie: – klare, begrenzte und erreichbare Lernziele, – rasch erkennbarer Lerngewinn, – Vermittlung von Lern- und Arbeitstechniken.	d) *Soziale Formen als Alternative zur Alleinarbeit* – Hausaufgabengruppen, – Tutorensystem, – Hausaufgaben-Nachbarschaftshilfe, – Lehrer und Schüler machen gemeinsam Hausaufgaben. e) *Variationen der Hausaufgabenkontrolle* – Schüler schreiben auf Folien, Matrizen, etc., – Aushang oder Ausstellung von Hausaufgaben, – Hausaufgaben als Vorträge oder mündliche Berichte vor der Klasse, – Hausaufgaben als notwendige Voraussetzungen für den folgenden Unterricht, – Verdeutlichung des erreichten Lernzuwachses.

7.2.4 Empfehlungen für den Ablauf der Hausaufgabenarbeit

Die Einstellung zum Lernen und der Lernstil der Schüler werden durch ihre vorschulischen Erfahrungen, durch schulische und freie Lernsituationen und nicht zuletzt durch die Hausaufgabenarbeit bestimmt. Erwartungsdruck und Überforderung durch die Eltern sowie unüberlegte Bloßstellungspraktiken der Lehrer produzieren oft Angst vor Hausaufgaben, die in Lernflucht, Trödeln, Schulschwänzen und psychosomatische Störungen wie Kopfweh, Bauchweh, Minderwertigkeitsgefühle u. a. m. münden. Bei dem verhältnismäßig geringen Einfluß der Schule auf die außerschulische Lebenswelt der Schüler sollte der Lehrer nichts unversucht lassen, wenigstens für *Kontinuität in der Arbeit am Lernstil der Schüler in der Schule und bei der Hausaufgabe* zu sorgen.

1. Die größte Hoffnung ist auf den *Übertragungseffekt* zu setzen, der als Nebenprodukt systematischer schulischer Arbeit an Lernstil und Arbeitsdisziplin der Schüler abfällt (vgl. hierzu die Hinweise zur Ergebnissicherung unter 6.3.1 und 6.3.2!). Allerdings zeitigt das „Lernen lernen“ nur nachhaltige Erfolge, wenn es als geplantes Lernprogramm und an aktuelle Defizite der Schüler anknüpfend einen festen Platz in der Unterrichtsgestaltung einnimmt. Situatives unvorbereitetes Kleckern schadet mehr, als es nützt.

2. Kaum zu kontrollieren und im Effekt schwer einzuschätzen ist die *gezielte Beratung der Schüler und Eltern* durch den Lehrer bezüglich der Hausaufgabenarbeit. Auf die Mithilfe der Eltern ist noch eher zu bauen, wenn sie die in Elternversammlungen oder in der Sprechstunde vom Lehrer *begründeten Hinweise* für eine Optimierung des Lernstils ihrer Kinder *in schriftlicher Form* (knapp, übersichtlich, verständlich) mit nach Hause bekommen. Dem Hang von Schülern und Eltern zum Beharren im Gewohnten, zur Bequemlichkeit und zum Vergessen kann der Lehrer begegnen, wenn er die Schüler bei der Erteilung der Hausaufgabe auch an konkrete Lerntips für die Hausaufgabenarbeit *erinnert* (evtl. sogar ins Hausaufgabenheft eintragen lassen!), gelegentlich *Protokoll* über die verbrauchte Lernzeit und Lernschwierigkeiten führen läßt und *Probleme der Schüler mit den Hausaufgaben regelmäßig aufarbeitet.*

3. Viele Eltern sind dankbar, *für die Eingewöhnung in die Hausaufgabenarbeit und die Gestaltung ihres Ablaufs konkrete Hinweise* zu erhalten. Bis zur angestrebten Entlassung der Schüler in Selbständigkeit und Eigenverantwortung ist es durchaus empfehlenswert, *individuelle Hausaufgabenrituale* zu entwickeln.

Vorschlag

- Das Mittagessen wird grundsätzlich nicht durch belastende Schul- und Berufsgespräche gestört.
- *Nach* dem Mittagessen entwerfen Eltern und Schüler oder der Schüler allein einen *Hausaufgaben- und Freizeitplan,* am besten schriftlich in Stichworten:
  - Fach, Umfang, Reihenfolge der Hausaufgaben, geschätzte Lernzeit
  - Abklärung evtl. aus der Schule mitgeschleppter Verständnisschwierigkeiten
  - Einplanung von Nachmittagsunterricht, Übungszeiten für Musizieren...
  - Evtl. Belohnung vereinbaren
  - Festlegung der Erholungs- und Freizeitphasen.
- *Beginn der Hausaufgabenarbeit* festlegen: Vor 15 Uhr zu beginnen, ist bei den meisten Kindern wegen des Ermüdungstiefpunkts unökonomisch.
- *Lernplatz* völlig freiräumen und die Bücher, Hefte, Geräte bereitlegen, die bei der Hausaufgabe benötigt werden. V.a. ablenkende Spielsachen, Abenteuerbücher und dergleichen wegräumen.
- *Für die Einzelaufgaben feste Zeiteinheiten vorgeben.*
- *Für Ruhe sorgen:* Kein Fernseher, kein Radio, keine herumtobenden Geschwister, keine geschäftig hantierende Mutter usw. Wichtig für die Konzentration!
- Eltern sollten vor direkter Mithilfe ihre Kinder *in den Gebrauch der möglichen Quellen und Hilfsmittel einweisen,* z.B. Schulhefte, Schulbücher, Nachschlagewerke, Atlanten usw.
- Nach Abschluß der Arbeit die *Leistung anerkennen,* evtl. belohnen; Fehler sofort berichtigen!
- *Und wenn es einmal gar nicht klappt:* Das Problem möglichst genau schriftlich für die Vorlage beim Lehrer fixieren!

7.2.5 Fragebogen zur Hausaufgabenpraxis

Für den *Entwurf eines Langzeitprogramms gezielter Arbeit an der Hausaufgabenpraxis* kann neben den Gesprächen mit Eltern und Schülern und den täglichen Erfahrungen im Umgang mit Hausaufgaben ein Fragebogen wertvolle Erkenntnisse liefern. Selbstverständlich haben die Schüler einen Anspruch darauf, die Ergebnisse der Befragung zu erfahren und in die Strategieentwicklung für die Arbeit an der Hausaufgabenpraxis einbezogen zu werden.

Vereinbarungen, Regeln, Tips werden schriftlich festgehalten, Maßnahmen und Zeiten zu ihrer Überprüfung und zur Besprechung auftretender Schwierigkeiten festgelegt. Die allgemeine Befragung wird auf diese Weise nach und nach in eine *individuelle Lernberatung des Schülers* einmünden.

Den Fragebogen Punkt für Punkt mit den Schülern durchgehen, erläutern, jeweils Zeit lassen für die Antwort!

Fragebogen zum Thema „Hausaufgaben“

Der Fragebogen soll Dir dabei helfen, Regeln zu erarbeiten, nach denen Du erfolgreich und angstfrei mit Hausaufgaben umzugehen lernst. Bemühe Dich deshalb um genaue Antworten!

Klasse:

Mädchen ○ Junge ○

1. Machst Du gerne Hausaufgaben?
   immer ○ meistens ○ manchmal ○ nie ○
2. Glaubst Du, daß die Hausaufgaben Dir helfen, das in der Schule Durchgenommene besser zu begreifen?
   immer ○ meistens ○ manchmal ○ nie ○
3. Wo machst Du Deine Hausaufgaben meistens?
   im eigenen Zimmer ○
   an einem besonderen Platz in einem Wohnraum ○
   an einem Tisch, an dem auch noch andere Familienmitglieder arbeiten ○
4. Wann machst Du Deine Hausaufgaben?
   am gleichen Tag, an dem sie gestellt werden ○
   am Tag vor der nächsten Unterrichtsstunde ○
5. Sind Dir die Hausaufgaben zu schwer?
   immer ○ meistens ○ manchmal ○ nie ○
6. Bekommst Du vom Lehrer ausreichende Erläuterungen für Deine Hausaufgaben?
   immer ○ meistens ○ manchmal ○ nie ○
7. Bekommst Du in der Schule eine Anleitung, wie man die Hausaufgaben macht?
   ja ○ nein ○

8. Machst Du Deine Hausaufgaben mit Mitschülern gemeinsam?
immer ◯ meistens ◯ manchmal ◯ nie ◯

9. Wer kümmert sich zu Hause um Deine Hausaufgaben?
niemand ◯
Vater ◯ Mutter ◯ Geschwister ◯ Großeltern ◯
Nachhilfe ◯ Mitschüler ◯ andere ◯

10. Ist Dir diese Hilfe ...?
angenehm ◯ unangenehm ◯ gleichgültig ◯

11. Wie hilft Dir diese Person? (Wenn Du Deine Hausaufgabe immer alleine fertigst, kannst Du diese Frage auslassen)
◯ sitzt immer dabei
◯ sagt die Lösung
◯ erklärt den Stoff noch einmal
◯ zeigt, wie man zur Lösung kommt
◯ übt zusätzlich
◯ überprüft, ob die Hausaufgaben richtig sind (z. B. Vokabeln abhören, abfragen, nachrechnen ...)
◯ läßt sich die Hausaufgaben nur zeigen

12. Wieviel Zeit brauchst Du durchschnittlich täglich für Deine Hausaufgaben?

weniger als ½ Stunde	½–1	1–1½	1½–2	2–2½
2½–3	mehr als 3 Stunden			

13. Zu welcher Uhrzeit arbeitest Du in der Regel an Deinen Hausaufgaben?

13–14	14–15	15–16	16–17	17–18	nach 18 Uhr

14. Bist Du nach der Anfertigung der Hausaufgaben sehr müde?
ja ◯ nein ◯

15. Würdest Du anstelle der bisher gewohnten Hausaufgaben lieber andere Tätigkeiten für die Schule ausführen?
ja ◯ nein ◯
wenn ja, welche z. B.? ______________________

16. Hast Du Hausaufgaben schon öfter abgeschrieben, weil Du
◯ zu wenig Lust für die Anfertigung hattest
◯ lieber gespielt hast
◯ sie vergessen hast
◯ sie nicht lösen konntest

17. Hast Du Deine Eltern wegen der Hausaufgaben schon einmal getäuscht oder belogen?
ja ○ nein ○

18. Hast Du einen Lehrer wegen der Hausaufgaben schon einmal getäuscht oder belogen?
ja ○ nein ○

19. Hast Du im Zusammenhang mit der Hausaufgabe gelegentlich Angst zu versagen wegen
○ der Blamage vor den Mitschülern
○ der Strafe des Lehrers (Beschimpfung, Ironie, Mehrarbeit)
○ der Strafe der Eltern

20. Wirst Du bei Deinen Hausaufgaben gestört?
ja ○ nein ○

21. Wer/was stört Dich bei Deinen Hausaufgaben?
○ spielende Geschwister
○ arbeitende Erwachsene
○ Fernseher
○ Radio
○ Straßenlärm
○ andere Störungen ______________________________

22. Mußt Du zu Hause arbeiten oder mithelfen?
ja ○ nein ○

23. Mußt Du deswegen die Hausaufgabenarbeit unterbrechen?
ja ○ nein ○

24. Hast Du genügend Zeit für Deine Hobbys, für Spiel und Freizeit?
ja ○ nein ○

25. Welche Hausaufgaben machst Du im Fach __________ am liebsten? Gib den Grund dafür an!
____
____

26. Welche Hausaufgaben im Fach __________ sind Deiner Meinung nach nicht sinnvoll? Begründe! ______________________________
____

27. Welche Hausaufgaben im Fach __________ machst Du besonders ungern? Gib den Grund dafür an! ______________________________
____

28. Welche Hausaufgaben im Fach ____________ hältst Du für notwendig? Begründe! ____

____

29. In welchem Fach/in welchen Fächern hast Du die größten Schwierigkeiten mit den Hausaufgaben? ______________________________________

____

8. Leistung in der Schule

(Vgl. z. B. Birkel 1978; Böhmer 1979; Brück 1978; Christmann 1978; Czinczoll/Hartl 1989; Donat 1970; Florin/Rosenstiel 1976; Heckhausen 1980; Heller 1974 und 1984; Henze/Nauck 1985; Herbig 1975; Hurrelmann/Wolf 1986; Ingenkamp 1971 und 1986; Ingenkamp/Marsolek 1973; Jegge 1980; Jeske 1987; Kleber 1976; Köck 1977 und 1983; Lauster 1988; Lienert 1987; Pfistner 1981; Pirkl 1984; Prahl 1979; Rheinberg 1980; Rütter 1973; Sacher 1984; Schnitzer 1981; Schwarzer/Schwarzer 1979; Schwarzer 1981; Stephan/Schmidt 1978; Tiedemann 1977; Ulich/Mertens 1976; Walter 1981; Wenger 1989; Wieczerkowski u. a. 1979; Wolmann 1979)

8.1 Leistung – ein umstrittener Begriff in der pädagogischen Diskussion

8.1.1 Technische und menschliche Leistung im Vergleich

Das längst auf das gesamte Wirtschaftsleben ausgeweitete technische Leistungsverständnis ist in der Formel definiert:

$$\text{Leistung} = \frac{\text{Arbeit}}{\text{Zeit}} \quad \text{oder Leistung} = \frac{\text{Kraft} \times \text{Weg}}{\text{Zeit}}$$

Selbst in der differenzierteren Form $\text{Schulleistung} = \dfrac{\text{Lernaufwand}}{\text{Lernzeit}}$

bleibt die Formel eine rein formale Aussage zur Meßbarkeit der Leistung, die für erzieherische und unterrichtliche Situationen zu kurz greift. Wie im Wirtschaftsleben zählt in erster Linie das Ergebnis, nicht der leistende einzelne Mensch. Für eine angemessene Würdigung *menschlicher Leistung* ist eine Ausweitung der Untersuchungsaspekte angebracht:

- Unter *statischem Aspekt* erscheint Leistung als Produkt. Ausschließliche Produktorientierung mit absoluten Zielsetzungen wirkt sich aber früher oder später belastend bis zerstörend auf die Leistungsbereitschaft aus.
- Der *dynamische Aspekt* verdeutlicht Lernen als Prozeß. Insofern ist Leistung der einem Individuum mögliche Beitrag zur Erreichung eines Zieles. Dieser Beitrag ergibt sich näherhin aus dem jeweils individuell möglichen Verhältnis von Aufgabe, Anforderung, Fähigkeit und Ergebnis.
- Der *normorientierte Aspekt* macht darauf aufmerksam, daß Lernen nach vorgegebenen Gütekriterien gemessen wird. Leistung wird an Leistungsnormen gemessen, die in der umgebenden Gesellschaft entwickelt

und (vorläufig) anerkannt sind. Dabei ist nicht nur optimale Sachangemessenheit ausschlaggebend, sondern auch das Ausmaß der Übereinstimmung mit geltenden Werten; nach beiden richtet sich die Statuszuweisung von seiten der Gesellschaft.

Leistung ist als Prozeß und Ergebnis zweifellos eine den Menschen wesentlich bestimmende Verhaltensdimension. Ohne sie verfehlt er sowohl sich selbst als auch sein Leben in der Welt und in der Gesellschaft. Strittig ist auch nicht die Forderung von Leistung, umstritten sind vielmehr die Leistungsbereiche, die Verwirklichung von Leistung und die Bewertung von Leistung.

8.1.2 Schulwirklichkeit und pädagogisches Leistungsverständnis

1. Da die Schule neben der Familie die bedeutendste Sozialisationsinstanz der Gesellschaft ist, ist es nicht verwunderlich, daß auch hier Leistungen begünstigt werden, deren Maß *vorgegebene Produkterwartungen mit gleichzeitiger Zuteilung von Rangplätzen in der Lerngemeinschaft* ist. Angesichts der gesellschaftlichen Realität *muß* die Schule sogar auf ein produktorientiertes Leistungsverhalten vorbereiten, wenn die Schüler im alltäglichen Ellenbogenwettstreit nicht als Versager vorprogrammiert sein sollen. Diese Pflicht zur Vorbereitung auf realitätsgerechtes Leistungsverhalten – ohnehin von den meisten Lehrern mit Bedenken und gelegentlich wider besseres Wissen praktiziert – darf aber nicht den Blick für die andere Aufgabe der Schule verstellen, die Schüler – ihrer individuellen Ausgangslage entsprechend – überhaupt erst zur Leistung zu motivieren und eine Leistungsbereitschaft aufzubauen, die am Ende eines langen Lernprozesses auch der knallharten Erwartung von Leistungsprodukten gewachsen ist, einschließlich der Möglichkeit des Scheiterns.
Darüber hinaus werden letztlich in der Schule durch Einübung der Schüler in ein differenziertes Leistungsverständnis die Grundlagen dafür geschaffen, zur Überwindung inhumaner Begleiterscheinungen des Leistungsverhaltens in der Gesellschaft beizutragen.

2. Eine weitere grundsätzliche Problematik ergibt sich für die Entwicklung eines pädagogischen Leistungsverständnisses aus der Tatsache, daß die weitaus meisten schulischen Lernsituationen in einem *Probehandeln für die Zukunft* bestehen. Der jeweils gebrachten Leistung fehlt der Charakter des Ernstfalles mit seinem direkten Nutzen oder Schaden für den einzelnen, die Gesellschaft und die Umwelt. Dies mag wiederum in einer Phase

der Vorbereitung auf realitätsgemäßes Verhalten gerechtfertigt sein, auf Dauer aber will der leistende Schüler tatsächlich etwas bewirken.

3. Die seit Jahren anhaltende *Schulstreßdiskussion* gibt Grund zu der Annahme, daß das für jede Art der Weiterentwicklung nötige Maß an Streß durch die Menge und die Art der Leistungsanforderungen allzu oft in Überforderung (Distreß) ausartet. Das Erleben des Eigenwertes der Leistung und die Leistung als individuelles Erfolgserlebnis werden von leistungshemmenden Streßfolgen überlagert.

4. Ohne Berücksichtigung speziell pädagogischer Gesichtspunkte sieht Heckhausen (1980) die *Schulleistung mit folgenden Merkmalen ausgestattet:*

- Leistung führt zu einem Ergebnis.
- Das Ergebnis ist an Gütemaßstäben meßbar.
- Die zur Leistung nötige Handlung muß gelingen oder mißlingen können, d. h. auf einem mittleren Schwierigkeitsgrad angesiedelt sein.
- Für die Bewertung der Leistung ist ein Vergleichsmaßstab nötig.
- „Die Handlung muß vom Handelnden selbst gewollt und das Ergebnis von ihm selbst zustande gebracht worden sein."

Die *Leistungsmotivation* (vgl. ausführlich in Köck 1987) ergibt sich
- aus den zugrundeliegenden Motiven als Disposition des Handelns
- und aus den jeweiligen Anregungsbedingungen.

Schiefele führt die Leistungsmotivation auf das Interesse an einem konkreten Gegenstand zurück, der
- als bedeutungsvoll erkannt ist,
- mit dem sich zu beschäftigen attraktiv (emotional bevorzugt) ist
- und der unter Wertkriterien als für den Handelnden selbst oder für die Mit- und Umwelt wertvoll beurteilt wird.

5. Zu einem *pädagogischen Leistungsverständnis* werden die Ausführungen von Heckhausen und Schiefele weiterentwickelt, wenn die allgemeinen Merkmale von Leistungssituationen von der pädagogischen Forderung her betrachtet werden, den Schüern bei der Entwicklung ihres Leistungsverhaltens Hilfestellung zu geben.

Leistung unter pädagogischem Aspekt bezeichnet die individuell aufgebrachte Anstrengung des Schülers in Lernsituationen. Dies bedeutet im einzelnen:

- *Pädagogisch verstandene Leistung setzt bei den individuellen Möglichkeiten des Schülers an.* Nicht nur der fleißige reproduzierende Schüler, sondern auch der begabte Chaot muß in seiner spezifischen Leistungsfähigkeit angemessen gewürdigt werden. Nur von der Anerkennung der individuellen Ausgangslage aus kann eine situations- und aufgabenangemessene Leistungsentwicklung ohne Bruch und Entmutigung in Gang gesetzt werden.

- Die pädagogische Sicht der Leistung mißt der *individuellen Anstrengung des Schülers* in Lernsituationen mindestens dieselbe Bedeutung zu wie dem Leistungsergebnis. Ohne Erfolgserlebnisse und eine wache Interessenhaltung keine Leistung!
- Pädagogisch orientierte Leistung *berücksichtigt die lern- und entwicklungspsychologischen Gegebenheiten,* z. B. den altersabhängig unterschiedlichen Zugang der Schüler zu Leistungsanforderungen, ihre sich wandelnden Interessenschwerpunkte für Leistungen, ihre Ausdauer und Konzentration in Leistungssituationen u. a. m.
  Eine „gesunde" Entwicklung des Leistungsverhaltens kann nur im Einklang mit der Gesamtentwicklung gelingen, nicht gegen sie oder abgekoppelt von ihr.
- Pädagogisches Leistungsverständnis betrachtet die *Lern- und Leistungsbereitschaft des Schülers immer gleichzeitig als Voraussetzung und Ziel schulischer Leistungserziehung.*
  Leistung ergibt sich aus dem Zusammenwirken von Leistungsfähigkeit (alters- und entwicklungsabhängig), Leistungsbereitschaft (als der Absicht, sich auf ein bestimmtes Ziel hin anstrengen zu wollen) und aktueller Leistungsmotivation (s. o.) in anregenden Lernsituationen. Leistungserziehung bedeutet *fördern und fordern;* Leistungsanforderungen ohne (verkraftbare) Schwierigkeiten sind uninteressant, langweilig und ineffektiv.
- *Pädagogisch verstandene Leistung ist ganzheitlich.* Sie führt damit weg von dem weithin in der Schule praktizierten Leistungsbegriff, der vor allem kognitiven Leistungen Vorschub leistet.
  In Anknüpfung an Pestalozzis Forderung einer allseitigen und gleichberechtigten Förderung von „Kopf, Herz und Hand" bezieht der pädagogische Leistungsbegriff Leistungen im Bereich des Nichtmeßbaren mit ein, wie z. B. Leistungen der Kreativität, der Kommunikationsfähigkeit, der Konfliktbewältigung, der Kooperationsfähigkeit, der Anerkennung von Regeln und Ordnungen, der Aufmerksamkeit und Konzentration u. a. m.
- *Leistung entwickelt sich nur in sinnvollen Lernsituationen.* Dies bedeutet, daß die Schüler angeleitet werden müssen, den Sinn ihres Lernens und ihrer Leistungen zu hinterfragen statt Leistungsanforderungen ohne Einsicht in ihren Sinn hinzunehmen. Die Schüler müssen lernen, die

Verantwortung für ihre Leistungsmotivation und ihren Leistungsvollzug selbst zu übernehmen. Dieser pädagogischen Forderung an die Leistungserziehung kommt es entgegen, wenn die so störanfällige Leistungsmotivation wenn immer möglich in aktuelle Anforderungen investiert wird. Durch andauernde Routineleistungen wird die Leistungsmotivation abgenutzt.

- Pädagogisches Leistungsverständnis schließt *gemeinschaftlich erbrachte Leistungen* ein.
- Pädagogisches Leistungsverständnis *akzeptiert Gefühle als Mitbedingung von Leistung* und nimmt sie mit in ihre Arbeit am Leistungsverhalten hinein.
- Pädagogisches Leistungsverständnis stellt sich den Herausforderungen, die mit dem *Leistungsversagen von Schülern* aufgegeben sind.
  Relativ überdauernde Leistungsstörungen ergeben sich nicht aus einmaligem, sondern aus gehäuftem Leistungsversagen, durch welches das Selbstwertgefühl des Schülers schrittweise abgebaut wird. Die größte Aussicht auf Behebung des Leistungsversagens und seiner Verfestigung in Form von Leistungsstörungen gewährleistet deshalb ein möglichst frühzeitiges Eingreifen in den nachfolgend dargestellten *Teufelskreis des Leistungsversagens:*

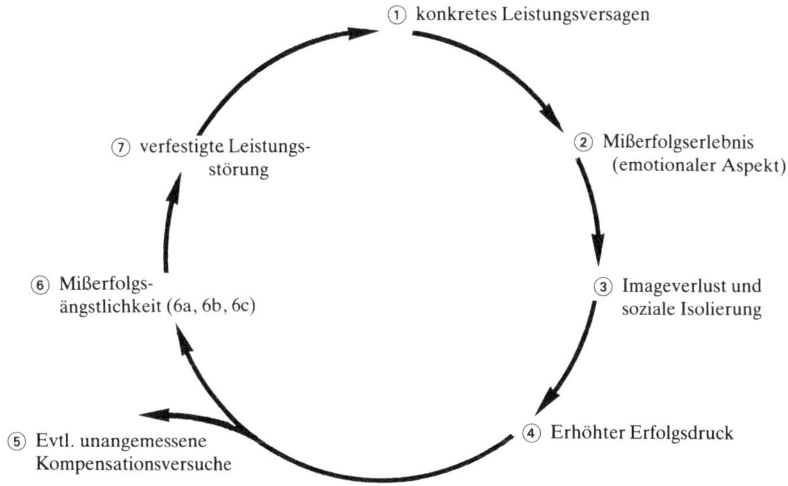

① Ein konkretes Leistungsversagen zieht

② ein Mißerfolgserlebnis nach sich, das – selten erfahren – meist folgenlos bleibt. Gehäuftes Leistungsversagen aber birgt die Tendenz der Verallgemeinerung im individuellen Erleben in sich; das Versagen im Vergleich zur individuell gesetzten Norm weitet sich zum *Minderwertigkeitserlebnis* aus. Dieses wiederum mündet durch Bekräftigung des Versagens im sozialen Urteil nicht selten in *Minderwertigkeitskomplexe.*

③ Imageverlust bei den Mitschülern und Lehrern und in Extremfällen soziale Isolierung erhöhen

④ den Erfolgsdruck. Im Schulalltag spielen hier evtl. geäußerte negative Erwartungen des Lehrers („Na, ob du das wohl schaffst!"), der Eltern und der Mitschüler eine ebenso unheilvolle Rolle wie elterliche Drohungen oder Strafen.

⑤ An dieser Stelle steigen viele Leistungsversager bereits in unerwünschte Verhaltensauffälligkeiten aus, durch die sie letztlich auf ihre Hilflosigkeit in bestimmten Leistungssituationen aufmerksam machen wollen.

⑥ Die mittlerweile erreichte Mißerfolgsängstlichkeit treibt die betroffenen Schüler in drei typische Reaktionen:

6a Sie *setzen weitere Aufgaben unerreichbar hoch an,* womit sie sich nicht nur selbst betrügen, sondern gleichzeitig ein Alibi für weiteres Versagen verschaffen.

6b Sie nehmen Zuflucht zu *selbstgewählter Unterforderung,* um dem Mißerfolg von vorneherein auszuweichen. Da sie mit dieser Strategie unter ihrem wirklichen Niveau bleiben, werden sie zum Leistungsschwachen abgestempelt, ohne es zu sein (→ Tiefstapler).

6c Die dritte Reaktionsmöglichkeit ist *Flucht vor der Leistung,* begleitet von Äußerungen wie z. B. „Ich bin ja dumm", „Das kann ich ja doch nicht", „Das lerne ich nie" . . .

⑦ Wenn nicht spätestens jetzt die bisher erworbene Mißerfolgsängstlichkeit abgebaut wird, mündet sie in eine verfestigte Leistungsstörung, die aufgrund der enttäuschten bis bedrohlichen Reaktionen aus der Umwelt meistens noch andere Verhaltensauffälligkeiten wie Tagträumen, Bockigkeit, Aggressivität usw. nach sich zieht. Für den betroffenen Schüler kann es sogar unter Umständen eine bequeme Lösung für sein Leistungsdilemma sein, als der Dumme zu gelten. Das soziale Überleben sichern sich so manche leistungsschwache Schüler, indem sie den Klassentrottel oder den Kasperl vom Dienst spielen (Kompensationshandlungen).

8.2 Lern- und Leistungsstörungen im Schulalltag – Anregungen für Diagnose und Therapie

8.2.1 Begriff und Klassifikation von Lern- und Leistungsstörungen

Lern- und Leistungsstörungen bzw. -versagen werden in der einschlägigen Literatur als Erwartungsabweichungen oder normabweichende Fehl- und Minderleistungen definiert. Mit dieser Definition wäre alles gesagt, wenn so ohne weiteres klar wäre, an welchen bzw. wessen allgemeinverbindlichen Erwartungen oder Normen die Leistungen gemessen werden und woher diese Erwartungen und Normen ihre Legitimation nehmen. Diese allgemeine Beurteilungsproblematik wird durch die Tatsache verschärft, daß Lehrer und Erzieher in der Beurteilung von Verhaltensstörungen aller Art nachweisbar unterschiedliche Maßstäbe zugrundelegen. Nicht selten führen erst vorschnelle, pauschalierende Klassifizierungen von Verhaltensweisen durch Lehrer und Erzieher gegenüber Schülern und Eltern zur Ausprägung als Verhaltensstörung.
Um Beurteilungsfehler einzuschränken, ist bei offenkundig vorliegenden Lern- und Leistungsstörungen eine *gründliche individuelle Diagnose* angebracht, die sich stützt

- auf sorgfältig erhobene Beobachtungsdaten,
- aufklärende Gespräche mit dem betroffenen Schüler, mit den Eltern und anderen Lehrern, in gravierenden Fällen auch auf Erkenntnisse aus der Anamnese
- und evtl. auf Kooperation mit Fachleuten wie z. B. dem Beratungslehrer, Schulpsychologen, Arzt, Erziehungsberater...

Dem einzelnen Schüler mit seiner spezifischen Lern- und Leistungsstörung werden weder vorschnelle Urteile aufgrund von Zufallsbeobachtungen noch Massenorganisationen bei den therapeutischen Maßnahmen gerecht. Erste Anhaltspunkte für die konkrete Ursachenforschung kann die *Grobeinteilung von Lern- und Leistungsschwierigkeiten* nach Zielinski (1974) geben:

- Allgemeine Lernschwierigkeiten bei unterdurchschnittlichem Intelligenzquotienten der Kinder. Solche Kinder sind durch andauernd zu hohe, an einem sog. Durchschnitt gemessene Leistungserwartungen und durch ihren Fähigkeiten nicht angepaßte Lernmethoden zum Scheitern verurteilt.
- Allgemeine Lernschwierigkeiten bei durchschnittlichem oder überdurchschnittlichem Intelligenzquotienten der Kinder.

- Partielle Lernschwierigkeiten bei durchschnittlichem oder überdurchschnittlichem Intelligenzquotienten der Kinder, wie z. B. Rechenschwäche oder Legasthenie.
  Auf die grundsätzliche Problematik einer Einteilung mit dem Maßstab des Intelligenzquotienten sei hier nur am Rande hingewiesen. Es wird kaum mehr bestritten, daß Intelligenztests allein als Instrument der Vorhersage von Lern- und Leistungsentwicklungen bzw. -störungen keinesfalls ausreichen.

8.2.2 Häufige Ursachen von Lern- und Leistungsstörungen

Die nachfolgende Auflistung ist in zweifacher Absicht erstellt:
- Sie soll die Aufmerksamkeit des Lehrers auf Ereignisse und Situationen im Schulalltag lenken, die – oftmals unbemerkt und unterschätzt – zum Auslöser für Lern- und Leistungsschwierigkeiten werden können.
- Sie kann als Orientierungsliste für die Diagnose bereits vorliegender Lern- und Leistungsschwierigkeiten dienen.

Es sei allerdings ausdrücklich davor gewarnt, kurzschlüssig allein auf dieses diagnostische Hilfsmittel ohne zusätzliche Kontrollmaßnahmen zu bauen, selbst wenn der Zusammenhang zwischen einer der genannten Ursachen und einer aktuellen Lern- und Leistungsstörung auf der Hand zu liegen scheint. Ferner sei an die hinreichend gesicherte Erkenntnis erinnert, daß ein und dieselbe Verhaltensstörung je nach individueller Situation auf völlig verschiedene Ursachen zurückgeführt werden kann, und daß außerdem meist zwischen mehreren Ursachen eine komplexe wechselseitige Bedingtheit besteht.

8.2.2.1 Umweltbedingte Ursachen außerhalb des schulischen pädagogischen Feldes

Verläßlichen Aufschluß über die in diesem Abschnitt genannten Ursachen von Lern- und Leistungsstörungen erhält der Erzieher in der Regel durch eine mit Takt durchgeführte Anamnese mit den Erziehungsberechtigten. Schriftliche Unterlagen wie Schülerbögen, Gutachten usw. können wertvolle Hilfen bieten, sie sind aber in jedem Fall zu hinterfragen, um eine Fortschreibung von Falsch- und Vorurteilen nach Möglichkeit auszuschalten.
Von durchgreifender Bedeutung für das Lernverhalten eines Schülers können z. B. folgende Gegebenheiten außerhalb der Schule sein:

1. *Fehleinstellung* (Überforderung, Unterforderung) bzw. *Unsicherheit der Eltern* im Hinblick auf erwartete Lernleistungen im weitesten Sinne,

2. *erzieherisches Fehlverhalten der Eltern,* z. B. autoritärer oder falsch verstandener antiautoritärer oder inkonsequenter Erziehungsstil, Überbehütung, Behinderung oder Vernachlässigung der Selbständigkeitsentwicklung und des Entscheidungsspielraumes des Kindes,

3. *Rivalität unter Geschwistern,* von den Eltern oft unbewußt oder auch bewußt gefördert,

4. *belastende Familiensituationen,* wie z. B. Scheidung, zerrüttete Ehe, mangelnde Nestwärme, Erkrankung oder Tod eines Elternteiles, ungünstige, vor allem beengende Wohnverhältnisse,

5. *Schichtzugehörigkeit* und damit evtl. zusammenhängende Benachteiligungen oder Milieuschäden.

8.2.2.2 Ursachen innerhalb der Lerngruppe

1. *Zu große Lerngruppen* (Klassen), die die individuell mögliche Entfaltung des einzelnen blockieren und die das Beziehungsgefüge der Gruppe undurchschaubar machen, schlimmstenfalls darüber hinaus Angstphantasien Vorschub leisten, sind längst als häufige Ursache für Lern- und Leistungsstörungen bekannt.

2. In ihrer Auswirkung nicht zu unterschätzen sind *lernhemmende Räumlichkeiten,* womit die kalte Betonarchitektur beim Schulhausbau neuerer Zeit insgesamt genauso angesprochen ist wie unwohnliche, auf die notwendige Medienausstattung reduzierte Klassenzimmer. Die Betonpaläste als ganze sind nicht zu verändern, was aber steht eigentlich dagegen, in die Klassenzimmer die Wärme eines zeitgemäß interpretierten Pestalozzianischen Wohnstubengeistes zu tragen?

3. Nicht wenige Schüler haben *Anpassungsschwierigkeiten* gegenüber den geschriebenen und ungeschriebenen Normen und Zieldefinitionen der Institution Schule.

4. Schwer abzuschätzen ist der unheilstiftende Einfluß von *Vorurteilen des Lehrers,* die sich in der Schülerbeurteilung niederschlagen. Es gehört zur Eigenart von Vorurteilen, daß sie auf Voreingenommenheiten beruhen, die sich der bewußten Steuerung entzogen haben. Die Problematik der Objektivität in der Schülerbeurteilung gehört zweifellos zu den permanent dringenden und bedrängenden Arbeitsfeldern eines jeden Erziehers, für

die m. E. z. B. Ratingskalen, standardisierte Tests, langfristige systematische Beobachtungen mit Gegenkontrolle (Team) eine Hilfe bedeuten können.

5. Eine durch Schüleraussagen immer wieder bestätigte Ursache von Lern- und Leistungsstörungen ist mit *erzieherischen Fehlverhaltensweisen* des Lehrers gegeben. Sich Lacher auf Kosten eines Unterlegenen zu verschaffen, Ironie, Spott, überheblich ausgespielte Überlegenheit, angsteinflößende Verhaltensweisen, überzogenes oder negatives Erwartungsverhalten, Gleichgültigkeit, Resignation und Stigmatisierung eines Schülers z. B. als den Dummen stellen wesentliche, aber immerhin bearbeitbare Bausteine im Teufelskreis des Leistungsversagens dar. Gerade dem erfolgsungewohnten Schüler gegenüber gilt die Verpflichtung, seine objektiv vielleicht noch so ungeschickte oder gar lächerliche verbale oder nonverbale Reaktion nicht als solche zu bestätigen, sondern seine subjektive Leistung zu verstärken. Oder bezüglich des Erwartungsverhaltens des Lehrers können nicht allein Leistungstests als gültiger Maßstab anerkannt werden. Geeigneter erscheinen für eine fortwährende Korrektur des Erwartungsverhaltens eher laufend durchgeführte Lehr- und Lernzielkontrollen, die u. a. eine Aussage über den Verlauf von Lernprozessen, über die Angemessenheit von Methoden und über das Anspruchsniveau der Lehrinhalte zulassen.
Einen neuerdings beängstigenden Stellenwert innerhalb der genannten erzieherischen Fehlverhaltensweisen nehmen Gleichgültigkeit und Resignation ein, hinter denen sich oftmals Angst und Bequemlichkeit verbergen, sich immer wieder auf Neues einzulassen. Innovationsfreudigkeit gehört aber unverzichtbar zu einem von Dynamik gekennzeichneten Berufsfeld, in dessen Mittelpunkt nicht Lerninhalte, sondern Menschen stehen.

6. Der Psychoanalyse ist der Hinweis auf *intrapersonale Konflikte des Lehrers* als Ursache von Lern- und Leistungsstörungen zu verdanken (vgl. dazu Veröffentlichungen von K. Singer). Berufliche Verbitterung, soziale Enttäuschung (der unentdeckte Rektor oder Schulrat oder Oberstudiendirektor) oder eigene unangenehme Schulerinnerungen wirken sich unmittelbar auf die Schüler aus, wenn sie Gegenstand eines Übertragungsvorganges werden.

7. Verstärkte Aufmerksamkeit gewinnen in neueren Untersuchungen die *Auswirkungen gruppendynamischer Gegebenheiten* auf das Lern- und Leistungsverhalten der Schüler. Das Kräftespiel in Gruppen (Gruppendyna-

mik), z. B. Rollenverteilung, Positionen, Prestige, Kontaktmöglichkeiten, Rivalitäts- und Machtkämpfe, Angstphantasien, Macht und Einfluß u. a., entscheiden maßgeblich über die Chance des einzelnen, Leistungen bringen zu können und mit ihnen auch anerkannt zu werden (vgl. ausführlich in Köck 1987).

8. Die nach Durchschnittswerten ausgerichtete kognitive Leistung als alleiniger Maßstab für die Leistungs- und gelegentlich für die Verhaltensbeurteilung überhaupt drängt viele Schüler in eine permanente *Streßsituation* auf Kosten der Berücksichtigung ihrer emotionalen Befindlichkeit und der Bearbeitung ihrer inter- und intraindividuellen Konflikte. Eine unheilvolle Verschärfung dieser Streßsituation und in ihrem Gefolge vermehrte Lern- und Leistungsstörungen sind zu beobachten, seitdem Studienplatzbeschränkungen an den wissenschaftlichen Hochschulen und Engpässe auf dem Arbeitsmarkt in bestimmten Berufsfeldern einen Prüfungsdruck unter dem Aspekt der Auslese nach sich ziehen, dem in Zukunft nur noch wenige Kinder mit besonders hoher psychischer Belastbarkeit ohne nennenswerten Schaden gewachsen sein dürften. Die in der pädagogischen Diskussion einstimmig geforderte Berücksichtigung der emotionalen Dimension im Lernprozeß ist bereits im Stadium ihrer ansatzweisen Verwirklichung wieder in Gefahr, eine Leerformel zu werden.

9. Im Zusammenhang mit der üblichen Form der Organisation schulischer Lernprozesse ergeben sich zwangsläufig *Lernbedingungen, die Gedächtnishemmungen begünstigen.* Rohracher unterscheidet sechs Arten von Gedächtnishemmungen, von denen zwei zur Verdeutlichung vorzustellen günstig scheint. Die *retroaktive (rückwirkende) Hemmung* bezeichnet den Sachverhalt, daß ein neuer Lernprozeß, der unmittelbar auf einen anderen folgt, den Behaltwert des ersten herabsetzt. Mit dieser Art der Gedächtnishemmung korrespondiert die *proaktive (vorauswirkende) Hemmung,* wonach ein eben abgeschlossener Lernprozeß sich hemmend auf die Aufnahme unmittelbar folgender Informationen auswirkt. Die volle Problematik der beschriebenen Gedächtnishemmungen wird vor dem Hintergrund der Anforderungen schulischen Lernens deutlich, das gleich hohe Gedächtnisleistungen über eine Vielzahl nach Fächern wechselnder Lernprozesse hinweg erwartet.

10. Eine vom Lehrer verhältnismäßig leicht zu korrigierende Ursache von Lern- und Leistungsstörungen ist mit dem *Phänomen des overprotecting (Überbehütung)* gegeben. Überbehütung äußert sich z. B. als verschonendes Nichtdrannehmen, bis der Betroffene schlimmstenfalls vergessen ist.

Für den mißerfolgsängstlichen Schüler kann es allein schon eine Hilfe sein, wenn der Lehrer warten kann, bis er die Hemmung, sich zu äußern, zu überwinden vermag. Es ist zumindest der Überlegung wert, ob Stoff- und Zeitdruck nicht gelegentlich als Alibi herhalten müssen für die Tatsache, daß Lernprozesse mit einigen wenigen erfolgsgewohnten und redegewandten Schülern auf Kosten der „Langsamen" vorangetrieben werden.

11. Die mögliche Verursachung von Lern- und Leistungsstörungen durch *äußere Differenzierung in leistungshomogene Gruppen* konnte durch empirische Untersuchungen nachgewiesen werden. Die Tendenz zur Diskriminierung der leistungsschwächeren Gruppen, ihre Festschreibung auf einem bestimmten Leistungsniveau und die Entwicklung eines Kastengeistes innerhalb der leistungsstarken Gruppen mit verstärkter Neigung zu Konkurrenz und Rivalität konnte bei den bisherigen Versuchen äußerer Differenzierung nicht ausgeschlossen werden.

12. Es ist naheliegend, eine häufige Ursache für Lern- und Leistungsstörungen in *didaktischen und methodischen Fehlentscheidungen* zu vermuten. Die folgenden möglichen Auslöser für Lern- und Leistungsstörungen stellen eine Auswahl dar, die sich an der Häufigkeit ihres Vorkommens orientiert.

a) *Lernziel und/oder Lerninhalt treffen nicht die Interessen des Schülers* oder seine Lernbereitschaft ist derart von Spezialinteressen belegt, daß die Begegnung mit anderen Lernbereichen oberflächlich ausfallen muß. Die sich in den vernachlässigten Lernbereichen einstellenden Mißerfolge beeinflussen das Leistungsverhalten insgesamt um so mehr, je geringer die Aussicht wird, die in Teilbereichen entstandenen Defizite auszugleichen.

b) *Die nicht geweckte bzw. erschütterte Leistungsmotivation* bringen viele Kinder als Hypothek bereits aus der Vorschulzeit in die Schule ein. In solchen Fällen erweist es sich als günstig, wenn entsprechende aufbauende differenzierende Maßnahmen der Schule durch intensive Beratung der Eltern gestützt werden.

c) *Permanente Überforderung* für den einzelnen, mit je eigenen Fähigkeiten ausgestatteten Schüler kann sich einstellen, wenn das Anspruchsniveau der Eltern, des Lehrplans, des Lehrers zu hoch ist, wenn der Lehrer sich ohne Differenzierung mit seinen Lernangeboten am sog. Klassendurchschnitt orientiert, wenn der Schüler sich mangels dauernder Überprüfung und Beratung in einer Lerngruppe mit für ihn zu hohem Leistungsniveau befindet (z. B. in der falschen Schulart).

d) *Langfristige Unterforderung* läßt die Leistungsmotivation absinken. Die folgende Vernachlässigung reizloser, weil für den einzelnen zu leichter Lernaufgaben läßt Defizite entstehen, die den Betroffenen schließlich den Anschluß verpassen lassen.

e) *Es wird versäumt, Schwerpunkte bei der Weckung und Intensivierung von Interessen zu setzen.* Nur sehr wenige Schüler können in allen Fächern gleichzeitig hohe wünschenswerte Leistungen erbringen, eine Tatsache, die durch das Fachlehrersystem ohne Bereitschaft zur Teamarbeit festgeschrieben scheint.

f) Auch der intrinsisch (durch die Lernanforderung selbst) motivierte Schüler kann auf die Dauer mit dem Erfolg bei der Bewältigung von Lernaufgaben als alleiniger Bekräftigung nicht auskommen. *Seine Arbeit verdient anerkennend zur Kenntnis genommen zu werden,* eine Forderung, die durch Aufsätze ohne Leser, Hausaufgaben ohne Durchsicht u. dgl. unerfüllt bleibt.

g) *Mangelnde Bekräftigung* zieht erst recht bei extrinsisch motivierten Schülern, die auf die persönliche Anerkennung angewiesen sind, lernhemmende Auswirkungen nach sich. Vor allem mißerfolgsängstliche Schüler müssen in ihren Bemühungen vom Lehrer auch bei objektiv geringfügigen Leistungen und Erfolgen verstärkt werden, bis ihr Vertrauen in die eigene Leistungsfähigkeit wieder gefestigt ist.

h) Ein weiterer Anlaß zur fortwährenden Überprüfung des didaktischen Konzepts ist mit dem *Vorgang lernhemmender didaktischer oder methodischer Überfütterung* der Schüler gegeben. Der lernhemmende Effekt vom Lehrer verfolgter Spezialinteressen ist seit längerem bekannt, die heutigentags aber besonders große Gefahr methodischer Überfütterung ergibt sich in zunehmendem Maße mit dem Einzug der Medien in den schulischen Unterricht. Die nicht selten gehörte Schüleräußerung „Schon wieder ein Film" mag exemplarisch für sich sprechen. Von methodischer Überfütterung ist aber auch zu reden, wenn jede Lerneinheit nach einem in Routine erstarrten Schema oder nach allzu wenigen methodischen Variationen abläuft.

i) Die *Folgewirkungen fehlender, ungenügender oder unangemessener innerer Differenzierung* wurden indirekt bereits im Zusammenhang mit der Über- bzw. Unterforderung der Schüler angesprochen. Letztlich bieten vom methodischen Arrangement her nur spezielle Maßnahmen der inneren Differenzierung, die auf die individuellen Lernschwierigkeiten eines Schülers Bezug nehmen, die Aussicht, diesen Schüler aus dem Teufelskreis seines Leistungsversagens herauszuführen.

j) Eine Grundvoraussetzung zur Weckung und Erhaltung der Lernbereitschaft der Schüler ist die Möglichkeit, sich in der Bewältigung angemessener Lernanforderungen durch *Einzel- und Gruppenaktivität* bewähren zu können. Nachhaltige Erfolgserlebnisse werden durch *produktive und kreative Lernverfahren,* und nicht durch Rezeption und Reproduktion ermöglicht.

8.2.2.3 Intrapersonale Ursachen

Die pädagogische Praxis zeigt, daß vor allem schwer korrigierbare Lern- und Leistungsstörungen selten auf diese oder jene isolierte äußere Ursache zurückgeführt werden können, in den meisten Fällen deckt ihre Entwicklungsgeschichte vielmehr einen komplexen wechselseitigen Zusammenhang mehrerer äußerer Ursachen mit intrapersonalen Gegebenheiten beim Schüler auf. Solche in der Person des Schülers selbst verankerte Ursachen für Lern- und Leistungsstörungen sind in Auswahl folgende:

1. *Erkrankung des Schülers*

2. *Somatogene Störungen* wie z. B. frühkindliche Hirnstörungen mit der Sekundärfolge der Konzentrationsschwäche, angeborene oder erworbene (Unfall) körperliche oder geistige Behinderungen und hormonelle Störungen.

3. *Begabungsdefizite,* die total sein können oder partiell nur bestimmte Leistungsbereiche betreffen, und die ferner endgültig oder vorübergehend (Retardierung) sein können.

4. *Entwicklungsstörungen bzw. -verzögerungen* wie mangelnde Schulbereitschaft oder Pubertätskrisen. Besonders nachhaltig wirken sich hier frühkindliche Entwicklungsstörungen aus, z. B. Kontaktstörungen (während des 1. Lebensjahres erworben), behinderte Entwicklung der Selbständigkeit und der freien Ausweitung des Erfahrungsfeldes, unterbundene Fremdkontakte, Überanpassung und Mangel an Grenzerfahrung aufgrund von Verwahrlosung oder falsch verstandener antiautoritärer Erziehung.

5. *Angeschlagenes Selbstwertgefühl, mangelnde Leistungsmotivation und Ängste verschiedener Art.*

6. *Langsames individuelles Lerntempo*

7. *Einseitig entwickelte Interessenschwerpunkte*

8. *Schulangst,* die als ein Verhalten beschrieben werden kann, das durch neurotische Symptome wie Sprechverweigerung und psychisch bedingtes

Unwohlsein gekennzeichnet ist und vorwiegend in schulischen Lernsituationen auftritt. Als häufige Ursachen der Schulangst gelten Trennungsangst (von der häuslichen Bezugsperson oder von einem bestimmten Lehrer) und bedrohlich empfundene Gegebenheiten in der Schule (Überforderung, Mißerfolg, Mißfallen des Lehrers, Ablehnung von seiten der Mitschüler: soziale Isolierung).

9. *Verfestigte Anpassungsschwierigkeiten* infolge von Außenseiterpositionen oder als Ergebnis von Minderwertigkeitskomplexen.

8.2.3 Anregungen zur Vermeidung bzw. zum Abbau von Lern- und Leistungsstörungen

Die vorstehenden Überlegungen verfolgten die Absicht, über die übliche und nicht unproblematische Klassifizierung der Lern- und Leistungsstörungen hinaus häufige Ursachen von Verhaltensstörungen aufzudecken, die teilweise dem Betroffenen und dem Erzieher unbewußt wirken und/oder durch die gegebenen Umstände des Unterrichtsalltags leicht aus dem Blick geraten. Es ist eine dringende und wichtige Aufgabe für gesonderte Untersuchungen, einzelne Verhaltensstörungen bzw. speziell Lern- und Leistungsstörungen phänomenologisch und empirisch exakt zu erfassen und konkrete Therapiepläne zu entwickeln. Die folgenden Anregungen zielen im Vorfeld solcher konkreter Therapiepläne darauf ab, Grundvoraussetzungen für die Begegnung der im pädagogischen Feld Befindlichen und für den Verlauf von Lernprozessen zu schaffen, die der Entwicklung von Verhaltensstörungen entgegenwirken bzw. für den Abbau bestehender Verhaltensstörungen eine echte Chance versprechen.

8.2.3.1 Hinweise zur erzieherischen Grundeinstellung des Lehrers

1. Die förderliche Auswirkung des *sozialintegrativen Erziehungsstils* auf die Begegnung von Lehrer und Schüler und auf die Bewältigung von Lernprozessen ist – unter wechselnden Bezeichnungen – in der Pädagogik längst bekannt, seit den umfangreichen Untersuchungen des Ehepaares Tausch und Mitarbeitern ist sie empirisch abgesichert. Um so mehr versetzt es den Beobachter, der viel Gelegenheit zur Unterrichtshospitation hat, in Erstaunen, wie weit oft auch bei Erziehern, die von dem Wert des sozialintegrativen Erziehungsstils überzeugt sind, Idee und Wirklichkeit auseinanderklaffen. *Der sozialintegrative Erziehungsstil hat nur eine echte Chance, wenn der Erzieher – selbst gelegentliche Mißerfolge in Kauf nehmend – konsequent bereit ist, den Schüler als Partner auch und gerade in*

seiner jeweiligen emotionalen Befindlichkeit ernst zu nehmen. Einem Erziehungsstil, der sich etwa nur in reversiblen (umkehrbaren) Lehreräußerungen erschöpft, muß der Erfolg versagt bleiben, weil ihm die die ganze Person umfassende Echtheit fehlt.

2. Als unverzichtbare Forderung des sozialintegrativen Erziehungsstils wird die *positive Wertschätzung des Schülers* auf der Basis der Gerechtigkeit betont. Positive Wertschätzung muß der Schüler spüren, Lippenbekenntnisse allein nützen ihm nichts. Wertvolle Informationen über die Einschätzung dieser positiven Wertschätzung durch die betroffenen Schüler erhält der Lehrer z. B. durch regelmäßige Feedbackgelegenheiten, durch informelle Tests zur Stimmung und Atmosphäre in der Lerngruppe und durch Metapherfragen wie „Der Lehrer behandelt mich heute wie . . .“ oder „Ich empfand den Lehrer heute als . . .“

3. Der Erzieher ist für seine Schüler eine *personale Projektionsfläche,* kein anonymer und distanzierter Arrangeur von Lernstoffen, auch wenn er selbst vielleicht seinen Beruf wie einen Job versteht. In die Schüler-Lehrer-Beziehung fließen – je nach Alter der Schüler in unterschiedlicher Weise und in verschieden großem Umfang – Projektionen ein, die Erfahrungen mit Autoritäten in und außerhalb der Schule austragen und aufarbeiten wollen. Dieser Rolle als personaler Projektionsfläche muß sich der Erzieher bewußt sein, wenn er nicht kurzschlüssig der Gefahr der Gegenprojektion erliegen will, indem er etwa bestimmte Aggressionen irrtümlich auf sich als Person gerichtet interpretiert und seinerseits mit Aggressionen aus seinem Reservoir unbewältigter Autoritätskonflikte antwortet.

4. Dem partnerschaftlichen und nicht nur dienstlichen Ernstnehmen des Schülers kommen vor allem *Gesprächsgelegenheiten entgegen, die außerhalb organisierter Lernprozesse wahrgenommen werden können* wie in der vielgerühmten Viertelstunde vor dem Unterricht (K. Singer), in Pausen zwischen den Unterrichtsstunden, bei Ausflügen oder besonders günstig bei Schullandheimaufenthalten.

5. Die erzieherische Grundeinstellung des Lehrers bedarf der *regelmäßigen Selbst- und Fremdkontrolle.* Eine grundlegende und anhaltende Veränderung der Begegnungsstruktur im erzieherischen Feld gelingt in den seltensten Fällen ohne die zweifellos mutige Bereitschaft zu gegenseitiger Hospitation und Beratung von Kollegen, die allerdings unter eng umgrenzten und klar definierten Aspekten angegangen werden sollte, z. B. unter dem Aspekt von Verhaltensweisen des Lehrers, die normabweichendes Verhalten der Schüler begünstigen oder gar provozieren. Aus welchen

Gründen auch immer verweigerte Fremdkontrolle zieht zwangsläufig Blickwinkelverengung bzw. -verzerrung auf Kosten der Schüler nach sich.

8.2.3.2 Berücksichtigung individualpsychologischer Gegebenheiten

1. Der unumgänglich notwendigen individuellen Diagnose von Lern- und Leistungsschwierigkeiten entspricht die Forderung von *Therapieplänen, die auf die Gesamtpersönlichkeit des Betroffenen und auf seine spezielle Schwierigkeit abgestellt sind.* Hierzu gehören die individuelle Beratung des Schülers, genau auf seine Defizite abgestimmte Förderprogramme, die Arbeit am Selbstwertgefühl des Schülers, die Arbeit am und mit dem Umfeld des Schülers (Eltern, schulisches Sozialfeld) und die Beratung der Eltern z. B. bezüglich geeigneter Maßnahmen zum Aufbau der Lernmotivation oder des evtl. notwendigen Kontakts mit Institutionen, die eine Fachberatung anbieten können.

2. Speziell bei Lern- und Leistungsstörungen ist dem Lehrer zu empfehlen, sich und den betroffenen Schülern Klarheit darüber zu verschaffen, auf welche Weise sie sich bevorzugt und mit Aussicht auf Erfolg mit Lernangeboten auseinandersetzen (Faktum der verschiedenen Lerntypen). Für die differenzierende Organisation von Lernprozessen ergeben sich daraus Anhaltspunkte, über welche *Eingangskanäle* (optische, akustische, manuelle oder kombinierte Begegnung mit dem Lernangebot) die Chance für Erfolgserlebnisse gegeben ist und welche mißerfolgsbesetzten Arten der Begegnung mit Lernangeboten stützender Maßnahmen bedürfen.

3. Systematische Beobachtung der Schüler bei der Bewältigung von Lernanforderungen und informelle Tests geben Aufschluß über das *individuelle Lerntempo* der Mitglieder einer Lerngruppe. Selbst Schüler, die aufgrund ihrer entwickelten Fähigkeiten nicht dem Erlebnis des Leistungsversagens ausgesetzt sein müßten, unterliegen der Gefahr, Lern- und Leistungsstörungen zu erwerben, wenn ihnen wegen ihres am Durchschnitt der Lerngruppe gemessenen langsameren Arbeitstempos gehäuft das Erlebnis der Arbeitsvollendung versagt bleibt oder wenn gar ihr langsames Arbeitstempo als persönliches Leistungsversagen gewertet wird.

4. O. Schießl (1973) weist auf die erzieherische Verantwortung des Lehrers hin, den *Aufbau von Identitätsrollen* zu ermöglichen und zu fördern, eine Forderung, die gerade beim verhaltensgestörten Schüler voll zum Tragen kommt. Den Abbau ichfremder Rollen ermöglichen z. B. die Formulierung von Lernschwierigkeiten, von Sympathie und Antipathie, von

Fremdrollen, experimentelles Darstellen von Rollenverhalten, Reflexion der ausgeübten Rollen, das Erlebnis, auch ohne Lehrer sinnvoll arbeiten zu können, der Abbau von Autoritätsfixierungen und Abhängigkeitswünschen und der Aufbau der Kritikfähigkeit als Filter gegen sich selbst und gegen andere.

5. Der *Stärkung des Selbstwertgefühls und der Steigerung der Frustrationstoleranz* dienen

- die Verwirklichung echter Wertschätzung und Anerkennung des Schülers (Vermeidung von Strafe, Tadel, Spott, Ironie, unangemessenen Lobes, Training mitmenschlicher Zuwendung durch Abbau von Verständigungsschwierigkeiten, Einübung in Kooperation und konstruktive Konfliktbewältigung, reversibles Partnerverhalten, Erkenntnis der eigenen Grenzen),
- überlegte positive Verstärkungen, die vor allem dem mißerfolgsängstlichen Schüler Mut zur Bewältigung weiterer Lernangebote machen,
- positive optimistische Erwartungen des Lehrers an die Schüler, die sich u. a. an der Frage orientieren, ob für den Schüler überhaupt Chancen bestehen, sich mit gesetzten Lernzielen zu identifizieren bzw. gegebene Normen anzuerkennen,
- Arbeit an der Gruppenatmosphäre,
- differenzierende Maßnahmen bezüglich der Frustrationstoleranz der einzelnen Schüler,
- Hilfestellung, fixierte Rollen wie die Versagerrolle oder die u. U. sogar bequeme Rolle als der Dumme zu überwinden.

6. Da Lernprozesse nicht isoliert von der emotionalen Befindlichkeit der Lernenden organisiert werden können, besteht eine dringliche erzieherische Aufgabe darin, einer *möglichst unverfälschten Wahrnehmung eigener und fremder Emotionen sowie der Einübung in einen angemessenen Umgang mit Emotionen* im schulischen Bereich Raum zu geben. Der Verwirklichung dieser erzieherischen Aufgabe kommen entgegen

- eine allgemeine Sensibilisierung der Sinne, d.h. eigene und fremde Reaktionen und Verhaltensweisen besser erkennen zu lernen,
- konstruktive Bewältigung von Aggressionen,
- die Verwirklichung einer angstabbauenden Atmosphäre der Ehrlichkeit und Offenheit,
- Einübung in konkrete Mitmenschlichkeit.

8.2.3.3 Arbeit an der Dynamik der Lerngruppe (gruppendynamischer Aspekt)

1. Konkurrenz- und Rivalitätsverhältnisse und der mit ihnen gegebene Leistungsdruck bergen die Gefahr permanenter Überforderung der Schüler und in ihrem Gefolge die Entwicklung von Lern- und Leistungsstörungen in sich. Einer solchen ungünstigen Lernatmosphäre kann der Erzieher vorbeugen, indem er sowohl durch eine entsprechende Organisation der Lernprozesse als auch durch Schaffung emotional verbindender Ereignisse (Feedbackstunden, offene Gesprächsrunden, Spiel, Feier, Wanderung usw.) die *Gelegenheit zum Gruppenerlebnis* anbietet.

2. Die angstbesetzte lernhemmende Verkrampfung einer Lerngruppe kann dadurch behoben werden, daß die in der Gruppe gegebenen *Interaktionssysteme bewußt gemacht werden.* Die dazu nötige Feedbackgelegenheit als Zeitverlust zu bezeichnen, hieße jegliches erzieherische Engagement als Zeitverlust zu klassifizieren. Bei der vorgeschlagenen Klärung der Interaktionssysteme können Fragen wie z. B. „Was geht denn augenblicklich in unserer Gruppe vor?“ oder „Wer übt auf wen Repressalien aus und warum?“ für den Einstieg in das Gespräch hilfreich sein.

3. Ein wichtiger und deshalb gesondert erwähnter Teil der Klärung der Interaktionssysteme ist der Versuch, die in der Gruppe gegebenen *Macht- und Herrschaftsstrukturen* einschließlich der Position des Lehrers bewußt zu machen. Speziell für den Lehrer bedeutet dies, z. B. sein eigenes Rollenverhalten und seinen Führungsstil ständig zu reflektieren und zur Diskussion zu stellen, was ihm zugegebenermaßen sehr viel Mut abverlangt.

4. Eine zweifellos langwierige und schwierige Aufgabe ist dem Erzieher gestellt mit der uralten pädagogischen Zielvorstellung, den einzelnen und die Lerngruppe in *Eigenaktivität, Eigenverantwortung, Eigensteuerung und Selbstregulierung einzuüben.* Vielfältige Erfahrung hat den Nachweis erbracht, daß diesem Vorhaben der volle Erfolg versagt bleiben muß, wenn die in einer Lerngruppe tätigen Erzieher bezüglich ihres erzieherischen Grundkonzepts keine Bereitschaft zu enger Kooperation aufbringen können. Unabhängig von den konkreten Ursachen des Scheiterns dieses wichtigen erzieherischen Auftrags betrifft es den Erzieher maßgeblich mit, wenn festgestellt werden muß, daß eine Gruppe so gut oder schlecht ist, wie sie es verdient.

5. So manche als Abwehrmechanismus entstandene Verhaltensstörung kann behoben werden, wenn *Vorurteile an konkreten Fällen abgebaut werden,* z. B. auf die Frage hin, wer aus welchen Gründen in der Gruppe diffamiert wird.

6. Konflikte in einer Gruppe sind um der ständigen wünschenswerten Veränderung gegebener Interaktionsstrukturen willen, zur persönlichen Weiterentwicklung des einzelnen Gruppenmitglieds und für optimale Problemlösungen notwendig. Das Ziel pädagogischen Bemühens kann also nicht die konfliktfreie Gruppe sein, wohl aber die *demokratische Konfliktregelung,* mit der die Unterdrückung oder Diffamierung einzelner Gruppenmitglieder unvereinbar ist. Demokratische Konfliktregelung zielt vielmehr auf die kooperative Beilegung des Konflikts ab, die die Bereitschaft zur offenen Selbstexploration der eigenen Interessen und Zwänge und das – auch zum Ausdruck gebrachte – Verständnis für die Interessen und Zwänge des Konfliktpartners voraussetzt. Unreflektiertes, für Argumente verschlossenes Beharren auf eigenen Standpunkten birgt die Gefahr der Isolierung in sich und setzt beim Konfliktpartner Abwehrmechanismen mit im einzelnen u. U. unabsehbaren Folgen in Gang.

7. Die Atmosphäre in einer Gruppe muß unbefriedigend bleiben mit allen möglichen ungünstigen Auswirkungen auf das Lern- und Sozialverhalten der einzelnen Gruppenmitglieder, wenn die *Vertrautheit mit den in der Gruppe üblichen sozialen Spielregeln* nicht gegeben ist. Der Erzieher leistet seiner diesbezüglichen Verantwortung keineswegs Genüge, wenn er etwa einmal zu Beginn eines Schuljahres den Schülern die Gelegenheit zur Formulierung von „Klassengesetzen" und zur Wahl von Klassensprechern einräumt. Soziale Spielregeln beherrschen den konkreten Unterrichtsalltag, weshalb sie der ständigen Reflexion und Korrektur überantwortet werden müssen.

8.2.3.4 Didaktische und methodische Maßnahmen

1. Die konkreten Bedingungen, unter denen schulisches Lernen abläuft, und das Lern- und Sozialverhalten der Lernenden werden entscheidend von der Art des herrschenden Leistungsbegriffs mitbestimmt (vgl. 8.1).

2. Untersuchungen der Lernpsychologie legen seit langem die Überlegung nahe, das herkömmliche Grundverständnis der Didaktik als gegenstandsbezogener Didaktik zu überprüfen und zugunsten einer Didaktik zu revidieren, die sich *an der fachlich bestimmten Eigenart und an den psychologischen Gesetzmäßigkeiten von Lernprozessen orientiert.*

3. Einen bedeutenden Schritt in Richtung der lernprozeßorientierten Didaktik stellt das *lernzielorientierte Lernen anstelle isolierter Stoffvermittlung* dar. Allerdings bedingen noch so gut konstruierte Curricula oder curriculare Lehrpläne allein keine Veränderung schulischen Lernens. Über die

tatsächliche Tragweite des lernzielorientierten Konzepts befindet der einzelne Lehrer, dessen Auswahlkriterium für bestimmte Lerninhalte die Frage nach den Qualifikationen ist, die die Schüler anhand von Lerninhalten erwerben sollen.

4. An anderer Stelle wurde bereits auf die Notwendigkeit geplanter Organisation von Lernprozessen auf der Grundlage und unter permanenter *Berücksichtigung der emotionalen und sozialen Aktuallage der Lerngruppen* sowie der Berücksichtigung bewußter und unbewußter Interessen und Bedürfnisse der Schüler hingewiesen. Die Vernachlässigung der emotionalen Befindlichkeit der Schüler führt früher oder später zu dem jedem Praktiker zur Genüge bekannten „Sturzwelleneffekt", der ein Abbrechen der kognitiven Bemühungen um ein Problem aufgrund mangelnder Interessiertheit der Schüler, aktueller Konflikte usw. signalisiert. (Vgl. Köck 1987).

5. Wann immer es möglich ist, empfiehlt sich die *Anknüpfung von Lernprozessen an „here and now problems"* (aktuelle Probleme), d. h. die Weckung des Neugierverhaltens der Schüler durch Ankoppelung an Fremdes oder aktuell Begegnendes, für die Schüler Interessantes, dessen Brauchbarkeit und Verwertbarkeit für sie durchschaubar ist. Gelegentlich kann der Lehrer wertvolle Anregungen für seinen Unterricht erhalten, wenn er die Schüler an der Formulierung der Lernprobleme beteiligt (vgl. hierzu 3.5.5.2).

6. Die Lernfreude und das Engagement der Schüler werden gefördert, wenn *prolbemlösende, entdeckende und entwickelnde Lernverfahren* statt darbietender, auf passive Konsumhaltung zielender Methoden ihre Lernprozesse bestimmen.

7. Dem Praktiker längst bekannt, aber dennoch in der Schulpraxis viel zu selten verwirklicht ist ein dem Lernziel, dem Lerninhalt und der vorgegebenen Gruppenstruktur *angemessener Einsatz der verschiedenen Sozialformen des Lernens.* Der gelegentlich durchaus berechtigte Frontalunterricht dominiert – unabhängig von Sitzordnungen – nach wie vor auf Kosten der je nach Lernsituation effektiveren Möglichkeiten zur Alleinarbeit, zur Partner- und Gruppenarbeit und zu den Aktionsformen Plan- und Rollenspiel, Rundgespräch und Teamteaching.

8. Kein Lernender kann sich ohne angemessene Erfolge seine Lernmotivation erhalten. Vor allem der mißerfolgsängstliche Schüler ist darauf angewiesen, daß ihm der Lehrer durch aufbauende differenzierende Maßnahmen *geplant Erfolgserlebnisse zuspielt,* was unmittelbare Arbeit an der Motivationsbereitschaft des Schülers bedeutet.

9. Der Lehrer allein ist aufgrund des nur ihm möglichen Überblicks über die Leistungsfähigkeit seines Schülers in der Lage, den Leistungsschwächeren unter ihnen *durch Ausnutzung ihrer Stärken Raum zur Entfaltung* in Bereichen zu schaffen, in denen es ihnen verhältnismäßig leicht fällt, Prestigegewinn durch Erfolge zu verzeichnen.

10. Nicht nur lern- und leistungsgestörte Schüler haben es nötig, *das Lernen zu lernen.* Arbeit an den Symptomen des Leistungsversagens trägt selten zur Überwindung von Lern- und Leistungsstörungen bei. Hilfreicher können für den Betroffenen z. B. Analysen seines konkreten individuellen Lernprozesses sein, die ihn zu den Ursachen seines Mißerfolgs zurückführen.

11. Bei differenzierenden Lehrverfahren ist es vor allem für die individuelle Berücksichtigung leistungsschwacher oder -unwilliger Schüler günstig, *an unmittelbar gegenwärtige Erfolge und/oder an beherrschte, erfolgversprechende Lernverfahren anzuknüpfen.*

12. Für Schüler wie Lehrer gleicherweise wichtig ist die sorgfältige *Unterscheidung zwischen Lernerfolgskontrolle und Leistungsbewertung* (vgl. 8.3).

13. Leistungsmessungen dürfen redlicherweise nur Anforderungen an die Schüler stellen, denen sie aufgrund tatsächlich vollzogener Lernprozesse nachkommen können. Völlige *Transparenz der Leistungsmessungen für die Schüler* ist eine Selbstverständlichkeit. Undurchsichtige oder gar nicht durch gelaufene Lernprozesse legitimierte neue Fragestellungen bei Leistungsmessungen widersprechen dem Konzept eines auf gegenseitigem Vertrauen beruhenden pädagogischen Bezuges zwischen Lehrer und Schülern und leisten angstbesetzten Lernsituationen Vorschub.

14. Es gehört zweifellos zu den bedrückenden, weil nur teilweise veränderbaren Anforderungen an den Erzieher, *humane Prüfungssituationen zu ermöglichen* und damit den lernhemmenden Prüfungsdruck bei den Schülern abzubauen. Realisierbare Hilfen bieten sich dem Lehrer damit an, für Klarheit über die erwarteten Leistungen zu sorgen, angstfördernde etwa als Disziplinierungsmittel mißbrauchte Äußerungen zu vermeiden und pädagogischen Takt bei der Rückgabe von Leistungstests und ihrer Besprechung sowie bei der Zeugnisformulierung walten zu lassen (vgl. ausführlich 8.4).

8.3 Leistungsmessung, Leistungsbewertung, Schülerbeurteilung

8.3.1 Abgrenzungen und Zusammenhänge

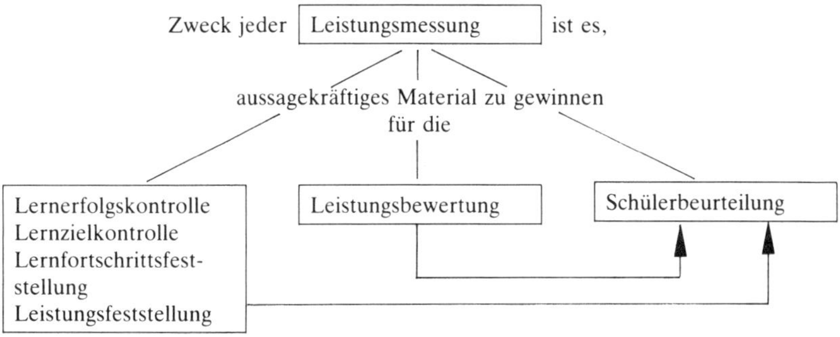

8.3.2 Leistungsmessung

Der Begriff *Leistungsmessung* faßt sämtliche Maßnahmen zusammen, die geeignet erscheinen, *über Prozeß und Ergebnis einer Lernleistung Erkenntnisse zu gewinnen.* Das Begriffsverständnis greift also viel zu kurz, wenn es lediglich auf Maßstäbe eingeschränkt wird, die ein Leistungsprodukt mit Noten zu beurteilen versuchen.

Maßnahmen der Leistungsmessung bereiten bei näherer Betrachtung ihrer durchaus unterschiedlichen Qualität und ihrer unkontrollierbaren Auswirkungen auf die Schüler nicht zu Unrecht Unbehagen. Eine Übersicht über den Bedingungszusammenhang bei Leistungsmessungen verdeutlicht, daß der mit ihnen gestellten pädagogischen Anforderung nicht Genüge getan ist, wenn sich der Lehrer auf die Kausalkette Lernangebot – Schülerleistung – Leistungsmessung zurückzieht.

1. *Bedingungszusammenhang bei Leistungsmessungen*

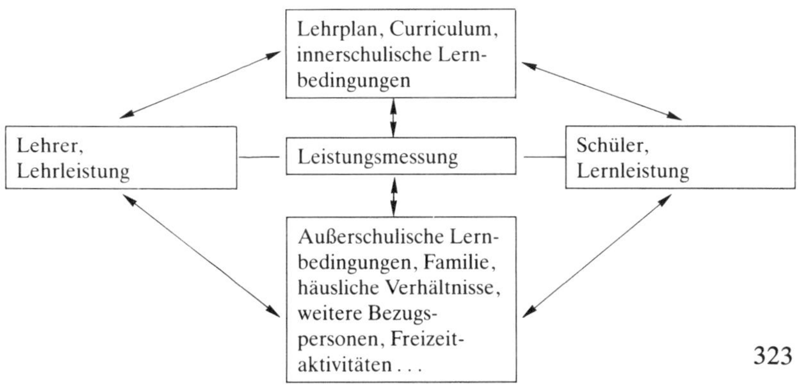

Vorläufiges Ergebnis

- Das Verhalten der Schüler bei Leistungsmessungen und die Ergebnisse von Leistungsmessungen werden von einem Bedingungsgefüge bestimmt, in dem die Schüler selbst bestenfalls die zweite Geige spielen.
- Verlauf und Ergebnis von Leistungsmessungen vermitteln nicht nur Aussagen über Leistungsstand und -verhalten der Schüler, sondern auch über die Rahmenbedingungen des schulischen und außerschulischen Lernens sowie über die unterrichtliche Leistung des Lehrers.
- Leistungsmessungen verzerren die Wirklichkeit, wenn sie lediglich im Blick auf die Beziehung Lerninhalt–Schüler entworfen werden.

2. Die Problematik von Leistungsmessungen wird aber noch deutlicher, wenn wir uns *die im Schulalltag gebräuchlichen Prüfverfahren* vergegenwärtigen, die leider in Anzahl, Gewichtung und Qualität sehr willkürlich verwendet werden und damit Leistungsmessungen als Vergleichsmaßstab auch nur für Parallelklassen fraglich erscheinen lassen:

- Im *normorientierten Prüfverfahren über standardisierte Tests* erfolgen Durchführung, Auswertung und Interpretation der Leistungsmessung nach klaren Vorschriften unter angegebenen Bedingungen (z. B. zentrale Abschlußprüfungen).
- Im *klassenorientierten Prüfverfahren* ist das Bezugssystem der Leistungsmessung die durchschnittliche Leistung der Klasse, nach der Schüler der Gauss'schen Glockenkurve (sog. Normalverteilung) entsprechend auf der Notenskala verteilt werden.
- Im *lernziel- oder kriteriumorientierten Prüfverfahren über informelle Tests* ist das Bezugssystem der Leistungsmessung ein gesetztes, den Schülern bekanntes Lernziel. In diesem Prüfverfahren ist die Bewertung der Unterrichtseffektivität zumindest ebenso bedeutsam wie die der Schülerleistungen.
- Im *individualdiagnostischen oder schülerorientierten Prüfverfahren* ist das Bezugssystem der Leistungsmessung die individuelle Leistung des Schülers. Die Rahmenbedingungen seines Lernens werden dabei ebenso berücksichtigt wie die differenzierende Unterscheidung von Grundkenntnissen und anwendungsbezogenen Leistungen sowie sein individueller Lernfortschritt.

3. *Funktionen der Leistungsmessung*

(Vgl. z. B. Becker u. a. 1980; Zielinski 1974)

Je nach Prüfverfahren unterschiedlich gewichtet erfüllen Leistungsmessungen bestimmte Funktionen:

- *Gesellschaftlich bedingte Funktionen:*
  - Leistungsmessungen sind maßgeblich daran beteiligt, *Berechtigungen* auszustellen, z. B. für den Aufstieg in die nächsthöhere Klasse, den Übertritt an weiterführende Schulen, für eine Lehrstelle, einen Studienplatz, eine Anstellung ...
  - Leistungsmessungen wirken damit am *Auslesevorgang* mit, durch den in der Regel endgültig über wesentliche Weichenstellungen der zukünftigen Lebensführung der Schüler entschieden wird. Die Vorhersage zukünftigen Lernerfolgs und d. h. auch die Ableitung von Schul- und Berufslaufbahnempfehlungen ausschließlich auf Leistungsmessungen zu stützen, bedeutet den Schüler mit Hilfe eines einzigen, zumindest teilweise fragwürdigen Diagnoseinstruments vorzeitig zu etikettieren.
  - Leistungsmessungen tragen dazu bei, den Schülern einen bestimmten *Rangplatz in der Klassengemeinschaft* zu verschaffen.
  - Leistungsmessungen tragen zur *Sozialisierung* insofern bei, als die Schüler in das wettbewerbs- und konkurrenzorientierte Arbeits- und Leistungsverhalten der gegebenen Gesellschaft eingeübt werden.
- *Didaktische Funktionen*
  - Leistungsmessungen *informieren* Schüler, Lehrer und Eltern über den Leistungsstand und evtl. Lernschwierigkeiten der Schüler.
  - Leistungsmessungen können sich bei hinreichenden Leistungserfolgen *motivierend* auf weitere Lernanstrengungen auswirken. Bei gehäuften Mißerfolgen münden sie allerdings in einen Teufelskreis des Leistungsversagens ein (vgl. 8.1.2/5.).
  - Leistungsmessungen besitzen eine – leider oft vernachlässigte oder einseitig ausgelegte – *Rückmeldefunktion* für Lehrer, Schüler und Eltern.

    Der Lehrer erhält Aufschluß z. B. über die Qualität seiner Unterrichtsplanung, über nötige weitere Planungsschritte, über seinen Lehrstil, über Angemessenheit und Fehler seiner Aufgabenstellungen, über Übungsdefizite u. a. m.

    Die Schüler können Erfahrungen sammeln über die Angemessenheit ihres Lern- und Arbeitsstils, über konkrete Kenntnislücken und Verständnisschwierigkeiten, und zwar mit dem ausdrücklichen Auftrag, ihre Lern- und Leistungsprobleme exakt aufzudecken und einer wirkungsvollen Bearbeitung zuzuführen, d. h. in der Regel dem Lehrer zur Kenntnis zu bringen.
  - Als unmittelbare Folge aus dem bisher Gesagten ergibt sich für den Lehrer die *Pflicht zur Beratung der Schüler* aufgrund ihrer Leistungs-

ergebnisse und der damit zusammenhängenden diagnostizierten Fakten (vgl. hierzu z. B. die Lerntips unter 6.3).

- Grundsätzlich abzulehnen – wenn auch hartnäckig praktiziert – sind Leistungsmessungen zum Zweck der Disziplinierung einer Klasse.

8.3.3 Lernerfolgskontrollen

Leistungsmessungen mit dem Zweck der Lernerfolgskontrolle (synonym: Lernzielkontrolle, Lernfortschrittsfeststellung, Leistungsfeststellung) beschränken sich ausschließlich auf die *Beschreibung von Leistungsverhalten und Leistungsergebnissen im Vergleich mit gesetzten Lernzielen und Lernerwartungen.* Lernerfolgskontrollen verzichten auf Bewertung mit Noten oder Worten (Leistungsbewertung) und auf pädagogische Interpretationen (Schülerbeurteilung). Sie liefern lediglich eine Bestandsaufnahme über Art und Ausmaß der Aneignung von Kenntnissen und Fähigkeiten mit möglichst genauer Bezeichnung der Ursachen für Fehlleistungen; insofern ist die Lernerfolgskontrolle als *Lern- und Unterrichtsregulativ* zu verstehen.

Die diagnostische Funktion von Lernerfolgskontrollen setzt an drei Stellen des Lehr-/Lernprozesses an:

- Sie dient *unterrichtsvorbereitend* der Ermittlung der Lernvoraussetzungen und der daraus abzuleitenden unterrichtlichen Maßnahmen.
- Sie steuert *unterrichtsbegleitend* – dem jeweiligen Stand von Lernverhalten und Lernergebnis folgend – die nötigen Veränderungen unterrichtlicher Maßnahmen.
- Sie liefert *unterrichtsabschließend* eine Tatsachenbeschreibung zum Lernstand des Schülers am Ende einer Unterrichtseinheit bzw. Unterrichtsstunde.

Durch jede Art der Lernerfolgskontrolle soll der Schüler dazu angeleitet werden – ohne aus Angst vor Bewertung blockiert zu sein –, zunehmend Eigenverantwortung für sein Lernen zu übernehmen. Durch Überprüfungsangebote des Lehrers angeregt, deckt der Schüler Defizite in seinem Lernverhalten und in seinem Kenntnisstand auf, die er mit der Hilfestellung und Beratung des Lehrers beseitigen kann. Sofern schlechte Ergebnisse der Lernerfolgskontrolle auf Verständnisschwierigkeiten der Schüler oder auf mangelhafte Übungsangebote zurückzuführen sind, halten sie den Lehrer an, seine Unterrichtsplanung zu überdenken, Maßnahmen der inneren Differenzierung zu ergreifen, zusätzliche Übungsphasen einzuschieben usw.

8.3.4 Leistungsbewertung

Leistungsmessungen werden zur Grundlage der Leistungsbewertung, wenn ihre Ergebnisse zu einem Gütemaßstab in Beziehung gesetzt werden. In Worten oder Noten verdichtet werden Aussagen über die Qualität von Lernleistungen formuliert (vgl. hierzu die möglichen Prüfverfahren unter 8.3.2/2.). Als Leistungsmessung mit dem zusätzlichen Gewicht von Urteilen kommen der Leistungsbewertung die gleichen Funktionen zu, wie sie allgemeingültig für Leistungsmessungen dargestellt wurden (8.3.2/3.). Im Unterschied zur lehr- und lernprozeßsteuernden Lernerfolgskontrolle weist aber die Leistungsbewertung mit ihrem Scheinanspruch auf Objektivität und der meistens in Noten ausgedrückten Qualifizierung des Schülers Merkmale auf, die einen besonders sensiblen Umgang des Lehrers mit ihr nahelegen.

1. Leistungsbewertungen in Noten können als nicht differenzierende Superzeichen zu Lernleistungen in letzter Konsequenz *weder objektiv noch gerecht sein:*

- Die Bewertungsqualitäten der Lehrer sind erfahrungsbezogen, nicht von allgemein gültigen Kriterien abgeleitet.
- Die Bewertungsmaßstäbe variieren nicht nur von Lehrer zu Lehrer, sondern auch von Fach zu Fach.
- Auch Leistungsbewertungen hängen – wie der gesamte Unterricht – einerseits von der beruflichen Grundeinstellung, andererseits von Augenblicksstimmungen des Lehrers ab, von seiner Neigung zu intuitiver Urteilsbildung, seiner Erwartungshaltung, seiner Tendenz, Halo-Effekten und Etikettierungen nachzugeben, nach Maßgabe des Mildeeffekts oder der Tendenz zu mittleren Noten zu zensieren u. a. m.
- Je nach Prüfverfahren (8..3.2./2.) können Noten sehr unterschiedlich zu ein und derselben Leistung ausfallen.
- Leistungsbewertungen beeinträchtigen u. U. die Leistung des Schülers als solche, da er in angst- und streßbeladenen Ausnahmesituationen arbeiten muß.

2. Die möglichen Auswirkungen der Qualifizierung von Lernleistungen und bedauerlicherweise oft genug über sie hinaus der Person des Schülers veranschaulicht die folgende Eintragung eines Schülers in das Bittbuch einer Wallfahrtskirche:

„Lieber Gott, ich hab so viel Angst. Mach bitte, daß ich im Probediktat eine gute Note bekomme, sonst mag mich mein Papa nicht mehr.“

Wegen ihrer möglichen Folgelasten sind Leistungsmessungen mit dem Zweck der Bewertung und Beurteilung *angstbesetzt und streßauslösend*. Je nach Einschätzung der Prüfungssituation empfinden die Schüler den durch sie ausgelösten *Streß* als Herausforderung oder als Bedrohung oder als Schädigung. Während sie auf die Herausforderung mit Neugier und Arbeitsbereitschaft reagieren und eine Schädigung (z. B. durch Noten oder durch herabsetzende Worte des Lehrers) mit Entmutigung und Resignation beantworten, begegnen die meisten von ihnen einer Bedrohung mit *Angst*. Entgegen weitverbreiteter Meinung wirkt sich die Angst nur sehr selten motivierend auf das Leistungsverhalten aus. Das Gefühl der Hilflosigkeit, Fluchttendenzen und Mißerfolgserwartung sowie allgemeine Unruhe und körperliche Symptome wie starkes Herzklopfen, beschleunigter Puls, Schweißausbruch, Magen- und Darmbeschwerden usw. bewirken eher Abnahme der Fähigkeit zur Informationsverarbeitung, Denkblockaden, oberflächliche Konzentration, Zweifel an der eigenen Leistungsfähigkeit bis hin zur Lähmung der Leistungsfähigkeit.
Die pädagogische Konsequenz kann nicht im vergeblichen Versuch der Beseitigung der Leistungsangst bestehen, sondern lediglich in der Bereitstellung von Leistungssituationen, in denen die Angst derart bewältigt werden kann, daß sie sich nicht leistungshemmend oder -behindernd auswirkt (vgl. hierzu Vorschläge unter 8.4).

8.3.5 Schülerbeurteilung

8.3.5.1 Begriffsbestimmung, Anlässe, Problematik der Schülerbeurteilung

Schülerbeurteilungen werden dem Lehrer in Form von Zeugnisbemerkungen, Übertrittsgutachten, Schülerbogeneinträgen und in Beratungsgesprächen mit Erziehungsberechtigten abverlangt, von eher seltenen Fällen wie z. B. polizeilicher Einvernahme abgesehen.
In der Schülerbeurteilung sind Leistungsmessungen in allen Formen nur *ein* Materiallieferant neben anderen. Die Schülerbeurteilung ist eine wertende Stellungnahme zur Gesamtpersönlichkeit des Schülers, zu seiner Begabungsstruktur, seinen Interessen, Einstellungen, Fähigkeiten und Verhaltensweisen. Wenn schon die Leistungsbewertung für sich allein betrachtet nicht mit letzter Konsequenz als objektiv bezeichnet werden kann, gilt dies in noch höherem Maße für die Schülerbeurteilung. Eine Persönlichkeit wird nicht nur durch beobachtbare Verhaltensweisen bestimmt, sondern auch durch Denken, Gefühle, Wünsche, Träume, Unterlassungen und Erinnerungen u. a. m. Um also einigermaßen verläßliche Aussagen formulieren zu können, muß sich der Lehrer *neben den Lei-*

stungsmessungen auf langfristige Beobachtungen, evtl. Tests, Gespräche mit dem betroffenen Schüler, seinen Eltern und mit Kollegen stützen. Wegen der Tragweite seiner Beurteilungen sollte er klar zwischen *externer Beurteilung,* die sich auf nachweisbare Fakten stützt, und *interner Beurteilung,* deren Ergebnisse auf subjektiven Eindrücken beruhen, unterscheiden. In Schülerbeurteilungen werden der beurteilende Lehrer und die Institution Schule mitsamt ihrem Umfeld (z. B. gesellschaftliche und politische Grundpositionen, Ordnungs- und Autoritätsverständnis, schulisches Selbstverständnis usw.) mitbewertet. Der Zusammenhang von zu beurteilendem Verhalten, Beurteilungsumfeld und Beurteilerverhalten legt notwendige Konsequenzen aus dem Beurteilungsergebnis nicht allein für den beurteilten Schüler nahe. So wenig ein Schüler mit einem Werturteil ohne Begründung und ohne Vorschlag möglicher Verhaltenskonsequenzen anfangen kann, so kurz greift eine Schülerbeurteilung insgesamt, wenn sie Beurteiler und Beurteilungsumfeld nicht in die Überlegungen notwendiger Veränderungen einbezieht. Bei der Prüfung der Objektivität von Leistungsbewertungen wurden bereits die Vorkommnisse beschrieben, die sich am häufigsten bewertungsverzerrend auswirken (8.3.4/1.). Bei der umfassenderen Schülerbeurteilung kommen wegen der auf subjektiven Eindrücken beruhenden Beurteilungsergebnisse noch folgende Ereignisse dazu, die eine objektive und gerechte Beurteilung erschweren:

- Jede Urteilsbildung beinhaltet *unbewußt ablaufende Vorgänge,* die sich nur teilweise und mit großem Aufwand in den Bereich kritischer Reflexion ziehen lassen.
- Schülerbeurteilungen *beziehen sich oft auf isolierte Verhaltensmuster,* z. B. im Leistungsbereich, und verfehlen damit die ganzheitliche Sichtweise, die einer Persönlichkeitsbeurteilung angemessen ist.
- Schülerbeurteilungen *suggerieren* durch Wortwahl und Stellenwert im Schülerbogen und Zeugnis sowie im Gutachten *Objektivität und überdauernde Gültigkeit.* Als besonders anfällig erweisen sich Schülerbogenbemerkungen, die oft genug im Zweijahresturnus schlicht fortgeschrieben werden.
- Schülerbeurteilungen sind mehr noch als auf Noten gestützte Bewertungen *Wahrnehmungsverzerrungen* ausgesetzt (vgl. Köck 1987 und 1990).
- Gerade angesichts der vielen subjektiven Aspekte der Schülerbeurteilung sieht sich der Lehrer der *Gefahr der sich selbst erfüllenden Prophezeiung* gegenüber, in der Verhaltenserwartungen und Vorurteile mit Beobachtungsdaten verwechselt werden.
- Eine erhebliche Belastung der Schülerbeurteilung stellt ihre *mögliche Tragweite im Auslesemechanismus der Schule* dar, die den Lehrer je

nach Einschätzung seiner eigenen Beurteilerfähigkeit zu durchaus unterschiedlichen Reaktionen veranlassen kann, von forsch bestimmt bis übervorsichtig nichtssagend. (Anregungen für eine verantwortbare Schülerbeurteilung siehe unter 8.5).

8.3.5.2 Empfehlungen für die Praxis der Schülerbeurteilung

1. *Zeugnisbemerkungen* enthalten beschreibende und belegbare Aussagen über Anlagen, Mitarbeit und Verhalten des Schülers. Ermahnungen und Ermutigungen *können* nach den rechtlichen Vorschriften zum Ausdruck gebracht werden. Sie erscheinen mir aber nur als sinnvoll und vertretbar, wenn sie von der *begründeten* Überzeugung und Absicht getragen sind, mit ihnen positive erzieherische Effekte einzuleiten.
Die Tätigkeit in der Schülermitverwaltung als Schülerlotse und andere freiwillige Tätigkeiten für die Schulgemeinschaft (z. B. Chor, Orchester, Schulspielgruppe . . .) sollten m. E. unter dem Gesichtspunkt der Anerkennung auf alle Fälle vermerkt werden. Für Abschlußzeugnisse empfehlen sogar die rechtlichen Bestimmungen, Aussagen mit positiver Tendenz den Vorzug zu geben, was mir angesichts der Subjektivität und Begrenztheit von Beurteilungen einerseits und der Tragweite und Endgültigkeit von Abschlußzeugnissen andererseits gerechtfertigt zu sein scheint.

2. Im *Schülerbogen* sind *für den Bildungsweg wesentliche* Feststellungen, Beobachtungen und Empfehlungen festzuhalten. Zusammenfassende Schülerbeurteilungen sind zu erstellen
- in den Jahrgangsstufen 4 und 6 für den Übertritt an weiterführende Schulen (Gymnasium, Realschule),
- in der Jahrgangsstufe 8 der Volksschule für die Berufsfindung
- und wenn das Vorrücken in die nächsthöhere Jahrgangsstufe versagt wird.

3. Das *Wortgutachten für den Übertritt an weiterführende Schulen* beschreibt Anlagen, Neigungen und Fähigkeiten des Schülers, woraus abschließend ein Gesamturteil über die Eignung des Schülers für den Besuch der weiterführenden Schule zu formulieren ist.

4. Untersuchungen ergaben wiederholt, daß *pädagogische Wortgutachten die Schulleistung sowie die Begabungsstruktur eines Schülers in der Regel besser treffen als Intelligenztest* (Alle deutschsprachigen Tests zur Schulerfolgsprognose führen die Testzentrale des Berufsverbandes deutscher Psychologen, Dr. C. J. Hogrefe, Daimlerstraße 40, 7000 Stuttgart 50, *oder* Beltz Test Gesellschaft, Postfach 1120, 6940 Weinheim.)

Dieser Effekt stellt sich allerdings nur dann ein, wenn die pädagogischen Wortgutachten auf exakter Beobachtung, langfristig geplanter Sammlung der Beobachtungsdaten (vgl. Vorschläge dazu in Köck 1987 und 1990) und der Bereitschaft des Lehrers zu individueller Begutachtung im Gegensatz zu formelhafter Phraseologie beruhen.

5. Für *Beurteilungsvorgänge* bietet sich die folgende vereinfachte *Beurteilungsstrategie* an:

- *Welche* exakt bezeichnete Anlage, Neigung, Fähigkeit, Verhaltensweise ... soll beurteilt werden?
- Welche *Einzelmerkmale* kennzeichnen die zu beurteilende Anlage?
- *Wie äußert sich* die zu beurteilende Anlage, Neigung ... *konkret* im Schulalltag?
- Sind die *ursächlichen Bedingungen* der Beurteilungsergebnisse hinreichend berücksichtigt?
- Werden das *Beurteilerverhalten und die Beurteilungsumstände reflektiert?*

6. Bei allen Arten von Wortgutachten sind laut schulrechtlicher Bestimmung die folgenden *Beurteilungsbereiche* a.–e. zu berücksichtigen. Die *Formulierungshilfen* dürfen nicht in formelhafte Beurteilungstexte münden; sie sollen dem Lehrer lediglich die Suche nach treffenden Formulierungen erleichtern.

Übersicht nach Wenger 1989:

Beobachtungs- und Beurteilungskriterien

a) Allgemeines Lernverhalten (kognitive Fähigkeiten)

- *Auffassen und Betrachten:* rasch, genau, gründlich, umfassend, kritisch, Blick für Wesentliches, vorschnell, bedächtig, langsam, unsicher, oberflächlich, schwerfällig, unselbständig, eng, objektiv oder subjektiv.
- *Lernfähigkeit und Behalten:* lernt schnell oder langsam, mehr verstandesmäßig und sinnvoll verknüpfend, mehr mechanisch; das Gedächtnis ist treu, umfangreich, zuverlässig, verfügungsbereit, oberflächlich, mechanisch, lückenhaft, vergeßlich, verworren; gutes Gedächtnis für Zahlen, Gedichte usw.
- *Verbalisieren:* redegewandt, redefreudig, redselig, flüssig, treffend, anschaulich, ausdrucksreich, verständlich, redegehemmt, einfach, weitschweifig, umständlich, ungenau, stockend, ausdrucksarm, wortarm, fehlerhaft.
- *Abstrahieren, Kombinieren, Vergleichen, Denken:* Erkennen von Wesentlichem, Erfassen von Zusammenhängen, Fähigkeit zum Abstrahie-

ren, Kombinieren und Schlußfolgern; einfallsreich, vorausdenkend, überlegt, kritisch, geordnet, sachlich, nüchtern, schablonenhaft, kindlich, produktiv oder reproduktiv, denkfaul, schwerfällig, unselbständig, unsicher, planlos, unproduktiv.

b) Lernbereitschaft

- *Einstellung zur Schularbeit und Ausdauer:* ehrgeizig, pflichtbewußt, rege, unermüdlich, eifrig, planmäßig, beständig, willig, gleichgültig, arbeitsunlustig, unbeständig, schwankend, ohne Ausdauer, leicht ermüdbar, hastig, träge, langweilig.
- *Aufmerksamkeit und Konzentration:* leicht erregbar, beharrend, fixierend, ausdauernd, unauffällig, konzentriert, ablenkbar, zerstreut, begrenzt, eingeengt, konzentrationsschwach.
- *Arbeitshaltung:* Arbeitsbereitschaft: interessiert, freudig, rege, beständig, willig, spontan, pflichtbewußt, zurückhaltend, gleichgültig, interesselos, faul. – Arbeitsverhalten: selbständig, zuverlässig, aktiv, unermüdlich, schwankend, stockend, wechselnd, flüchtig, nachlässig, ungenau, unausgeglichen, sprunghaft, unselbständig, passiv. – Arbeitsausführung: gewissenhaft, genau, schnell, zügig, überlegt, zweckmäßig, gründlich, ordentlich, schleppend, oberflächlich, planlos, bedächtig, umständlich, flüchtig, schlampig, langsam, hastig, nervös, langweilig.
- *Besondere Interessen und Fähigkeiten:* vielseitig interessierbar, schwer anregbar, stumpf; besonders interessiert für...; besondere sprachliche, mathematische, technische, zeichnerische ... Fähigkeiten.

c) Individual- und Sozialverhalten

- *Grundstimmung und Gefühlsleben:* froh, heiter, ausgeglichen, zufrieden, ernst, nüchtern, kühl, grübelnd, launenhaft, ausgelassen, gedrückt, pessimistisch, mißmutig; anhänglich, mitfühlend, empfindsam, gutmütig, beherrscht, selbstbewußt, selbstsüchtig, sicher, stolz, bescheiden, stumpf, hart, roh, schüchtern, ängstlich, ohne Selbstvertrauen, unsicher, geltungssüchtig, überheblich, beeinflußbar; energisch, lebhaft, impulsiv, begeisterungsfähig, passiv, bedächtig, gelassen, hitzig, aggressiv, aufbrausend, reizbar, empfindlich, wehleidig, träge.
- *Werteinstellungen:* Sinn für Gerechtigkeit, Einsatz für andere, Einstellung zu Ehrlichkeit und Wahrhaftigkeit, Verhalten zu Mensch, Tier und Pflanze.
- *Kontaktfähigkeit und Verhalten in der Gruppe:* kontaktfreudig, einfügsam, einordnungswillig, offen, anhänglich, mitteilsam, umgänglich, beeinflußbar, gehemmt, schüchtern, Einzelgänger, abhängig, schwierig, verschlossen, leicht kränkbar, rücksichtslos; hilfsbereit, verantwor-

tungsbewußt, pflichtbewußt, führend, bestimmend, ordnungsliebend, höflich, rücksichtsvoll, unauffällig, leicht zu führen, kameradschaftlich, ordnet sich schwer ein, streitsüchtig, empfindlich, störend, vorlaut, überheblich, ungezogen, unzuverlässig, widersetzlich.

d) Besonderheiten der körperlichen und gesundheitlichen Verfassung
tatkräftig, lebendig, kräftig, widerstandsfähig, schwächlich, leicht ermüdbar; Krankheiten und deren Nachwirkungen, Sinnesfehler, Sprechstörung; besondere Ängstlichkeit vor Prüfungen, auffällige Reaktion bei schlechten Leistungen – und andere Feststellungen, die für den Schulerfolg bedeutsam sein können.

e) Besondere Schulverhältnisse
Erschwerende Umstände: Schulwechsel, häufiger Lehrerwechsel; ländliche Umwelt (oft etwas geringeres Sprachvermögen), sozialer Status des Elternhauses, Interesse und Hilfsmöglichkeiten der Eltern für Schularbeiten.

8.4 Grundsätze der Gestaltung humaner Prüfungssituationen

8.4.1 Aufdeckung und Bearbeitung von Prüfungsängsten

Situationen der Leistungsmessung sind für Schüler allemal angst- und streßbesetzt. Selbst nicht bewertete Ergebnisse von Leistungsmessungen wie z. B. bei Lernerfolgskontrollen geben dem Schüler Aufschluß über Kenntnislücken, Verständnisschwierigkeiten und seinen Leistungsstand im Vergleich zu Klassenkameraden. Leistungsmessungen stellen immer wieder aufs neue das Selbstwertgefühl der Schüler und ihre soziale Einschätzung durch Lehrer, Mitschüler und Eltern in Frage, eine Tatsache, die durch Noten mit ihrem Anschein endgültiger Beurteilung nur verstärkt wird. Die positiven Auswirkungen der Leistungsmessung, nämlich durch exakte Beschreibung des augenblicklichen Leistungsstandes die weiteren Lernstrategien der Schüler zu beeinflussen, werden durch die geschilderten Zusammenhänge leicht überlagert.
Für die Bearbeitung leistungsmindernder Einstellungen der Schüler kann ein Fragebogen wie der nachfolgende (von Stud. Ref. Gabriele Pirkl im Rahmen einer Hausarbeit 1984 verwendet) *aufschlußreiches Gesprächsmaterial und Hinweise für die zukünftige Gestaltung von Leistungsmessungen liefern:*

1. Belastet Dich eine nicht angekündigte Probearbeit/Stegreifaufgabe genauso wie eine angekündigte Probearbeit/Schulaufgabe? JA NEIN
Begründung: ______________________________
____

2. Wenn Du unvorbereitet geprüft wirst, machst Du dann vor Aufregung mehr Fehler als nötig? JA NEIN
Begründung: ______________________________
____

3. Wirst Du nervös, wenn Du die erste Aufgabe nicht sofort lösen kannst? JA NEIN
Begründung: ______________________________
____

4. Traust Du Dich an schwierige Prüfungsaufgaben manchmal gar nicht heran? JA NEIN
Begründung: ______________________________
____

5. Erschreckt es Dich, wenn Du eine lange Textaufgabe siehst? JA NEIN
Begründung: ______________________________
____

6. Bist Du jetzt bei einer Probearbeit/Schulaufgabe noch genauso nervös wie bei Deiner ersten Probearbeit/Schulaufgabe? JA NEIN
Begründung: ______________________________
____

7. Ist Dir eine Probearbeit/Stegreifaufgabe in Mathematik lieber als eine Probearbeit/Stegreifaufgabe in Religion? JA NEIN
Begründung: ______________________________
____

8. Bist Du aufgeregt, wenn Du vor der Klasse etwas vortragen sollst? JA NEIN
Begründung: ______________________________
____

9. Bleibst Du innerlich ruhig, wenn Du an die Tafel gerufen wirst? JA NEIN
Begründung: ______________________________
____

10. Wenn Du fürchtest, nicht fertig zu werden, regst Du Dich dann auf? JA NEIN
Begründung: ______________________________
____

11. Macht es Dir nichts aus, wenn Dir der Lehrer bei einer schriftlichen Arbeit über die Schulter schaut? JA NEIN
Begründung: ______________________________
____

12. Zögerst Du, beim Lehrer nachzufragen, wenn Du etwas nicht verstanden hast? JA NEIN
Begründung: ______________________________
____

13. Ist es Dir gleichgültig, wenn Du bemerkt hast, daß Du dem Lehrer eine falsche Antwort gegeben hast? JA NEIN
Begründung: ______________________________
____

14. Gibt es Lehrer, bei denen Du Dich nicht meldest, weil Du Angst hast, Deine Antwort könnte falsch sein? JA NEIN
Begründung: ______________________________
____

15. Wenn Du von einem strengen Lehrer gefragt wirst, vergißt Du dann manchmal Dinge, die Du vorher sehr gut gelernt hattest? JA NEIN
Begründung: ______________________________
____

16. Glaubst Du, manche Lehrer legen es darauf an, Dir nachzuweisen, daß Du nichts weißt und nichts kannst? JA NEIN
Begründung: ______________________________
____

17. Glaubst Du, daß der Lehrer von Dir enttäuscht ist, wenn Du in der Prüfung versagst? JA NEIN
Begründung: ______________________________
____

18. Befürchtest Du, daß Dich der Lehrer vor der Klasse lächerlich macht, wenn Du beim Ausfragen nichts weißt? JA NEIN
Begründung: ______________________________
____

8.4.2 Checkliste für die Gestaltung von Leistungsmessungen, insbesonders von Prüfungssituationen

Das Bemühen um Humanität bei der Gestaltung von Leistungsmessungen hat nichts mit „weicher Welle", „Verpsychologisieren", „Verweichlichen der Schüler" zu tun. Prüfungsmodalitäten, welche die Schüler zur Nachlässigkeit im Lernen ermuntern, verfehlen die gleichermaßen schüler- und realitätsgerechte Organisation von Prüfungssituationen ebenso wie die Prüfungskeule als Strafexpedition.
Die Hinweise sind wegen zahlreicher Überschneidungen nicht nach Formen der mündlichen und schriftlichen Leistungsmessung differenziert.

8.4.2.1 Räumliche und zeitliche Organisation

1. Es wirkt sich leistungsfördernd aus, wenn die Schüler in ihrer *vertrauten Umgebung* (Klassenzimmer) und an ihrem *gewohnten Arbeitsplatz* bleiben dürfen.

2. Auf günstige *Raumtemperatur* achten! Lüften!

3. Die Schüler bei mündlichen Leistungsmessungen *nicht isolieren,* d. h. vor dem Lehrerpult oder an der Tafel befragen; Ausnahme: Lösung von Aufgaben an der Tafel (Geometrie) oder an der Wandkarte . . .

4. Prüfungssituationen *rechtzeitig ankündigen,* jedenfalls so frühzeitig, daß den Schülern genügend Zeit für die Bearbeitung evtl. Defizite bleibt. Auch die nicht angesagte Stegreifaufgabe als Ersatz für mündliche Prüfungen muß kein leistungshemmender Überraschungsangriff sein, wenn die Schüler gezielte Aufgaben als Hausaufgabe erhielten.

5. Prüfungssituationen *gleichmäßig über das Schuljahr verteilen.*
Eine Häufung vor der Zeugniserstellung baut lernhemmenden Streß und Gedächtnishemmungen durch die gegenseitige Überlagerung verschiedener Prüfungsstoffe auf.

6. Die Erkenntnisse über die *Biorhythmen beachten* (vgl. 6.3.2/4.): Höchste Leistungsfähigkeit von Dienstag bis Donnerstag, jeweils zwischen 8 und 11 Uhr. Möglichst nicht in Randstunden prüfen!

7. Die *Dauer der Prüfungssituation* an der entwicklungsbedingten Konzentrationsfähigkeit der Schüler ausrichten, in der Grundschule von 15 auf 30 Minuten ansteigend, ab der fünften Klasse bis zur zehnten Klasse ca. 45 Minuten, bei Abschlußarbeiten evtl. eine Doppelstunde.

8. Zensurenfreie *„Schonzeiten"* einplanen, in denen die Schüler lediglich durch unbenotete Leistungsmessungen über ihren Leistungsstand informiert werden.

8.4.2.2 Maßnahmen zur Vorbereitung der Schüler auf Prüfungssituationen

1. *Prüfungsmodalitäten mit den Schülern besprechen!*
Dies bedeutet lückenlose Aufklärung der Schüler über Art und Ablauf mündlicher und schriftlicher Prüfungen sowie Punkte- und Bewertungsmaßstäbe. Drohgebärden, Kettenrasseln und disziplinierende Abrechnungen in diesem Zusammenhang sind nicht nur unpädagogisch, sondern lassen auch auf Störungen in der Psychostruktur des Lehrers schließen.

2. *Die Schüler in Prüfungsrituale einüben!*,
z. B. durch regelmäßige Lernerfolgskontrollen, unbewertete mündliche „Musterbefragung", Test-Schulaufgaben.

3. *Spicken* als unlauteren Wettbewerb verdeutlichen und mit den Schülern Vereinbarungen für Verstöße gegen akzeptierte Regeln treffen, die dann auch konsequent eingehalten werden.

4. Für mündliche Prüfungssituationen vor der Unterrichtsstunde von den Schülern abgegebene hinreichende *Entschuldigung* gelten lassen! Erlaubte Anzahl solcher Entschuldigungen vereinbaren und im Notenheft vermerken!

5. Einübung in *meditative, entspannende und konzentrationssteigernde Techniken.*

6. *Positive Erwartungshaltung* des Lehrers signalisieren!

7. Die klare *Abgrenzung des Prüfungsstoffes* und seine hinreichende Einübung verleihen dem Schüler Sicherheit.

8. Wenn möglich Prüfungssituationen, vor allem in der Grundschule, sozusagen unbemerkt *aus dem laufenden Unterricht heraus entwickeln.*

9. *Vorurteile und aktuelle Ängste* der Schüler in bezug auf Prüfungssituationen *bearbeiten,* z. B. mit Hilfe des Fragebogens unter 8.4.1.

10. *Arbeit am Lernstil der Schüler* als langfristige Aufgabe (vgl. 6.3.2).

11. Die *Eltern* unbedingt in die Arbeit an der Gestaltung humaner Prüfungssituationen mit einbeziehen, unrealistischen Erwartungen der Eltern entgegentreten, über die Sinnlosigkeit von Strafmaßnahmen bei Leistungsversagen sprechen usw.

8.4.2.3 Maßnahmen für die Einleitungsphase von Prüfungssituationen

1. *Beruhigendes Verhalten* des Lehrers, das von positiver, ermutigender Erwartungshaltung getragen ist. Hektik und Nervosität wirken anstekkend.

2. *Angstabbauende* meditative Kurzübung!

3. Benötigtes *Arbeitsmaterial* bereitlegen lassen, dann für *Ruhe und Konzentration* sorgen!

4. Evtl. „*Anwärmen*" durch vertretbare Erläuterungen zum Prüfungsstoff.

5. Bei mündlichen Prüfungen den Prüfling *vor* dem Unterricht festlegen, nicht (sadistisch) auf Namensuche im Notenheft hin- und herblättern!

6. In vereinbartem Umfang Freiwillige bei mündlichen Prüfungen bevorzugen!

8.4.2.4 Grundsätze für die Aufgabenstellung bei Prüfungen

Vorschriften und Hinweise über Stegreifaufgaben und Schulaufgaben (Anzahl pro Woche und Tag, Verfahren der Ankündigung, Information der Eltern, Wortbedeutung der Noten...) enthalten die Schulgesetze und Schulordnungen.

1. Die Aufgabenstellung muß *eindeutig, sachlich und logisch richtig, verständlich, übersichtlich und rechtschriftlich einwandfrei* gestaltet sein. Eine eindrucksvolle Analyse über die Bedeutung der *Aufgabenstellung als Fehlerursache* geben Czinczoll und Hartl 1989. Manche Fehler in der Aufgabenstellung können vermieden werden, wenn der Aufgabensteller selber, besser noch ein Kollege oder ein Schüler im Alter der Prüflinge vor der Vervielfältigung die Aufgaben durcharbeitet.

2. Auch für mündliche Prüfungen sollten die *Schlüsselfragen schriftlich vorbereitet werden.* Im Sinne eines mitwachsenden Repertoires an Prüfungsfragen empfiehlt sich ihre Formulierung auf DIN A6-Karten, die nach sachlogischen Gesichtspunkten in einem Zettelkasten geordnet aufbewahrt werden können. Was spricht eigentlich dagegen, dem Schüler die Karten mit den Fragen auszuhändigen, ihm zwei oder drei Minuten Zeit zum Überlegen zu lassen und ihn erst dann zur Antwort zu ermuntern? Mit dem Rest der Klasse könnte der Lehrer während der Überlegzeit des Prüflings z. B. die Hausaufgabe besprechen, das Arbeitsmaterial für die nachfolgende Stunde bereitlegen usw.

3. Die *Aufgabenstellung auf einem Aufgabenblatt* ist der Präsentation über Tafel, Tageslichtprojektor oder durch Diktieren wegen der Ausschaltung von Wahrnehmungsfehlern vorzuziehen.

4. In sich *geschlossene Einzelaufgaben* sind komplex verschachtelten oder aufeinander aufbauenden Aufgaben vorzuziehen; ein Ausweg bei mehrstufigen Aufgaben könnte die Angabe von Zwischenergebnissen sein, um

falsche Ergebnisse nicht durch die gesamte Aufgabe hindurch fortzuschreiben.

5. Ausschließlich *Zeichen, Symbole, Abkürzungen, graphische Darstellungsmuster u. dgl. verwenden, welche die Schüler sicher beherrschen!*

6. Mit leichten Fragen, sog. *Eisbrecherfragen,* beginnen, daß die Schüler durch Anfangserfolge ihr Lampenfieber abbauen können! Die Schüler sollen nicht durch Prüfungsbedingungen daran gehindert werden, zu zeigen, was sie können.

7. Die *Prüfungsdauer* an den langsameren Schülern ausrichten! Für die Schüler, die weniger Prüfungszeit als vorgesehen beanspruchen, sinnvolle und die Arbeitsruhe garantierende Zusatzaufgaben bereithalten bzw. vor Beginn der Prüfung bestimmte Tätigkeiten vereinbaren (lesen, Hausaufgaben erledigen ...).

8. *Unterschiedliche Prüfungsarten* den verschiedenen Lernstilen der Schüler entsprechend anbieten: mündlich, schriftlich, praktisch, im Gruppenverband ...!

9. Auf die *Übereinstimmung zwischen den Prüfungsaufgaben und den im Unterricht behandelten und durch Übung gesicherten Lernzielen achten!*

10. *Das Anforderungsniveau der Aufgaben den verschiedenen Lernzielstufen entsprechend verteilen!*
Dabei sollte für den Schüler die Möglichkeit bestehen, die qualitativ hohen Anforderungen einer Transfer- oder Problemlösungsaufgabe durch entsprechend viele Reproduktions- und Reorganisationsaufgaben ausgleichen zu können.

- *Reproduktionsaufgaben* verlangen die bloße Wiedergabe von Kenntnissen (z. B. von Daten, Namen, Begriffen, Situationen) bzw. den Vollzug von Methoden, und zwar in derselben Weise wie sie im vorangegangenen Unterricht gelernt und geübt wurden.
  Beispiele
  – Nenne die fünf Weltreligionen!
  – Nennen Sie das einzige Gesetz der formalen Ethik (Name, Wortlaut)!
  – Addiere: $\frac{2}{5} + \frac{2}{6} + \frac{3}{4} =$
- *Reorganisationsaufgaben* halten den Schüler dazu an, bekannte und geübte Kenntnisse und Fähigkeiten unter einem neuen Frageaspekt zu betrachten, anders zu ordnen, in einem anderen Zusammenhang zu erproben usw.

Beispiele

- Spezialkarten des Atlas aufgrund gesicherter Kenntnis der verwendeten Symbole auswerten.
- Eingeübte Rechenregeln in Aufgaben anwenden, die in ähnlicher Form schon gelöst wurden.
- Im Unterricht behandelte Fakten z. B. in einen Zusammenhang in Form einer Graphik bringen.

● *Transferaufgaben* erfordern die Übertragung und Anwendung von Kenntnissen und Fähigkeiten auf Sachverhalte und Situationen, die neu sind, aber mit der erworbenen Grundausrüstung lösbar sind.
Beispiele
- Lösung einer mathematischen Aufgabe, deren Lebensbezug neu ist und deren Einzelfakten anders kombiniert sind als in den bisher gelösten Aufgaben.
- Übertragung in der Fremdsprache erworbener Sprachmuster auf andere Lebenssituationen.

● Bei *Problemlösungsaufgaben* hat der Schüler selbständige Leistungen zu bringen, indem er in vorgegebenen Sachverhalten oder Situationen das Problem erkennt und definiert sowie durch eigenes Arrangement seiner Kenntnisse und Fähigkeiten löst. Seine besondere Leistung liegt hier im Erkennen und Bearbeiten von Beziehungen, Zusammenhängen und Strukturen der gegebenen Fakten und von (kreativen) Kombinationsmöglichkeiten.
Beispiele
- Aus einem gegebenen Fallbeispiel das Kernproblem erschließen und Lösungsmöglichkeiten mit Begründung entwickeln. Z. B. wie könnte die Entscheidung eines Mannes (einer Frau) aussehen, der (die) in Kanada eine hochbezahlte Stelle für ein Jahr bekommen könnte, aber seine (ihre) Familie nicht mitnehmen kann?
- Erörterung als Aufsatzform
- Geometrische Aufgaben, die nur durch Grenzüberschreitung oder durch bisher nicht geübte Kombination von Verfahrensweisen lösbar sind.

● Die von mir den vier üblichen Lernzielstufen nach H. Roth hinzugefügte *Lernzielstufe des Problemfindens* beschreibt im Unterschied zur vorausgehenden den Vorgang, Probleme in der Umwelt ohne vermittelndes Arrangement (z. B. des Lehrers) selbständig auffinden und bearbeiten zu können.

Beispiel

- Aus einem abgegrenzten Teil einer Tageszeitung oder aus der gemeinsam betrachteten - auf Videoband gespeicherten - Tagesschau vom Vortag ist durch die Schüler ein für ein bestimmtes Unterrichtsfach relevanter Sachzusammenhang herauszufinden, auf seine Problemhaltigkeit hin zu erörtern und auf Lösungsmöglichkeiten hin zu untersuchen.

Der hohe Anspruch an die Leistung der Schüler wird diese Lernzielstufe kaum im Rahmen von Leistungsmessungen Verwendung finden lassen. Sie stellt aber den idealen Einstieg z. B. für problemorientierte, entdeckende, projektorientierte und handlungsorientierte Unterrichtseinheiten dar.

11. *Verschiedene Aufgabentypen verwenden!*

Je nach Anspruchsniveau sind die meisten der nachfolgend genannten Aufgabentypen auf jeder Lernzielstufe verwendbar.

- *Essay – Aufgaben* in Form
  - einer Frage,
  - eines Kurztextes,
  - eines Fallbeispiels,
  - einer Graphik,
  - einer Tabelle,
  - einer Quelle (hist.),
  - einer Schemazeichnung,
  - eines problemhaltigen Bildes,

  jeweils in Verbindung mit gezielten Fragen.
- *Richtig-Falsch-Aufgaben,* die dem Schüler lediglich eine Entscheidung zwischen ja – nein, richtig – falsch, +/– abverlangen.

  Ratetreffer sind hier nicht ganz auszuschließen.

  Beispiel

	ja	nein
Die Kulturhoheit liegt beim Bund.		
Die Bundesländer wirken bei der Gesetzgebung mit.		
Die Hauptstadt des Regierungsbezirks Mittelfranken ist Nürnberg.		
Der Gesetzgeber ist die Bundesregierung.		

- *Zuordnungsaufgaben* sind geeignet, um eindeutige Fakten wie Begriffe, Daten, Regeln einer gegebenen Reihe von Aussagen zuordnen zu lassen. Dabei sorgt eine größere Anzahl von Zuordnungsfakten dafür, daß sich die Schüler weniger aufs Raten verlegen.

Beispiel
Ordne die Ereignisse den Daten zu, indem du die Ziffer vor das richtige Datum setzt!

... 13. August 1961	1. Erste freie Wahl in der BRD
... 8. Mai 1945	2. Öffnung der Berliner Mauer
... 17. Juni 1953	3. Gründung der NATO
... 23. Mai 1949	4. Bedingungslose Kapitulation der deutschen Wehrmacht
... 4. April 1949	5. Volksaufstand in der DDR
	6. Verkündung des Grundgesetzes der BRD
	7. Bau der Berliner Mauer

- *Multiple-Choice-Aufgaben* (Mehrfachwahlantwort-Aufgaben) fordern den Schüler auf, für die Lösung einer Aufgabe aus mehreren gegebenen Antwortmöglichkeiten die richtige Antwort anzukreuzen.
  Beispiel: Einfache Mehrfachwahlantwort-Aufgabe
  Nachts wird es bei uns dunkel. Warum?
  Suche die richtige Erklärung und kreuze sie an!
  1. Nachts sendet die Sonne keine Strahlen aus.
  2. Wir sind nachts auf der Schattenseite der Erdkugel.
  3. Nachts kommt die Finsternis.
  4. Die Strahlen der Sonne breiten sich nach allen Richtungen aus.
  5. Dicke Wolken schieben sich vor die Sonne.

  Beispiel: Komplexe Mehrfachwahlantwort-Aufgabe
  Prüfe folgende Aussagen!
  1. Die Sonne sendet Lichtstrahlen aus.
  2. An Regentagen strahlt die Sonne weniger Licht aus.
  3. Auch in der Nacht sendet die Sonne Strahlen aus.

  Welche Aussage(n) stimmt (stimmen)?
  a) alle
  b) 1. und 2.
  c) 1. und 3.
  d) 2. und 3.
  e) nur 1.
- *Ergänzungsaufgaben* sehen vor, daß die Schüler z. B. in stumme Karten, Lückentexte, Zeichnungen ... fehlende Fakten aus dem Gedächtnis oder in Form der Zuordnung eintragen.
- *Entwurf von Ordnungsschemata,* z. B. zu Ober- und Unterbegriffen
- *Aufgaben in Rätselform* (Kreuzwort-, Bilder-, Silbenrätsel, Quiz)
- *Rollenspiele,* Demonstrationen, Debatten, Interviews von Experten ... dienen eher der Verhaltensbeobachtung in bezug auf affektive und

instrumentelle Aspekte als einer exakten Leistungsmessung. Entsprechende Leistungen werden deshalb auch angemessener mit Worten als mit Noten gewürdigt.

- *Umgang mit Geräten,* Hilfsmitteln, Nachschlagewerken ...
- Die einzelnen Fächer sehen *fachspezifische Aufgabentypen* vor, mit denen die Schüler durch hinreichende Übung vertraut sein müssen, wie z. B. mit Dialogspielen, Comprehension, Diktatformen im Fremdsprachenunterricht, mit Versuchsbeschreibung, -vorbereitung, -aufbau, -durchführung in naturwissenschaftlichen Fächern, mit der Überprüfung motorischer Fertigkeiten durch Vollzug im Fach Sport usw.

8.4.2.5 Grundsätze für das Verhalten während der Prüfung

1. Auch einmal *auf eine mündliche Prüfung verzichten,* wenn ein Schüler total auf dem Schlauch steht!

2. *Nachfragemodus klären! Hilfestellungen vereinbaren!*
Um Störungen während schriftlicher Prüfungen für die anderen Schüler zu vermeiden, den Lehrer durch ruhiges Melden herbeirufen!

3. *Keine Hektik* verbreiten durch dauerndes Durchgehen durch die Bankreihen, nicht hinter einem Schüler stehen bleiben oder in seiner Prüfungsarbeit lesen!

4. In mündlichen Prüfungen ein *Gespräch* anstelle der Frage-Antwort-Ketten (Verhör) anstreben sowie *Denkpausen* zugestehen!

5. *Keinen Psychoterror* durch dauernde Zeitansagen, ironische Bemerkungen zu umständlichen oder falschen Lösungsversuchen u. dgl. verbreiten!

8.4.2.6 Grundsätze für die Korrektur von Prüfungsarbeiten

1. *Bewertungskriterien* genau schriftlich festlegen!

2. Bei der Bewertung *Inhalt der Aussage und Sprachgewandtheit auseinanderhalten,* auch bei mündlichen Prüfungen!

3. Keine Arbeit zurückgeben ohne *Kommentar* über ihre spezifischen Schwächen und Stärken! Durch konkrete Hinweise für die Verbesserung der Leistung *ermuntern!*

4. Evtl. die *schlechteste Note* pro Halbjahr und Fach bei jedem Schüler streichen!

5. In Zweifelsfällen oder bei Verdacht auf Voreingenommenheit gegenüber dem Schüler einen Kollegen um *Zweitkorrektur* bitten!

8.4.2.7 Grundsätze für die Rückgabe von Prüfungsarbeiten

1. Prüfungsarbeiten in der *nächsten Unterrichtsstunde zurückgeben!* Durch verzögerte Korrektur wird auch die nötige Nacharbeit aufgrund von Fehlleistungen verschleppt.

2. Die Rückgabe der Prüfungsarbeiten *taktvoll* vornehmen! Rituale eines Macht-Szenarios wie z. B. Blamage durch Rangplatzzuweisung und zynische Dramatik vermeiden! Der Lehrer sollte die Arbeiten selbst nach dem Alphabet geordnet oder nach Noten gemischt austeilen.

3. *Punkte- und Notenschlüssel allgemein bekanntgeben!* Einzelne Arbeiten werden nach Notwendigkeit mit den betroffenen Schülern besprochen, nicht vor der ganzen Klasse.

4. *Korrekturzeichen* erklären, evtl. auch mit Erläuterungen versehen in einem Merkblatt austeilen!

5. *Lernfortschritte individuell würdigen!*
Gerade jene Schüler brauchen Ermutigung und Zuwendung, die trotz Anstrengung und individueller Leistungsfortschritte noch nicht dem Bereich schlechter Noten entrinnen konnten.

6. Der Lehrer darf keinen Zweifel daran aufkommen lassen, daß die schlechte Leistung eines Schülers nicht seine *Wertschätzung als Person* beeinträchtigt. Um mißerfolgsängstliche und deprimierte Schüler muß er sich bei aller Arbeitsüberlastung besonders kümmern.

7. *Möglichkeiten zum Abbau schlechter Noten anbieten,* z. B. Referat, zusätzliche mündliche Prüfung, besondere unterrichtsvorbereitende Arbeiten ...

8. Sofern vertretbar, die *Schüler an der Notengebung beteiligen,* z. B. in Kunsterziehung, Werken, Handarbeit, Hauswirtschaft usw.

9. Die während der Korrektur der Arbeiten gesammelten Fehlerschwerpunkte lassen erkennen, *an welchen Defiziten zu arbeiten* für alle Schüler bedeutsam ist, welchen dagegen eher mit differenzierenden Maßnahmen beizukommen ist. *Konkrete Tips zum Fehlerabbau* nützen den Schülern am meisten, evtl. unterstützt durch ein Helfersystem auf der Basis der Schülerkooperation.

10. Der nach einer Schulaufgabe oder eher nach einer Stegreifaufgabe verbleibende Rest einer Unterrichtsstunde sollte *sinnvoll mit Lernspielen* aufgebraucht werden.

11. Im Rahmen der *Elternarbeit* kann der Lehrer auf eine realistische Erwartungshaltung der Eltern und einen angemessenen Umgang mit

schlechten Noten hinwirken. Durch Strafen werden Leistungen nicht verbessert, wohl aber durch eine verständnisvolle Hilfestellung. Auf manche Eltern wirkt es bereits beruhigend, wenn sie über die Verbaldefinitionen der Noten aufgeklärt werden; so bezeichnet z. B. die Note 4 (ausreichend) „eine Leistung, die zwar Mängel aufweist, aber im ganzen den Anforderungen noch entspricht“.

12. Gelegentlich erfordern ungünstige Leistungsentwicklungen ein *Beratungsgespräch* zwischen dem Lehrer und dem Schüler, dann erst ausweitend auch mit den Eltern, evtl. unter Einbezug des Beratungslehrers. Konsequenzen für die Schullaufbahn erst dann zu erwägen, wenn für eine Leistungsverbesserung keine Chance mehr besteht, ist entschieden zu spät.

Ausgewählte Nachschlagewerke

1. *Erziehungswissenschaft, Pädagogik, Schulpädagogik*

Autorenteam Schulmanagement: Handwörterbuch der Schulleitung. Landsberg 1985 f. (NA)
Böhm, W.: Wörterbuch der Pädagogik. Stuttgart ^{12}1982
Ellwein, Th./Groothoff, H.-H./Rauschenberger, H./Roth, H. (Hrsg.): Erziehungswissenschaftliches Handbuch. 14 Bände. Berlin 1975 f.
Frommer, H. (Hrsg.): Handbuch Praxis des Vorbereitungsdienstes. 2 Bände. Düsseldorf 1982
Hillig, A./Eberle, G.: Pädagogik. Ein Sachlexikon. Mannheim 1988
Honal, W. H. (Hrsg.): Handbuch der Schulberatung. Landsberg 1983 f.
Keller, J. A./Novak, F.: Kleines pädagogisches Wörterbuch. Freiburg ^{5}1986
Klauer, K. J. (Hrsg.): Handbuch der pädagogischen Diagnostik. Studienausgabe. 2 Bände. Düsseldorf 1982
Köck, P./Ott, H.: Wörterbuch für Erziehung und Unterricht. Donauwörth ^{4}1989
Lenzen, D. (Hrsg.): Enzyklopädie Erziehungswissenschaft. 12 Bände. Stuttgart 1983 f.
Nicklis, S. (Hrsg.): Handwörterbuch der Schulpädagogik. Bad Heilbrunn 1975
Schröder, H.: Grundwortschatz Erziehungswissenschaft. München 1985 (NA)
Speck, J./Wehle, G. (Hrsg.): Handbuch pädagogischer Grundbegriffe. 2 Bände. München 1970
Twellmann, W. (Hrsg.): Handbuch Schule und Unterricht. 10 Bände. Düsseldorf 1981 f.
Willmann-Institut: Lexikon der Pädagogik. 4 Bände. Freiburg ^{3}1974
Wulf, Chr. (Hrsg.): Wörterbuch der Erziehung. München 1984

2. *Psychologie*

Arnold, W./Eysenck, H. J./Meili, R.: Lexikon der Psychologie. 3 Bände. Freiburg 1988 (NA)
Asanger, R./Wenninger, G. (Hrsg.): Handwörterbuch der Psychologie. Weinheim 1988
Clauss, G.: Wörterbuch der Psychologie. Köln ^{4}1986
Dorsch, Fr./Bergius, R./Ries, H. u. a. (Hrsg.): Psychologisches Wörterbuch. Berlin ^{10}1982
Drever, J./Fröhlich, W. D.: dtv-Wörterbuch zur Psychologie. München 1986
Enzyklopädie der Psychologie (mehrbändig, noch nicht abgeschlossen). Göttingen 1982 f.
Gottschalt, K./Sander, F./Lersch, Ph./Thomae, H. (Hrsg.): Handbuch der Psychologie. 12 Bände. Göttingen 1972 f.
Hehlmann, W.: Wörterbuch der Psychologie. Stuttgart 1985 (NA)
Heller, K./Nickel, H. (Hrsg.): Psychologie in der Erziehungswissenschaft. 4 Bände. Stuttgart 1978 f.
Herrmann, Th./Hofstätter, P./Huber, H. u. a.: Handbuch psychologischer Grundbegriffe. München 1977
Kindler Psychologie des 20. Jahrhunderts. 16 Bände. Weinheim 1982 f. (NA)
Popp, M.: Einführung in die Grundbegriffe der Allgemeinen Psychologie. München ^{3}1983
Psychologie. Ein Sachlexikon. Mannheim 1986

Schiefele, H./Krapp, A. (Hrsg.): Handlexikon zur Pädagogischen Psychologie. München 1981
Stalmann, R. (Hrsg.): Kindler Handbuch Psychologie. München 1982

3. *Schulrecht*

Amberg, H./Schiedermair, W.: Bayerisches Schulrecht. Donauwörth 1974
Deisenhofer, A./Deisenhofer, U. (Hrsg.): Jugendrecht. Sozialgesetzbuch – Allgemeiner Teil. München [15]1985
Falckenberg, D./Schiedermair, W./Amberg, H.: Bayerisches Gesetz über das Erziehungs- und Unterrichtswesen. Kommentar. Stuttgart 1983
Hansch, H. A.: Der Lehrer und das Schulrecht. Schul- und Lehrerberufsrecht in der Lehreraus-, -fort- und -weiterbildung. Hamburg 1988
Heckel, H.: Einführung in das Erziehungs- und Schulrecht. Darmstadt 1986
Heckel, H./Seipp, P.: Schulrechtskunde. Neuwied 1976
Loseblattsammlung zur Aktualisierung für die einzelnen Bundesländer im Luchterhand Verlag, Neuwied
Scholz, R. (Hrsg.): Jugendschutz. München 1985
Wenger, O.: Schulrechtssammlung. 2 Bände. Loseblattwerk zur Aktualisierung. München 1982 f.

Literaturverzeichnis

Achtenhagen, F./Meyer, H. L. (Hrsg.): Curriculumrevision. Möglichkeiten und Grenzen. München 1971

Achtenhagen, F.: Theorie der Fachdidaktik. In: Twellmann, W. (Hrsg.): Handbuch Schule und Unterricht, Band 5.1. Düsseldorf 1981

Achtenhagen, F. (Hrsg.): Neue Verfahren zur Unterrichtsanalyse. Düsseldorf 1982

Adl-Amini, B./Künzli, R. (Hrsg.): Didaktische Modelle und Unterrichtsplanung. München 1980

Adl-Amini, B.: Ebenen didaktischer Theoriebildung. In: Lenzen, D. (Hrsg.): Enzyklopädie Erziehungswissenschaft. Band 3. Stuttgart 1986

Aebli, H.: Psychologische Didaktik. Stuttgart ^{6}1976

Aebli, H.: Zwölf Grundformen des Lehrens. Stuttgart 1983

Aebli. H.: Die Wiedergeburt des Bildungsziels Wissen und die Frage nach dem Verhältnis von Weltbild und Schema. In: Z. f. P., 18. Beiheft. Weinheim 1983

André, W. u. a.: Fernsehen und Schulfernsehen. In: Lenzen, D. (Hrsg.): Enzyklopädie Erziehungswissenschaft, Band 4. Stuttgart 1985

Arbeitsgemeinschaft Lernmethodik: So macht Lernen Spaß. Praktische Lerntips für Schüler von 11–16 Jahren. Weinheim, Basel ^{3}1980

Arbeitsgruppe Handreichungen des Verbandes Deutscher Schullandheime: Handreichungen und Organisationshilfen für Schullandheimaufenthalte. Flensburg 1980

Arbeitsgruppe Oberkircher Lehrmittel (Hrsg.): Schulspaß und Schulspiele. Reinbek (rororo 7783) 1984

Arbeitsgruppe Oberkircher Lehrmittel (Hrsg.): Handbuch zum Schulalltag. Reinbek (rororo 7495) 1984

Arbeitsgruppe Theorie der Unterrichtswissenschaft (Hrsg.): Theorie einer praxisnahen Lehrerausbildung. Königstein 1980

Armbruster, B.: Beschreibung medienspezifischer Merkmale und Einsatzmöglichkeiten audiovisueller Materialien. In: Armbruster, B./Hertkorn, O. u. a.: Allgemeine Mediendidaktik, Studienanleitung, Materialien zur Mediendidaktik. Eine Schriftenreihe des Kultusministers des Landes Nordrhein-Westfalen, Band 6. Köln 1978

Aschersleben, K.: Einführung in die Unterrichtsmethodik. Stuttgart 1974

Aschersleben, K.: Moderner Frontalunterricht. Neubegründung einer umstrittenen Unterrichtsmethode. Frankfurt/M., Bern, New York ^{2}1986

Baacke, D.: Kommunikation und Kompetenz. Grundlegung einer Didaktik der Kommunikation und ihrer Medien. München 1975, ^{2}1980

Baacke, D./Schulze, Th. (Hrsg.): Aus Geschichten lernen. München 1979

Baacke, D.: Jugendliche Lebensstile: vom Rock 'n' Roll bis zum Punk. In: Bildung und Erziehung 1985, S. 201–212

Baacke, D./Kluth, Th. (Hrsg.): Praxisfeld Medienarbeit. München 1980

Bachmair, B.: Medienverwendung in der Schule. Berlin 1979

Baddeley, A. D.: Die Psychologie des Gedächtnisses. Stuttgart 1979

Bärenz, P./Cammann, R./Geiler, M.: Auf dem Weg zur Schule. Folienserie für die Verkehrserziehung in der Grundschule. Wuppertal 1979

Bärmann, F.: Übung – eine vergessene Selbstverständlichkeit. In: Grundschule 1 (1981)

Barthelmes, J./Herzberg, I./Nissen, U.: Materialien zur medienpädagogischen Aus- und Fortbildung von Erziehern. 4 Bände. München 1983/1984

Bastian, J.: Handlungsorientierung im Geschichtsunterricht – Anregungen für einen Unterricht über Faschismus. In: Westermanns Pädagogische Beiträge 32 (1980)
Bastian, J./Gudjons, H. (Hrsg.): Das Projektbuch. Theorie – Praxisbeispiele – Erfahrungen. Braunschweig 1986
Bastian, J. u. a. (Hrsg.): Tips für besseren Unterricht. Hamburg o. J.
Battista, U.: Satanismus in Hardrock/Heavy Metal. In: Materialdienst, Evangelische Zentralstelle für Weltanschauungsfragen (EZW 48) 1985
Baumert, J./Hopf, D.: Curriculumentwicklung und Lehrerfortbildung für die Berliner Gesamtschulen. Max-Planck-Institut für Bildungsforschung. Studien und Berichte 41. Berlin 1980
Bayerisches Staatsministerium für Unterricht und Kultus (Hrsg.): Schülermitverantwortung und Schülervertretung. München 1984
Becher, F./Scheibner, E.: Wie arbeite ich im Unterricht mit Problemstellungen? Berlin 1983
Becker, G. E.: Handlungsorientierte Unterrichtsplanung, Band 1. Weinheim, Basel 1984
Becker, G. E./Clemens-Lodde, B./Köhl, K.: Unterrichtssituationen. Ein Trainingsbuch für Lehrer und Ausbilder. München 1980
Becker, G. E./Kohler, B.: Hausaufgaben kritisch sehen und die Praxis sinnvoll gestalten. Weinheim 1988
Beckmann, H.-K.: Schule außerhalb der Schule. Dokumentation des DJH-Werks, Landesverband Bayern. Würzburg 1986
Beckmann, H.-K.: Die pädagogische Bedeutung von Wanderungen, Studienfahrten und Schullandheimaufenthalten. In: Das Schullandheim 1987
Behme, H.: Zur Theorie und Praxis des Gesprächs in der Schule. Kastellaun 1977
Behnken, I.: Öffnung des Unterrichts. Wochenplanarbeit in der Grundschule. In: Pädagogische Welt 12 (1989)
Bender, H., (Hrsg.): Parapsychologie. Darmstadt 1980
Bender, H.: Verborgene Wirklichkeit. München 1985
Benner, D./Ramseger, J.: Wenn die Schule sich öffnet. München 1981
Berg, H. Chr.: Genetische Methode. In: Lenzen, D. (Hrsg.): Enzyklopädie Erziehungswissenschaft, Band 4. Stuttgart 1985
Berger, W.: Unterrichtsleben im Schullandheim. Bremen 1961
Bergler, R./Six, U.: Psychologie des Fernsehens. Bern 1979
Biedermann, H.: Handbuch der magischen Künste. Graz ^{3}1986
Bieger, E.: Praxis der Medienpädagogik. Grundlagen und Konzepte für die Unterrichtsplanung. Düsseldorf 1980
Biermann, R.: Aufgabe Unterrichtsplanung. Perspektiven und Modelle der kommunikativen Didaktik. Essen 1985
Birkel, P.: Mündliche Prüfungen. Bochum 1978
Blankertz, H.: Theorien und Modelle der Didaktik. München 1969
Blankertz, H. (Hrsg.): Curriculumforschung – Strategien, Strukturierung, Konstruktion. Essen 1971
Blankertz, H. (Hrsg.): Fachdidaktische Curriculumforschung – Strukturansätze für Geschichte, Deutsch, Biologie. Essen 1973
Blankertz, H.: Analyse von Lebenssituationen unter besonderer Berücksichtigung erziehungswissenschaftlich begründeter Modelle: Didaktische Strukturgitter. In: Frey, K. (Hrsg.): Curriculum-Handbuch, Band 2. München, Zürich 1975

Blohm, M.: Kinderspielplätze. Ein Modell für handelnden Unterricht. In: Westermanns Pädagogische Beiträge 32 (1980)
Bloom, B. S. u. a.: Taxonomy of Educational Objectives. Handbook I: Cognitive Domain. New York 1956
Bloom, B. S.: Individuelle Unterschiede in der Schulleistung: Ein überholtes Problem? In: Edelstein, W./Hopf, D. (Hrsg.): Bedingungen des Bildungsprozesses. Stuttgart 1973
Bodenheimer, A. R.: Die Obszönität des Fragens. 1984
Böcher, W.: Grundlagen und Probleme der Verkehrserziehung. In: Twellmann, W. (Hrsg.): Handbuch Schule und Unterricht, Band 5.2. Düsseldorf 1981
Boeckmann, K./Heymen, N.: Medien als technische Zeichensysteme und ihre Verwendung im Unterricht. In: Armbruster, B./Hertkorn, O. u. a.: Allgemeine Mediendidaktik, Studienanleitung, Materialien zur Mediendidaktik. Eine Schriftenreihe des Kultusministers des Landes Nordrhein-Westfalen, Band 6. Köln 1978
Böhmer, M. (Hrsg.): Lernerfolgskontrolle. Königstein 1979
Boehnke, H./Hennig, C., (Hrsg.): Celestin Freinet. Pädagogische Texte, mit Beispielen aus der praktischen Arbeit nach Freinet. Reinbek 1980
Bönsch, M.: „Wie sichere ich Ergebnis und Erfolg in meinem Unterricht?" Essen 1977
Bönsch, M./Schittko, K. (Hrsg.): Offener Unterricht. Hannover 1979
Bönsch, M.: Unterrichtskonzepte. Studien zur Allgemeinen Didaktik. Baltmannsweiler 1986
Bönsch, M.: Üben und Wiederholen im Unterricht. In: Pädagogische Welt 5 (1987)
Boettcher, W. u. a.: Lehrer und Schüler machen Unterricht. München, Berlin, Wien 1976
Bohnsack, F. u. a.: Schüleraktiver Unterricht. Möglichkeiten und Grenzen der Überwindung von „Schulmüdigkeit" im Alltagsunterricht. Weinheim, Basel 1984
Bollnow, O. F.: Vom rechten Üben. In: unterrichten/erziehen 5 (1983)
Bonfadelli, H. u. a.: Jugend und Medien. Frankfurt/M. 1986
Borowski, G./Hielscher, H./Schwab, M.: Unterricht: Prinzipien und Modelle. Heidelberg 1976
Borries, B. von: Lehrererzählung. In: Lenzen, D. (Hrsg.): Enzyklopädie Erziehungswissenschaft, Band 4. Stuttgart 1985
Bosler, U./Kapune, Th. (Hrsg.): Computer in unsere Schule? Weinheim 1985
Bosler, U. u. a. (Hrsg.): Grundbildung Informatik – Ziele, Anregungen, Beispiele. Stuttgart 1985
Bossing, N. L.: Progressive Methods of Teaching in Secondary Schools. Boston 1935
Boßmann, D.: Die verdammten Hausaufgaben. Was können Eltern tun? Frankfurt/M. 1979
Brand, P./Schulze, V. (Hrsg.): Medienkundliches Handbuch, 2 Bände. Braunschweig ^{2}1985
Brenner, G.: Subjekt sein in der Schule. München 1981
Brepohl, K.: Lexikon der neuen Medien. Bergisch Gladbach 1985
Breuer, G.: Freie Arbeit im 1. und 2. Schuljahr. München 1989
Brezinka, W.: Tüchtigkeit. Analyse und Bewertung eines Erziehungszieles. München, Basel 1987
Brucker, A.: Unterrichtsmedien. In: Haubrich, H. u. a.: Konkrete Didaktik der Geographie. Braunschweig 1982
Brucker, A. (Hrsg.): Medien im Geographieunterricht. Düsseldorf 1986

Brück, H.: Die Angst des Lehrers vor seinem Schüler. Reinbek 1978
Bruner, J. S.: Gedanken zu einer Theorie des Unterrichts. In: Dohmen u. a. (Hrsg.): Unterrichtsforschung und didaktische Theorie. München 1970
Bruner, J. S.: Der Akt der Entdeckung. In: Neber, H. (Hrsg.): Entdeckendes Lernen. Weinheim 1973
Bruner, J. S.: Entwurf einer Unterrichtstheorie. Düsseldorf 1974
Brunnhuber, P.: Prinzipien effektiver Unterrichtsgestaltung. Donauwörth 1972
Buber, M.: Die Schriften über das dialogische Prinzip. Heidelberg 1954
Buddensiek, W.: Pädagogische Simulationsspiele im sozio-ökonomischen Unterricht der Sekundarstufe I. Bad Heilbrunn 1979
Buhren, C. G.: Community Education. Ansätze und Perspektiven für stadtteilorientiertes Lernen. In: Die Deutsche Schule 3 (1987)
Bundesanstalt für Straßenwesen: Projektgruppenbericht „Verkehrserziehung in der Sekundarstufe I, Situationsanalyse und Folgerungen." Köln 1979
Burk, K./Claussen, C. (Hrsg.): Lernorte außerhalb des Klassenzimmers I und II. Frankfurt/M. 1980 und 1981
Burk, K./Kruse, K. (Hrsg.): Wandertag – Klassenfahrt – Schullandheim. Beiträge zur Reform der Grundschule, Band 55. Frankfurt/M. 1983
Buytendiyk, F. J. J.: Das menschliche Spielen. In: Gadamer, H.-G., Vogler, P. (Hrsg.): Neue Anthropologie. Band 4: Kulturanthropologie. München 1973

Capra, F.: Zeitwende. Berlin, Wien, München [13]1986
Chiout, H./Steffens, W.: Unterrichtsvorbereitung und Unterrichtsbeurteilung. Frankfurt/M. 1978
Christmann, H.: Mogeln in der Schule. Braunschweig 1978
Comenius, J. A.: Große Didaktik. Hrsg. von A. Flitner. Düsseldorf, München 1960
Coombs, J./Meux, M.: Teaching strategies for value analysis. In: Metcalf, L. (ed.): Values education: rationale, strategies and procedures. Washington, D. C. 1971
Cube, F. von: Der kybernetische Ansatz in der Didaktik. Frankfurt/M. 1971
Cube, F. von: Erziehungswissenschaft. Stuttgart 1977
Cube, F. von: Kybernetische Grundlagen des Lernens und Lehrens. Stuttgart [4]1982
Cube, F. von: Fordern statt verwöhnen. Die Erkenntnisse der Verhaltensbiologie in der Erziehung. In: Erziehungswissenschaft und Beruf 3 (1988)
Czerwenka, K.: Wirklichkeitserfahrung in der Schule. Donauwörth 1982
Czinczoll, B./Hartl, R.: Die Leistungsfeststellung und -bewertung in der Schule. In: Pädagogische Welt 5 und 6 (1989)
Czinczoll, B./Hartl, R.: Die Art der Aufgabenstellung als Fehlerursache bei Probearbeiten. In: Pädagogische Welt 5 und 6 (1989)

Dahms, G.: Nachdenken im Unterricht. Fragemethode und Anleitung zum argumentativen Gespräch. Königstein 1979
Danto, A. C.: Basis – Handlungen. In: Meggle, G. (Hrsg.): Analytische Handlungstheorie. Frankfurt/M. 1977
Datow, W.: Mit der Klasse im Museum. In: Frommer, H. (Hrsg.): Handbuch Praxis des Vorbereitungsdienstes, Band 2. Düsseldorf 1982
Daur, H.: Der Leistungstest Verkehrserziehung für Schüler der Klasse 9/10 (LTV 9/10). In: Zeitschrift Verkehrserziehung 3 (1976)
Dave, R. H.: Eine Taxonomie pädagogischer Ziele und ihre Beziehung zur Leistungs-

messung. In: Ingenkamp, K.-H./Marsolek, Th. (Hrsg.): Möglichkeiten und Grenzen der Testanwendung in der Schule. Weinheim 1968
Derschau, D. von (Hrsg.): Hausaufgaben als Lernchance zur Verknüpfung schulischen und außerschulischen Lernens. München 1979
Deutsche Gesellschaft für Freizeit (Hrsg.): Freizeit-Lexikon. Ostfildern 1986
Deutsche Lesegesellschaft (Hrsg.): Medienerziehung als Bildungsaufgabe. Mainz 1985
Dewey, J./Kilpatrick, W. H.: Der Projektplan. Grundlegung und Praxis. Weimar 1935
Dichanz, H./Kolb, G. (Hrsg.): Quellentexte zur Unterrichtstechnologie. Stuttgart 1975
Dichanz, H. u. a.: Medien im Unterrichtsprozeß. München ²1979
Dichanz, H./Kolb, G. (Hrsg.): Unterrichtstheorie und Medienpraxis. Stuttgart 1979
Dichanz, H./Tulodziecki, G.: Mediendidaktik und Medienpädagogik. Eine Einführung. Hagen 1984
Dienes, Z. P.: Aufbau der Mathematik. Freiburg ³1969
Dörpfeld, F. W.: Schriften zur Theorie des Lehrplans (1873). Hrsg. von A. Reble. Bad Heilbrunn 1962
Dohmen, G./Maurer, F./Popp, W.: Unterrichtsforschung und didaktische Theorie. München 1970
Dolch, J.: Lehrplan des Abendlandes. Ratingen ²1965
Dollase, R.: Das Prinzip der Situationsbezogenheit. In: Wöhler, K. (Hrsg.): Didaktische Prinzipien. München 1979
Donat, H.: Persönlichkeitsbeurteilung. München 1970
Doormann, L.: Lernen mit Leben und Arbeit verbinden: Die Tvind-Schulen in Dänemark. In: Borchert, M./Derichs-Kunstmann, K. (Hrsg.): Schulen, die ganz anders sind. Frankfurt/M. 1979
Drescher, R.: Sicherung der Lernergebnisse – wieder gefragt? In: unterrichten/erziehen 5 (1983)
Duncker, L.: Erfahrung und Methode. Studien zur dialektischen Begründung einer Pädagogik der Schule. Langenau, Ulm 1987
Duncker, L.: Die Suche nach neuen Lernformen. In: Die Deutsche Schule 3 (1987)
Duncker, L./Götz, B.: Projektunterricht als Beitrag zur inneren Schulreform. Langenau, Ulm 1984

Eigler, G./Krumm, V.: Zur Problematik der Hausaufgaben. Weinheim 1979
Einsiedler, W./Härle, H. (Hrsg.): Schülerorientierter Unterricht. Donauwörth 1976
Eisenhut, G./Heigl, J./Zöpfl, H.: Üben und Anwenden. Bad Heilbrunn 1981
Endres, W./Eickmann, N./Janak, H.: Mit Kniff und Pfiff. Kleine Lernmethodik für Schüler ab 9 Jahren. Weinheim 1982
Erler, L./Lachmann, R./Selg, H. (Hrsg.): Spiel. Spiel und Spielmittel im Blickpunkt verschiedener Wissenschaften und Fächer. Bamberg 1986
Eulefeld, G. u. a.: Ökologie und Umwelterziehung – Ein didaktisches Konzept. Stuttgart 1981
Ewers, M.: Strukturgitter der Naturwissenschaften. Essen 1977

Falckenberg, D./Schiedermair, W.: Kommentar zum Bayerischen Gesetz für Erziehung und Unterricht. München 1983
Fauer, P./Fintelmann, K./Flitner, A. (Hrsg.): Lernen mit Kopf und Hand. Berichte und Anstöße zum praktischen Lernen in der Schule. Weinheim 1983
Feiks, D./Rothermel, H.: Hausaufgaben. Pädagogische Grundlagen und praktische Beispiele. Stuttgart 1981

Feldmann, E.: Theorie der Massenmedien. Einführung in die Medien- und Kommunikationswissenschaft. München[2] 1977
Fenninger, J.: Der informierende Unterrichtseinstieg in meinen Fächern Musik und Katholische Religionslehre in seinen Auswirkungen auf die Schüler (Hausarbeit für das Lehramt an Realschulen). München 1986
Fischler, H. u. a.: Allgemeine Fachdidaktik? In: Lenzen, D. (Hrsg.): Erziehungswissenschaft im Übergang – verlorene Einheit, Selbstteilung und Alternativen. Jahrbuch für Erziehungswissenschaft 1980–1982. Stuttgart 1982
Flavell, J. H.: Kognitive Entwicklung. Stuttgart 1979
Flechsig, K.-H./Haller, H.-D.: Einführung in didaktisches Handeln. Stuttgart 1975
Flitner, A.: Das Kinderspiel. München 1973
Flitner, W./Kudritzki, G. (Hrsg.): Die deutsche Reformpädagogik, 2 Bände. Stuttgart 1982
Florek, H.-Chr./Hey, B./Nahrstedt, W.: Freizeitdidaktik – Außerschulisches und schulisches Lernen im Vergleich. In: Twellmann, W. (Hrsg.): Handbuch Schule und Unterricht, Band 5.2, Düsseldorf 1981
Florin, I./Rosenstiel, L.: Leistungsstörung und Prüfung. Ursachen und Behandlung. München 1976
Foppa, K.: Lernen, Gedächtnis, Verhalten. Köln, Berlin [4]1968
Frank, H.: Kybernetische Grundlagen der Pädagogik, 2 Bände. Baden-Baden 1969, 2. neubearbeitete Aufl. o. J.
Franke, P.: Unterricht planen – Unterricht vorbereiten. Donauwörth 1978
Freinet, C.: Die moderne französische Schule. Paderborn 1979
Freinet, C.: Pädagogische Texte. Reinbek 1980
Freudenreich, D.: Das Planspiel in der sozialen und pädagogischen Praxis. München 1979
Frey, K. (Hrsg.): Kriterien der Curriculum – Konstruktion. Weinheim 1970
Frey, K.: Die Projektmethode. Weinheim 1980
Fricke, S./Klotz, M./Paulich, P.: Sexualerziehung in der Praxis. Köln 1980
Fröhlich, A.: Handlungsorientierte Medienerziehung in der Schule. Grundlagen und Handreichungen. Tübingen 1982
Fuhr, R.: Handlungsspielräume im Unterricht. Lebendige Lernsitutationen gestalten und auswerten. Königstein 1979
Funk, H./Lösch, H.: Freizeit im Alltag von Jugendlichen. Erfahrungen und Analysen. München 1980

Gage, N. L: Unterrichten – Kunst oder Wissenschaft? München 1979
Gagne, R. M.: Die Bedingungen des menschlichen Lernens. Hannover 1969
Gamm, H.-J./Koch, F. (Hrsg.): Bilanz der Sexualpädagogik. Frankfurt/M., New York 1977
Garlichs, A./Groddeck, H. (Hrsg.): Erfahrungsoffener Unterricht. Beispiele zur Überwindung der lebensfremden Lernschule. Freiburg, Basel, Wien 1978
Gaudig, H.: Die Schule der Selbsttätigkeit (1917). Hrsg. von L. Müller. Bad Heilbrunn [2]1969
Geisler, W./Scholz, G./Schweim, L. (Hrsg.): Projektorientierter Unterricht. Weinheim, Basel 1976
Geißler, E. E./Plock, H.: Hausaufgaben – Hausarbeiten. Bad Heilbrunn [3]1981
Geißler, E. E./Schneider, H.: Hausaufgabe. Darmstadt 1982

Geissler, H. (Hrsg.): Unterrichtsplanung zwischen Theorie und Praxis. Stuttgart 1979
Geppert, K./Preuss, E.(Hrsg.): Selbständiges Lernen. Zur Methode des Schülers im Unterricht. Bad Heilbrunn 1980
Gibas, H.: Pädagogik der Massenkommunikation. Opladen 1985
Global 2000, der Bericht an den Präsidenten (von Präsident Carter in Auftrag gegeben). 1980
Glöckel, H.: Unterricht in der Spannung zwischen Sachanspruch und Schülergemäßheit. In: Pädagogische Welt 8 (1985)
Gmelch, A.: Erfahrungs- und handlungsorientiertes Lernen. Ein Beitrag zu einer berufsorientierten Didaktik der Hauptschule. Frankfurt/M. 1987
Götz, M.: Von geschlossenen zu offenen Lernsituationen im Sachunterricht der Grundschule. In: Pädagogische Welt 12 (1987)
Graefe, G./Vogel, K.: Massenmedien als Unterrichtsgegenstand. Ravensburg 1980
Grassel, H./Bach, K. R. (Hrsg.): Kinder- und Jugendsexualität. Berlin 1979
Grell, J./Grell, M.: Unterrichtsrezepte. München, Wien, Balitmore 1979
Grüner, G.: Die didaktische Reduktion als Kernstück der Didaktik. In: Die Deutsche Schule 59 (1967)
Grünwaldt, H. J.: Mündliche Kommunikationsübungen. Methodische Handreichungen für die Unterrichtspraxis. Frankfurt/M. 1984
Gudjons, H./Reinert, G.-B. (Hrsg.): Schulleben. Königstein 1980
Gudjons, H. (Hrsg.): Unterrichtsmethoden: Grundlegung und Beispiele. Braunschweig 1982
Gudjons, H.: Handlungsorientiert Lehren und Lernen. Projektunterricht und Schüleraktivität. Bad Heilbrunn 1986
Gudjons, H.: Handlungsorientierung als methodisches Prinzip im Unterricht In: Westermanns Pädagogische Beiträge. Hamburg 5 (1987)
Günther, H.: Die verwöhnte Generation? Lebensstile und Weltbilder Vierzehn- bis Neunzehnjähriger. Eine empirische Untersuchung. Köln 1982
Günther, K.: Kurze Theorie der Erziehungskunst nach den Grundsätzen der kritischen Philosophie. Züllicha 1796
Günther, R./Kress, I./Schoop, D.: Leitfaden zur Verkehrserziehung mit 3- bis 7jährigen Kindern. Köln 1979
Guhl, E./Ott, E. H.: Unterrichtsmethodisches Denken und Handeln. Darmstadt 1985

Haack, F.-W.: Von Gott und der Welt verlassen. Düsseldorf 1974
Habermas, J.: Theorie des kommunikativen Handelns, 2 Bände. Frankfurt/M. 1981
Habermas, J.: Vorstudien und Ergänzungen zur Theorie des kommunikativen Handelns. Frankfurt/M. 1984
Hacker, H. (Hrsg.): Das Schulbuch. Funktion und Verwendung im Unterricht. Bad Heilbrunn 1980
Hacker, H.: Kodifizierte Bestimmungsfaktoren curricularer Lernereignisse: Schulbücher. In: Hameyer, U. u. a. (Hrsg.): Handbuch der Curriculumforschung. Weinheim, Basel 1983
Haefner, K.: Die neue Bildungskrise – Lernen im Computerzeitalter. Reinbek 1985
Hänsel, D.: Handlungsspielräume. Portrait einer Freinet-Gruppe. Weinheim, Basel 1985
Hänsel, D.: (Hrsg): Das Projektbuch Grundschule. Weinheim, Basel 1986

Härle, H.: Die Bedeutung außerschulischer Lernorte für ein pädagogisch gestaltetes Schulleben. In: Blätter für Lehrerfortbildung 7–8 (1987)
Hage, K. u. a.: Das Methodenrepertoire von Lehrern. Eine Untersuchung zum Schulalltag der Sekundarstufe I. Opladen 1985
Hagemann, W./Tulodziecki, G.: Einführung in die Mediendidaktik. Köln 1978
Hagemann, W. u. a.: Medienpädagogik. Köln 1979
Hall, R. L.: Unterricht über Werte. München 1979
Haller, H.D.: Prozeßanalyse der Lehrplanentwicklung in der BRD. Konstanz 1973
Hameyer, U. u. a. (Hrsg.): Handbuch der Curriculumforschung. Weinheim, Basel 1983
Handbuch „Pädagogik im Schullandheim". Regensburg 1975
Hanke, B.: Das Vorverständnis von Schülern im Unterricht. Berlin 1987
Hausser, K.: (Hrsg.): Modelle schulischer Differenzierung im Schulalltag. München, Wien, Balitmore 1981
Heckhausen, H.: Motivation und Handeln. Berlin 1980
Heimann, P./Otto, G./ Schulz, W.: Unterricht – Anlayse und Planung. Hannover ^{9}1977
Heinze, Th./Schulte, H.: Theoretische und pragmatische Aspekte zur Beobachtung der sozialen Situation Unterricht. In: Beiträge zur Bildungstechnologie 2 (1973)
Heitger, M. (Hrsg.): Medien und Pädagogik. Freiburg 1981
Heller, A./Semmerling, R. (Hrsg.): Das ProWo-Buch. Leben, Lernen, Arbeiten in Projekten und Projektwochen. Königstein 1983
Heller, K.-A. (Hrsg.): Leistungsbeurteilung in der Schule. Heidelberg 1974
Heller, K.-A.: Leistungsdidaktik in der Schule. Bern, Stuttgart, Toronto 1984
Heller, K.-A./Feldhusen, J. F. (Hrsg.): Identifikation und Förderung von Begabten – eine internationale Perspektive. Stuttgart, Bern, Toronto 1986
Helmke, A./Schader, F. W./Weinert, F. E.: Zur Rolle der Übung für den Lernerfolg. Ergebnisse der Münchner Studie. In: Blätter für Lehrerfortbildung 7/8. München 1987
Hentig, H. von: Das allmähliche Verschwinden der Wirklichkeit. München, Wien 1984
Henze, G./Nauck, J.: Testen und Beurteilen. Grundfragen pädagogischer Diagnostik. Bad Heilbrunn 1985
Herbart, J. Fr.: Umriß pädagogischer Vorlesungen (1835), Leipzig 1980, hrsg. von J. Esterhues. Paderborn 1964
Herbart, J. Fr.: Allgemeine Pädagogik aus dem Zweck der Erziehung abgeleitet (1806). In: pädagogische Grundschriften, 2. Band, hrsg. von W. Asmus. Düsseldorf, München 1965
Herber, H.J.: Innere Differenzierung im Unterricht. Berlin, Köln, Mainz 1983
Herbig, M.: Aufgabentypen zur Leistungsüberprüfung. In: Klauer, K. J. u. a.: Lehrzielorientierte Tests. Beiträge zur Theorie, Konstruktion und Anwendung. Düsseldorf 1975
Hering, W.: Spieltheorie und pädagogische Praxis. Düsseldorf 1979
Heursen, G. (Hrsg.): Didaktik im Umbruch – Aufgaben und Ziele der (Fach-)Didaktik in der integrierten Lehrerbildung. Königstein 1984
Hiller, H.: Lexikon des Aberglaubens. München 1986
Hilscher, E.: Handreichungen für die Durchführung eines Schullandheimaufenthaltes. Stuttgart ^{9}1982
Hochbegabte Kinder und ihre Eltern, ihre Lehrer. Ein Ratgeber. Bern, Stuttgart, Toronto 1985

Hoĉevar, R. K.: Bildungsziele der Bayerischen Verfassung. Fragen der Entstehung und Aktualität. Kronach, München 1980
Hofer, G./Hofer, H.: Mit der Klasse unterwegs. Praktische Hilfen für Vorbereitung, Durchführung und Auswertung. Weinheim 1986
Hollunder, R.: Drogen – eine Herausforderung für die Schule. In: Autorenteam Schulmanagement: Handwörterbuch der Schulleitung. Landsberg 1985 f.
Holstein, H.: Schulfunk im Schulunterricht. Frankfurt/M. 1979
Holtmann, A.: SMV – Geschichte und Ende einer Ideologie. Weinheim 1971
Hopmann, S.: Lehrplanarbeit als Verwaltungshandeln, IPN 114. Kiel 1988
Huber, F.: Allgemeine Unterrichtslehre. Bad Heilbrunn 1968
Hülshoff, F./Kaldewey, R.: Training – Rationeller lernen und arbeiten. Stuttgart 1980
Huizinga, J.: Homo Ludens. Reinbek 1938
Hurrelmann, K./Wolf, H. K.: Schulerfolg und Schulversager im Jugendalter – Fallanalysen von Bildungslaufbahnen. Weinheim, München 1986

Ingenkamp, F. D.: Zielerreichendes Lernen – Mastery Learning. Theorie-Praxis-Forschung. Weingarten 1979
Ingenkamp, K.-H. (Hrsg.): Die Fragwürdigkeit der Zensurengebung. Weinheim 1971
Ingenkamp, K.-H.: Handbuch der pädagogischen Diagnostik. Weinheim 1986
Ingenkamp, K.-H.:/Marsolek, Th. (Hrsg.): Möglichkeiten und Grenzen der Testanwendung in der Schule. Weinheim, Basel 1973
Innenministerium Baden-Württemberg (Hrsg.): Verkehrstraining mit Kindern. Für Eltern. 1978
Issing, L. J. (Hrsg.): Medienpädagogik im Informationszeitalter. Weinheim 1987

Jank, W.: Erfahrungsbezogener Unterricht. In: Lenzen, D. (Hrsg.): Enzyklopädie Erziehungswissenschaft, Band 3. Stuttgart 1986
Jank, W./Meyer, H./Ott, Th.: Zur Person des Lehrers im Musikunterricht. Methodologische Probleme und Perspektiven zu einem Konzept offenen Musikunterrichts. In: Arbeitskreis Musikpädagogische Forschung e. V. (Hrsg.): Musikpädagogische Forschung, Band 7 „Unterrichtsforschung“ Laaber 1986
Janzen, W.: Okkultismus. Mainz, Stuttgart 1988
Jegge, J.: Dummheit ist lernbar. Erfahrungen mit „Schulversagern“. München 1980
Jeske, W.: Lernstörungen und Leistungshemmungen. Pädagogische Stützmaßnahmen, Neuwied 1987
Joerger, K.: Lernanreize. Königstein 1980
Jones, P.: Community Education in Practice. Oxford 1978
Jürgens, E.: Mediengeschichte. In: Modellversuch Journalistenweiterbildung (Hrsg.): Fernstudium Kommunikationswissenschaft, Teil 1. München 1984
Jugendwerk der Deutschen Shell (Hrsg.): Ausbildungsprogramm Jugendverkehrsschulen. Unterrichtsbeispiele. Hamburg 1980

Kagelmann, H. J./Wenninger, G. (Hrsg.): Medienpsychologie. München 1982
Kahlke, J./Kath, F. M. (Hrsg.): Didaktische Reduktion und methodische Transformation. Alsbach 1984
Kaiser, A./Kaiser, F.-J. (Hrsg.): Projektstudium und Projektarbeit in der Schule. Bad Heilbrunn 1977

Kaiser, F.-J./Kaminski, H.: Verbraucherinformation als Projektunterricht. Unterrichtsmodelle zur Verbraucherbildung in den Schulen. Bad Heilbrunn 1982
Kaminski, H. (Hrsg.): Verbrauchererziehung in der Sekundarstufe I. Erklärungsansätze, Unterrichtsmodelle und Materialien. Bad Heilbrunn 1978
Kaminski, H. (Hrsg.): Bedürfnisse. Bad Heilbrunn 1981
Kamm, H./Müller, E.-H.: Hausaufgaben sinnvoll gestellt. Freiburg 1975
Kath, F. M./Kahlke, J.: Das Umsetzen von Aussagen und Inhalten. Alsbach 1982
Katholische Erziehergemeinschaft (Hrsg.): Unterricht und Schulleben. Donauwörth 1979
Kayser, A./Schäkel, L.: Kinder und Lehrer lernen: Freie Arbeit. Königstein 1986
Keck, R. W.: Zielorientierte Unterrichtsplanung. Bochum 1975
Kerschensteiner, G.: Betrachtungen zur Theorie des Lehrplans. 1890
Kerstiens, L.: Erziehungsziele neu befragt. Bad Heilbunn 1978
Klafki, W.: Das Problem des Elementaren und die Theorie der kategorialen Bildung. Weinheim 1957
Klafki, W. u. a.: Funkkolleg Erziehungswissenschaft. Eine Einführung in 3 Bänden. Frankfurt/M. 1970
Klafki, W.: Studien zur Bildungstheorie und Didaktik. Weinheim 1975
Klafki, W./Stöcker, H.: Innere Differenzierung des Unterrichts. In: Zeitschrift für Pädagogik 22 (1976)
Klafki, W./Otto, G./Schulz, W.: Didaktik und Praxis. Weinheim, Basel 1977
Klafki, W.: Zur Unterrichtsplanung im Sinne kritisch-konstruktiver Didaktik. In: Adl-Amini, B./Künzli, R. (Hrsg.): Didaktische Modelle und Unterrichtsplanung. München 1980
Klauer, J.: Methodik der Lehrzieldefinition und Lehrstoffanalyse. Düsseldorf 1974
Klaus, G.: Wörterbuch der Kybernetik. Überarb. Neuauflage. Frankfurt/M. 1979
Kleber, E. W. u. a.: Beurteilung und Beurteilungsprobleme. Weinheim, Basel 1976
Klewitz, E./Mitzkat, H.: Entdeckendes Lernen und offener Unterricht. Braunschweig 1977
Klewitz, E./Mitzkat, H.: Informeller/Offener Unterricht in der Grundschule. In: Topsch, W. (Hrsg.): Unterricht in der Grundschule. Bochum 1982
Klingberg, L.: Unterrichtsprozeß und didaktische Fragestellung. Berlin 1982
Klingen, L. H./Otto, A.: Computereinsatz im Unterricht: Der pädagogische Hintergrund. Stuttgart 1986
Kluge, N. (Hrsg.): Sexualerziehung als Unterrichtsprinzip. Darmstadt 1976
Kluge, N.: Spielpädagogik. Bad Heilbrunn 1980
Kluge, N. (Hrsg.): Sexualpädagogische Forschung. Paderborn 1981
Kluge, N.: Spielen und Erfahren. Der Zusammenhang von Spielerlebnis und Lernprozeß. Bad Heilbrunn 1981
Knab, D.: Curriculumforschung und Lehrplanreform. In: Neue Sammlung 9 (1969)
Knackstedt, W./Ruppert, H.-J.: New-Age-Bewegung. Evangelische Zentralstelle für Weltanschauungsfragen 1988
Koch, F./Lutzmann, K. (Hrsg.): Sexualerziehung in der Schule. Hamburg 1982
Kochan, B. (Hrsg.): Rollenspiel als Methode sozialen Lernens. Königstein 1981
Köck, P.: Moderne Unterrichtsführung durch Impuls und Appell. Donauwörth 1972
Köck, P.: Medien-Manipulation ohne Alternative? In: Kopp, F. (Hrsg.): Erziehung hat Zukunft. Donauwörth 1975

Köck, P.: Verhaltensstörungen als Zentralproblem der Schulpraxis. In: Pädagogische Welt 7 (1977)
Köck, P.: Didaktik der Medien. Donauwörth ²1977
Köck, P.: Medien im Sachunterricht der Hauptschule. In: Sauter, H. (Hrsg.): Sachunterricht in der Hauptschule. Donauwörth ³1977
Köck, P.: Der verhaltensauffällige Schüler (Erscheinungsformen, Ursachen, Hilfen). In: Honal, W. H. (Hrsg.): Handbuch der Schulberatung. Landsberg 1983
Köck, P.: Schüler (insbesondere SMV). In: Autorenteam Schulmanagement: Handwörterbuch der Schulleitung. Landsberg 1985 f.
Köck, P.: Strukturmodelle der Didaktik, ebenda.
Köck, P.: Praktische Schulpädagogik. Donauwörth 1987
Köck, P.: Wiederholen, Üben und Anwenden im Unterricht. In: Staatsinstitut für die Ausbildung der Lehrer an Realschulen (Hrsg.): RL – Informationen 1. München 1988
Köck, P./Ott, H.: Wörterbuch für Erziehung und Unterricht. Donauwörth ⁴1989
König, E./Riedel, H.: Unterrichtsplanung als Konstruktion. Weinheim ²1979
König, E./Riedel, H.: Systemtheoretische Didaktik. Weinheim ²1979
König, E. u. a.: Diskussion Unterrichtsvorbereitung – Verfahren – Modelle. München 1980
König, R.: Freizeit und Konsum. Stuttgart 1977
Kösel, E./Schneider, J.: Übung – Grundlage des Lernens. Ravensburg 1978
Kohlberg, L.: Kognitive Entwicklung und moralische Erziehung. In: Mauermann, L./Weber, E. (Hrsg.): Der Erziehungsauftrag der Schule – ein kritischer Überblick. Donauwörth 1981
Kohnen, R./Kohnen, R.: Psychologische Betrachtungen zur Bedeutung von Übung und Wiederholung in Lern- und Gedächtnisprozessen. In: Blätter für Lehrerfortbildung 7/8 München 1978
Kopp, F. (Hrsg.): Effektives Lehren und Lernen. Donauwörth 1973
Kozdon, B. (Hrsg.): Lernzielpädagogik – Fortschritt oder Sackgasse? Bad Heilbrunn 1981
Kraft, P.: Feste und Geselligkeiten in der Schule. Braunschweig 1979
Kramp, W. u. a.: Didaktische Analyse. Hannover ¹³1976
Krathwohl, D. R./Bloom, B. S./Masia, B. B.: Taxonomy of Educational Objectives. Handbook II; Affective Domain. New York 1964
Kreuzer, K. J. (Hrsg.): Handbuch der Spielpädagogik, 2 Bände. Düsseldorf 1982
Kriss-Rettenbeck, L./Liedtke, M. (Hrsg.): Erziehungs- und Unterrichtsmethoden im historischen Wandel. Bad Heilbrunn 1986
Kross, G. (Hrsg.): Geographiedidaktische Strukturgitter. Braunschweig 1976
Kugemann, W. F.: Kopfarbeit mit Köpfchen. Moderne Lerntechnik. München 1977
Kugemann, W. F./Gasch, B.: Lerntechniken für Erwachsene. Reinbek 1986
Kunert, K.: Einführung in die curriculare Unterrichtsplanung. München 1976
Kutscha, G.: Das politisch-ökonomische Curriculum. Kronberg 1976

Lackmann, J.: Das Strukturgitter-Paradigma der „Münsteraner Schule“ in kritischer Beleuchtung. Frankfurt/M. 1981
Lang, M.: Planungshilfen zum kommunikativen Lernen. Eine Einführung zur Unterrichtsgestaltung mit naturwissenschaftlichen Inhalten. Weinheim, Basel 1982
Lange, O.: Unterricht, problemlösend. In: Lenzen, D. (Hrsg.): Enzyklopädie Erziehungswissenschaft, Band 3, Stuttgart 1986

Lassahn, R.: Das Schulleben. Bad Heilbrunn 1969
Lauster, U. und P.: Der Schulreifetest. München 1988
Lehmann, J. (Hrsg.): Simulations- und Planspiele in der Schule. Bad Heilbrunn 1977
Lehr-Lern-Forschung. Zeitschrift für Pädagogik 3/4 (1982)
Lemke, D.: Lernzielorientierter Unterricht – revidiert. Frankfurt, Bern 1981
Lienert, G. A.: Schulnoten – Evaluation. Frankfurt/M. 1987
Limbourg, M./Gerber, D.: Trainingsprogramm für Eltern zur Verkehrserziehung von Kleinkindern. Köln 1979
Linti, H. (Hrsg.): Familien- und Sexualerziehung in den bayerischen Schulen. Donauwörth 1982
Lipp, U./Will, H.: Hausaufgaben sollen Freude machen! In: Pädagogische Welt 12 (1984)
Lippert, A.: Schullandheime als Zentren der Umwelterziehung. In: schulreport 2 (1988)
Lorenz, U./Ipfling, H.-J. (Hrsg.): Ideenkiste – Angebote für einen anderen Unterricht (Hauptschule – Sekundarstufe I). Bad Heilbrunn 1986
Loser, F.: Konzepte und Verfahren der Unterrichtsführung. München 1972
Loser, F./Terhart, E. (Hrsg.): Theorien des Lehrens. Stuttgart 1977
Lüders, P.-J.: Erziehung zu Schlüsselqualifikationen. In: LION 2 (1986)
Lüdtke, H./Agricola, S./Karst, U. (Hrsg.): Methoden der Freizeitforschung. Opladen 1986

Machwirth, E., (Hrsg.): Freizeitwünsche und Freizeitverhalten Jugendlicher. Eine Jugendbefragung. Darmstadt 1984
Mager, R. F.: Lernziele und Unterricht. Weinheim 1971, ³1973
Maras, R.: Lernplanung und Unterrichtsgestaltung unter dem Aspekt der Erfolgssicherung. In: Pädagogische Welt 9 (1987)
Mauermann, L.: Theorien und Methoden der Werterziehung in der Schule – ein kritischer Überblick. In: Pädagogische Welt 8 (1982)
Mauermann, L./Weber, E. (Hrsg.): Der Erziehungsauftrag der Schule. Donauwörth 1981
Mauermann, L./Nickmann, G./Stadler, H. (Hrsg.): Wertklärung und Wertorientierung – Materialien zur Praxis eines erziehungswirksamen Unterrichts in der Hauptschule. Donauwörth 1981
McPhail, P./Ungood-Thomas, J. R./Chapman, H.: Lifeline – Moral education in the secondary school. London 1972
McPhail, P./Ingram, D./Middleton, D.: Startline – Moral education in the middle years. London 1978
Menck, P.: Unterrichtsinhalt. Siegen 1984
Ments, M. van: Rollenspiel: effektiv. München 1985
Menze, H. und F.: Materialien zum Schullandheimaufenthalt. Oberkirch 1980
Merkle, S.: Die innere Differenzierung des Unterrichts in der Grundschule. Donauwörth 1972
Merkle, S.: Theorie und Praxis der inneren Differenzierung in der Hauptschule. Donauwörth 1973
Meyer, E./Okon, W.: Frontalunterricht. Königstein 1984
Meyer, G.: Kybernetik und Unterrichtsprozeß. Berlin 1966
Meyer, H. L.: Einführung in die Curriculummethodologie. München 1972

Meyer, H. L.: Trainingsprogramm zur Lernzielanalyse. Königstein [9]1979.
Meyer, H. L.: Leitfaden zur Unterrichtsvorbereitung. Königstein 1980
Meyer, H.: Unterrichtsmethoden, 2 Bände, Theorieband und Praxisband. Frankfurt/M. 1987
Meyn, H.: Die neuen Medien – neue Chancen und Risiken. Berlin 1984
Michael, B.: Darbieten und Veranschaulichen. Bad Heilbrunn 1983
Miers, H. E.: Lexikon des Geheimwissens. München [6]1986
Möller, Chr.: Technik der Lernplanung. Weinheim [4]1973
Möller, H.: Was ist Didaktik? Bochum [9]1979
Mollenhauer, K.: Theorien zum Erziehungsprozeß. München [3]1976
Müller-Bardorff, H.: Grundschüler auf dem Weg zur Freien Arbeit. Weinheim 1986
Münzinger, W. (Hrsg.): Projektorientierter Mathematikunterricht. München 1977
Mundzeck, H./Schneider, W.: Praktische Medienerziehung (Fernsehen, Hörfunk, Programmzeitschriften). Weinheim 1979
Muth, Fr./Zieroff, U. F.: Schule außerhalb der Schule. Donauwörth [2]1985

Naef, R. D.: Rationeller Lernen lernen. Weinheim [11]1982
Nahrstedt, W.: Freizeit als Thema in Schulen. Bielefeld 1979a
Nahrstedt, W.: Freizeitschule. Opladen 1979b
Nahrstedt, W. u. a. (Hrsg.): Freizeitdidaktik, 2 Teile. Bielefeld 1984
Neber, H. (Hrsg.): Entdeckendes Lernen. Weinheim, Basel 1981
Neber, H.: Selbstgesteuertes Lernen. In: Treiber, B./Weinert, F.: Lehr-Lern-Forschung. München 1982
Nestle, W.: Das Problem der Mehrperspektivität. In: Wöhler, K. H. (Hrsg.): Didaktische Prinzipien. München 1979
Neubauer, W.: Einführung in die Medienerziehung. Köln 1982
Niermann, J.: Methoden der Unterrichtsdifferenzierung. Düsseldorf 1981
Nohl, H.: Erziehergestalten. Göttingen 1958

Odenbach, K.: Die Übung im Unterricht. Braunschweig [7]1981
Oelkers, J.: Erziehen und Unterrichten. Grundbegriffe der Pädagogik in analytischer Sicht. Darmstadt 1985
Oerter, R.: Erfolgssicherung durch Übung und Wiederholung aus psychologischer Sicht. In: Pädagogische Welt 1 (1988)
Opaschowski, H. W.: Freizeitpädagogik in der Schule. Bad Heilbrunn 1977
Opaschowski, H. W.: Einführung in die freizeit-kulturelle Breitenarbeit. Methoden und Modelle der Animation. Bad Heilbrunn 1979
Opaschowski, H. W. (Hrsg.): Methoden der Animation – Praxisbeispiele. Bad Heilbrunn 1981a
Opaschowski, H. W.: Schule und Freizeit. In: Twellmann, W. (Hrsg.): Handbuch Schule und Unterricht, Band 2. Düsseldorf 1981b
Ortner, G.: Mit Medien lernen – mit Medien leben. Alsbach 1981
Ortner, R.: Lernplanung und Unterrichtsgestaltung unter dem Aspekt biorhythmischer und arbeitsphysiologischer Bedingungen. In: Pädagogische Welt 10 (1987)
Otto, G.: Das Projekt – Merkmale und Realisationsschwierigkeiten einer Lehr-Lern-Form. In: Kaiser, A./Kaiser, F.-J. (Hrsg.): Projektstudium und Projektarbeit in der Schule. Bad Heilbrunn 1977
Otto, G./Schulz, W.: Der Beitrag der Curriculumforschung. In: Lenzen, D. (Hrsg.): Enzyklopädie Erziehungswissenschaft, Band 3. Stuttgart 1986

Paffrath, F. H./Wehnert, D.: Ökologie konkret. Bausteine für eine Umwelterziehung in der Sekundarstufe. Bad Heilbrunn 1982
Peterson, P. L. u. a.: Teacher Planning, Teacher Behavior and Student Achievment. In: Am. E. Res. J. 15 (1978)
Peterßen, W. H.: Grundlagen und Praxis des lernzielorientierten Unterrichts. Ravensburg 1974
Peterßen, W. H.: Handbuch der Unterrichtsplanung. München 1982
Pfister, H.-J.: Lehrer beurteilen Schüler. Bern, Frankfurt, Las Vegas 1981
Pirkl, G.: Erhebung prüfungsbezogener Ängste und ihrer Ursachen in einer Schulklasse – Bericht über die Erprobung angstabbauender Maßnahmen zur Gesetaltung mündlicher und schriftlicher Prüfungssituationen. Hausarbeit im Rahmen der Ausbildung zum Realschullehrer in Bayern. München 1984
Pöggeler, F.: Methoden der Erwachsenenbildung. Freiburg 1964
Pöggeler, F.: Hausaufgaben! Freiburg 1978
Pöppel, E.: Grenzen des Bewußtseins. Über Wirklichkeit und Welterfahrung. Stuttgart 1985
Popp, W.: Die Funktion von Modellen in der didaktischen Theorie. In: Dohmen, G./ Maurer, F./Popp, W.: Unterrichtsforschung und didaktische Theorie. München 1970
Popp, W. (Hrsg.): Kommunikative Didaktik. Weinheim, Basel 1976
Potthoff, W.: Erfolgssicherung im Unterricht. Üben und Anwenden. Mit Beispielen aus der Praxis. Freiburg 1981
Prahl, H. W.: Prüfungsangst: Symptome, Formen, Ursachen. Frankfurt/M. 1979
Preuß, E. (Hrsg.): Zum Problem der inneren Differenzierung. Bad Heilbrunn 1976
Projekt-Team (Hrsg.): Handbuch Medienarbeit, Opladen [2]1981
Prokop, D. (Hrsg.): Medienforschung, 2 Bände. Frankfurt/M. 1985
Puchta, H./Schratz, M.: Handelndes Lernen im Englischunterricht, 3 Bände. München 1984

Rabenstein, R.: Zur Zielsetzung der Übungsarbeit. In: unterrichten/erziehen 5 (1983)
Rabenstein, R.: Sicherung des Lernerfolgs durch Übung. In: Grundschule 2 (1984)
Ramseger, J.: Offener Unterricht in der Erprobung. München 1977
Ramsenthaler, H.: Pragmatische Kommunikationstheorie und Pädagogik. Eine Untersuchung zur Konzeption Watzlawick u. a. und ihrer Bedeutung für die Pädagogik. Weinheim, Basel 1982
Raths, L. E./Harmin, M./Simon, S. B.: Werte und Ziele. Methoden zur Sinnfindung im Unterricht. München 1976
Ratzke, D.: Handbuch der neuen Medien (Massenmedien). Stuttgart 1982
Rauch, M.: Schulhofhandbuch. Planung und Veränderung von Freiräumen an Schulen. Langenau, Albeck 1981
Rauschenberger, H. (Hrsg.): Unterricht als Zivilisationsform. Königstein 1985
Reimann, H. L.: Das Planspiel im pädagogischen Arbeitsbereich. Bonn 1972
Reinert, G.-B./Zinnecker, J. (Hrsg.): Schüler im Schulbetrieb. Reinbek 1978
Reinert, G.-B./Heyder, S.: Lebensort: Schule. Weinheim, Basel 1983
Reinisch, H.: Planspiel und wissenschaftspropädeutisches Lernen. Band 14 der Hochschuldidaktischen Forschungsberichte. Hamburg 1980
Reischmann, J.: Leichter lernen – leicht gemacht. Bad Heilbrunn 1985
Rheinberg, I.: Leistungsbewertung und Lernmotivation. Göttingen 1980

Ritz-Fröhlich, G.: Das Gespräch im Unterricht – Anleitung, Phasen, Verlaufsformen. Bad Heilbrunn 1982
Robinsohn, S. B.: Bildungsreform als Revision des Curriculum. Neuwied, Berlin 1967, ^{5}1981
Röbe, H. J.: Freie Arbeit – eine Bedingung zur Realisierung des Erziehungsauftrages der Grundschule. Frankfurt/M. 1986
Rohr, B.: Handelnder Unterricht. Rheinstetten 1980
Ronneberger, F.: Neue Medien. Konstanz 1982
Roth, L. (Hrsg.): Handlexikon zur Didaktik der Schulfächer. München 1980
Rülcker, T.: Modelle zur Planung und Organisation von Curriculum-Prozessen. In: Hameyer, U. u. a. (Hrsg.): Handbuch der Curriculumforschung. Weinheim, Basel 1983
Rütter, Th.: Formen der Testaufgabe. Eine Einführung für didaktische Zwecke. München 1973
Rumpf, H.: Lernschnellwege? Über das Recht auf Fehler, Umwege, Einfälle und seine Liquidation in zweckrationalen Unterrichtskonzepten. In: Flügge, J. (Hrsg.): Pädagogischer Fortschritt? Bad Heilbrunn 1972
Ruppert, H.-J.: New Age. Endzeit oder Wendezeit. Wiesbaden 1985
Ruprecht, H./Beckmann, H.-K./Cube, F. von/Schulz, W.: Modelle grundlegender didaktischer Theorien. Hannover ^{3}1976

Sacher, W.: Codifizierte Bestimmungsfaktoren curricularer Lernereignisse. Lehrpläne. In: Hameyer, U. u. a. (Hrsg.): Handbuch der Curriculumforschung. Weinheim, Basel 1983
Sacher, W.: Praxis der Notengebung. Bad Heilbrunn 1984
Sandfuchs, U.: Unterrichtsinhalte auswählen und anordnen. Vom Lehrplan zur Unterrichtsplanung. Bad Heilbrunn 1987
Santini, B.: Taxonomien. In: Hameyer. U. u. a. (Hrsg.): Handbuch der Curriculumforschung. Weinheim, Basel 1983
Saxer, U. u. a.: Die Massenmedien im Leben der Kinder und Jugendlichen. Stuttgart 1980
Schäfer, K.-H./Schaller, K.: Kritische Erziehungswissenschaft und kommunikative Didaktik. Heidelberg 1971, ^{3}1976
Schaller, K.: Die kritisch-kommunikative Pädagogik. In: Westermanns Pädagogische Beiträge 36 (1984)
Schaller, K.: Pädagogik der Kommunikation. Annäherungen, Erprobungen. St. Augustin 1987
Scheller, I.: Erfahrungsbezogener Unterricht. Oldenburg 1980
Scheller, I.: Erfahrungsbezogener Unterricht. Praxis, Planung, Theorie. Königstein 1981
Scherhorn, G.: Verbrauchererziehung in der Bundesrepublik Deutschland. Eine Bestandsaufnahme. Baltmannsweiler 1979
Scheuerl, H.: Das Spiel. Weinheim, Basel 1977
Schießl, O.: Lehren als Erziehungsprozeß. Donauwörth 1973
Schmid, W. F.: Ökonomische Unterrichtsplanung. Kastellaun 1979
Schmidt, W.: Gedächtnispsychologische Erkenntnisse. Ihre Bedeutung für die Unterrichts- und Erziehungsarbeit. In: Pädagogische Welt 1 (1988)
Schmidtchen, St./Erb, A.: Analyse des Kinderspiels. Köln 1972
Schmitt, H.: Verlaßt die Übungsräume! In: Pädagogische Welt 2 (1988)

Schmitt, R.: Lernzielformulierung. In: Hameyer, U. u. a. (Hrsg.): Handbuch der Curriculumforschung. Weinheim, Basel 1983
Schmitz-Scherzer, K.: Sozialpsychologie der Freizeit. Stuttgart 1974
Schmölz, M.: Der private Fernsehkonsum der Realschüler und seine Auswirkungen auf den Unterricht. Hausarbeit im Rahmen der Ausbildung zum Realschullehrer in Bayern. München 1986
Schneid, K.: Zum Erziehungsauftrag der Schule. In: Pädagogische Welt 8 (1987)
Schnitzer, A. (Hrsg.): Schwerpunkt: Lernplanung und Unterrichtsgestaltung auf der Grundlage pädagogischer und lernpsychologischer Erkenntnisse. München 1977
Schnitzer, A. (Hrsg.): Schwerpunkt: Leistung in der Schule. München 1981
Schnitzer, A. (Hrsg.): Fachbezogener Medieneinsatz, 2 Bände. Ansbach 1981/1982
Schnurr, O.: Aberglaube. Faszination und Versuchung. München 1988
Schorsch, Chr.: Die New Age Bewegung. Utopie und Mystik der Neuen Zeit. Gütersloh 1988
Schott, F.: Lehrstoffanalyse. Düsseldorf 1975
Schräder-Naef, R. D.: Der Lerntrainer für die Oberstufe. Weinheim 1988
Schröder, B.: Kinderspiel und Spiel mit Kindern. Eine Dokumentation. München 1980
Schröter, G.: Medien im Unterricht. Donauwörth 1981
Schulte, H./Thiemann, F.: Alltagswelt als subjektive Konstruktion. In: Bildung und Erziehung 32 (1979)
Schulz, W.: Unterrichtsplanung. München ^{3}1981
Schwarzer, R./Steinhagen, K. (Hrsg.): Adaptiver Unterricht. Zur Wechselwirkung von Schülermerkmalen und Unterrichtsmethoden. München 1975
Schwarzer, Chr./Schwarzer, R.: Praxis der Schülerbeurteilung. München 1979
Schwarzer, R.: Streß, Angst und Hilflosigkeit. Stuttgart 1981
Schwemmer, H.: Was Hausaufgaben anrichten. Paderborn 1981
Seibel, W.: Codifizierte Bestimmungsfaktoren curricularer Lernereignisse: Gesetze. In: Hameyer, U. u. a. (Hrsg.): Handbuch der Curriculumforschung. Weinheim, Basel 1983
Seiring, W.: Lernspiele (8–12 Jahre). Pädagogisches Zentrum Berlin 1970
Semmerling, R./Heller, A. (Hrsg.): Das Pro-Wo-Buch. Königstein 1983
Söltenfuß, G.: Grundlagen handlungsorientierten Lernens. Bad Heilbrunn 1983
Speichert, H.: Praxis produktiver Hausaufgaben. Königstein 1982
Speichert, H.: Richtig üben macht den Meister. Reinbek 1986
Staatsinstitut für Schulpädagogik und Bildungsforschung (Hrsg.): Unterrichtsplanung durch Lernziele. Donauwörth 1979
dass.: Handreichungen zur Umwelterziehung, 2 Bände. Donauwörth 1979
dass.: Handreichungen zum Umweltschutz. Donauwörth 1983
dass.: Umweltaktivitäten an den bayerischen Schulen – eine Dokumentation. München 1986
Stach, R.: Projektorientierter Unterricht. Ratingen, Kastellaun 1978
Stach, R.: Ziller und die Seminarübungsschule in Leipzig. In: Lassahn, R./Stach, R.: Geschichte der Schulversuche. Heidelberg 1979
Stein, R.: Spiel- und Lernmittel (Rezensionen 1972). Pädagogisches Zentrum Berlin 1973
Steinert, H.: Das Handlungsmodell des Symbolischen Interaktionismus. In: Lenk, H. (Hrsg.): Handlungstheorien interdisziplinär, 4 Bände. München 1977 f.
Steinweg, R. (Hrsg.): Vom Krieg der Erwachsenen gegen die Kinder. Möglichkeiten der Friedenserziehung. Frankfurt/M. 1984

Stephan, E./Schmidt, W. (Hrsg.): Messen und Beurteilen von Schülerleistungen. München 1978
Struck, P.: Pädagogik des Schullebens. München 1980
Struck, P.: Projektunterricht. Stuttgart 1980
Sturm, H. u. a.: Grundlagen einer Medienpädagogik. Zürcher Beiträge zur Medienpädagogik. Zug 1979

Tenorth, H.-E.: Leitvorstellungen didaktischen Handelns. In: Lenzen, D. (Hrsg.): Enzyklopädie Erziehungswissenschaft, Band 3. Stuttgart 1986
Terhart, E.: Unterrichtsmethode als Problem. Weinheim, Basel 1983
Terhart, E.: Psychologische Theorien des Lehrerhandelns. In: Die Deutsche Schule 76 (1984)
Terhart, E.: Der Stand der Lehr-Lern-Forschung. In: Lenzen, D. (Hrsg.): Enzyklopädie Erziehungswissenschaft, Band 3. Stuttgart 1986
Teschner, W.-P. (Hrsg.): Differenzierung und Individualisierung des Unterrichts. Göttingen 1971
Thiele, H.: Lehren und Lernen im Gespräch. Gesprächsführung im Unterricht. Bad Heilbrunn 1981
Thiele, H.: Trainingsprogramm Gesprächsführung im Unterricht. Bad Heilbrunn 1982
Tiedemann, J.: Leistungsversagen in der Schule. München 1977
Tiemann, K.: Planspiele in der Schule. Frankfurt/M. 1969
Töpfer, E./Bruhn, J.: Methodik des Physikunterrichts. Heidelberg 1979
Trapp, E. C.: Versuch einer Pädagogik. 1780
Treiber, B./Weinert, F. E. (Hrsg.): Lehr-Lern-Forschung. München 1982
Tulodziecki, G./Zimmermann, D.: Schulfernsehen und Unterrichtspraxis. Köln 1976
Tulodziecki, G.: Einführung in die Medienforschung. Köln 1981
Tulodziecki, G.: Medien als technische Mittler im Unterricht. In: Twellmann, W. (Hrsg.): Handbuch Schule und Unterricht, Band 4.1. Düsseldorf 1981
Tulodziecki, G. u. a.: Unterrichtskonzepte für die Medienerziehung. Köln 1985
Tulodziecki, G.: Aufgabenfelder schulischer Medienpädagogik. In: Issing, L. J. (Hrsg.): Medienpädagogik im Informationszeitalter. Weinheim 1987
Tyler, R. W.: Curriculum und Unterricht. Düsseldorf 1973
Tymister, H. J. (Hrsg.): Projektorientierter Deutschunterricht. Düsseldorf 1975

Ulich, D./Mertens, W.: Urteile über Schüler. Weinheim [3]1976

Verband Deutscher Schullandheime e. V.: Pädagogik im Schullandheim. Regensburg 1975
Verband Deutscher Schullandheime e. V.: Projektarbeit im Schullandheim, 4 Bände. Regensburg 1980
Vester, F.: Denken, Lernen, Vergessen. München 1978, [12]1985
Vettiger, H. u. a.: Lernziel: Selbständigkeit. Arbeitstechniken für Schüler. Düsseldorf 1979
Vilgertshofer, R. (Hrsg.): Sichern von Unterrichtsergebnissen, 2 Bände (Deutsch und Sachfächer). München 1978 und 1980
Vogel, A.: Unterrichtsformen I und II. Ravensburg [3]1978
Vohland, U.: Praxis der Unterrichtsplanung. Düsseldorf 1982

Volk, D.: Handlungsorientierte Unterrichtslehre am Beispiel Mathematikunterricht, 2 Bände. Bensheim 1979
Vollrath, G.: Gut vortragen – besser informieren. Berlin 1973

Wagner, A. C. (Hrsg.): Kursprogramm zum schülerzentrierten Unterricht. München 1977
Walter, H.: Angst bei Schülern. Ursachen, Auswirkungen und Möglichkeiten der erzieherischen Beeinflussung. München ²1981
Wandl, J.: Computer und Lernen. München 1985
Weber, E.: Didaktik als Theorie des Unterrichts. Eine allgemeine Unterrichtslehre auf geisteswissenschaftlicher Grundlage. Ansbach 1925
Weber, E.: Das Schulleben und seine erzieherische Bedeutung. Donauwörth 1979
Weber, E.: Pädagogische Überlegungen zum Wandel der Werteinstellungen in bezug auf Arbeit und Freizeit. In: Pädagogische Welt 8 (1986)
Wegmann, R.: Spiel als Lebenshilfe. München 1980
Weltner, K.: Informationstheorie und Erziehungswissenschaft. Quickborn 1970
Wendlandt, W.: Rollenspiel in Erziehung und Unterricht. München 1977
Wenger, O.: Schulberatung und Schülerbeurteilung. In: Pädagogische Welt 2 (1989)
Weniger, E.: Didaktik als Bildungslehre, Teil 1: Theorie der Bildungsinhalte und des Lehrplans. Weinheim 1952, ³1963
Wenisch, B.: Satanismus. Mainz, Stuttgart 1988
Weschenfelder, K./Zacharias, W.: Handbuch der Museumspädagogik. Düsseldorf 1981
Westphalen, K.: Praxisnahe Curriculumentwicklung. Donauwörth ⁸1980
Wettler, M.: Sprache, Gedächtnis, Verstehen. Berlin, New York 1979
Wiater, W./Lohrenz, H.: Mitwirken und Mitgestalten. Schule in der gemeinsamen Verantwortung von Lehrern und Schülern. Bad Heilbrunn 1980
Wieczerkowski, W./Nickel, H./Janovski, A./Fittkau, B./Rauer, W.: Angstfragebogen für Schüler. Handanweisung. Göttingen 1979
Wilde, G. (Hrsg.): Entdeckendes Lernen im Unterricht. Oldenburg 1984
Williams, T. u. a.: The Impact of Television. A Natural Experiment in Three Communities. London 1986
Wilson, C.: Das Okkulte. München 1986
Winkel, R.: Die kritisch-kommunikative Didaktik. In: Westermanns Pädagogische Beiträge 32 (1980)
Winkeler, R.: Differenzierung. Funktionen, Formen und Probleme. Ravensburg 1975
Winkeler, R.: Hausaufgaben in der Schulpraxis. Ravensburg 1977
Witzenbacher, K.: Handlungsorientiertes Lernen in der Hauptschule. Ansbach 1985
Wöhler, K. H. (Hrsg.): Didaktische Prinzipien. München 1979
Wolman, B.: Die Ängste des Kindes. Frankfurt/M. 1979
Wright, G. H. von: Handlung, Norm und Intention. Untersuchungen zur deontischen Logik. Berlin, New York 1977

Zielinski, W.: Lernschwierigkeiten: Ursachen und Beeinflussungsmöglichkeiten. In: Funk-Kolleg Pädagogische Psychologie, Band 2. Frankfurt/M. 1974
Zielinski, W.: Die Beurteilung von Schülerleistungen. In: Funk-Kolleg Pädagogische Psychologie, Band 2. Frankfurt/M. 1974
Zimmermann, W. u. a.: Von der Curriculumtheorie zur Unterrichtsplanung. Paderborn 1977
Zinnecker, J. (Hrsg.): Der heimliche Lehrplan. Weinheim, Basel 1975

Stichwortverzeichnis

Peter Köck

Praktische Schulpädagogik.

Ortsbestimmung der Schule und Praxisanleitung für die Problemfelder Erziehen, Lernen, Miteinander leben, Beraten.

Donauwörth: Verlag Ludwig Auer 1987.
254 Seiten, Format 14 × 20 cm, kartoniert,
ISBN 3-403-0**1863**-6

Die Praktische Schulpädagogik gibt in konsequenter Praxisorientierung eine Ortsbestimmung der Schule sowie eine theoretisch fundierte Praxisanleitung für Problemfelder des Schulalltags, z. B.

- Grundlagen des Lernens,
- Wahrnehmen, Denken, Behalten, Vergessen,
- Motivationsprobleme,
- soziales Lernen in der Schule,
- der Lehrer im Dilemma der Aufgabenüberlastung,
- Beobachten und Beraten als Aufgaben des Lehrers,
- Zusammenarbeit mit den Schülereltern u. a. m.